经典战史回眸　二战系列

钢铁的碰撞

库尔斯克战役南线之战

陈星波　著

WUHAN UNIVERSITY PRESS
武汉大学出版社

图书在版编目（CIP）数据

钢铁的碰撞：库尔斯克战役南线之战/陈星波著．—武汉：武汉大学出版社，2021.3
经典战史回眸．二战系列
ISBN 978-7-307-22020-1

Ⅰ.钢⋯　Ⅱ.陈⋯　Ⅲ.库尔斯克会战（1943）—史料　Ⅳ.E512.9

中国版本图书馆 CIP 数据核字（2020）第 250489 号

责任编辑：蒋培卓　王军风　　　责任校对：汪欣怡　　　版式设计：马　佳

出版发行：**武汉大学出版社**　（430072　武昌　珞珈山）
（电子邮箱：cbs22@whu.edu.cn 网址：www.wdp.com.cn）
印刷：武汉市金港彩印有限公司
开本：787×1092　1/16　　印张：19.75　　字数：486 千字
版次：2021 年 3 月第 1 版　　2021 年 3 月第 1 次印刷
ISBN 978-7-307-22020-1　　定价：92.00 元

目　　录

第一章 1943年初的东线概况

战役背景

1941年6月22日，纳粹德国发动"巴巴罗萨"行动，闪击苏联，短短几个月时间内就围歼了苏军数个重兵集团，兵锋直指莫斯科。在苏军的拼死抵抗下，德军在冬季战局中逐渐败退下来。1942年5月，信心满满的斯大林批准铁木辛哥和赫鲁晓夫等人在哈尔科夫方向主动向德国人发起进攻的建议，发起了第二次哈尔科夫会战。然而德军的实力并不像苏军判断的那样虚弱不堪，德军再次重创苏军，接着又发动代号"蓝色"的夏季攻势，一路高歌猛进，直扑斯大林格勒和高加索山区。好景不长，德军第6集团军很快在斯大林格勒的巷战中被崔可夫的第62集团军死死咬住，苏军同时在两翼还发动多次反击，不断消耗德军的实力。9月，朱可夫和华西列夫斯基向斯大林提出反攻计划。经过两个月的筹备，苏军终于积累起足够的物资和人力，部队也已部署就位。苏军将发动两个主要攻势——南线斯大林格勒地域的"天王星"计划以及在中央战线的"火星"计划。前者由总参谋长华西列夫斯基监督，后者由副最高统帅朱可夫负责。

11月19日7时30分，苏军西南方面军和顿河方面军的3500门火炮和迫击炮对当面三个狭长突破地段（总宽度28公里）实施了1个小时的破坏射击和20分钟的压制射击。随后坦克第5集团军和第21集团军等部一起向罗马尼亚第3集团军发起进攻。但罗马尼亚人拼死抵抗。苏军在提前投入快速兵团后才粉碎敌军防御。到11月23日16时，西南方面军的坦克第4军与斯大林格勒方面军的机械化第4军在卡拉奇东南的苏维埃农庄胜利会师。5天后，西南方面军和斯大林格勒方面军在顿河方面军右翼部队的积极支援下，完成了对斯大林格勒地域德军的战役合围。同时，西南方面军各步兵师的先遣支队为巩固已取得的战果，在卡拉奇地区前出至顿河岸边。斯大林格勒方面军的机械化第13军和第57、第64集团军的步兵在切尔夫连纳亚河地区牢牢地守住防线，切断了德军向南撤退的道路。

如此一来，到了11月30日，德军第6集团军，第4装甲集团军的1个军，共计22个师，33万人陷入重围。此外，苏军在进攻过程中还击溃了罗马尼亚第3集团军。

如果苏军吃掉德军的这一重兵集团，那么就相当于在

德国南方集团军群指挥官艾里希·冯·曼施泰因元帅。

德军南方战线上掏开了一个大洞。整个南线德军就有崩溃的危险。德国人急需一位将领来挽救这一危局，希特勒最终选择了陆军元帅埃里希·冯·曼施泰因（Erich von Manstein）。

1941年11月21日，德国陆军总部通知第11集团军指挥部升级为顿河集团军群指挥部，接管第6集团军、第4装甲集团军和罗马尼亚第3集团军。曼施泰因注意到"德军整个南线都存在着被歼灭的危险"，并指出"如果放任不管，很可能导致东线战斗的结束并让我们失去这场战争"。5天后，他来到新切尔卡斯克的指挥部驻地，并立即着手救援被围部队。

曼施泰因命令赫尔曼·霍特上将的集团军级支队以第48装甲军在奇尔河与顿河交汇的托尔莫辛地域、第57装甲军在科捷利尼科夫斯基（Kotel'nikovskii，即今科捷利尼科沃）向斯大林格勒挺进。12月12日早晨，又以第4装甲集团军为核心组成的集团军级集群发动进攻，第57装甲军迅速突破了苏军第51集团军步兵第302师防线，到夜幕降临时，第6装甲师的前锋前出到阿克塞河南岸，第23装甲师到达涅贝科夫以北地区，但他们没能夺取最关键的渡口。次日，第6装甲师的装甲群在7个小时内推进25公里，占领了阿克塞河渡口，建立了桥头堡。

在顿河方面军司令部监督战役执行情况的总参谋长华西列夫斯基看到合围的对外正面可能被德军突破，于12月12日晚上建议近卫第2集团军司令员马利诺夫斯基命所部以强行军前往梅什科瓦河，准备先发制人，迎击德军的救援部队。

从12月14日清晨开始，机械化第4军在上库姆斯基和沃姜斯基地域与德军展开了连续三天的激烈坦克战。12月18日晚，该军荣膺近卫称号，改称近卫机械化第3军。坦克第7军在两个步兵师支援下肃清了一个德军的桥头堡。德军拼死向前，至12月23日时距离保卢斯只有35至40公里，但由于苏军第51集团军和近卫第2集团军一部的顽强防御和反击，已经无力继续前进。霍特上将和第57装甲军军长弗里德里希·基希纳（Friedrich Kirchner）承认："新锐力量不到，就不能顺利实施战役。"前线苏军的牺牲为大部队的展开赢得了宝贵的时间。12月24日，近卫第2集团军主力在两翼突击第5集团军和第51集团军的配合下，以149000名官兵、635辆坦克、1728门火炮和迫击炮、294架作战飞机（含83架波-3夜间轰炸机）发起了声势浩大的反击，逐渐将德军逼退。28日，脱离步兵的坦克第7军采取正面前置、侧翼迂回的战术迅速切断了科捷利尼科沃向西面和西南面的道路，抢占了该城西南的机场。此外，由于机械化第6军也逼近此地，担心被围的德军放弃了科捷利尼科沃。到12月29日拂晓前，苏军坦克第7军完全占领了科捷利尼科沃。

战功卓著的坦克第7军于当天改称近卫坦克第3军，并荣获"科捷利尼科沃"称号。12月31日，近卫第2集团军解放托尔莫辛。罗马尼亚第4集团军遭到全歼，霍特的第4装甲集团军受到重创，退至距离斯大林格勒200—250公里的济莫

德军第57装甲军军长弗里德里希·基希纳。

亚历山大·米哈伊洛维奇·华西列夫斯基大将，时任红军总参谋长、最高统帅部大本营代表。这张照片实际拍摄于1952年。

夫尼基地域。这样，曼施泰因的解围行动完全失败了。如释重负的华西列夫斯基这样回忆了那个难忘的除夕夜：

这是一个美妙的夜晚，星斗满天，皎洁的月光倾泻在冰封的草原上。在科捷利尼科沃黝黑的房屋里，时时闪现着自卷纸烟和打火机的点点火光。远处还不时传来稀疏的枪声。我深深地吸了一口祖国冬天的空气。胜利使人心情欢畅，从里海那边吹来的风，尽管吹得人的面颊冰凉，却似乎送来了我们即将取得巨大胜利的信息。我想起了1942年元旦的夜晚。那时，我们在莫斯科城下取得了对敌人的第一个胜利。

曼施泰因的解围行动虽然失败了，却也迫使苏军统帅部抽调大量本应用于解决保卢斯的部队，尤其是强大的近卫第2集团军来封堵德军的进攻。苏联最高统帅部不得不将代号为"土星"的顿河中游进攻战役调整为"小土星"，即将计划由南下直扑罗斯托夫、包抄苏德战场整个南翼德军的后方修改为在顿河中游粉碎意大利第8集团军，然后转向东南，向莫罗佐夫斯克和托尔莫辛地域突击，前出到解围的曼施泰因集团部队后方。12月16日起，红军炮兵主任、大本营代表、炮兵上将沃罗诺夫（N. N. Voronov）协调西南方面军和沃罗涅日方面军以415476名官兵在1030辆坦克、5024门火炮和迫击炮、415架作战飞机的支援下在430公里宽的战线上发起进攻，坦克第24军在12月24日清晨奇袭塔钦斯卡亚机场，给德军后方造成极大混乱。到12月31日晚，苏军歼灭了意大利第8集团军，重创霍利特集团军级支队和罗马尼亚第3集团军，宣称抓获6万俘虏。这次攻势在德军霍利特集团军级支队和B集团军群右翼之间撕开了一个巨大的缺口，由于冬季天气恶劣和补给线过长，苏军无法立即利用这个缺口给德军造成更大麻烦。

接下来，苏联最高统帅部和总参谋部计划在从波罗的海到黑海的辽阔战线上发动新的攻势。在南线，苏军将发动罗斯托夫战役、纳尔奇克-斯塔夫罗波尔战役、消灭斯大林格勒德军集团的"指环"战役、克拉斯诺达尔-新罗西斯克战役。在中央发动奥斯特罗戈日斯克-罗索什战役、沃罗涅日-卡斯托尔诺耶战役、代号为"跳跃"（Скачок，也有译作"跃进"）的伏罗希洛夫格勒（顿巴斯）战役、哈尔科夫战役。在北线发动突破列宁格勒封锁的战役、消灭杰缅斯克德军前进基地的战役。我们可以想象，斯大林格勒战役造成的战争主动权易手给苏德战场造成了怎样的局面，德军此时的形势是十分凶险的。

苏军接着对包围圈中的德军开始了进攻。1943年2月2日，德国第6集团军全军覆没，147000人阵亡，包括陆军元帅保卢斯在内的其余91000人缴械投降，沦为阶下囚。从1月13日至27日，华西列夫斯基协调沃罗涅日方面军和西南方面军冒着零下20多度的严寒在350公里正面上推进140公里，粉碎了匈牙利第2集团军、意大利"阿尔卑斯"军和德军第24装甲军等部。在随后的沃罗涅日-卡斯托尔诺耶战役中，苏军向前推进130公里，接连攻克沃罗涅日和卡斯托尔诺耶两处要点。1月30日，西南方面军发动代号"跳跃"的伏罗希洛夫格勒（顿巴斯）战役。2月2日，沃罗涅日方面军发动代号"星"的哈尔科夫战役。强大的苏军进攻集团轻易地就突破了德军防线。别尔哥罗德以东的德军防线上被撕开了一道150公里宽的口子。缺兵少将的第168步兵师得到了一些五花八门的警备分队、后方搜罗的乌合之众和两个匈牙利师残部的支援，德军指望他们能在别尔哥罗德以北和以东多少能抵挡一阵，撑到党卫军装甲军和"大德意志"装甲掷弹兵师（后文简称大德意志师）赶来。

面对如此危局，被火速调往东线的SS "阿道夫·希特勒"警卫旗队装甲掷弹兵师（后文简称警卫旗队师）和SS "帝国"装甲掷弹兵师（后文简称帝国师）主力终于在1月28日到达哈尔科夫附近的集结地。他们不待集结完毕，就被迫分批投入战斗。党卫军和匈牙利残部、保安部队及被歼灭的德国师的残部组成了1个暂编"军"——克拉默军，这个军是"兰茨"集团军级支队的主力，该集群的指挥官是胡贝特·兰茨（Hubert Lanz）。此时，克拉默的这支杂牌军正面临着整个南翼被摧毁的危险。苏军第40集团军如潮水一般越过了第168步兵师的防线，于2月9日解放别尔哥罗德。

此时，党卫军装甲军的第3个师，SS "髑髅"装甲掷弹兵师（后文简称髑髅师）仍未做好重新投入战斗的准备。这支以集中营看守起家的部队进入东线后，就陷入了杰米扬斯克口袋的血战，最后一支从东线返回的部队1942年10月下旬才抵达休整地法国。此前的战斗让该师遭到了毁灭性的打击，当他们撤退时，兵力已经从入侵苏联初期的20000人下降到了6000人。到1943年2月，该师仍在接收补充人员以及车辆装备，各营的新兵训练甚至一直持续到了出发当天。

几乎在下车的同时，警卫旗队师就发现自己遭到了坦克第3集团军所属2个坦克军和3个步兵师的正面攻击。苏军坦克和步兵在警卫旗队师的顽强抵抗下，被迫停下了进攻的脚步。接连受挫而又未按时完成任务的坦克第3集团军下令近卫骑兵第6军向南迂回，试图从南翼切断通向哈尔科夫的铁路线，即德军通往哈尔科夫的主要补给线，杀入警卫旗队师后方，迫使其后

撤。警卫旗队师决定守住防线，同时派出一支机动部队应对苏军骑兵军的威胁。2月11日，警卫旗队师一部发起了反击。经过激战，近卫骑兵第6军和坦克第201旅为了保存实力以及避免陷入合围，开始向东退却。

尽管如此，面对以坦克第3集团军和波波夫快速集群为前锋的强大苏军，德军千疮百孔的防线仍十分危险，党卫军装甲军在哈尔科夫以东的开阔地上随时可能被苏军围歼，因此，党卫军装甲军军长保罗·豪塞尔（Paul Hausser）违抗了希特勒不许后退一步的命令，下令帝国师和警卫旗队师退入哈尔科夫城中。2月15日晚，党卫军装甲军和"大德意志"师又无视希特勒"战至最后一枪一弹"的命令，放弃了哈尔科夫。希特勒一开始暴跳如雷，但看到后来的战事发展果如豪塞尔所预见，因此"破例"未加惩处。

避免被围歼的命运之后，德国人发现他们即将面临一场更严峻的危机，苏军坦克前锋距离第聂伯彼得罗夫斯克和扎波罗热的关键桥梁不到30公里。夺取了这两座铁路桥，苏军就可以越过第聂伯河，切断顿河集团军群所属弗雷特尔-皮科集团军级支队、第1装甲集团军以及第4装甲集团军的主要补给线。苏军也因此认定南线的轴心国部队正处在崩溃的边缘。问题在于能否夺取这两座桥梁并打垮德军这3个集团，苏军许多将领对此相当乐观，他们认为德国人已经完蛋了。

时任苏军总参作战部近东处处长的谢

苏军总参作战部近东处处长谢尔盖·马特维耶维奇·什捷缅科。

尔盖·马特维耶维奇·什捷缅科（Sergei Matveevich Shtemenko）将军这样描述了苏军统帅部对局势的看法：

我想简略地叙述一下最高统帅部对当时战绩的估计。最高统帅部认为，在伏尔加河、顿河、北高加索、沃罗涅日附近、大卢基地域和拉多加湖以南，苏军粉碎了敌人102个师。仅俘房敌官兵就有20余万，缴获的战利品中仅火炮一项就达到近1.3万门。同时，从敌人的铁蹄下解放了几百万同胞，从敌人占领下解放了我国大片领土。我军向前推进了约400公里。

根据最高统帅1943年1月25日的命令中所例举的这些惊人的数字，可以得出一个极为重要的结论：敌人的防御已在宽大正面上被突破，许多地点和地段空了出来，只由零散的部队和战斗群掩护着，敌人的预备队已枯竭，剩下的少量预备队正分散地和零星地投入战斗。

对于法西斯德军向沃罗涅日以南、直至黑海的行动，许多方面军司令员和最高统帅部当时均认为，这是德军被迫向第聂伯河退却，企图在第聂伯河这一巨大障碍的西岸进行防御。并且一致认为，我军在斯大林格勒附近所夺得的主动权仍牢牢掌握在我手中，敌人暂时还不可能夺去。此外，还认为在第聂伯河以东或者在战略正面的中央，希特勒德军在最近的将来不可能采取什么大规模的反攻行动。

……

对于德军顿河集团军群转入防御，我军也未能及时发现。敌人为了变更部署而实施的调动仍然被误认为是逃跑，是避开在顿巴斯作战，是为了尽快逃往第聂伯河西岸。虽然事实已很明显，应该引起西南方面军领导的警惕了，但他们仍然坚持上述错误观点。

……

可是在当时，不论方面军、总参谋部和最高统帅部都深信自己的判断和计算是正确的。当然这是不可原谅的，但却是事实。各方面军传来的胜利捷报使最高统帅部和总参谋部都失去了警惕，虽然，说实在的，我们是有过怀疑的，而且把我们的怀疑告诉了瓦图京，后来还在朱可夫元帅在场的情况下，向最高统帅作了报告。

就在苏军统帅部沉浸在一片极度乐观的气氛中时，希特勒突然于2月17日中午带着约德尔等人乘飞机造访了曼施泰因的指挥部。希特勒因哈尔科夫的失守大发雷霆，甚至以撤销职务相威胁，命令曼施泰因立刻收复哈尔科夫。后者拒绝了希特勒的计划，转而提出一个更大胆的方案，即暂时不理会占领哈尔科夫的沃罗涅日方面军，而是首先粉碎进逼第聂伯河的西南方面军，将其赶过北顿涅茨河，然后再用党卫军装甲军实施突击，重新夺取哈尔科夫和别尔哥罗德。希特勒最终认可了这一计划。

2月19日，曼施泰因接到报告，苏军坦克第25军距离他的指挥部所在地扎波罗热已经不到40公里，希特勒这才赶紧乘专机离开，这也让前线的陆军将领们松了一口气。临走之前，希特勒解除了胡贝特·兰茨的职务，以示对丢失哈尔科夫的惩罚。接替他的是维尔纳·肯普夫（Werner Kempf），这位经验丰富的指挥官早在波兰战役期间就和豪塞尔等党卫军将官打过交道。豪塞尔本人没有受到希特勒的任何惩罚，因为如果豪塞尔遵照他的命令死守的话，那么这支新锐装甲军也许已经不存在了。

曼施泰因首先要阻止苏军夺取第聂伯河上的桥梁，至于哈尔科夫可以先不管。德军第15步兵师一部恰好拦在了苏军的前面，为曼施泰因调集党卫军装甲军赢得了少许时间。2月19

日夜至20日凌晨，帝国师和刚刚赶到的髑髅师从哈尔科夫西南的集结地域出发，向南面的第聂伯罗彼得罗夫斯克方向发起反击。在斯图卡战机的支援下，苏军摩托化步兵第6师被帝国师切成了两半，该部当时正在进攻克拉斯诺格勒（Krassnograd）的路上。两天后，帝国师又把苏军近卫步兵第35师的防线切成数段，尾随而来的髑髅师则重创了步兵第267师以及步兵第106旅。党卫军的这几次凌厉的攻势成功逼退了第聂伯河桥梁附近的苏军前锋，并且切断了他们的补给线。这期间，警卫旗队师仍在肯普夫集团军级支队麾下作战，保卫着克拉斯诺格勒中心的重要铁路枢纽。在随后的进攻中，帝国师和髑髅师联手歼灭了从第聂伯河后退并躲在巴甫洛格勒火车站的苏军余部。

帝国师在清剿苏军残部时，髑髅师已经越过该师继续向北，沿巴甫洛格勒以北通向哈尔科夫南郊的铁路线两侧直扑哈尔科夫。他们得到了第48装甲军几个不满编的师的支援。该军在党卫军部队右翼平行推进。直到发现德军已经兵临城下时，苏军统帅部才命令坦克第3集团军赶紧挡住德军。由于该集团军已经苦战数个星期，加上部署不当，西翼防线很快就被德军冲破。只是为了与警卫旗队师在克拉斯诺格勒会合，帝国师和髑髅师才暂停了一小会儿。

腾出手来的警卫旗队师派出麾下3个突击群横扫哈尔科夫北郊，然后直接攻入市区。髑髅师向北建立了一道警戒线，保护警卫旗队师侧后的安全。帝国师则从西面攻入城市。经过一番激战，德军成功突破了苏军防御。1个装甲营在掷弹兵的伴随下涌入突破口，向城东突击。第48装甲军的任务是突破坦克第3集团军在城南的防线，从东边切断苏军补给线和退路。但几个陆军装甲师早已人困马乏，根本无力突破苏军防线。第48装甲军碰壁后，赫尔曼·霍特上将只能把帝国师战斗群撤出哈尔科夫，派其协助陆军装甲师完成任务。3月14日，哈尔科夫失守一个月后，德军歼灭了最后一支抵抗的苏军，重新拿下了这座城市。

拿下哈尔科夫后，警卫旗队师一个战斗群从哈尔科夫向北方的别尔哥罗德发动了一次大胆的突袭，此时苏军正忙着逃命，根本无心死守，德军顺利拿下了这处要地。别尔哥罗德之战也是已经精疲力竭的党卫军各部的最后一次攻势行动。随后，战事随着春季泥泞季节的到来逐渐平静下来。

德军这次哈尔科夫反击战成功挽救了第1、第4装甲集团军和霍利特集团军级支队，避免了一次战略上的惨败。不过希特勒的盟友们还是遭到了沉重的打击，从此一蹶不振。意大利第8集团军大部被歼，匈牙利和罗马尼亚集团军也损失惨重。

这次所谓的"第三次哈尔科夫会战"，不仅为德国赢得了"奇迹般"的胜利，也为曼施泰因赢得了"不朽"的荣誉。苏军统帅部应该庆幸的是自己拥有最坚忍不拔的红军战士，如果没有他们的抵死奋战和流血牺牲，德军的战果将不止于此。

就在曼施泰因元帅在南线充分施展自己的战役指挥才华之时，苏联名将罗科索夫斯基指挥的中央方面军在遥远的北方展开了进攻。苏军计划是从1943年2月12日开始，西方面军和布良斯克方面军的诸兵种合成兵团合力围歼奥廖尔突出部的德军部队。然后，从2月17日至25日，这两个方面军会同再次组建的中央方面军将肃清布良斯克州的德军，在杰斯纳河上夺取几个桥头堡。行动最后阶段，从2月25日至3月中旬，加里宁方面军和西方面军将一起夺取斯摩棱斯克，配合南方的友军歼灭勒热夫-维亚济

苏军中央方面军司令员康斯坦丁·诺维奇·罗科索夫斯基。

马突出部的中央集团军群。整个攻势预计将和沃罗涅日方面军和西南方面军的预期胜利同时发生，这样到3月中旬，整个战略进攻将会使苏军向西抵达第聂伯河。

罗科索夫斯基只有6天时间从斯大林格勒地域赶向200公里以外的叶列茨地域，另有5天准备进攻。然而奉命采取措施加速运输的内务人民委员部工作人员只知道施压，并不懂行，因此把方面军的运输工作搞得一塌糊涂。直到2月25日，罗科索夫斯基的前锋坦克第2集团军和第65集团军才发起进攻。来自外贝加尔和远东地区的内务人民委员部边防部队组成的第70集团军与第21集团军却仍在泥泞拥挤的道路上蹒跚前行。3天前的2月22日，就在布良斯克方面军的第13和第48集团军猛攻德国第2装甲集团军的薄弱右翼时，隶属西方面军的第16集团军也在日兹德拉以北打击德国第2装甲集团军的另一侧翼。不过，降雨和德军的顽强防御挡住了第16集团军，到2月24日，该集团军仅取得有限进展。

苏军中央方面军的进展较大。第65集团军在第13集团军掩护右翼的情况下，深入敌后，只遭到微弱的抵抗。坦克第2集团军和一个骑兵-步兵集群（后者下辖近卫骑兵第2军及协同的步兵、滑雪部队）迅速向西扩大胜利，穿过谢夫斯克直扑诺夫哥罗德-谢韦尔斯基。1943年3月1日，中央方面军已经包抄了德军第2装甲集团军的北翼和第2集团军的南翼。此时，第70集团军各师已经缓慢向前加入第65集团军右翼的战斗，打算向奥廖尔和布良斯克实施深远突破插入德军后方。

德军一边抵抗一边从其他战区调来援军投入到对中央方面军突破口双肩的战斗中。在此关头，中央方面军需要得到第21、第62和第64集团军的增援，但他们还在赶来的路上，远水解不了近渴。3月7日，苏军的骑兵-步兵集群到达诺夫哥罗德-谢韦尔斯基城郊，这是此次冬季战局中苏军推进的最远距离。运气已经转到德国人那一边，得不到增援的苏军进攻部队面对德军在奥廖尔西南日益增强的抵抗渐渐停了下来。中央方面军打算通过将坦克第2集团军从布良斯克方向转到奥廖尔方向来恢复进攻势头的努力最后只不过是削弱自己的左翼和中路进攻力量而已，这两个位置很快遭到德国第2集团军数个师兵力的反突击。骑兵-步兵集群显然无力应对这一威胁。

而在此时，曼施泰因在南线战场的哈尔科夫和别尔哥罗德已经取得了"辉煌"的胜利。由于泥泞季节已经到来，大规模兵力机动已无可能，苏军全面终止了冬季战局并转入防御。整个东线逐渐平静了下来。

这样，由于曼施泰因的成功反击和罗科索夫斯基不太成功的攻势，苏德战场的南线形成了一块巨大的突出部。该突出部南北长250公里，东西长160公里，极大地拉长了战线，已经捉襟见肘的德国国防军不得不搜罗新的部队去防守。在这个突出部的中心有一个寂寂无名的中等工业城市——库尔斯克。尽管可以作为铁路枢纽，但该城对德国人却没什么较大的战略价值。没想到的是，库尔斯克最终成为德军在东线最后一次浩大攻势的焦点。希特勒的精锐部队与斯大林的已经浴火重生的红军将在俄罗斯南方的草原上展开一场鲜血与钢铁的碰撞，从而让库尔斯克名垂史册。

何去何从

经过1942—1943年冬季战局的惨败之后，德军再也无力像1941年那样可以在多个方向上展开全面进攻，只能选择一个最有利的地段发动进攻。在审视1943年春的苏德战线地图时，即使是一个军校学员也会立即被库尔斯克突出部吸引住。德军只需要在南北两面发动一个标准的钳形攻势，就可以合围突出部中的大量苏军。德军的进攻还可以拉平己方战线，节约出大量兵力。虽然苏军同样可以节约兵力，但兵力捉襟见肘的德军显然对此的需求更为迫切。因此，国防军最高统帅部在1943年3月13日和4月16日分别发布第5和第6号战役命令，勾勒出代号"堡垒"的夏季进攻方案的大体轮廓。

但是以装甲兵总监海因茨·古德里安上将为代表的一些将领坚决反对这一攻势。在最初的几次会议上，国防军统帅部参谋长威廉·凯特尔（Wilhelm Keitel）居然叫嚣基于"政治因素"，德军也应该发动一次大规模夏季攻势，这让古德里安上将火冒三丈，"我们拿下库尔斯克与否，对于全世界而言，不过是一件无关痛痒的事情"。

根据古德里安的回忆，希特勒当时的答复也反映了他摇摆不定的心态，"你说得对，一想到夏季攻势我就反胃"。种种的内外交困，让希特勒意识到一旦失败，他所谓的"千年帝国"就随时可能倒塌。古德里安则认为将宝贵的装甲部队投入到这样一次代价高昂的攻势中必会造成巨大的损失，他为恢复装甲部队所付出的心血也将随之东流。古德里安提议放弃进攻，让苏军先进攻，待其冲劲耗尽后再依靠强大的装甲预备队发动反击。第9集团军指挥官瓦尔特·莫德尔（Walter Model）则根据航空照相侦察的结果指出苏军做了大量防御准备，贸然进攻并不明智。

德国陆军军官们也不都是站在古德里安、莫德尔一边，新任的陆军总参谋长库尔特·蔡茨勒和中央集团军群指挥官京特·冯·克卢格元帅（Günther von Kluge）就倾向于主动发起进攻。蔡茨勒指出，新列装部队的豹式和虎式坦克将使德军获得绝对的技术优势。尽管古德里安和军备部部长施佩尔指出这些新式武器（尤其是豹式）在生产和试验中存在各种各样的问题，需要一定时间磨合，但德军统帅部显然听不进他们的意见。曼施泰因虽然也支持进攻，但主张在泥泞季节结束的5月份，趁苏军尚未休整完毕就出击。德军在当时也未能恢复力量，因此这不过是在冒险罢了。

希特勒本人也有些举棋不定，"堡垒"战役的筹划和准备工作依然在进行着。虽然存在着质疑的声音，但德国最高统帅部坚信德军能够坚决地突破苏军防御。毕竟在之前历次夏季攻势中，德军装甲师都能迅速突入苏军战役甚至战略纵深。德国陆军一直面对苏军数量的优势，却依然可以取胜，这次也没有任何理由去怀疑这一切。

德国中央集团军群指挥官京特·冯·克卢格元帅（左）和第9集团军指挥官莫德尔元帅（右）正在研究作战地图。

也许只有古德里安意识到现在的德军早已不是两年前那支纵横欧洲的无敌铁骑了，与西欧和北非战场的损失相比，东线德国陆军力量遭到了空前的损失，平均半年死亡、负伤和失踪人数就高达50万人，因此德军统帅部需要就发动一次战略攻势的必要性进行慎重考虑。思考再三，希特勒仍打算赌上一把，他认为尽管苏军在坦克、火炮和人数上拥有巨大的优势，但德国只要全力一搏，或许还能在这个夏季取得空前的胜利。

补充损失

尽管德国人在顿巴斯和哈尔科夫的反击战中重创了苏军，但1943年春，东线德军的形势依然十分严峻。1943年4月1日，东线德国陆军实力有147个步兵师和22个装甲师，共计2732000人，1336辆坦克和6360门火炮。而对面的苏军却有5792000人，相当于500个师，并有超过6000辆坦克和20000门火炮支援。

步兵师方面，早在"蓝色"行动之前，北方集团军群和中央集团军群的75个师中有69个从标准编制的9个步兵营和数个4门制炮兵连缩水为6个营和数个3门制炮兵连。1942年结束后，这一缩水几乎成为普遍现象了。一些步兵师保留了三个团部，但每个团只有2个营，而其他师则通过只留两个三营制的团而缩小了支援步兵单位的比例。对于作战师来说，极为重要的预备训练营也基本被算作战斗单位，兵员和教官也已被用于补充损失或组成新的师属预备队。这样，步兵师缺乏人力防守宽阔的防线，然而还是保留一些预备队用于实施反击。可用马匹和汽车的减少使得这种步兵师比起1941年时机动能力更差。炮兵连常常因为炮手无法推动火炮而无力战斗，负责侦察和反击的部队常常要骑自行车机动。

工业产能的不足也造成了德军燃料、弹药甚至武器和车辆的短缺。1943年2月由于坦克生产的混乱和装甲部队的糟糕状况，希特勒被迫启用古德里安。古德里安很清楚纳粹官僚制度

是怎么运转的，因此他坚持要求自己作为装甲兵总监直接向希特勒汇报。他在坦克生产和所有装甲兵（包括党卫军和空军的装甲部队）编制以及作战方法上大权独揽。当然在实际操作过程中绝没有古德里安想得这么简单。不管怎么说，在1943-1944年期间，古德里安还是奇迹般地增加了产量，阻止了一些考虑十分不周的设计修改，并不断重建装甲单位。除此以外，德国工厂根本无法生产出足够的半履带运兵车来装备装甲师中的机械化步兵，即装甲掷弹兵单位。这样的后果就是每个师只有一个营的掷弹兵真正实现了机械化（即全员搭乘半履带装甲人员输送车SPW，而不是运输卡车）。在这种情况下，普通的装甲掷弹兵师就只能使用运输卡车以及缴获的各式车辆装备自己。即使党卫军装甲掷弹兵师和国防军的大德意志师也是如此。装甲师的坦克数量相比战争之初也大幅减少。要知道当1941年6月德军气势如虹地越过苏联边境时，每个装甲师拥有近200-250辆坦克，可在"堡垒"行动的第一天，南方集团军群作战序列中没有一个师的坦克数量超过125，绝大多数装甲师还要低于这个数字。

为了实施"堡垒"行动，德军统帅部匆忙把大量刚完成训练的新兵及刚出厂的新式坦克和武器交给各参战集团军。即使是这样，德军也无法补满兵员的缺口。最后不得不挪用原本用于补充东线其他地段的兵员和装备，甚至从驻守法国的部队抽调了大量的人员和武器装备，只留下一些超龄服役的兵员和破旧武器装点门面。

此外，党卫军部队也不再是由超高标准甄选出的志愿者组成的了。总是在最激烈的战场上出现的党卫军装甲掷弹兵师再也找不到足够的志愿兵来填补作战的损失。因此，党卫军也开始依赖义务兵、劳工组织和空军的后备人员

来解决兵源问题。

德国人还希望依靠威力巨大的新式武器来取得胜利，特别是新近生产的豹式坦克和费迪南重型坦克歼击车，只是这些装备还有不少技术问题需要改进，远没有扭转战局的能力。

苏军方面也很清楚德军在1943年的夏季攻势中各师坦克数少了很多。苏军总参谋部对库尔斯克会战的研究材料指出，情报机关推断每个德国装甲师拥有"150-160辆坦克，有的多达180辆"。问题是，除了大德意志师外，第48和第3装甲军的各装甲师基本上只有不到100辆坦克。大德意志师坦克数最多也是因为两个豹式坦克营加强给了该师。SS第2装甲军（原党卫军装甲军更名为SS第2装甲军）下属3个师的坦克平均数量倒是勉强超过了100辆。不过德军还装备了为数不少的突击炮和坦克歼击车，很大程度上弥补了坦克数量的不足，加强了支援步兵的能力。

事后看来，无论坦克、人员和师的数量都居于劣势的德军主动发起大规模进攻显然不是明智之举。只是德军装甲兵已经在太多的战役中利用战术、通信、指挥和机动的优势打垮仅仅有数量优势的苏军，更何况作为进攻方可以在自己选择的敌军防线弱点上通过集中兵力来取得局部优势。只要战役后期不冲得太远，没有人怀疑德军至少可以取得短期的战役胜利。

希特勒发布进攻指令

1943年4月15日，希特勒签署了第6号作战命令，全文如下：

陆军总司令部／陆军总参谋部／作战处（一组）元首大本营，1943年4月15日
1943年第430246号绝密文件

共13份副本

第6号作战命令

我决定，一经天气情况允许，就实施今年一系列进攻中的第一次进攻，即"堡垒"进攻。

因此，此次进攻具有决定性意义。它必须迅速和彻底地获得成功，必须为我们赢得今年春季和夏季的主动权。因此，应非常周密地大力做好一切准备工作。在主要突击方向上，应投入最精锐的部队、最精良的武器、最杰出的指挥官和大量弹药。每个指挥官、每个士兵都必须充分认识到此次进攻的决定性意义。库尔斯克的胜利必将使举世瞩目。

为此，我命令：

一、此次进攻的目的是，从别尔哥罗德地区和奥廖尔以南地区，分别以1个进攻集团军实施密集的、勇猛的和迅速的突击，合围库尔斯克地区之敌，并通过向心突击将其歼灭。

在此次进攻过程中，应在涅热戈尔-科罗恰地段—斯科罗德诺耶—季姆-希格雷以东-索斯纳河地段一线，建立一道较短的、节省兵力的新防线。

二、关键的是：

1.应尽可能达成突然性，尤其不要让敌人获悉进攻的时间。

2.应最大限度地将进攻兵力集中位用在狭窄的正面上，以便以局部绝对优势的进攻兵器(坦克、突击火炮、火炮、火箭炮等)一举突贯敌人的阵地，实现两个突击集团的会师，封闭合围圈。

3.应尽快从纵深为先头突击部队前调用于掩护翼侧的兵力，以便先头突击部队能放心大胆地向前突击。

4.应尽早从四面八方突入合围圈，不让敌人有喘息之机，从而加速它的灭亡。

5.应快速实施进攻，使敌人既无法摆脱包围，又来不及从其他战线调来强大的预备队。

6.应迅速建立新的防线，以便尽早腾出兵力特别是快速部队，用于遂行尔后任务。

三、南方集团军群，应以密集兵力从别尔哥罗德—托马罗夫卡一线发起进攻，越过普里列佩—奥博扬一线，在库尔斯克以东地区和库尔斯克地区与中央集团军群的突击集团军建立联系。为了掩护向东实施的进攻，应尽快进抵涅热戈尔-科罗恰地段——斯科罗德诺耶-季姆一线，但是，不可因此而影响重点将兵力集中使用在普里列佩-奥博扬方向。应以部分兵力掩护向西实施的进攻；这部分兵力同时还担负突入正在形成的合围圈的任务。

四、中央集团军群的突击集团军，应高度集中兵力，从特罗斯纳-小阿尔汉格尔斯克以北一线发起进攻，越过法捷日-韦列伊捷诺沃一线（重点在东翼），与南方集团军群的突击集团军在库尔斯克地区和库尔斯克以东地区建立联系。为了掩护向东实施的进攻，应尽快进抵季姆-希格雷以东——索斯纳河地段一线，但不可因此而影响将兵力集中于主要突击方向。应派出部分兵力掩护向西实施的进攻。

中央集团军群部署在特罗斯纳以西至南方集团军群的分界线的兵力，在进攻开始时，应以专门组建的突击集群的局部进攻来牵制敌人，并尽早突入正在形成的合围圈。应不间断地实施地面侦察和空中侦察，防止敌人悄悄地溜走。如发现敌人企图逃走，应立即在整个正面上发起进攻。

五、两个集团军群的兵力，应尽可能地采取一切伪装、掩护和欺骗措施，在远离出发阵地的地方枕戈待旦，以便能够在从4月28日起的

第6天根据陆军总司令部下达的命令发起进攻。因此，最早的进攻日期为5月3日。进入进攻出发阵地时，应采取各种伪装措施，并且只能在夜间行军。

六、为了欺骗敌人，在南方集团军群的战区内，应继续为"豹"行动做准备。应以各种手段（引人注目地进行勘察，显示坦克，准备渡河器材，进行无线电联络，派出特务，制造谣言，出动空军等）来突出这种准备活动，并尽可能把时间拖得长一些。这些欺骗措施会因为迟早要采取的增强顿涅茨河战线防御力量的措施而得到有力加强（参见第十一条）。在中央集团军群的战区内，无需采取大规模的欺骗措施，但应通过各种形式给敌人制造假象（进行逆向运动和佯动，在昼间进行运输，散布关于进攻日期将定在6月的假情报等）。在两个集团军群重新配属给突击集团军的部队应实行无线电静默。

七、为了保密，只有绝对必要的人才可了解这一计划。这种限制应在尽可能晚的时候才能逐步放宽。这一次无论如何应做到，不能由于不谨慎或粗心大意而使计划泄露，应通过得到加强的反间谍机关不断地同敌人的间谍作斗争。

八、考虑到与过去的战役不同，这次进攻区域有限，目标非常明确，因此，进攻部队必须把不是进攻所绝对需要的各种车辆和一切会成为累赘的东西留下！所有这些东西只会严重地妨碍和影响进攻的锐势和后续部队的迅速跟进。因此，每一个指挥官都必须清楚地记住：只能携带实施战斗所需要的东西。军长和师长应极其严格认真地对此进行检查。必须设置强有力的交通指挥机构。交通指挥机构应严格地维持交通秩序。

九、关于补给的规定，关于立即全部抓获停虏、居民和战利品的规定，关于对敌宣传的

规定,见附件1-3。

十、空军同样应有重点地使用其可以动用的全部兵力。应立即开始同空军的一些指挥机关进行磋商。应特别重视保密问题(参见第七条)。

十一、为了使进攻获得成功,具有决定性意义的是,应使敌人不能通过对我南方集团军群和中央集团军群的其他地段发起进攻来迫使我们推迟"堡垒"行动或提前调走进攻部队。

因此,在月底以前,两个集团军群应像准备"堡垒"进攻战役一样,采取各种办法有计划地做好在其他主要受威胁地段上实施防御战役的准备工作。在这方面,主要是,应千方百计加速阵地构筑,应在受到坦克威胁的地段上大量配置反坦克武器,应组建地段预备队,应通过频繁的侦察尽早查明敌主要作战方向,等等。

十二、预计此次战役结束后要达到的最终目标是:

1.将南方集团军群和中央集团军群的分界线大致移到科诺托普(属南方集团军群)一库尔斯克(属南方集团军群)一多尔戈耶(属中央集团军群)一线;

2.将第2集团军总司令部及其所辖3个军司令部和9个步兵师以及尚未最后指定的中央集团军群直属部队,转隶南方集团军群;

3.中央集团军群应另外提供3个步兵师,供陆军总司令部在库尔斯克西北地区使用;

4.从前线调出全部快速部队,另作他用。

机动,特别是第2集团军部队的机动,应与上述计划相适应。

我有权在战役过程中根据作战行动的进展情况,逐步地将第十二条第2款规定的指挥机关和部队调给南方集团军群使用。

同样,我有权在战役按计划推进的情况

下,让部队尽快从行进间向东南方向实施进攻("黑豹"行动),以便充分利用敌人的混乱状态。

十三、各集团军群应汇报根据本作战命令采取的进攻和防御措施,并且要附上比例尺为1:30万的地图,图上要标明陆军部队的部署情况,要注明与第4航空队或东线空军司令部达成的关于支援进攻和协助采取欺骗措施的协定。

日期:4月24日。

(签字)阿道夫·希特勒

证人:(签字)豪辛格中将

从这份指令中可以看出,德军统帅部野心不小,其目标实质上要围歼苏军中央方面军和沃罗涅日方面军主力,制造一个比基辅战役和维亚济马战役还要庞大的合围圈。

从南北两线德军的实力来看,显然其重心放在了南面,见下表:

部队番号	兵力	坦克	突击炮	装甲总数
中央集团军群				
第9集团军	335000	658	423	1081
第23步兵军		0	72	72
第41装甲军		133	257	390
第47装甲军				
第46装甲军				
第20步兵军				
预备队		193	0	193
第2集团军	96000	0	约100	约100
南方集团军群				
第4装甲集团军	223907	1063	172	1235
第52步兵军				
第48装甲军		569	68	637
SS第2装甲军		494	104	598
肯普夫集团军级支队	126000	357	155	512
总计	780900	2078	850	2928

在这份命令中，希特勒明确指出了取得胜利的两个关键因素：

首先，进攻部队要最大限度地将进攻兵力集中使用于狭窄的正面上，以便进攻兵器形成局部的绝对优势，应尽快从纵深为先头突击部队前调用于掩护翼侧的兵力，以便先头部队能放心大胆地向前突击。

德军最高统帅部十分明白肯普夫跟紧第4装甲集团军的步伐对于保护集团军东面侧翼有多么重要。"为了掩护向东实施的进攻，应尽快进抵涅热戈尔（Nezhegol）—科罗恰（Korocha）地段的斯科罗德诺耶（Skorodnoe）—季姆（Tim）一线，但是，不可因此影响重点将兵力集中使用在普里列佩（Prilepy）—奥博扬（Oboyan）方向。"德军最高统帅部判断苏军将从国土纵深处调来预备队，打击进攻的德军。

为防止苏军及时调来强大的战略预备队，德军装甲前锋必须赶在对方行动之前彻底突破第一道防线。考虑到苏军坦克第1集团军集结于普肖尔河（Psel）以北，距离一线只有不到一天的行程，南方集团军群的第4装甲集团军各装甲师必须在第一天就坚决突破苏军第二道防线。如果各师没能达成这一目标，坦克第1集团军就可以向前反击正在艰难克服第二道防线上坦克支撑点和雷区的德军。

1943年6月24日，德国南方集团军群与第4装甲集团军的通信中，曼施泰因列出了胜利的三个关键原则：第一是精心计划和组织炮兵、步兵、装甲兵和工兵对苏军第一道防线的进攻，以期迅速打开突破口。其次，先头部队在通过苏军第一道防线后务必迅速集结，组织突破其第二道防线。这就要求各军、师在突破苏军第一道防线后迅速及时地重新组织部队。曼施泰因还谈到了掩盖部队企图和欺敌措施对于

在关键突破地点达成战术突然性的意义。最后也是最重要的一点，他重复了希特勒的类似观点，认为决定性的战斗将在普肖尔河以北的开阔地与苏军战役预备队展开。曼施泰因强调高级指挥部（集团军和军一级）率所部尽快突破第二防御带对于确保各装甲师取得在战役行动上的自由非常关键。这也就是在暗示理想的情况是在第一天突破苏军第二防御带，并在普肖尔河以北击溃坦克第1集团军。

霍特上将于1943年5月23日给SS第2装甲军的进攻命令中也表明了他坚信迅速突破第二道防线对于"堡垒"战役的重要性：

第4装甲集团军指挥官赫尔曼·霍特上将。

对于战役具有决定性的在于尽快打垮敌第二阵地的抵抗……在所有行动中都必须坚定不移地抓住一切机会，并迅速向前集中步兵和炮兵。

第4装甲集团军也清晰地阐明了如何才能打开突破口。1943年6月23日德军呈报了一份髑髅师下属装甲掷弹兵团一部进攻苏军阵地的实兵演练报告，该报告描述了在主攻地点投入兵力的顺序（德军这次演练的任务是通过雷区、突入工事并夺取苏军防守的高地）。首先，炮兵进行火力准备。随后炮兵和步兵支援火器掩护战斗工兵清除预定路线上的雷区。接着，步兵在虎式坦克和突击炮的协同下向前突击苏军主防御带。等步兵打开缺口后，突击群将向一侧卷击苏军阵地，以形成足够深足够宽的突破口。然后通常由一个装甲营加上自行火炮分队

和师属SPW营组成的装甲群会进入突破口。万万不能将装甲群的Ⅲ号和Ⅳ号坦克投入到初期突破战斗中，以避免其在雷区、密集反坦克炮和步兵近距离反坦克武器的打击下受到严重损失。

有意思的是，就在党卫军用有效的战术实施主要突击时，像大德意志师的施特拉赫维茨这样的陆军装甲指挥官却在用中型坦克突破苏军由密集反坦克炮和进入战壕的T-34组成的防御阵地。结果导致大德意志师坦克损失惨重。

接下来一份关于各阶段炮弹储备吨数的报告也表明突破第二道防线的重要性。集团军为突破第一道防线的炮火准备分配了1625吨炮弹，其他各种步兵重火器弹药530吨。而分配给突破二线阵地的吨数要多得多，其中炮弹4300吨，步兵重火器弹药210吨，另高射炮和反坦克炮弹药800吨。

德军在南线担任主攻的两个集团军中，第4装甲集团军实力最为强劲。相比之下，维尔纳·肯普夫指挥的肯普夫集团军级支队仅有第3装甲军，其实力比第48装甲军和SS第2装甲军都要弱。但第3装甲军却在未来攻势中需要扮演非常关键的角色，甚至极大影响到第4装甲集团军的行动，这让后者不免有些担忧。

实际上，霍特认为德军不仅不可能吃掉苏军两个方面军，而且会在接连攻击纵深27至30公里的连续三道防御带时消耗大量的人员、装备和时间，只有冲过捷捷列维诺-新城一线才可能获得战略行动的自由。那么利用德军的战术和指挥优势大量消灭

德军第3装甲军军长赫尔曼·布赖特。

苏军预备队更为合理一些。5月10日和11日，霍特和曼施泰因全面讨论了这一问题，霍特成功说服后者将自己集团军的作战计划进行重大调整。首先调整的就是第4装甲集团军与肯普夫集团军级支队的分界线和进攻方向。原计划是由第48装甲军和SS第2装甲军从别尔哥罗德笔直向北，突向奥博扬，而第3装甲军则掩护SS第2装甲军的右翼，夺取普罗霍罗夫卡车站及其周边地域。现在由SS第2装甲军突向普罗霍罗夫卡。这一变化在5月31日SS第2装甲军的命令中得到了体现，命令指出，在突破苏军第二防御带时，SS第2装甲军应当将主力指向"普肖尔河以南、普罗霍罗夫卡方向"。其次，大力加强第48装甲军，拥有两个豹式坦克营的第10装甲旅被加强给了该军。

经过调整之后，位于第4装甲集团军右翼的第3装甲军在攻势头一天的任务就是从别尔哥罗德东和东南两面强渡北顿涅茨河。在保障渡口安全后，该军将与第4装甲集团军主力齐头并进，向北发起突击。德军判断苏军大规模机动力量会聚集在战线东侧，用来攻击己方右翼。肯普夫集团军级支队的任务是紧跟第4装甲集团军的前进步伐，保证第4装甲集团军东翼安全，使主攻部队在不受干扰的情况下以6个装甲师组成的钢铁矛头全力向北突击。

两翼安全得到保证后，第4装甲集团军还可以根据需要灵活机动地调配手下各部。基于在数量上总是处于劣势的事实，德军总是想方设法地"挤"出一些部队，以便在战机出现或突发状况时有兵可用。这些部队并不是通常意义上那些多余未参战的"预备队"，而仅限于应对反突击之类的突发事件。

德军通常用步兵师来掩护集团军的侧翼安全，就算是"堡垒"行动这种重中之重的战役，德国也没有足够的人力、物力为主攻部队

德军第167步兵师师长沃尔夫-京特·特里恩贝格中将。

提供足够的步兵师。第4装甲集团军总共只有4个步兵师，其中3个属于第52步兵军，用于掩护集团军左（西）翼安全，这点兵力显然是不够的。而掩护右翼更是仅有一个步兵师（第167步兵师）。

第167步兵师同东线大多数步兵师一样在上个冬季的战斗中元气大伤。在得到一些新兵和伤愈归队的老兵补充后，才稍稍恢复了一些实力，只是这些新人与当年那些老兵早已不可同日而语。到了1943年时，参加过波兰和法国战局的那些训练有素、身经百战的官兵早就损失殆尽，所剩无几。而且德军步兵师也没有足够的机动力跟上装甲师的推进步伐，就算是装备较好的步兵师也主要依靠马匹等拖曳火炮等重装备。大多数部队（步兵师）只有少数几个专业兵种拥有为数不多的卡车，半履带运兵车这种装备更是凤毛麟角。

霍特很清楚单凭一个步兵师根本无法保障右翼安全，因此在6月份时，他就强烈表达了对肯普夫是否能够击退苏军反击的同时，又保持与主攻部队同步的担心。霍特清醒地认识到，第3装甲军的侧翼掩护对"堡垒"行动在南线能否取得全面成功尤为重要。一旦该部前进受挫，第4装甲集团军在面对苏军从东方发起的反击时，就不得不从前锋中抽调机动部队来掩护薄弱的侧翼，这将大大削弱本就不强的进攻力量。

如前所述，第3装甲军在南线3个装甲军中实力最弱。该军下辖第6、第19装甲师以及第7

装甲师，一共只有239辆坦克。考虑到这一境况，曼施泰因元帅把第503重装甲营（装备45辆虎式坦克）加强过去，坦克总数这次达到了284辆。

如果能把第503重装甲营集中使用的话，本来可以在突破地段上发挥出巨大的威力。然而第3装甲军却把重装甲营的3个连拆开分别支援手下的3个装甲师。第503重装甲营曾对这种分散使用虎式坦克的方式表达过抗议，后来的战事也证明，在所有剩下的虎式坦克集中用来担任攻击前锋的时候，第3装甲军才突破了苏军防线，挺进普罗霍罗夫卡方向。

德军第503重装甲营营长克莱门斯-海因里希·冯·卡格内克上尉。

除了重装甲营外，肯普夫集团军级支队还加强有一个装备30辆"犀牛"坦克歼击车的坦克歼击营。第168师的主力也被划入第3装甲军作战序列，但没有任何进攻能力。该师在去年的冬季战斗中损失惨重，就连一般的防御任务都无法胜任，被迫于1943年3月撤出一线休整。整个春季，他们跟第167步兵师一样，在接收了各种后备兵员和伤愈归队老兵后稍稍恢复了一点战斗力。

事后证明，第4装甲集团军对第3装甲军能否完成既定任务的担忧是完全正确的，由于后者无法打开突破口并跟上第4装甲集团军的进攻矛头，导致第4装甲集团军的装甲部队在攻势的整个阶段都束手束脚，无法倾尽全力。如果德军统帅部当初能够意识到这一点，也许战局就会发生改变。

南线德军的战役准备

对第4装甲集团军来说，他们面临的最重要也是最棘手的问题在于如何在春季和夏初重建党卫军和陆军的装甲师。经过上一个冬季的战斗后，集团军内所有装甲师和装甲掷弹兵师都已疲弱不堪。国防军的一些装甲师甚至从1942年底斯大林格勒包围圈形成之前就一直在不停地战斗。

事实上在春季大部分时间乃至初夏，新坦克的补充十分缓慢。3月底，各师手头可用的坦克不过几十辆。从4月开始到6月初，党卫军和陆军各师补充的新坦克极为有限。在一段时间内，甚至没人认为这些装甲师能在夏季到来前获得足够的坦克。因此，在新坦克抵达前，各师的维修连只能尽可能地抢修战损坦克。

截至6月1日，全集团军共有399辆Ⅲ号、Ⅳ号以及虎式坦克（每个师平均只有80辆），其中40%即160辆为老式的Ⅲ号坦克，只有部分Ⅲ号换装了炮管更长、初速更高的长50毫米炮。第4装甲集团军只有38辆虎式坦克。某些师还装备少量Ⅱ号轻型坦克，但只能执行警戒和侦察任务。

重建装甲师

党卫军装甲掷弹兵师

虽然德军在"哈尔科夫反击战"中大获全胜，但之前还齐装满员的党卫军装甲军由于承担了主要突击任务，相应地在人员和技术装备方面的损失也非常大。其中与大德意志师协同作战的警卫旗队师和帝国师在2月的头两个星期的战斗中损失尤为惨重。这期间，苏军3个

集团军主力反复冲击这3个师的阵地，德国人逐渐招架不住退向哈尔科夫外围。而髑髅师主力因为直到城陷后才赶到，因此躲过了这两个星期最艰苦也是最血腥的战斗，所以伤亡要少得多。

不过髑髅师的"图勒"摩托化步兵团在师主力抵达之前就被划给兰茨/肯普夫集团军级支队指挥，且在主力抵达后仍未能归队。肯普夫利用这个团作为机动力量不停地在波尔塔瓦—柳博京—哈尔科夫铁路线拼杀。这个筋疲力尽的团于春季回归髑髅师建制，但不久后就被撤销番号，余部编入师里其他部队，其中大部分摩托化单位被并入师属侦察营之中。

1943年春季，这3个党卫军师都驻扎在别尔哥罗德附近较为平静的地段。在休整的同时，他们只进行一些有限的作战行动。很多训练有素、经验丰富的下级官兵都在上个冬天的恶战中或死或伤。

哈尔科夫反击战后，这3个党卫军装甲掷弹兵师在指挥机构和人员上也发生了调整。党卫军指挥总局抽调警卫旗队师大量骨干人员，包括完整的"警卫旗队"装甲团1营和大量骨干军官组建新的SS第12"希特勒青年团"师。

"阿道夫·希特勒"警卫旗队师

1943年3月的最后一个星期，在结束了哈尔科夫-别尔哥罗德地域的激战后，警卫旗队师转入第4装甲集团军预备队，最后到哈尔科夫以北的树林地带集结，开始休整并补充人员和车辆。在1943年1月30日到3月20日的哈尔科夫之战中，警卫旗队师死亡、失踪和重伤人员高达167名军官和4373名士兵。其中近三分之二倒在了哈尔科夫防御战和随后的克拉斯诺格勒突出部之战中，当时该师隶属于兰茨/肯普夫集团军

级支队。有许多重伤员此后再也无法服役了。

除此之外，警卫旗队的坦克装甲车辆和卡车也损失了不少。到3月18日，该师尚有战斗力的主力坦克只剩30辆，其中包括8辆Ⅲ号、19辆Ⅳ号和区区3辆虎式。此外还有11辆只能执行侦察和观测任务的Ⅱ号和Ⅲ号坦克，另有很多坦克在进行小修或者大修。此外，师里还有13辆Ⅲ号突击炮和24辆重型反坦克炮。

该师指挥层也进行了调整。首任师长泽普·迪特里希带领一些军官离开，准备组建SS第1装甲军军部。师长一职由党卫队旗队长特奥多尔·威施（Theodore Wisch）接任，威施也是警卫旗队系统的骨干元老之一，此前任师属SS第2装甲掷弹兵团团长。

警卫旗队师第二任师长特奥多尔·威施。

大量骨干军官的调离（用于援建"希特勒青年团"师），在很大程度上削弱了该师的战斗力。补充来的人员也有不少问题，由于德国境内食物短缺，警卫旗队师首批接收的来自希特勒青年团和帝国劳工组织的年轻人中有很多营养不良，在进行严格的训练之前，他们必须补充营养。党卫队各种后备单位和军校也向该师输送了大量士兵。此时，党卫军已经建立了自己的技术培训体系，可以培养各种具备专业技能的人才。

第三类补充兵员是来自空军的地勤或非战斗人员，这批约2500人填补了很大一部分战损缺额。这些人或是志愿加入空军的高级军士，或是刚完成基础训练的新兵，完全没有受过地面作战训练。他们对于来到警卫旗队师在柏林的军营、穿上党卫军的军服一点也提不起精神，毕竟在西线当空军地勤或行政人员，比在东线当一名步兵要好得多。

不过，大部分来自空军的新兵在紧张的训练中证明自己完全胜任新的职责。5月上旬，新兵们参加了一次为期5周的掷弹兵训练课程，主要学习武器和战术基础课程。那些有机械天赋的人则学习了卡车、装甲车和半履带车的课程。到夏季的前几个星期，大部分新兵都被接收，而不适应的则被清退。

单兵和连、排级训练结束后，补充兵们还参加了营级演习。该项目主要在哈尔科夫城北修建的训练场进行模拟实战演练。6月下旬，各营在炮兵、斯图卡轰炸机、师属战斗工兵连喷火分队的协同下对苏军防御阵地实施战斗侦察行动。工兵分队重点进行了扫清雷场和应对反坦克壕的训练，事实证明这对于党卫军在7月的战斗行动是相当有价值的。

"警卫旗队"装甲团也接收了不少空军人员。当新兵忙于初步训练时，老兵们则建好了舒适的夏季营房，开始过起老一套四平八稳的小日子来。1943年5月，"警卫旗队"装甲团7连连长拉尔夫·蒂曼描述了他的新岗位、无常的俄国天气以及附近战线传来的消息：

我又开始搞起训练计划、组织材料、教学、值勤花名册和训练来。要是天不这么冷就好了。前几天，难得一见的暴风横扫了整个草原，吓得我以为自己的茅草房顶都会被刮上天……前方地平线

"警卫旗队"装甲团7连连长拉尔夫·蒂曼。

上，蘑菇状的烟云直冲天际。接着大炮发出雷鸣般的轰响，附近的树林传来阵阵爆炸声。

狂风传来远方机枪的哒哒声。夜里天际线上可以看到各色火焰在闪耀，当火炮射击集火目标时能看到红色的闪光。空气中充满着隆隆的响声。

在这期间，警卫旗队师的编制也发生了变动。1943年6月上旬，"警卫旗队"装甲团1营返回本土换装豹式坦克。1营临走时倒是把所有Ⅲ号和Ⅳ号坦克都留在了东线，这些坦克全部补充给了2营。装甲团除了下辖2营外（5-8连），还有第9个连，团直属装甲工兵连，用于在得不到师属工兵营支援下可以自行进行工兵作业。此外，还有团直辖的第13重装甲连（虎式坦克）和维修连。

帝国师

4月的最初几天，帝国师绝大部分人员都撤出一线，转入预备队并前往哈尔科夫市及周边。同警卫旗队师一样，帝国师也迎来了新的师长。前任师长赫伯特·瓦尔（Herbert Vahl）于3月18日在别尔哥罗德附近的战斗中身负重伤，

不得不回国休养。师属炮兵团长库尔特·布拉扎克（Kurt Brasack）成为代理师长。1943年4月3日，瓦尔特·克吕格尔（Walter Krüger）开始担任帝国师师长一职。

帝国师指挥层的变动要比警卫旗队师

帝国师新任师长瓦尔特·克吕格尔。

小得多，但也失去了许多经验丰富的指挥官。例如曾在哈尔科夫之战中担任"元首"团团长的奥托·库姆（Otto Kumm）调任SS第5山地军参谋长，即将前往南斯拉夫地区赴任。

帝国师在编制上也有一些变动，原师属摩托车营番号被撤销，人员全部转入师属侦察营。原侦察营营长汉斯·魏斯（Hans Weiss）调任"帝国"装甲团1营营长。同警卫旗队一样，魏斯的1营也于当年春季返回德国本土换装豹式坦克，直到8月下旬才返回师建制。

因此帝国师手头只剩下一个装甲营——"帝国"装甲团2营。为了能弥补1营缺编造成的损失，帝国师利用缴获的T-34坦克和部分Ⅲ号和Ⅳ号坦克编入坦克歼击营。然后再将该营划给装甲团作为第二个装甲营使用。此前，帝国师是第4装甲集团军中坦克数量最少的装甲单位，直到6月下旬该师才报告有战斗力的坦克数大幅增加。到6月底，帝国师报告显示坦克数超过了100辆，而突击炮营则有32辆Ⅲ号突击炮，达到满编。

帝国师也在哈尔科夫附近的激战中损失了数千无可替代、身经百战的官兵，许多人是在防守城东漫长战线并面对苏军整个集团军轮番进攻的那几天中倒下的。从1943年1月下旬到3月底，帝国师共计有102名军官和4396名士兵

"帝国"装甲团2营营长克里斯蒂安·蒂克森。

死亡、重伤或失踪。正常情况下，三分之一的重伤员都会终身残疾，无法再回到部队。其中骨干士官和下级军官的损失是非常致命的。伤亡人员中最多就是掷弹兵营官兵、装甲兵和一

些专业兵种如战斗工兵、侦察营官兵等，而炮兵和后勤补给单位的损失则要小很多。

在哈尔科夫之战结束后的一段时间里，帝国师部分单位仍在别尔哥罗德地段从事防御任务，一直到4月底才全部撤出前线，住进哈尔科夫西北的营房休整。就在老兵们住进新居后不久，师属的初级军官教导连就着手挑选合适的人员担任排长和连长，并对其进行相应的培训。教官都是从历次战斗中脱颖而出的优秀军官。来自国内和党卫队各类军校的后备人员也陆续抵达。

为了让他们能胜任自己的战斗岗位，克吕格尔师长组建了一个综合教导团，在他的指导下还修建了用于射击和武器操作训练的靶场等设施。训练的目的是让新兵通过最后的考试：在实战中能够拿下苏军阵地。在战线后方，为了满足"德意志"团需要，师属工兵根据侦察机拍摄的苏军阵地照片，尽可能原模原样地仿造了一批1:1的苏军工事，在工事前还挖掘了很深的反坦克壕，用于工兵突击分队的越障训练。在结束单兵和分队训练课程后，各连排将利用仿制的苏军阵地进行演练，明确自己在实际突击战斗中的分工和角色。进攻目标是突破苏军战线，拿下布里亚希恰村附近的206.1高地。

完成模拟阵地的演习后，"德意志"团于6月5日发起了一次进攻战斗。01时，德军突击连利用夜色潜入苏军阵地，摸掉了前沿机枪火力点和观察哨。该连还得到了4名携带喷火器工兵的加强，事实证明这对于消灭苏军据点极为有效。当突击连开始发动突袭的时候，"德意志"团3营也进入了攻击出发阵地。04时10分，德国空军的18架斯图卡战机和炮兵一起对苏军主防御阵地进行炮火轰炸和空中打击。

事实证明，几个月的加强训练非常有效，

"德意志"团3营营长的君特·威斯利塞尼。

在进攻中，地面部队与支援的炮兵和"斯图卡"配合得十分默契。当炮兵向苏军第二阵地延伸火力时，"德意志"团3营立刻发起突击，在机枪火力掩护下，战斗工兵使用喷火器将烈焰射入苏军碉堡的射孔或堑壕，压制苏军步兵。趁此机会，掷弹兵们投掷手榴弹，并用冲锋枪猛烈扫射，迅速占领了碉堡和机枪巢密布的第一道阵地。另有两个突击小组甚至大胆穿插，从两翼向苏军射击。面对德军的正面压力和两翼打击，苏军的抵抗迅速瓦解。

当空中的"斯图卡"仍在投掷炸弹时，"德意志"团3营已经准备按预定计划对苏军坚固设防的183高地发起进攻。环绕高地的苏军堑壕被迅速突破，整个高地落入德军之手。11时30分，实战演习结束，为防止反应过来的苏军发起反击，给己方造成不必要的损失，部队在重炮火力掩护下撤回己方战线。

上级认为此次进攻大获全胜。鉴于实战中的不俗表现，在"堡垒"战役中"德意志"团率先冲锋的3个连各加强了一个携带喷火器的战斗工兵班。帝国师这一整套先开展单兵战斗技能训练再实施对模拟苏军阵地的营级进攻演练的训练计划经受住了战火考验。德军突击群在激烈的混战中配合默契，损失轻微。营级进攻战斗与师属炮兵和空军的协调非常出色。在哈尔科夫反击战后的几个月里，帝国师再次成为一支精锐之师，为即将到来的夏季攻势做好了充分的准备。183高地之战后，帝国师又根据此战的经验改进了训练。

髑髅师

髑髅师直到3月底仍驻扎在哈尔科夫东北的防御阵地上。该师和军里其他部队一样，也开始接收补充人员并展开训练，逐步恢复实力。

髑髅师在哈尔科夫之战中的战斗损失为693人死亡，1944人负伤，72人失踪，总计2709人。其中包括首任师长特奥多尔·艾克（Theodore Eicke）。1943年2月26日，由于师属装甲团先头部队与师部失去联系长达数小时，艾克亲自乘侦察机寻找部队（团长是他的女婿）。途中座机遭到苏军防空炮火射击，机毁人亡。

髑髅师的元老马克斯·西蒙(Max Simon)接任了师长一职，但他很快又奉命组建新的SS"党卫队全国领袖"装甲掷弹兵师。继任师长是来自师属炮兵团的赫尔曼·普里斯（Hermann Priess）。

总的来说，髑髅师的团、营级指挥层变动不大。巴尔杜尔·凯勒（Balder Keller）成为新的参谋长，原参谋长鲁道夫·施耐德（Rudolf Schneider）调任"髑髅"团1营营长。师属装甲团团长卡尔·莱纳（Karl Leiner）由于在战斗中没有表现出足够指挥才能而被调职，由欧根·昆斯特曼接任团长。

髑髅师师长的赫尔曼·普里斯。

1营营长埃尔温·迈尔德雷斯（Erwin Meierdress）以及2营营长格奥尔格·博赫曼（Georg Bochmann）都是实战经验丰富的军官。

1943年3月底时，髑髅师仅有16辆Ⅲ号、5辆Ⅳ号和3辆虎式坦克，共24辆坦克可以投入战斗。战后，坦克/车辆维修连在别尔哥罗德西南建立了修理厂，全力修复回收的战损车辆。在"堡垒"战役中，髑髅师装甲团原来的1营没有同警卫旗队

1营营长埃尔温·迈尔德斯。

和帝国师一样返回本土，而是继续留在一线作战。

如前所述，髑髅师还有一个较大变动就是"图勒"团的解散。1943年4月，该团撤销编制，人员和装备全部补充进师里，其中1个营的大部分被编入师属侦察营。"图勒"团的第2个营被改编为师属摩托车营，不久后又被撤编，人员全部转入师属装甲团和高炮营。

4月底，髑髅师主力开始将阵地移交第168步兵师，转移到了哈尔科夫西南的村庄中驻扎，为夏季攻势做最后的准备。在冬季战斗中负伤后送的官兵也陆陆续续返回部队。师里也补充了大量预备人员，其中有近1000人来自布拉格、慕尼黑和达豪的集中营，另外在华沙的师预备训练营也招募了400名新兵，其余的则是从空军或"髑髅队"调来。

与警卫旗队师、帝国师一样，髑髅师里经验丰富的军官和士官们也制订了系统的新兵训练计划，同时选拔一些表现突出的士兵参加士官培训课程，以期培养小分队的指挥骨干。到6月第一个星期时，该师人数达到近2万人，再次恢复到齐装满员状态。

与此同时，髑髅师还接收了大量崭新的或修复的坦克、半履带车、卡车、桶车和自行火炮等。装甲团大部分Ⅲ号和Ⅳ号坦克都加装了

侧裙板和炮塔附加装甲。

　　从7月4日可以投入战斗的坦克数来看，髑髅师无疑是SS第2装甲军中最强的一个师。师属装甲团的两个营合计有59辆Ⅲ号坦克，47辆Ⅳ号坦克，11辆虎式和8辆指挥坦克以及28辆突击炮，总计153辆。

　　到大战前夜，SS第2装甲军的3个师都通过修复受损车辆和接收新车逐渐恢复了实力。

陆军装甲师

　　德国陆军装甲师也需要重建。经过冬季和春季漫长而激烈的战斗之后，第4装甲集团军各装甲师的损失也很大。根据6月初的一份报告，这些部队的新式坦克数依然不足，这意味着距离"堡垒"战役发起不到一个月的时候，参战的陆军装甲师仍没有足够的坦克投入战斗。第4装甲集团军共有5个装甲师，其中第11装甲师和"大德意志"师归第48装甲军。直到6月23日，南方集团军群才通知第3装甲师也将转隶该军。第3装甲师是久经沙场的精锐之师，此前的冬季战斗中隶属第1装甲集团军。但由于在春季断断续续参加了一些战斗，因此赶到时只有68辆坦克可用。此外普通的陆军装甲师里没有虎式坦克连的编制。

第48装甲军军长奥托·冯·克诺贝尔斯多夫。

　　根据第4装甲集团军的文件显示，直到6月1日，集团军仍未获得足以完成"堡垒"行动的坦克数。第48装甲军总共才157辆坦克，其中大德意志师有81辆，包括49辆长管Ⅳ号和1个装备14辆虎式的重装甲连。第11装甲师只有40辆Ⅲ号和36辆Ⅳ号坦克以及8辆喷火坦克和6辆150毫米"熊蜂"式自行火炮。而稍后加入的第3装甲师到7月4日时也仅有68辆坦克，其中还有30辆是Ⅲ号坦克。进攻前一天，霍特手头的6个装甲师和1个豹式装甲团合计共有820辆坦克和184辆突击炮，其中有204辆豹式和49辆虎式坦克。这个数量看上去虽然十分庞大，但平均下来每个师只有100多辆坦克。

豹式坦克部队

　　希特勒本人对豹式坦克寄予厚望。但是这种新式武器的初次登场令人大失所望。所有豹式坦克被编入一个新组建的第10装甲旅，卡尔·德克尔（Karl Decker）上校任旅长。所有豹式坦克预计编成一个团，6月5日，迈因拉德·冯·劳黑特中校成为这个豹式坦克教导团的团长，这个团当时又叫做格拉芬沃尔（Grafenwöhr）装甲团（以驻地而得名）。劳黑特是一名经验丰富的装甲兵军官，曾作为第4装甲师下属第35装甲团1营营长在东线参加过激烈的坦克战。劳黑特用于组建新团部的人员都是1943年春季从第17装甲师第39装甲团调来的，因此"堡垒"战役开始后，这个豹式坦克团又名第39装甲团。

第10装甲旅旅长卡尔·德克尔上校。在东线拼杀了将近3年的德克尔是一名经验丰富的装甲兵军官。

　　如前所述，新式的豹式坦克将编成两个营。德军以第9装甲师下属第33装甲团的一群军官、士官和装甲兵为核心在埃尔朗根的陆军装甲训练场

负责训练2个豹式坦克营的迈因拉德·冯·劳黑特中校。

组建了第一个营——第51装甲营。该营在前往格拉芬沃尔加入劳黑特中校的第39装甲团后开始接收第一批豹式坦克（仅3辆），而且其中1辆很快就返厂做进一步的工程测试。不久，在军备部长施佩尔的敦促下，另外12辆豹式坦克也被送往格拉芬沃尔。

第二个营——第52装甲营是以第11装甲师下属第15装甲团1营的50名军官和士官为核心组建的，营长为卡尔·冯·西弗斯少校。这两位营长很快就发现他们将面对许多棘手的问题，首当其冲的是缺乏高素质的军官和有经验的装甲兵士官，要命的是连能用于训练的坦克也严重不足。两个营里的很多军官都来自第82装甲通信补充营，一个装甲无线电通信训练和补充分队，这些单位是提供不了合格的装甲兵军官的。虽说也从其他地方搜罗了一些老兵，但仍然缺乏经验丰富的军官和精英坦克车长。实际上，德军在东线一直拥有一群坚强、富有实战经验的装甲精英作为核心。但是第39装甲团却没有足够的豹式坦克开展连级规模训练，更没有时间去磨合出一支高素质的装甲劲旅。

就在部队训练

第52装甲营营长卡尔·冯·西弗斯（Karl von Sievers）少校。

之时，工厂也根据豹式坦克在测试中暴露出来的问题作了一些改进，例如更换新的油缸、改进排气管以及调整底盘和悬挂装置等。需要改进的坦克被立即运回柏林-法尔肯塞（柏林的卫星城）的国营修理厂进行升级。加上新装备机械故障频出，进一步妨碍了第39装甲团的训练。原本属于该团的许多坦克直到6月中旬还在腓特烈港的迈巴赫工厂以及卡尔斯鲁厄（Karlsruhe）的南德阿尔古斯工厂修修补补。希特勒指望着能有更多的新式坦克参加"堡垒"战役，因此命令施佩尔加快进度。德国工程技术人员也尽力解决现有的问题。结果如何将在实战中得到检验。

新任装甲兵总监古德里安曾于6月间两次前往第39装甲团视察，听取了有关坦克性能的报告。他之后向施佩尔和希特勒指出现有的豹式坦克只有不到一半可以投入战斗，而车辆短缺更是严重妨碍了训练计划。很多新乘员仅仅学会了如何驾驶，对维护保养一无所知。此外由于坦克过少，根本无法开展连、营级别的战术演练。此外，古德里安还建议不要将尚未磨合完毕的豹式坦克投入夏季攻势。显然最高统帅部没有人会理会他的意见。6月底，第一批列车载着第51装甲营从德国驶向东线。几天后，第52装甲营也不等火炮校准和无线电频率调整结束就奔赴战场。德克尔及旅部人员没有一同前往，而是继续接收装备和配齐直属分队。

6月29日，第51装甲营抵达别尔哥罗德以西20公里的鲍里索夫卡。第52装甲营也于7月4日下午赶到，但在下车前往集结地的途中就遇到了严重的机械故障，6辆坦克抛锚。等到达驻地后，装甲兵们还要调试无线电，为次日的战斗做准备，原计划的射击训练根本没时间进行。更要命的是，装运旅通信器材的列车直到7月3日才从柏林发车。等德克尔和他的副手赶到时，两个营根本凑不出上级所需的通信器材。劳黑特中校最后只能到大德意志师借了几辆车，再想方设法找来一些临时通信分队组建了指挥部。这一切都让这个被寄予厚望的部队的战斗力大打折扣。

有意思的是，在"堡垒"战役发动之前，SS第2装甲军曾想把豹式坦克转入自己麾下，但最终没能如愿。

6月29日至7月4日，由于第4装甲集团军一直坚持没有足够的坦克，德军最高统帅部曾打算将第653重坦克歼击营加强给该集团军，但最终还是连同第654重坦克歼击营一起加强给了中央集团军群的第9集团军。此外，负责掩护第4装甲集团军侧翼的肯普夫集团军级支队在7月4日时共计有432辆坦克和突击炮。尽管装备和兵员不足，第4装甲集团军还是在记录中指出，部队"高昂的士气和巨大的干劲儿"让各级指挥官坚信精心的准备和官兵的勇气足以赢得胜利。

同样地，苏军也面临许多难题。首先，主力T-34坦克不再是东线战场的王者，不仅虎式坦克，甚至换装长管炮的Ⅲ号和Ⅳ号坦克也可以有效击穿它的前装甲。其次，苏军此时仍有近三分之一的坦克是只能掩护步兵的T-70和T-60轻型坦克，根据租借法案得到的美英战车更适合支援步兵战斗，数量也严重不足。这一切都导致苏军坦克兵无法在开阔地战胜同等数量的德军坦克。

6月27日，在希特勒的催促下，南方集团军群指示各集团军/集团军级支队指挥和参谋人员，进攻发起日定于1943年7月5日。6月29日，第4装甲集团军和肯普夫集团军级支队开始进入集结地域。

从6月29日至7月4日间，第48装甲军进入SS第2装甲军左翼的集结地域，而后者则向北前出至别尔哥罗德西和西北，第167步兵师负责掩护着两个军的结合部。在德军前方，苏军牢牢控制住一些低矮的高地。德军前进观察员看不到

第51装甲营1连的豹式坦克，战术编号为"121"。这张照片应该摄于训练期间。

苏军纵深防御情况，也无法在进攻时引导炮火支援。

因此，第4装甲集团军决心在正式进攻打响前先动用两个装甲军的部队占领制高点，以便炮兵为7月5日清晨的主攻提供有力的支援。有意思的是，在如何扫清苏军前沿阵地的方式上，两支部队选择了不同的方式，体现出陆军和党卫军不同的战术思想。第48装甲军选择7月4日下午冒雨发动昼间进攻，SS第2装甲军选择利用7月4日夜间至7月5日凌晨天未亮的情况下实施突袭。SS第2装甲军的初衷是利用组织良好的夜间战斗达成突然性，最大限度降低伤亡。而第48装甲军几个突击营的伤亡要大得多。

苏军防守的高地前方是一片泥泞，也没有什么掩蔽物。近卫第6集团军更是在平均每公里的阵地前沿埋设了2400枚反坦克雷和2700枚反步兵地雷。此外，反坦克部队也在高地上严阵以待，前进观察员随时准备引导后方的喀秋莎火箭炮、榴弹炮和加农炮轰击进攻的德军。

6月30日，第4装甲集团军开始想方设法掩盖部队调动，以防引起苏军警觉。哈尔科夫改编指挥部曾将波尔塔瓦的陆军学校的人员车辆编成一支100多辆车的纵队进行昼间行军，离开实际进攻方向。尽量减少无线电通讯，使用传令兵传达重要命令和信息，在靠近前线的地方尤其如此。

从6月29日起，德军炮兵提高了对苏军前沿阵地的打击力度和射击频率，以图掩盖坦克装甲车辆正不断赶来的事实。一般来说，在防御战役中，一个集团军日均消耗500-800发炮弹。但6月29日这天，第4装甲集团军就打了2200发炮弹。

此外，德国第4装甲集团军和肯普夫集团军级支队还组织机动力量实施欺敌行动，以防苏军情报员人和游击队查明真实情况。许多部队和车辆东奔西跑，试图让苏军搞不清德军主攻方向和集结地域。这一欺敌行动一直持续到主攻前一天，但是苏军情报人员其实已经对德军的企图了如指掌。

6月30日深夜，正在行军的第48装甲军和SS第2装甲军的一些纵队遇上了瓢泼大雨。本就是泥土的路面变得泥泞不堪，连坦克和半履带车辆都只能在烂泥里慢慢蠕动，更别说轮式车辆了。第4装甲集团军得到这些车队无法在当天赶到集结地域的报告后，只得令其原地待命，视天亮后的天气再做决定。但南方集团军群则不断催促他们继续前进。这一夜，德军官兵痛苦不堪，只能一边忍受着潮湿而微凉的天气，一边大骂导致车辆陷住甚至滑出道路的泥泞。在官兵们齐心努力下，绝大多数车辆还是在顽强挪动，清晨时，绝大多数单位按时抵达集结地。只有第3装甲师和帝国师部分单位还在路上。第48装甲军的一个炮兵营虽然被堵在了路上，但还是设法在早晨赶到目的地。天亮后，天气开始放晴，太阳很快将浓雾驱散，只有少部分地区仍有小雨，但影响不大。当天早晨，第51装甲营向上级报告部队在半路途中陷进泥地，完全动弹不得。

7月2日，德国人总算开始转运，第4装甲集团军地段只下了一场小雨。德军最高统帅部在这天向连、营一级军官发布了作战命令，指出此次进攻将激发德国人民更大的力量，并向世界宣告俄国人的惨败。当务之急就是迅速从苏军手中夺取主动权。

7月3日，天气炎热潮湿，大部多云，鲜有降雨，但许多道路仍未干透，难以通行。第48装甲军的3个装甲师主力午夜时已经全部到达集结地，SS第2装甲军也于09时就位。

7月4日上午天空浓云密布，好在没有降雨。第4装甲集团军报告道路大部分变得干燥，可以通行履带式甚至轮式车辆。总体来说，整个战线一片宁静，对阵双方都屏息凝神，静候风暴降临。

就在7月4日黄昏之前，最后几列载着第52装甲营的豹式坦克的列车终于驶入鲍里索夫卡附近的车站。但大德意志师集结地远在北面，部队只得立即下车，夜间行军赶奔目的地。先头一辆豹式在经过鲍里索夫卡城中一座木质桥梁时将其压塌，重达45吨的战车倾覆，油箱也受损破裂，引发熊熊大火。德军立即组织救火，可是坦克里的75毫米炮弹在高温中接连爆炸，让人无法接近。德军只能眼睁睁看着坦克和桥一起化为乌有。第52装甲营余部别无出路，最终等第515工兵团第37架桥营赶来架起一座临时桥梁后方才渡河。

7月4日这天上午，南方集团军群战线一片宁静。当天，德军宣读了希特勒7月4日签署的告士兵书：

今天你们将开始一场伟大的进攻战，这次作战将对整个战争的胜负产生决定性影响。你们的胜利将比以往更加有力地在全世界巩固一条信念，即对德国武装力量的任何抵抗都是徒劳的……今晨的强大突击，将使苏军大吃一惊并使他们彻底震动。而你们应懂得，一切都可能取决于这次会战的结局。

深夜，哈尔科夫改编指挥部重新更名为第4装甲集团军，因为此时再无掩盖的必要了。

第二章　苏军的准备

在1942年底至1943年初的冬季战局结束后，苏德战场暂时平静下来，只是在库班地区，苏德空军为争夺制空权进行着激烈的战斗。苏联方面声称其通过库班空战赢得了制空权，但这并不是事实，红军空军将在库尔斯克战场上继续面临极大的压力。无疑，此时苏军已经夺取了地面战争的主动权，下面就该为1943年的夏季战局做准备了。

苏联武装力量实力的增长

从1941年6月以来，苏联就一直抗击着德国国防军75%的力量。斯大林甚至怀疑美英盟友是不是在坐山观虎斗，坐等德国和苏联都精疲力竭后再抢夺胜利果实。但是他的这一怀疑并不公正。美英盟国通过各种方式为苏联提供了帮助。

第一，美英盟军沉重打击了德国空军。从1942年11月到12月，为了应对北非的威胁，德国空军有400架飞机被从东线调往地中海战区。实际上，从1942年11月到1943年5月，德国在地中海上损失的飞机已经达到2422架，这是德国空军全部实力的40.5%。另外，盟军还对德国实施了战略轰炸，这是苏联无法做到的。即使由于难于直观计算和存在争议，撇开轰炸对德国工业造成的影响不谈，仅从德国空军的损失就

可以看出其对东线的帮助。从1943年3月开始，德国战斗机在西线的损失一直超过其在东线的损失。甚至在1943年7月，库尔斯克攻势的顶峰，在德国本土上有335架德机被击落，而在东线只有201架。而战斗机回国防空及因此造成的高昂损失是德军丧失东线制空权的主要原因之一。

第二，盟国为苏联提供了大量的租借物资。苏联在1941年丧失了大片工农业产区，盟国为其提供了大量铝、锰、煤炭、油料、粮秣被服、火车头、车厢、卡车以及武器装备。到战争结束时，苏军装备的卡车中每3辆就有2辆是外国产的，包括40.9万辆货运卡车和4.7万辆威利斯吉普。根据德军的观察，在库尔斯克会战中，苏军装备了不少美英制造的坦克。诚然这些"瓦伦丁""玛蒂尔达""丘吉尔"和"格兰特/李"坦克不如苏制T-34中型坦克，但远比轻型坦克强。而1943年时苏军仍有三分之一的坦克为轻型坦克。租借坦克即便不能在坦克战中占上风，仍可以在侦察、支援步兵战斗等方面提供很大帮助。

第三，虽然尚未开辟第二战场，但盟军仍给予德军沉重打击。在1942年底的第二次阿拉曼会战中，英国第8集团军粉碎了德国的非洲装甲集团军。此外希特勒由于担心盟军的登陆，将很多部队调往法国、希腊等地，以防不测。

西方盟军通过"租借法案"向苏军援助了大量坦克，虽然这些坦克中大多数都是轻型或步兵坦克，但也极大地帮助了苏联人民抗击纳粹德国的斗争。

当然，对于1943年夏季的苏军来说，他们仍然要依靠自己的力量来挫败德军。首先要做的就是加强部队的实力。

从1941年中到1942年底，几乎所有苏联步兵集团军都由6个师和直属集团军司令部的几个独立旅组成。但在1943年，国防人民委员会开始重新组建步兵军，每个军由3-5个师和专业支援分队组成，隶属于集团军司令部。步兵旅被逐渐改编为完整的步兵师，而战绩优良的步兵师则改编为近卫军。由于产量和人力允许，步兵集团军、军、师逐渐接收了各种各样的专业技术兵种，比如装甲兵、工兵、高射炮兵和迫击炮兵。这些附属单位成了近卫部队中的常见配置，在担负主攻任务的步兵军或集团军里也很常见。如此一来，苏军一个典型的步兵集团军由步兵、野战炮加少量反坦克炮和高射炮的单纯大杂烩，升级为综合各种战斗和勤务兵种的诸兵种合成集团军。

此外，为了支援方面军和集团军的战斗，苏联最高统帅部组建了大量独立部队，并按照战役需求将其分配到野战部队中，其意图主要是为突破、纵深发展胜利、强攻坚固工事和城市作战提供火力支援。1942年和1943年期间，苏军组建了大量装备加农炮、榴弹炮、反坦克炮、高射炮、自行火炮和火箭炮的独立营、团、旅，甚至编为炮兵师和炮兵军。方面军和集团军司令可以将这些独立部队灵活分配给主要进攻/防御地段上的部队，从而协助其完成任务。

但苏军和德国国防军一样面临普遍性的人员短缺。苏联的动员程度要远胜德国，但现在再也没有足够的兵力来填满战时新组建的部队了。绝大部分新坦克集团军是围绕被严重削弱的步兵集团军司令部组建的。高优先级的部队，比如机械化和近卫部队，则比普通单位接收了更多的补充人员和装备。其编制表也不相同，一个近卫步兵师满编有10670人，而普通步兵师只有9435人，在野战炮和自动武器方面，近卫师也比典型的步兵师多。但实践中，典型的步兵师就和德国一样严重缺人和物质。1943年夏，一个普通苏军步兵师有7000人。

虽然苏军步兵师人数较少，但主要以战斗兵员为主，而且在主要地段作战时会得到军、集团军所属独立部队的加强。

在1943年4月3日，苏军一线部队共有579.2万人，到7月9日，这个数字上升为672.4人，其中绝大部分与德军及其仆从国交战。

进攻还是防御

在筹划1943年的夏季战局时，苏军统帅部也在争论究竟先发制人还是后发制人。起初斯大林和以沃罗涅日方面军司令尼古拉·费多罗维奇·瓦图京（N. F. Vatutin）为代表的一批高级将领认为先于希特勒发动总攻是最佳方案，而朱可夫和总参谋长亚历山大·米哈伊洛维奇·华西列夫斯基仍然记得上个冬天德国党卫军装甲军、大德意志师和几个疲弱的装甲师如何在丢掉哈尔科夫后反手一击、重创己方乘胜追击的4个集团军的痛苦教训。苏联军人更擅长防御，在机动进攻战役中战术相对呆板。相反，德国人却已经多次证明他们是这方面的大师。德国装甲师在实施机动作战时要比苏军的坦克和机械化军强得多。两人在意识到德军这方面的长处后，经过综合考量，

苏军第一副总参谋长阿列克谢·因诺肯季耶维奇·安东诺夫大将。

最终提出了一个更适合1943年夏季苏军素质和实力的方案——构筑良好的纵深防御体系，同时建立强大的战役战术预备队为后盾，让德军先行进攻，依托防御将其削弱之后，再从南北两个方向发起全面反攻。

但是斯大林及其他一些将领更倾向于进攻，毕竟进攻方有选择战场的自由。最关键的在于，苏军能否顶住德军坦克集群的冲击？从3月末到4月初，在国防委员会和大本营进行了多次讨论。最后，4月12日晚，斯大林、朱可夫、华西列夫斯基和副总参谋长安东诺夫举行会议。三位第一流的军事专家说服斯大林选择防御。四人决定：集中兵力在库尔斯克突出部两面，用坚强的防御拖垮敌人，而后转入反攻将其歼灭。下一步，苏军将发起总攻，在哈尔科夫、波尔塔瓦和基辅方向实施主要突击。同时他们也研究了另外一个方案：如果德军统帅部最近不在库尔斯克发动进攻，并长期拖延时间，苏军将转而采取进攻行动。

苏军的防御准备

意见统一后，苏军统帅部开始了紧锣密鼓的准备。当务之急是在库尔斯克建立起强大的防御体系。联共（布）各级基层党组织立即根据国防委员会的要求动员库尔斯克、奥廖尔、沃罗涅日和哈尔科夫等州的前线居民同军队一起构筑防御工事。在4月份，仅库尔斯克州就有105000人在中央方面军和沃罗涅日方面军参加了劳动，6月份达到了30万人。在库尔斯克南线，苏联军民挖掘了83912个步兵掩体、机枪掩体和反坦克枪掩体，构筑了5322个指挥所和观察所，17505个掩蔽部和土屋式掩体，埋设了63.75万枚反坦克雷和人员杀伤地雷，设置了593公里铁丝网障碍物。堑壕和交通壕长度达到了4240公里！苏军在前沿依次设置了主要防御地带、第二防御地带（距离主要防御地带前沿

10-12公里）、第三防御地带（即集团军后方防御地带，距离前沿20-40公里）。其后的奥利霍瓦特卡—法捷日—柳比莫夫卡—马里英诺—科罗恰—谢贝基诺和库皮扬斯克设置了方面军第一防御地区。从叶夫兰诺瓦折向第一沃罗比约夫卡，然后从西部以半圆形绕过库尔斯克，经松采沃至曼图罗沃，再由此向前至格尼洛耶、沃洛康诺夫卡和瓦卢伊基是方面军第二防御地区。最后再维尔霍维耶—利夫内—叶夫兰诺瓦—多尔加亚—季姆—斯科罗德诺耶—切尔尼扬卡—布琼诺耶一线，还有几乎把库尔斯克弧形地带两端连接起来的方面军第三防御地区。其后还有草原军区防御地区和国家防御地区。

苏军在南方还建立了一支强大的战略预备队——草原军区（未来会展开成草原方面军），该部肩负着双重使命：如果德军装甲部队突破了库尔斯克南北两面的防御体系，冲入战役纵深，方面军可以迅速果断地对其实施强大的反击；反之，待德军装甲部队损失殆尽、被迫停止攻势后在南线发起战略反攻。要命的是，德军统帅部虽然多少知道苏军后方有一些机械化部队，但从来不知道竟有一个方面军之多，而且从曼施泰因回忆录的名字《失去的胜利》来看，他一直到战后也不知道。此外，苏军还在突出部北面防线之后集中了另一支强大

沃罗涅日方面军司令瓦图京大将。

的战略预备队。斯大林在这里部署了2个齐装满员的坦克集团军和几个独立坦克或机械化军以及一些步兵预备队。

在南线，担负一线防御的是瓦图京大将的沃罗涅日方面军，他们将首先承受德军第4装甲集团军和肯普夫集团军级支队的进攻。瓦图京把麾下4个集团军（近卫第6、第7集团军和第38、第40集团军）沿战线一字排开，又在后方放置了1个步兵集团军和1个坦克集团军作为预备队，以应付突发情况。

第38和第40集团军位于德军第4装甲集团军进攻地段以西，而部署在别尔哥罗德正北面的近卫第6集团军将首当其冲，迎战霍特。在该城东南方，近卫第7集团军将正面迎击肯普夫。两个集团军都加强有大量反坦克炮、火炮和坦克。拥有5.2万人的第69集团军和下辖3个师的近卫步兵第35军以及其他战斗和支援单位都被配置在一线集团军后方。

沃罗涅日方面军的装甲战役预备队包括卡图科夫中将的坦克第1集团军，位于近卫第6集团军后方的该集团军拥有超过600辆坦克，负责保卫奥博扬以南接近地。他们的任务非常重要，因为奥博扬背后就是辽阔的草原地带，德军冲过去就可以畅通无阻地挺进库尔斯克。此处的地形非常适合德军最擅长的快速机动作战。瓦图京还拥有近卫坦克第5军和近卫坦克第2军两支精锐部队，加起来总共有约400辆坦克，其中2/3为T-34中型坦克。这些坦克虽然数量众多，但都是作为战略战役预备队部署在防线后方，苏军步兵和反坦克歼击炮兵将承受德国装甲兵的最初冲击。

7月4日，近卫第6集团军已经在别尔哥罗德北面和西面的弧形阵地上展开。该集团军下辖两个步兵军，加强有一个步兵师及大量独立团和营。近卫第6集团军司令奇斯佳科夫中将经验丰富，战争爆发时他是一名旅长，斯大林格勒会战前升任军长。在斯大林格勒会战中先后指挥近卫第1和第21集团军，后者因作战英勇顽强、付出重大牺牲而改称为近卫第6集团军。

集团军所属的近卫步兵第22军（下辖近卫

近卫第6集团军司令伊万·米哈伊洛维奇·奇斯佳科夫中将。

步兵第71和第67师）扼守佩纳河弯曲部南岸阵地，挡在德军第48装甲军前面，加强有坦克第245团（50辆坦克）的近卫步兵第67师作为军预备队被部署在稍微靠后的位置。近卫步兵第23军在SS第2装甲军正面构筑了防御体系，该军右翼的近卫步兵第35师扼守着别尔哥罗德向北通往奥博扬和库尔斯克方向的公路，他们面对的是德军警卫旗队师和帝国师；步兵第375师则控制着别尔哥罗德城北一带，左翼（南翼）在城东与近卫第7集团军相接；近卫步兵第52师背后就是坦克第230团，他们的任务是阻击沿托马罗夫卡以北至贝科夫卡和雅科夫列沃公路一线（南北走向）向北进犯之敌。近卫第6集团军还在最左翼部署了坦克第96旅，以防德军突破自己与近卫第7集团军的结合部。近卫步兵第90、第51和第89师则被放在了第二道防线，其中近卫步兵第89师被部署在了坦克第96旅的侧后方，准备随时协同反击冲破防线的德军。此外，近卫第6集团军还掌握着反坦克歼击炮兵第27和第28旅以及10个反坦克歼击炮兵团。

为弥补各师火力的不足，大本营为近卫第6集团军加强了5个加农炮兵团、2个迫击炮兵团、2个高射炮兵旅和5个独立反坦克枪营，使其火炮数量达到了1674门，其中各种口径的反坦克炮有418门，76毫米、122毫米、152毫米以及203毫米口径身管压制火炮477门，平均每公里密度达到了27.9门。

为了对付德国人，苏军还花费了大量时间和精力制订了炮兵射击预案。他们在德军装甲部队可能进攻的8条路线上都放置了数个炮兵连加以掩护。在德军前方，近卫第6集团军还沿贯穿整条战线的小高地和山脊线为所有前沿炮兵观察哨构筑了地堡和伪装阵地，并用雷场加以掩护。这些地势较高的阵地不但为炮兵校射员提供了理想的观察点，而且还让德军无法观察到其战术防御纵深。因此，德军在主攻前必须先拔掉这些"眼睛"，并把自己的观察员部署到山脊线一带，才能进行后续的进攻。

由于以往德军发动的任何一次大规模攻势中，装甲师总能突破苏军战术战役防御，插入战略纵深，苏军统帅部高度重视对坦克的防御，他们用精心构筑、伪装严密的反坦克炮阵地尽可能击毁德军坦克。近卫第6集团军在防线上构筑了28个主要的防坦克支撑点，其中8个位于主要防御地段。每个这样的反坦克堡垒包含一个装备4至6门45毫米反坦克炮的连，1个装备大量反坦克枪的步兵连，还加强有战斗工兵。

老式的45毫米M42反坦克炮在较远距离上对德军Ⅲ号和Ⅳ号坦克的前装甲已经力不从心，而虎式和豹式坦克的前装甲更是在任何距离上都免疫此类炮弹的打击。虽然苏军有威力更大的57毫米ZIS-2反坦克炮，但产量极为有

近卫步兵第23军军长帕维尔·普罗科皮耶维奇·瓦赫拉梅耶夫。

近卫步兵第22军军长尼古拉·博列斯拉沃维奇·伊比扬斯基少将。

限，"堡垒"战役发起时苏军仍装备了大量45毫米反坦克炮。76毫米ZIS-3师属加农炮在使用高速穿甲弹后将是德军所有坦克的强劲对手。

为了进一步增强支撑点的火力，苏军还将85毫米高射炮放进掩体，有时甚至会使用152毫米炮直瞄射击德军重型坦克。虽然拥有SU-122和SU-152自行火炮，但截至7月只有极少数列装。苏军在德军必经之路上挖掘了坦克掩体，将坦克当成固定火力点。同时还修筑了隐蔽的射击阵地和备用阵地，使得坦克可以在只将炮塔露出地面的状态下开火，德军很难在苏军坦克开火之前就发现他们。

一些独立的反坦克歼击炮兵部队也被配属到各个步兵师以加强反坦克能力。比如近卫步兵第71师就加强了反坦克歼击炮兵第27旅，另在会战前后又补充了4个反坦克营。

近卫第6集团军虽然得到了大量的武器装备，由于技术和训练方面的问题，并非所有部队都能熟练地发挥最大效力。某些师和军的炮兵部队是匆忙组建的，没有任何实战经验。到1943年，苏军仍有很多问题未能解决，制约了炮兵战斗力的发挥。大量新组建或重建的部队急需大量受过无线电和通信器材使用、维护训练的专业人员，但当时苏军根本来不及培养。由于操作人员维护不力、技术知识匮乏，军官们也多不熟悉战地通信，结果就连军一级炮兵部队的通信能力都受到了影响。很多新组建的参谋部门也缺乏战时通信经验，无法在瞬息万变的机动作战中熟练指挥炮兵火力。为了克服这一缺陷，集团军组建了一个专门的司令部来指挥自己的炮兵，设立炮兵司令在危急关头越级指挥炮兵。

1943年春季，苏军防御阵地一角。边上的迫击炮是82毫米口径的1941型。

以近卫第6集团军两个一线步兵师/近卫步兵师的具体防御部署为例，可以大概看出苏军的前沿防御准备。

近卫步兵师——近卫步兵第52师沿西起沃尔斯克拉河西岸、东到叶里克村约14公里宽的地段上建立了抵御德军的第一道防线。该师在两条河流之间的一连串低矮山丘上构筑了许多防御支撑点，还在每座高地上为反坦克炮兵连布置了精心伪装的环形防御阵地以确保不留死角。在掩护托马罗夫卡至贝科夫卡道路的防坦克支撑点拥有8门76毫米火炮、4门45毫米火炮和48支反坦克枪，而掩护别列佐夫和格列穆奇居民地的防坦克支撑点则拥有8门76毫米火炮、10门45毫米火炮和4支反坦克枪。此外还在德军坦克所有可能推进的道路上部署了交叉火力的反坦克炮。在两座高地的接近地附近还挖掘了3至4米深、10米宽的防坦克壕，完全可以阻止坦克和突击炮的通行。防线上星罗棋布的机枪火力点和掩体得到铁丝网和诡雷的保护，迫击炮也标定好了所有防坦克壕。进入壕沟躲避机枪和炮兵火力的德军步兵就会在此落入陷阱。苏军各个步兵营还配备了大量的狙击手，他们藏身于防线各处，随时准备狙击重要目标。每个防御阵地前都有很宽的雷区，其密度达到平均每公里1500枚反坦克雷和1700枚人员杀伤地雷。

在组织防坦克支撑点时，苏军十分重视支撑点内各种火器以及与友邻支撑点之间、与配置在遮蔽发射阵地上的火炮和迫击炮的协同动作。在防坦克支撑点前面确

近卫步兵第52师师长伊万·米哈伊洛维奇·涅克拉索夫上校。

定了明显的方位物，与方位物的距离预先经过准确的测量。主要依靠这些方位物指示目标。支撑点之间的通信联络依靠无线电、有线电话和运动通信工具来保持。

近卫步兵第52师除了编制内的38门反坦克炮外，还得到了反坦克歼击炮兵第538和第1008团的48门反坦克炮的加强。除此之外，近卫步兵第52师还拥有担任预备队的反坦克歼击炮兵第28旅（装备有72门火炮），以防反坦克力量的不足。此外，该师还组建了两个45毫米炮兵连、4个76毫米炮兵连和坦克第230团23辆T-34坦克组成的反坦克预备队。坦克第230团的23辆轻型坦克（T-60/T-70）用于侦察。

普通步兵师——步兵第375师防御地带宽17公里，因此火力密度相对较小。步兵第375师仅在团防御地段内建立火力配系，基本火力主要集中在前沿。虽然火力密度较小，火力配系的纵深不大，但地雷爆炸性障碍物的密度很

步兵第375师师长彼得·德米特里耶维奇·戈沃鲁年科上校。

大。师前沿每公里正面有4至5挺重机枪、11挺轻机枪、70支冲锋枪、160支步枪、1至2门120毫米迫击炮、4至5门82毫米迫击炮、4门反坦克炮、6支反坦克枪。

上述火力仅仅保证了可以很好地杀伤步兵。为了形成拳头，集中打击德军坦克，师长决定在德军坦克最可能进攻的地段建立两个强大的反坦克炮兵预备队，都配置在靠近战斗队形两翼的地方。其中一个配置在右翼的索申科沃地域，由4门45毫米火炮、1个反坦克枪排、1个工兵排和一个冲锋枪排编成。另一个配置在

左翼的远伊古缅卡附近，由1门76毫米火炮、8门45毫米火炮、8支反坦克枪、1个工兵排和一个冲锋枪排编成。这样配置是为了缩短实施机动的时间，及时加强对坦克防御。当时该师在宽大地带设防，掩护着两个重要方向：别尔哥罗德—奥博扬—库尔斯克公路方向，以及别尔哥罗德—库尔斯克铁路方向。

近卫步兵第52师和步兵第375师都建立了快速障碍设置队，与反坦克炮兵预备队部署在一起，协同行动。快速障碍设置队通常由携带150至200枚反坦克雷和100至150公斤炸药的工兵排组成，并得到2到3个冲锋枪排的加强。

近卫第7集团军司令米哈伊尔·斯捷潘诺维奇·舒米洛夫中将。

从德国第4装甲集团军右边的别尔哥罗德城东北开始，向南延伸30多公里至顿涅茨河东岸是近卫第7集团军防守的地段。该集团军与肯普夫集团军级支队隔河对峙。司令员舒米洛夫中将久经沙场，他和他的近卫第7集团军曾在斯大林格勒战役中立下赫赫战功。

近卫第7集团军编成与近卫第6集团军类似，但坦克数量要强得多。坦克第201和第27旅分别有60和65辆坦克，另外3个独立坦克团合计还有约150辆坦克。大本营还给集团军加强了两个自行火炮团、3个牵引炮兵团和高射炮兵第5师。近卫第7集团军还加强有一个反坦克歼击炮兵旅、4个反坦克歼击炮兵团、5个反坦克枪营，反坦克能力大大提升。这些反坦克炮绝大部分都分配给了一线的步兵师，少量用作预备队。近卫第7集团军共有7.7万人，近1600门火炮、迫击炮和火箭炮。集团军战术预备队还有大约225辆坦克，有意思的是，这个数字与未得

到45辆虎式坦克前的肯普夫集团军级支队坦克数差不多。后者将于7月5日强渡北顿涅茨河，试图突破近卫第7集团军的防线。

以下以近卫第7集团军两个一线近卫步兵师的具体防御部署为例，介绍一下第7集团军的防御准备工作。

根据上级命令，近卫步兵第81师在集团军右翼转入防御，防御地带宽9公里。到1943年6月20日，该师挖掘了39公里堑壕和交通壕，构筑了222个步兵掩体、486个机枪掩体、136个反坦克枪掩体、148个迫击炮掩体和143个反坦克炮掩体。此外还构筑了228个人员掩蔽部和掩蔽工事，布设了24789枚人员杀伤地雷和13.5公里的反坦克雷场。

在该师地段上，德军坦克可能进行密集突击。近卫步兵第81师决心把主力放在左翼，战斗队形编为两个梯队。近卫步兵第235和第238团担任第一梯队，近卫步兵第233团担任第二梯

近卫步兵第81师师长伊万·康斯坦丁诺维奇·莫罗佐夫少将。

队，在第二阵地上，几乎位于师防御地带的中央占领阵地。除第二梯队外，师属独立教导营担任总预备队。此外，还有近卫步兵第52师还有师属和配属炮兵组成的远战炮兵群（1个加农炮兵团）、支援步兵的炮兵群（5个炮兵营）和反坦克歼击炮兵预备队（1个反坦克歼击炮兵连）；坦克团则担任机动预备队。师地带内建立了4个防坦克地域。集团军炮兵群的分群在师地带内占领射击阵地，军快速障碍设置队也配置在这里。

右翼团的各营都编入第一梯队。在重要方

向上防御的左翼团，两个营编入第一梯队，1个营编入第二梯队。师防御纵深达6公里。

上述防御布置都是以地形特点为依据的。师地带右翼部分得到北顿涅茨河的掩护，坐落在前沿上的旧城建筑物适合防御和以少数兵力建立强大的抵抗枢纽部。在师地带的左半部当面，德军在北顿涅茨河东岸掌握着一块不大的桥头堡。在防御地带的纵深内，地形开阔，便于坦克突击。德军一旦在这里达成突破，便有可能前出到师战斗队形的后方。因此，要在防御纵深大密度地配置反坦克兵器。在成功选择了第二梯队团的防御地段后，给该团制定了师地带中央的关键性地域，下达了固守这一地域的任务，从而保障了整个防御的稳定性。但近卫步兵第52师没有制订以第二梯队团对进攻德军进行反击的计划。

近卫步兵第78师的任务是守卫"丰收日"集体农庄（不含）、"林中空地"国营农场、下奥沙涅茨地带。编成内有近卫步兵第223、第225和第228团，近卫炮兵第158团，独立反坦克歼击炮兵第81营以及战斗保障部队。

近卫步兵第78师师长亚历山大·瓦西里耶维奇·斯克沃尔措夫少将。

该师共有7854人。每个步兵团有3个营，每营3个连。近卫步兵第78师还得到了炮兵第671团的一个营和集团军反坦克枪第4营的加强。

近卫步兵第78师把主力集中在了右翼，前沿沿北顿涅茨河东岸设置。在格涅拉洛夫卡、克鲁托伊宽沟村（Krutoi Log，即克鲁托伊洛格）地区建立预备阵地。全师战斗队形分为两个梯队。右翼近卫步兵第228团占领较窄的地

段，加强有两个反坦克枪连和反坦克歼击炮兵第81营的两个连。该团的任务是阻止德军向多罗戈布热尼、格涅拉洛夫卡方向突破，坚守所占防御地段。团地段宽5公里，第一梯队营分别防守2至2.5公里的地域。在拉祖姆诺耶居民点地域建立防坦克地域，用以掩护第一梯队团之间的结合部。该团还得到近卫炮兵第158团一个营的支援。

左翼近卫步兵第225团和加强的集团军反坦克枪第4营的一个连防守着约宽7公里的地段，战斗队形成两个梯队。第一梯队分别占领宽3.5公里的地域。团的战斗也得到近卫炮兵第158团的一个营支援。

近卫步兵第223团（缺1个营）担任师第二梯队，在格涅拉洛夫卡、克鲁托伊宽沟村、164.7高地地域构筑防御地段，任务是阻止德军沿拉祖姆纳亚河岸实施突破。在师预备队的协同下以反冲击歼灭德军。近卫步兵第223团的一个营加强反坦克歼击炮兵第4营的一个连，担任预备队，他们的任务包括随时应对紧急情况；加强第一梯队团的防御地段内受威胁方向上的防御，也就是封闭战斗过程中第一梯队团战斗队形中出现的缺口；在第二梯队团右翼的后面构筑防御地域。为此，近卫步兵第78师还给预备队加强了反坦克歼击炮兵。该师的反坦克预备队由反坦克歼击炮兵营的最后一个连组成。

近卫步兵第78师转入防御和组织防御都是在与德军直接接触的条件下进行的。首先建立火力配系，构筑第一道阵地，设置前沿前的障碍物。然后随着各部人员和武器装备的补充，加大防御纵深，增大火器密度，特别是反坦克武器的密度，构筑第二道防御阵地。为了保障重要方向上第一和第二道阵地之间的火力联系，该师还构筑了一些独立支撑点。师地带前半部内的所有居民点都可以进行环形防御。

坦克第 1 集团军司令米哈伊尔·叶菲莫维奇·卡图科夫坦克兵中将。

炮兵发射阵地距离前沿3至4公里。炮兵集中使用。对坦克防御配系由防坦克支撑点组成。每个支撑点有5至7门火炮和约一个连的步兵。师地带内坦克威胁方向上的反坦克火炮密度达每公里正面20至22门，不过绝大部分是45毫米炮。

在南面，苏军主要的战役预备队是部署在近卫第6集团军后方的坦克第1集团军，任务是阻止德军第4装甲集团军向北突向奥博扬。司令员卡图科夫中将久经沙场，可以说是苏军最优秀的坦克指挥官之一。战争爆发时，他先是指挥一个师，后又在莫斯科保卫战中指挥坦克第4旅，在姆岑斯克一战扬名。因屡立战功，后升任机械化第3军军长。1943年1月，坦克第1集团军组建完毕后，他出任司令，隶属于沃罗涅日方面军。集团军下辖3个坦克/机械化军，拥有646辆坦克和自行火炮，4万名官兵以及超过450门火炮和迫击炮。

草原军区

在南线的一线部队和坦克第1集团军后方，斯大林还集结了一支庞大的战略预备队。该军团最初在草原军区辖区内组建，不久改称草原方面军。司令员科涅夫上将是苏军中数一数二的名将。草原方面军下辖5个步兵集团军：近卫第4、第5集团军和第27、第47以及第53集团军，共计32个步兵师。每个步兵集团军都得到独立坦克军或坦克旅的加强。这些较小的机动

部队合计有约500辆坦克。方面军麾下最大的坦克兵团是近卫坦克第5集团军。该部编有坦克第29和第18军、近卫机械化第5军，合计约595辆坦克，其中将近2/3为T-34坦克。此外，集团军还下辖独立反坦克歼击炮兵、摩托车营和自行火炮等部队。在方面军战斗序列中还有3个骑兵军、拥有189辆坦克的近卫坦克第4军和400多辆坦克的两个机械化军，合计1495辆坦克。

草原方面军司令伊万·斯捷潘诺维奇·科涅夫上将。

苏德装甲（坦克）兵对比

到了1943年夏天，苏军已经编制出了更为合理的机械化部队架构，后勤体系也大幅改善。所有坦克军和坦克旅都由经验丰富的军官指挥，他们熬过了战争最艰难的阶段，在与德军的艰难对抗中吸取了经验教训。虽然依然不能在开阔地形上的机动战中与德军装甲师相抗衡，但苏军机动部队已经不是1941年和1942年时那种笨拙而差劲的编制了。

库尔斯克会战后期，可以看到苏军在后勤和战斗保障体系上已经得到了极大的改进。从7月9日到11日，苏军可以在战略预备队中抽出近卫坦克第5集团军，让其几乎保持近600辆坦克齐装满员地行军数百公里，抵达普罗霍罗夫卡。另外一个规模略小的例子是7月11至12日，两个坦克军实施远距离机动，完全不受油料短缺或机械故障影响，要知道这常常会造成大量的坦克损失。这些都是很了不起的成就。

这样苏军就解决了大量坦克不能出现在

战场上的问题，但在战术层面上，德军装甲兵相对同规模苏军坦克部队依然有明显的质量优势。以往绝大多数关于库尔斯克会战的著述都让人感觉1943年夏的德军装甲兵要弱于苏军。事实绝非如此，德国装甲兵在开阔地上与苏军坦克正面交战时几乎总是取胜，而战损比也是一边倒的。这不是因为苏军坦克兵缺乏勇气，绝大部分要归咎于不受他们控制的客观因素。

苏军坦克手面临的最大问题在于有三分之一的坦克是轻型坦克，主力的T-34坦克的装甲防护力和火力到了1943年也不再有优势。在"堡垒"战役发起前，德军Ⅲ号坦克大多更换为M或L型。绝大部分Ⅳ号坦克也换成了长管的F2或G型。两种坦克都加厚了装甲。新型的虎式和豹式坦克更是可以依靠坚实的装甲和更大口径的火炮远距离射击苏军坦克。

其次，除了指挥车外，红军绝大部分坦克都未配备无线电，无法实现单车乃至分队间的联络。往往只有营长或连长的座车才装有无线电。这样当营长/连长处于战场中时就无法联系各车组或分队指挥员，很难控制部队。

由于通信受限，尽管典型的机动坦克战需要随机应变，但苏军只能给部队下达简单的命令，丝毫不采取复杂的策略和伪装。结果苏军坦克兵团的进攻行动很多时候都是死板教条地沿着预定进攻方向一线平推，而且不顾损失，也缺乏与步兵、炮兵和航空兵的配合，无法有效抗击德军反突击。

相比之下，德军坦克车长不仅可以用耳机和话筒与车内乘员交流，还可以通过无线电收发机实现与任何一辆坦克间的即时通信。连长/营长能够一边向手下坦克发布命令，一边指挥座车。这种通信能力对于有效实施坦克进攻战是不可或缺的，否则无法实现密切协同，也不能对瞬息万变的战场形势迅速做出反应。

苏军坦克指挥员面对的第二个难题就是他同时身兼炮手一职。这样他就很难指挥自己的座车和手下其他坦克。早期和中期型的T-34坦克都采用双人炮塔，只能容纳一名装填手和一名炮手/车长。车长不得不亲自瞄准射击，根本无暇观察周围或指挥。在库尔斯克会战期间，所有苏军坦克都受这一问题困扰。直到1943年末，换装三人炮塔和优秀的85毫米炮的T-34/85坦克问世且在1944年中期大量装备部队后，这一问题才得到解决。所有德军中型和重型坦克都装有三人炮塔，可容纳炮手、装填手和车长。这种现代而高效的搭配使得德军车长和指挥官们可以集中精力于利用地形、发现敌军动向和在战斗中指挥部队。

德军坦克车组成上的优势完全弥补了Ⅲ号坦克和Ⅳ号早期型的缺陷。最初这两种坦克的主炮都不如T-34的76.2毫米炮。与装备更厚的倾斜前装甲的T-34相比，这两种坦克的装甲防护力较差。"堡垒"战役发起前，德军的Ⅲ号坦克基本上已经过时了，而Ⅳ号坦克则在很多方面依然不如T-34。不过在库尔斯克攻势的坦克对决中，德军装甲兵还是可以获得局部优势。

德军装甲部队也不应该被过分高估。德军装甲兵一次又一次地战胜苏军坦克兵，也仅仅是战术层面的胜利而已，德军无法仅凭这方面的优越性就取得库尔斯克会战的胜利。

第三章　7月4日：战斗侦察

按照惯例，德军在主攻发起前实施了战斗侦察，试图拔除沃罗涅日方面军一线防御上的前哨、营级支撑点和观察哨，查明苏军第一防御带的确切位置，同时在苏军防线上打开几个口子，为主攻创造有利条件。

有意思的是，德军第48装甲军与SS第2装甲军各自采取的战斗侦察方式迥然不同。第48装甲军选择下午晚些时候发动进攻，如果部队能够快速拿下苏军前哨阵地，就可以给炮兵留下足够的白昼时间来进驻新的射击阵地，从而更好地支援次日的进攻。当然缺点就在于整个行动都暴露在苏军的视野中，后者可以从容而准确地引导己方炮火打击德军。

SS第2装甲军却不一样，该军认为减少伤亡更重要，因此选择趁天还未亮发起突袭，时间是凌晨03时。这样做的唯一缺点就是部队不间断进攻苏军前哨阵地和主防线，中间就没有多少休整时间了。

7月4日15时，德军第57步兵军下属第47步兵师率先发起了一次牵制进攻，意在吸引苏军注意，掩护第48装甲军。但没想到的是，进攻竟然很顺利，一直突入了1公里左右才被苏军支撑点拦住去路，苏军预备队也闻风赶来。眼见目的已经达成，第47步兵师在夜色和炮火掩护下退了回去。

一个小时以后，第48装甲军沿济宾诺（Zybino）到普什卡尔诺耶（Pushkarnoe）一线向格尔措夫卡（Gertsovka）、格尔措夫卡车站、布托沃（Butovo）和斯特列列茨科耶（Streletskoe）等地事先查明的苏军前哨阵地发起进攻。防守斯特列列茨科耶至别列佐夫（Berezov）一线的苏军近卫步兵第52师下属近卫步兵第151团3营遭到第11装甲师和大德意志师前锋单位的攻击，苦战数小时后，该营主力被围，残部被驱逐至德拉贡斯科耶（Dragunskoe）附近的几个高地上。

争夺格尔措夫卡和格尔措夫卡车站的战斗更为激烈。苏军近卫步兵第210团2营在格尔措夫卡附近、近卫步兵第213团2营在新戈连卡（Novaia Gorianka）力战"大德意志"燧发枪兵团3营和第3装甲师第394装甲掷弹兵团1营。17时，在一轮"斯图卡"俯冲轰炸过后，大德意志师右翼的装甲掷弹兵团3营和左翼的装甲燧发枪兵团3营冒着倾盆大雨发起了进攻。尽管事先被告知苏军可能会埋设地雷，德军还是低估了苏军工兵的作业能力。由于苏军炮兵也在前沿观察员的引导下不断倾泻弹雨，工兵们根本无法在雷场中清理出几条通路。"大德意志"燧发枪兵团3营营长赫尔曼·博尔克（Hermann Bolk）的一条腿被地雷炸飞，随即被送往后方。他手下第15连有三分之一非死即伤。此外，大德意志师师属炮兵团1营营长特尔曼

（Theermann）上尉手下一名连长被地雷炸成重伤，数辆车被炸瘫。21时，掷弹兵们终于攻占了格尔措夫卡。

与此同时，在东面，"大德意志"掷弹兵团和第11装甲师第110装甲掷弹兵团在第911突击炮营和空军的支援下控制了布托沃东西两侧光秃秃的山脊线，将近卫步兵第67师近卫步兵第199团3营的部分兵力困在村子周围的低地中，使其无法利用反坦克炮威胁进攻的德军。斯塔尔奇科夫（A. N. Starchikov）高级中尉率领该部死战7个小时，甚至与德国人展开白刃战，最终寡不敌众，全部阵亡。在布托沃的战斗中，德军斯图卡轰炸机给友军造成的损失是5死7伤。

第48装甲军右翼第167步兵师（不含第315掷弹兵团）的任务是保护（军）侧翼不受威胁。该师没有遇到太大抵抗就顺利突入布托沃与德拉贡斯科耶之间。不到半个小时，师属第339掷弹兵团就在1个战斗工兵连支援下拿下了230.8高地。19时10分时，第339掷弹兵团在炮火

大德意志装甲掷弹兵师下属"大德意志"装甲燧发枪兵团在冲击苏军预设防御阵地的时候，遭受了惨重的损失。照片中的伤兵属于第11连。

掩护下抵达特里列奇诺耶（Trirechnoe）以南的156.6高地，对德拉贡斯科耶的苏军形成合围之势。第238侦察营在该团右翼向前挺进，以期肃清特里列奇诺耶东面。师属坦克歼击营在该营后方提供反坦克火力掩护。第331掷弹兵团还将一个营留在特里列奇诺耶，以防万一。

德军占领苏军阵地后立即进入堑壕寻找掩蔽，等待次日总攻打响。在他们面前是一望无垠的开阔地，只有一公里远处有一道很浅的沟壑。夜幕降临后，大德意志师与左右两翼的第3和第11装甲师相继进入进攻出发阵地。

第48装甲军本来预期非常顺利的战斗侦察行动，结果变得无比艰难，耗费的时间也更长。此外，苏军密集的雷区给德军人员装备造成了很大的损失。德军前方的地形——特别是大德意志师地段——可谓一片泥泞，难于通行。而且德国空军很难发现苏军精心伪装的反坦克炮阵地。

由于浪费了太多时间，大德意志师和第3装甲师的炮兵根本来不及按时进入新的阵地，他们花了整整一个晚上转移阵地、架设电话线和标定射击参数。此外，大德意志师的两个豹式坦克营到夜幕降临时还深陷泥泞之中，距离前线数公里之遥。

就在国防军冒着大雨和弹幕拼死冲锋之时，党卫军却躲起来养精蓄锐。"髑髅"装甲团的一名装甲兵瓦尔特·韦伯这样回忆道：

7月4日黄昏，我们奉命夺取次日的进攻出发阵地。那天晚上天气晴好，星辰在天空闪烁，只有地平线处可以看到炮火的闪光。前面有曳光弹时隐时现。苏军带降落伞的照明弹发出刺眼的光芒，将地面照得一片惨白。我们能听到远处苏军投掷集束炸弹和用机枪朝我军前沿阵地扫射的声音。经过几个小时的行军后，

我们终于在深夜抵达集结地域。

7月4日晚，苏军近卫第6集团军抓获了一名来自德军第168步兵师的俘虏，俘虏供称进攻将于7月5日清晨展开。尽管此前也陆陆续续得到类似的情报，但结合下午德军的侦察行动，沃罗涅日方面军司令员瓦图京确信这一次是真的。驻方面军的最高统帅部大本营代表华西列夫斯基元帅也指示苏军展开炮火反准备，同时通知北线的大本营代表朱可夫。晚些时候，北线第13集团军也俘虏了一名正在排雷的德军工兵。朱可夫由此得知德军进攻时间为7月5日03时。沃罗涅日方面军在01时，中央方面军在02时20分时开始了对德军的炮火反准备。苏军炮兵和航空兵对已经查明的德军部队集结地、观察所、指挥部、补给仓库和炮兵阵地等目标展开猛烈炮击和轰炸。事后苏军宣称此次反准备效果显著，但除了对已经查明的德军炮兵阵地打击效果不错外，对德军兵力集结地却未造成太大损失。苏联空军对德国空军的打击效果更差。7月5日清晨，德国雷达站报告有苏军庞大机群来袭，大批Me109紧急升空拦截。由于夜间导航水平差，苏军飞行员在7000至10000英尺

的中低空飞行，很容易遭到德军战机和高炮双重打击。德军宣称7月5日总共击落432架苏军飞机，自身损失26架。德军关于苏军的损失虽然有些夸大，但苏联空军并未有效压制德国空军、自己反而伤亡惨重却是不争的事实。总体而言，苏军还是给德军造成了不少麻烦。德国陆军总部批准中央和南方集团军群分别将进攻发起时间推迟两个半和三个小时。

尽管如此，SS第2装甲军仍按原计划于7月5日01时15分时发起了夜袭，03时的时候顺利拿下亚洪托夫（Iakhontov）和叶里克河谷南坡的苏军前沿阵地。这样第4装甲集团军就清除了近卫第6集团军一半的前哨阵地，又迫使苏军放弃了很多阵地。当夜，在北顿涅茨河一线，肯普夫战役集群也对苏军近卫第7集团军发动了战斗侦察，但规模很小，对苏军防御的破坏微乎其微。需要注意的是，德军此时拿下的不过是苏军在主防御带前设置的战斗警戒哨所和观察所，更硬的"骨头"还在后面。

早在午夜前数小时，警卫旗队师的两个装甲掷弹兵团的突击单位与配属的工兵就一起悄无声息地进入出发阵地。很多人携带了比平时多得多的手榴弹，因为在夜战中，手榴弹不会

7月4日深夜，通过部署装备喷火工兵的突击小组，警卫旗队师顺利消灭了苏军的前哨阵地。天亮后，该师主力则开始穿过别尔哥罗德西北的草原向进攻阵地集结。

像喷射火焰的枪械那样暴露自己的位置，也便于消灭堑壕内的敌人。德军的战术是先用MG42机枪压制苏军，再向堑壕投掷手榴弹，突击小组再跳进战壕，用手枪和MP40冲锋枪消灭守军。战斗工兵的任务则要艰巨和复杂得多。他们携带重达18公斤的41型喷火器（射程20至30米），因此必须匍匐到距离苏军据点很近的距离才能射击，如果不能一击而中，自己立刻就会成为集火目标。

7月5日凌晨01时，SS第2装甲掷弹兵团2营悄悄溜进苏德两军之间的无人地带，他们的任务是拿下228.6高地。这个高地控制着通往北边7公里处贝科夫卡（Bykovka）的道路。如果拿下贝科夫卡，就等于突破了苏军第一道防线，距离雅科夫列沃（Iakovlev）的苏军第二防御带就只有6公里了。在SS第2装甲掷弹兵团2营右侧1公里处，SS第1装甲掷弹兵团3营摸黑向亚洪托夫的苏军前哨阵地进发。由于当晚伸手不见五指，德军只能用指北针指引方向。

01时15分时，SS第2装甲掷弹兵团1营和2营两位营长身先士卒，带领部队从工兵之前清理出的几条狭窄通路中穿过雷区，突然向苏军发起冲锋。此时苏军显然也得到了上面的指示，开始发起炮火反准备。苏军密集的弹雨越过掷弹兵头顶，重重砸向德军后方。苏军步兵也用马克西姆重机枪和迫击炮向前方的一道山谷射击，并且时不时打出几颗照明弹，试图发现德军的踪迹。

苏军万万没有想到，德国人已经悄无

SS第2装甲掷弹兵团2营营长鲁道夫·桑迪希。这张照片就摄于库尔斯克战役期间。

声息地摸到了自己眼皮底下。MG42机枪的弹雨和喷火器的烈焰突然向苏军堑壕倾泻而下，吓得苏军机枪手丢下武器四处逃窜。掷弹兵紧跟着将手榴弹投进碉堡的射击孔，杀伤继续抵抗的苏军，再用冲锋枪扫荡残敌。德军很快拿下前哨阵地。在继续向228.6高地攀登时，德军遭到了机枪和迫击炮火力的拦阻。苏军已经回过神来。掷弹兵们不得不小心前进。从这里我们也可以看出布置前沿战斗警戒对于防止被突袭是多么重要。

眼见进攻受阻，9连连长格奥尔格·卡尔克（Georg Karck）亲自带领手下冒着苏军机枪和迫击炮的射击向前。卡尔克头部被一块弹片击中。德军事后宣称，卡尔克最终带人突入苏军堑壕，甚至用开刃的工

SS第1装甲掷弹兵团3营营长威廉·维登豪普特。

兵铲展开了白刃战，终于将苏军打退。卡尔克随后向两翼进攻，最终占领了整个高地。当山顶的苏军不再开火后，其余的连才趁机冲上山顶，消灭了残余的苏军前沿哨位。

03时30分，SS第2装甲掷弹兵团2营报告高地已经被己方牢牢控制。不过这话说得有点早，很快就有两个连的苏军集结到附近一道反坦克壕内准备对卡尔克的8连发起反冲击。04时15分时，苏军端着PPSh41

格奥尔格·卡尔克。1943年8月3日，卡拉克因为作战英勇被授予骑士铁十字勋章。

冲锋枪、上了枪刺的莫辛纳干步枪呐喊着向德军发起进攻。卡尔克随后指挥MG42机枪在近距离上打退了苏军的这次冲锋。但苏军不死心，又发起了第二轮冲锋，结果死伤更重。由于损失太大，苏军打消了夺回高地的念头。

SS第1装甲掷弹兵团3营进展就顺利得多，突击小组在亚洪托夫村以西一道平坦的山谷中集结。苏军在对面一座低矮的圆形高地上布置了一些精心伪装的掩蔽所和堑壕，以便观察敌情。此外还在环绕高地四周的树林里也设立了战斗警戒哨。德军突击先头部队是3营11连。该连利用夜色掩护悄悄摸到了高地前方几百米处。就在他们做好战斗准备之时，突然苏军一阵炮火砸向他们先前待过的堑壕。苏军炮火的轰击反而让德军可以大胆行动。掷弹兵们迅速冲进高地下的树林，出乎意料的是，这里一个苏军都没有。德军不敢马虎大意，还是小心翼翼地前进，生怕苏军留下地雷、陷阱之类的东西，或者布下埋伏。此时左边远处传来猛烈的机枪射击声和炮弹、手榴弹的爆炸声，显然228.6高地已经打起来了。当11连小心翼翼摸上山顶时，他们发现这里也无人防守。11连迅速进入战壕，准备对付苏军的反击。不过苏军似乎没有夺回高地的打算，让11连官兵们白担心了一场。

当天微微发亮的时候，警卫旗队师的战斗侦察大获全胜，加上夜袭准备充分，部队损失微乎其微。

在帝国师地段上，7月4日午夜刚过，"德意志"团就开始进入出发阵地，准备对苏军前沿发起突袭。苏军在这里的防线虽然不像其他地段一样在前方拥有绵延起伏的高地作掩护，但依然部署了一些战斗警戒哨。"帝国"装甲团将在前锋部队撕开苏军防线缺口且工兵在雷区中清理出一条安全道路后再投入战斗，

"元首"团3营是师里唯一全部装备半履带车（SPW）的营，因此配属给装甲团一起战斗。

"德意志"团2营和3营负责突击苏军阵地。这两个营都加强有装备喷火器、炸药包和扫雷器材的战斗工兵。其中携带喷火器的工兵来自"德意志"团直属第16（工兵）连，而非师属装甲工兵营。"德意志"团1营则在后方待命，准备在2营和3营得手后，再跟随进攻扩大突破口。"元首"团1营和2营集结在进攻各营之后。此外，"帝国"装甲团直属的重装甲连（虎式坦克）和"帝国"突击炮营将负责支援"德意志"团的进攻。

"帝国"装甲工兵营的任务是跟随在掷弹兵之后，在雷场中间为后续装甲部队开辟道路。如前所述，帝国师的装甲战斗群由"帝国"装甲团和"元首"团3（SPW）营组成，由

"帝国"装甲团团长汉斯-阿尔宾·冯·赖岑施泰因。

于前一天下了一场雷雨，地面一片泥泞，"德意志"团的两个先头营从师集结地域出发后被折腾得精疲力竭，尤其在上下坡的时候更是费劲。虽然一路艰难跋涉，他们还是赶在破晓之前到达亚洪托夫以南的出发阵地。

倒霉的是，本就落在后面的装甲部队眼下正面对更麻烦的问题。原本行军道路上的几条涓涓细流在暴雨后陡然暴涨，本来只需徒涉的地方现在必须架桥。而师属工兵营已经跟着一线部队冲到前面去了。装甲团的直属工兵分队只能整夜忙着用石子、石块甚至树干来构筑徒涉场。如果有坦克陷住，就只能靠别的履带车辆再将它拖出来，这又要消耗很长时间。要是牵引车再出故障就更麻烦了。帝国师的装甲部

队就这样一路缓慢挪动，很难知道什么时候才能赶到前线。

担负突击任务的各掷弹兵连借着夜色掩护小心地匍匐前进。喷火器兵也静静地潜伏到靠近苏军前哨和掩蔽所的位置。他们的任务是突破苏军在亚洪托夫村三个方向上的环形阵地。德军突然发起进攻。喷火器手将烈焰射入苏军哨位和堑壕，掷弹兵们则用手榴弹和冲锋枪消灭残余苏军，后方的机枪手也用MG42猛烈射击，压制残存火力点。在扫除苏军前沿阵地后，德军继续向亚洪托夫的苏军主阵地发起进攻，这里四周都有雷场，还有很深的反坦克壕。

"帝国"装甲工兵营3连匍匐进入亚洪托夫村正前方的雷场，为突击小组开辟道路。虽然工兵们在猛烈的炮火下损失很大，但工兵们还是开辟出了道路并在反坦克壕上架好了桥，为掷弹兵随后的进攻创造了有利条件。

经过残酷的近战，德军消灭了苏军外围阵地并继续向前推进。苏军则用密集的迫击炮火和机枪火力回应，德军掷弹兵只能一边用冲锋枪压制苏军，一边派出人手利用弹坑和壕沟作掩护，向前交替推进。

进攻亚洪托夫外围的"德意志"团3营得到了两个战斗工兵排的支援。每个排装备12个喷火器，这些工兵在战斗中发挥了很大的作用。由于没有坦克和突击炮协助消灭机枪火力点和据点，3营还是常常受到苏军的火力压制。

"帝国"高炮营的一名排长，巴尔特尔·布赖特福斯（Bartl Breitfuss）在战斗中注意到苏军将掷弹兵们压得抬不起头来，于是带领原来负责防空任务的手下（半个排）加入了战斗。他身先士卒，率领手下一口气干掉了5个机枪火力点。剩下的苏军只能撤退，高射炮兵趁苏军撤退时又击毙了大约20人。

04时30分，3营通过无线电报告师部，亚洪托夫已经占领。05时15分，"帝国"装甲炮兵团的炮兵开始轰击主攻的第一个目标——德军北边500米处的别列佐夫四周的苏军阵地。斯图卡俯冲轰炸机也成群结队地对小村进行了轰炸。

髑髅师

担负战斗侦察任务的髑髅师几个先头营集结在别尔哥罗德西北数公里处。髑髅师进攻地段右翼是苏军坚固设防的叶里克（Yerik），该村已经是苏军第一防御带的组成部分。进攻地段上的苏军前沿战斗警戒位于218.0高地，苏军在高地顶部和两侧密林覆盖的低矮山脊上布下了警戒哨。

髑髅师前方的战斗警戒基本上是东西走向，从师右翼向南倾斜，然后直转向南趋向别尔哥罗德以东。218.0高地以北3公里是216.5高地，苏军将其作为一个重要的防御据点，布置了不少守军。216.5高地前方斜面上没有植被覆盖，视野范围内一览无余。苏军阵地前方布有雷区、泥泞的反坦克壕和带刺铁丝网。髑髅师中央方向上是苏军一个重要的支撑点——贡基（Gonki），这个小村位于一片树林中间，有雷区和反坦克壕保护。

这些低矮的高地和防御支撑点横亘在髑髅师的前进道路上。髑髅师西翼的仙鹤林（Zhuravlinyy）中也有不少苏军火炮、火箭炮和迫击炮。在右面，由别尔哥罗德向西北延伸的公路在SS第2装甲军地段处几乎笔直向北直通奥博扬。

位于左翼的"髑髅"团就集结在拉科沃（Rakovo）村外，身后是"髑髅"装甲团的125辆坦克。比起右翼的"艾克"团当面的密林和泥泞地形，"髑髅"团前面的地形更适合坦克冲击。而且与警卫旗队师和帝国师不同，髑髅师的坦克距离前线更近，可以更好地支援掷弹兵的进攻。虎式坦克连和突击炮营的任务是支援"髑髅"团突击小组，突破苏军防线。"髑髅"装甲团主力则排成行军纵队，准备扩大战果。"艾克"团的一个加强连将突击218.0

"髑髅"装甲团团长欧根·昆斯特曼。这张照片摄于早前的第三次哈尔科夫战役期间。

高地上的苏军前沿，消灭苏军可能的炮兵观察哨。

拿下218.0高地后，"艾克"团将继续前进，与叶里克村附近的步兵第375师交火。根据作战计划，"艾克"团将使用主力牢牢牵制住该师，坚持到"髑髅"团、虎式坦克连和突击炮营赶来，合力突破苏军第一道主防御带。髑髅师装甲群则在"髑髅"团拿下216.5高地和打开通向至奥博扬公路的缺口后，再跟随掷弹兵一起突击。冲上公路后，装甲兵和掷弹兵们将掉头沿公路南下，包抄苏军步兵第375师后方，同时攻破其侧翼。髑髅师计划利用这样的前后夹击一举击溃步兵第375师，将别尔哥罗德以北的苏军防御彻底打乱。

然而，根据德军资料，7月4日23时45分，苏军火炮和迫击炮居然在没有任何前兆的情况下轰击了"艾克"团阵地。一个多小时后（这次应该是01时的苏军反准备），更猛烈的炮火袭来，几发火箭炮弹炸毁了SS第2装甲军直属火箭炮营的两门火箭炮，造成一些人员伤亡。"艾克"团3营被炸得更惨，几近崩溃，大大拖延了行军进度。尽管该营无法按时就位，其他部队也多有延误，但对苏军战斗警戒的第一轮突击仍然在04时展开。

突击部队在夜幕掩护下静悄悄地摸向218

首批抵达前线的"艾克"装甲掷弹兵团3营。照片中属于3营的1个战斗排正前往友军阵地换防，注意第二位的机枪手仍背着MG34机枪。

高地的苏军警戒哨。德军将钢盔、刺刀和防毒面具罐一律扔在后方，以免潜入时引起响动。带头突击的"艾克"团5连由连长卡尔·克勒纳（Karl Kröner）带领，同他们一起的还有两名火箭炮营的前进观察员，这个前锋连的任务是拿下苏军战斗警戒后建立观察哨，指引火箭炮和炮兵支援"髑髅"团的主攻，打退苏军可能的反扑。该连小心地通过了雷场和铁丝网，逼近了苏军阵地。其中一名前进观察员维尔纳·施蒂尔克（Werner Stühlke）事后这样描述他们是怎样冒险穿过雷场的：

> 我们只能小心翼翼地前进。我们自己的地雷都没清理干净，现在又得穿过俄国人的雷区。通过雷区是非常困难的一件事，因为我们还得架设电话线……最后，我们终于到达了高地脚下。

随着克勒纳发出信号，火箭弹呼啸着飞向了苏军阵地。与此同时，MG42机枪手死死地压住了苏军，掩护突击小组向前突进。德军于04时30分占领了高地。两名炮兵前进观察员也很快就找到了有利观测位置，苏军随后也轰击了山顶的德军，几分钟后，苏军又发起了一次营级反击，试图夺回高地。那两个炮兵前进观察员立刻召唤了一个中型榴弹炮兵连支援和一次火箭炮覆盖，苏军的这次反击立刻就崩溃了。不过，有一名观察员两次被弹片击中，另一人胸部中弹，被送下火线抢救。新架设的电话线也被炸断，直到修好后才恢复与火箭炮兵连的联络。打退苏军后，掷弹兵们开始休整，等待主攻时刻到来。

此时，SS第2装甲军所属的3个师就基本上在主攻前顺利完成了战斗侦察的任务。苏军的战斗警戒被轻松拿下，且己方伤亡很小，与第48装甲军形成了鲜明的对比。SS第2装甲军之所以能取得这样好的战绩就在于他们精心组织了夜袭，避免了颇费时间而又伤亡惨重的昼间步兵战斗。此外，由于达成了突然性，德军迅速打掉了苏军的前沿炮兵观察哨，让苏军无法有效指引炮兵火力。虽然苏军炮火反准备造成了一定的麻烦，拂晓时，第4装甲集团军麾下两个装甲军还是做好了一切战斗准备，静静等待着主攻信号。

第四章　7月5日：德军总攻开始

综合几个月来对苏军的地面和空中侦察，第4装甲集团军清楚自己的任务非常棘手。前方的地形并非一般人想象的那样是一马平川的草原，而是沟壑纵横、河流泥淖密布的复杂地形，而近卫第6集团军也根据地形地貌构筑了坚固的防御阵地。沃罗涅日方面军本来判断德军会在一个点发动强攻，然后沿一条主要公路推进。但霍特却决定同时在两个地段发动主攻：第48装甲军从布托沃—切尔卡斯科耶地域沿通向雅科夫列沃的公路推进，SS第2装甲军沿托马罗夫卡—贝科夫卡—雅科夫列沃公路推进。第4装甲集团军第6号命令如下：

3. 得到坦克支援的SS第2装甲军在强大的炮火准备结束后，有条不紊地开始进攻，突破别列佐夫、扎杰利诺耶（Zadel'noe）地段的敌防御前沿。必须在晚上拿下便于炮兵观察的高地。右翼以一个师向仙鹤村（Zhuravlinyi）地域攻击，控制别尔哥罗德—雅科夫列沃公路。结束争夺敌第一阵地的战斗后，军必须立即继续攻击卢奇基（Luchki）和雅科夫列沃之间的第二阵地。第167步兵师的三分之一兵力（1个团）会掩护沃尔斯克拉河（Vorskla）一线的左翼。

突破第二阵地后，军停下来调整部署，将一部配置到右翼，以便主力可以突向东北方向的普肖尔河（Psel）以南，而右翼则突向普罗霍罗夫卡。

4. ……在攻击发起日（7月5日），（第48装甲）军从其已经控制的战线出发，继续攻击敌主防御带。强大的炮火准备过后，军在坦克的支援下首先向切尔卡斯科耶西面推进，然后夺取布托沃—杜布罗瓦（Dubrova）公路两侧的敌防线。接着转向东北，向前展开装甲部队，攻击杜布罗瓦（原文为杜布罗夫卡，疑有误）方向，其任务是阻止敌军向北面的奥利霍夫卡（Ol'khovka）以南退却，并支援SS第2装甲军在沃尔斯克拉河以东的进攻。果断抓住一切可能来突破敌第二道防线……

占领别尔哥罗德—奥博扬公路后，军必须做好准备，向奥利霍瓦特卡（Ol'khovtka,文件原文为奥利霍夫斯基，有误）和希佩（Shipy）之间的普肖尔河地段推进。

7月5日，第48装甲军共有86381名官兵，作战力量为30233人。SS第2装甲军有74863人，作战力量为26202人，整个集团军有223907人（具体日期不详）以及1235辆坦克和突击炮。苏军近卫第6集团军仅有约79900人，155辆坦克和自行火炮。双方兵力对比悬殊，据守在一线的苏军官兵面临了极大的压力。

05时，第4装甲集团军准时发起总攻，肯普夫战役集群也以第3装甲军为前锋进攻北顿涅茨

1943年7月5日清晨，第4装甲集团军的一名工兵在苏军防线前方的障碍物中清理通路。

河东岸的苏军阵地。"堡垒"战役的大幕正式拉开。

西侧地段

7月5日清晨，苏军在提前得到德军进攻准确时间的消息后发起炮火反准备。德军声光侦测单位和侦察机竭力定位苏军火炮，引导己方炮火反击。天亮后，第48装甲军收到报告说天气晴好，便于炮兵前进观察员校正炮火。不过，很多军官担心前方的泥泞低洼地形和纵横的小溪流会影响机动。

受到泥泞和地雷的影响，第3装甲师和大德意志师的部分炮兵没能及时赶到指定位置。因此第48装甲军决定将部分军属炮兵加强给这两个师，直到该师师属炮兵就位。原本应该得到大部分军属炮兵支援的第11装甲师和第167步兵师的进攻推迟到09时以后。第48装甲军只能指望此时落在后面的炮兵赶上来。另外，由于在7月4日的战斗中消耗了大量弹药，加上补给尚未到位，因此德军只能进行简短的炮火准备。

德军战线最西端，即第3装甲师地段上。7月4日晚上，第394装甲掷弹兵团1营在团长京特·帕佩（Günther Pape）上校亲自指挥下，与

"大德意志"燧发枪兵团3营一起付出巨大代价（第394装甲掷弹兵团1营营长和代理营长先后负伤），克服了近卫步兵第71师两个营的抵抗，肃清了格尔采夫卡和附近的车站。第394装甲掷弹兵团1营随后在格尔采夫卡村北完成集结，等待坦克部队的到来。在争夺该村的战斗中，掷弹兵们曾试图夺下村中心的一座桥，但苏军及时引爆了炸药，将桥梁彻底炸毁。因此当掷弹兵继续向前与苏军战斗时，师属工兵和一支架桥部队开始在村中松软的河床上进行架桥作业，只是各种建筑材料很容易陷进泥里。来自科罗维诺的苏军炮兵和狙击手也给工兵造成了不小的伤亡，导致架桥作业十分缓慢。

7月5日06时20分，虽然部分师属炮兵仍未到达射击阵地，装甲团的坦克也如大德意志师地段一样深陷泥泞，但第3装甲师仍决定按原计划发起进攻。第394装甲掷弹兵团1营向驻守科罗维诺附近第一道防御带的近卫步兵第71师的近卫步兵第210团发起进攻。一开始进攻十分顺利。1个多小时后（08时），一些先头坦克终于赶到了格尔采夫卡。

经过几个小时的激战，第394装甲掷弹兵团2营在第3装甲掷弹兵团2营支援下，突破了苏军主防御阵地。但很快就被一道干水沟拦住了去路，这里正是陷住了大德意志师装甲部队的那条干水沟的西端。苏军炮火迫使掷弹兵们躲进反坦克壕或弹坑隐蔽。工兵们则冒着炮火迅速开始架桥。此时苏联空军也出现在战场上空，扫射和轰炸了战场。第3装甲师也呼叫空军支援，希望打掉对面苏军的支撑点，但空军答复所有飞机均投入战斗，没空支援他们。掷弹兵们只能在机枪和迫击炮掩护下独力进攻苏军阵地。

第394装甲掷弹兵团1营接手进攻后，2营进入格尔采夫卡为正在村里架桥的工兵提供掩

1943年7月初，在别尔哥罗德附近集结的第3装甲师第6装甲团。

护。苏军猛烈炮击了这个村子，给人员和装备造成了很大损失。13时，第3装甲师报告浮桥仍未搭建完毕，但终于将苏军步兵赶出了别列佐夫西部边缘。

16时，第一座桥终于架好，第6装甲团2营以及SPW营向以北的239.3高地和科罗维诺发起进攻。途中他们遭到了苏军火炮、反坦克炮和迫击炮火力的射击，苏军步兵也用反坦克枪对德军开火。威胁最大的莫过于东西两边的侧射火力。等到先头的几个装甲连冲到科罗维诺边上时，已经有很多坦克受到不同程度的损伤。不过德军坦克还是压制住了部分苏军火力，掩护掷弹兵继续前进。

第394装甲掷弹兵团1营和第3装甲掷弹兵团2营向科罗维诺南端突击，团长帕佩上校亲自指挥战斗，没多久就负伤被送往后方。2营营长古斯塔夫·佩施克少校（Gustav Peschke）立即接过指挥权，带领部队拿下了村子的南半部分。苏军趁德军立足未稳，用坦克和步兵发动了一次反击，又将德军全部赶出了小村。

第394装甲掷弹兵团团长京特·帕佩上校。

村外的第6装甲团2营见掷弹兵被赶了出来，立即开始攻击苏军的侧后。苏军6辆T-34和T-60坦克被打瘫，剩下的坦克逃了回去。下午晚些时候，佩施克少校报告占领科罗维诺。第6装甲团2营为核心的装甲群也在为下一轮进攻做准备，他们计划夺取北面的红林垦村（Krasnyy Pochinok），为随后攻击苏军第二防御带建立跳板。

23时20分，装甲群摸黑前出到红林垦村边

第394装甲掷弹兵团2营营长古斯塔夫·佩施克少校。

上，建立了防御阵地，同时派人侦察四周情况。让人意外的是，红林垦村以北的两个村子居然空无一人。显然苏军连夜退回了第二防御带。不过其他人报告在红林垦村以西的村子和高地上，苏军仍设有坚固防御。因此，村中的掷弹兵向西建立防御，装甲群则建立了环形防线。

当天结束时，第3装甲师的工兵冒着不间断的地空火力在泥泞地段成功架起了浮桥，使进攻部队可以顺利前进。即使在没有坦克支援时，由于有帕佩等大批军官身先士卒，师属掷弹兵团仍然取得了一些成功。等到坦克过了泥泞地后，德军利用机动性和突袭挫败了苏军的反击，有力支援了步兵。不过由于西侧的第332步兵师没能跟上，第3装甲师左翼遭到苏军炮兵和反坦克火力的持续打击，无法扩大战果。第332步兵师唯一的机动部队师属侦察营本应配合第6装甲团2营进攻红林垦村，该部却一直未露面，原因可能在于这支步兵师在没有坦克的支援下本身突破能力就相当有限。

对于"大德意志"师来说，这一天的战斗从一开始就不令人满意。按照计划，"大德意志"装甲团和豹式坦克团应该于07时30分时发起的进攻中支援步兵。但步兵进入集结地域，炮兵也试射完毕后，这些坦克依然没有出现。在炮火准备之前，"大德意志"炮兵团团长弗里茨·阿尔布雷希特（Fritz Albrecht）中校见装甲部队还没有赶上，心里十分焦虑。大德意志师的战史中记载了他的回忆：

时间转瞬即逝。几个营报告做好了射击准备。试射开始了。然而仍然没有与我们的友邻部队和配属的集团军炮兵联系上。

终于，2营长聚斯曼（Süssmann）少校过来跟我说："我的作战军官在我旁边的散兵坑中阵亡了。脑袋被掀掉了，太吓人了！"我们做好了射击准备，校射完毕。

虽然带来一个坏消息，但总归还有个好消息——我们做好了射击准备，校射完毕。只是我们仍然没能和步兵建立联系，而装甲部队也还在野地里瞎晃悠。

"大德意志"装甲炮兵团团长弗里茨·阿尔布雷希特中校。

在进攻的开头几个小时，阿尔布雷希特又遇到了另一个挫折：

在燧发枪兵团进攻路线上的敌火力特别猛烈，但坦克呢？我们的坦克在哪儿？接着传来了坏消息：

"大德意志"装甲炮兵团2营营长聚斯曼少校。

他们困在雷场中动弹不得。师属工兵必须先过去扫清地雷。

7月5日早晨，冯·斯特拉赫维茨上校（Graf von Strachwitz）率领的"大德意志"装甲团在格尔采夫卡（Gertsevka）以东、鲍里索夫卡（Borisovka）—别尔哥罗德铁路以北2公里的229.8高地附近被地雷拦住去路。德军只能小心翼翼地前进，宝贵的时间就这样浪费掉了。急不可耐的斯特拉赫维茨于是决定转个大圈，绕过雷区。因此直到步兵做好进攻准备时（07时），他的坦克仍未抵达进攻出发位置。

进攻还是按照预定时间展开，先头各营向北方一道很长的干水沟发起冲击。从格尔采夫卡到布托沃（Butovo）之间的大德意志师进攻地段前方大部分都是很长的泥泞沼泽地带。在干水沟前方是一道反坦克壕和密集的雷场。整个地段都被苏军炮兵、迫击炮和机枪火力控制。此外，苏联空军从天亮以前就开始不时轰炸和扫射大德意志师阵地。

进攻开始后不久，大德意志师师长瓦尔特·赫恩莱因中将就进入炮兵指挥部，观察战斗情况。"大德意志"燧发枪兵团团长埃里希·卡斯尼茨（Kassnitz）上校闯了进来，给赫恩莱因带来两个坏消息。第一，由于通信不畅，他手下有1个营还没来得及出发；第二，师属装甲部队仍未抵达集结地域。报告完毕后，卡斯尼茨返回自己的团，打算亲自指挥进攻。

右翼，"大德意志"掷弹兵团应该绕开主要位于第11装甲师地段上的布托沃，向北边3公里的苏军据点切尔卡斯科耶（Cherkasskoe）进发。左翼的"大德意志"燧发枪兵团的任务是越过格尔采夫卡和密布带刺铁丝网、地雷和诡雷的干水沟，在切尔卡斯科耶以西1公里向北挺进。该团进攻路线上有一片很大且有围墙的坟地。苏军几个连在墓碑中间挖掘了战壕，把这里变成了一个坚固支撑点。

"大德意志"燧发枪兵团3营在向反坦克壕进攻时，不仅踩上了地雷，还受到苏军侧射火力的打击。当天上午，卡斯尼茨上校在一线指挥全团进攻时身负重伤，冯·戈特贝格（von Gottberg）少校临时接替了团长一职。虽然卡斯尼茨被及时送到了医院，但他还是于7月29日在医院伤重而亡。此时，"大德意志"装甲

"大德意志"装甲燧发枪兵团团长埃里希·卡斯尼茨上校。

7月5日，正在切尔卡斯科耶外围冲击苏军阵地的大德意志师掷弹兵，苏军在这里布置了大量的铁丝网和雷场。

团的坦克终于冲出雷场，但又陷进了没过履带的泥地里。装甲团试图从另一个地方越过干水沟，但也陷入泥泞之中。工兵们赶紧用周围所有能找到的材料构筑通道，但这片泥地似乎是个无底洞，扔下去的木头和碎石还是都陷了下去。

部分关于"堡垒"战役的著作指责配属给大德意志师的豹式坦克团（第39装甲团）没能顺利冲过别列佐夫干水沟，支援"大德意志"燧发枪兵团的战斗，他们将失败归咎于德克尔和冯·劳歇特的鲁莽和缺乏经验让坦克陷进了泥地，最终导致步兵在没有坦克支援的情况下投入战斗。史蒂夫·牛顿（Steve Newton）写道：

这些指挥官中没有几个是老兵，更不用提在俄国作战的经验……闹出这场笑话的原因跟豹式坦克出了名的初期机械故障毫无瓜葛，错误完全在于乘员的缺乏经验和指挥官的愚蠢。

为了赶时间而猛踩油门向前的德克尔上校让他的旅陷进了那要命的泥淖中。原本战斗工兵应该花上关键的几个小时修筑桥梁。由于打头的这一大群豹式坦克都挤在这一小片地方，冯·斯特拉赫维茨和师里的一个装备Ⅳ号坦克的装甲营根本绕不过去。这样当炮兵开始射击时，燧发枪兵团3营的代理营长只能在没有坦克支援的情况下进攻。

"大德意志"炮兵团团长阿尔布雷希特也看到这混乱的一幕，他是这样描述的：

坦克动弹不得，有些已经没过了履带，更糟糕的是，敌人也用反坦克枪、反坦克炮和火炮朝他们射击。现场顿时乱作一团。

大德意志师的战史中用了"闹笑话"来描述干水沟南面的情景，以及德克尔和冯·劳歇特做出的错误决定。但现场指挥官当天上午发给第48装甲军的报告并不支持这种观点。实际上，第48装甲军的记录显示豹式坦克并没有在干水沟遇到这些问题。因为当07时30分进攻发起时，他们尚未抵达干水沟。倒是"大德意志"装甲团的坦克试图通过时，陷入泥潭无法前进。

当"大德意志"装甲团困在科罗维诺（Korovino）与格尔采夫卡之间泥地里的时候，豹式坦克在什么地方呢？第48装甲军的记录显示鲍里索夫卡桥修好后，两个豹式坦克团渡河，并于7月5日凌晨抵达干水沟以南6公里的莫晓诺耶（Moschenoe）。它们随后在此地停留并补给弹药和油料，直到10时才结束。报告指出，"豹式坦克团于夜间在莫晓诺耶以北的深谷集结完毕，将于08时（莫斯科时间10时）结束加油后向别列佐夫通道前进"。

7月5日上午，大德意志师的掷弹兵正在向科罗维诺发起进攻。

此外，豹式坦克团还得到明确指示，所属两个营预计将在09时30分，"大德意志"装甲团全通过后再越过别列佐夫干水沟。第48装甲军的记录并未表明德克尔团长违反了命令。

加油完毕后，豹式坦克团于10时15分越过格尔措夫卡（位于格尔采夫卡以南不远处）南面的铁路，这里距离布托沃和格尔采夫卡之间的干水沟约有4公里远。换句话说，直到"大德意志"装甲团的坦克陷在泥里3个小时后，豹式坦克仍然没有与他们会合。11时45分，豹式坦克团抵达干水沟以南的229.8高地。另外，该团

在路上也遇到苏军雷区，最终只有160辆赶到干水沟。直到此时，"大德意志"装甲团仍困在泥泞之中。

而大德意志师战史也指出，直到步兵进攻开始10个小时之后，第一批坦克和突击炮才赶上来与步兵

"大德意志"装甲团团长冯·斯特拉赫维茨。

会合。第48装甲军的记录指出一辆虎式坦克于11时45分出现故障，堵住了通过泥泞地段的桥梁。那么既然此时该部仍在过桥，显然他们不可能支援步兵于07时30分在干水沟另一边的战斗。实际上，尽管当天上午在泥地里又架起第二座桥，由于一次只能通行一辆，过河进度十分缓慢。大德意志师报告13时只有10辆坦克越过了干水沟。而此时掷弹兵们已经在切尔卡斯科耶战斗了5个多小时。到15时，所有15辆坦克都通过了泥地，但没有一辆是豹式坦克，因为无论"大德意志"装甲团主力还是豹式坦克团都没能赶上支援步兵。

德军掷弹兵们越过泥泞的干水沟，朝切尔卡斯科耶进攻时，苏军一开始并没有进行激烈的抵抗。不过德军很快就被雷场拦住去路，还遭到了西边高地侧射火力的打击。工兵分队赶紧上前排雷。13时，苏军从北边发起反击，攻

正在准备进攻的第51装甲营3连的豹式坦克，照片中至少展现了其中的11辆。

击了"大德意志"燧发枪兵团和掷弹兵团。

此时堵在泥泞地段等待过桥的德军装甲部队也被苏军飞机盯上了。大群伊尔-2强击机和战斗机扑了过来，其中一颗炸弹正中"大德意志"掷弹兵团指挥所，团长的副官格哈德·贝克恩多夫上尉（Gerhard Beckendorff）和两名师里的军官被炸死。站在炮塔上的"大德意志"装甲团2营营长绍尔马（Saurma）少校腹部被弹片击中，当日伤重不治身亡。豹式坦克团团长德克尔上校看到前方一片混乱，自己不可能在这里迅速投入战斗，于是请求第48装甲军允许他另寻道路再发起进攻。由于情报显示第11装甲师进展较大，因此德克尔上校可能建议从该师地段向北进攻，第48装甲军于15时25分做出答复，进攻方向不变。

下午晚些时候，德军在干水沟附近的速度终于加快了。到16时，已经有30辆豹式坦克和15辆IV号坦克顺利通过。

与此同时，"大德意志"燧发枪兵团和"大德意志"掷弹兵团一部仍然在左翼的切尔卡斯科耶以西的坟地附近苦战。坚守坟地的苏军步兵打退了德军的多次冲锋，让"大德意志"燧发枪兵团2个营无法前进一步。在坟地和切尔卡斯科耶之间进攻的"大德意志"掷弹兵团则被近卫步兵第196团死死挡住。如果没有坦克的支援，德军必定会被挡在苏军第一道防御阵地外，无功而返。最后，坦克终于来了。30辆豹式坦克和"大德意志"掷弹兵团1（SPW）营冒着苏联空军和炮兵火力，冲向切尔卡斯科耶西北角。苏军反坦克歼击炮兵第611团的45毫米反坦克炮同样对豹式坦克的前装甲毫无威胁。"大德意志"掷弹兵团1（SPW）营在豹式坦克的掩护下，碾过村外的苏军阵地，消灭了苏军炮手并缴获了一些火炮。然后掷弹兵们下车穿过村北，向村南突击。第11装甲师的6辆喷

"大德意志"装甲掷弹兵团1营营长奥托·恩斯特·雷默少校。

火坦克也协助他们与这个支撑点展开了战斗。

当到达村子另一角的时候，豹式坦克和半履带车遭到附近高地的猛烈射击。开火的是坦克第245团和反坦克歼击炮兵第1837团的85毫米炮。德军被迫退回了村北。此时苏军仍然控制着村子西部和中央的一部分。"大德意志"装甲团的坦克和一个半履带车连占领了切尔卡斯科耶东北1公里的亚尔基（Iarki）。虽然他们又继续向东行驶了一段，但随着夜色降临，又退回亚尔基。实战证明，初期生产的豹式坦克虽然存在着种种技术问题和机械故障，但在1943年的战场上仍然具有非常强大的战斗力。

大德意志师首日的战斗就此结束。全师没能冲破苏军第一防御带，距离第二防御带前沿也有5公里之遥。由于苏军的反坦克炮、空袭、地雷和德军自己的机械故障等因素，原先的316辆坦克到次日早上只剩下146辆可用，其中66辆为III号和IV号坦克，204辆豹式坦克只剩80辆可用。这样算来，大德意志师有一半坦克被毁伤或是陷进了泥泞。"大德意志"装甲团的人员损失非常严重，失去了一名营长和不少下级军官。

事后，德克尔团长给古德里安打了一份小报告，责备斯特拉赫维茨如此"愚蠢地"使用坦克。德克尔可能认为斯特拉赫维茨偏爱使用坦克为步兵提供近距离直接支援，因此遭到地雷和反坦克炮打击，造成了不必要的损失。大德意志师装甲团的一名军官汉斯-约阿希姆·荣格

"堡垒"行动期间，配属给大德意志师的第39装甲团团部德克尔团长的豹式坦克指挥型，编号"R01"。

（Hans-Joachim Jung）战后证实在斯特拉赫维茨、德克尔、师里以及军里对如何使用装甲部队存在严重的分歧。荣格虽然没有批评斯特拉赫维茨，但也指出苏军预有准备的防御阵地有地雷的掩护，其后有坦克部队随时准备实施侧翼反突击，并且得到强大炮兵的支援，用坦克对这样的阵地进行强攻导致了伤亡以及装甲部队战斗力的迅速衰竭。斯特拉赫维茨坚持坦克就该在突破阶段遂行步兵支援任务的偏执观点显然令德克尔难以苟同。

天黑以后，赫恩莱因师长汇总了战况，发现进展并不令人满意，前方还有很多"钉子"如鲠在喉。切尔卡斯科耶村还有一部分在苏军手上，南面的237.8高地上的也未能彻底肃清，排雷工作也十分缓慢。师报告指出，由于切尔卡斯科耶周围苏军的侧射火力十分准确，"大德意志"燧发枪兵团和掷弹兵团在得到坦克和突击炮支援以前无法继续前进。因此第48装甲军决定让第11装甲师次日从南面进攻，消灭切尔卡斯科耶守军，以便大德意志师的装甲部队可以绕过该村，集中全力向东北方推进。

大德意志师首日表现可以说十分糟糕，其中很重要的一点就在于师长赫恩莱因中将和他的参谋长瓦尔特·冯·纳茨默（Walter von Natzmer）并没有重视工兵的排雷和架桥作业，师属的工兵根本无力克服他们即将面临的困难。反观第11装甲师师长米克尔少将就清楚地了解他的工兵将要遇到怎样的麻烦，因此要求军属工兵的支援。

由于原定支援自己的炮兵被调去支援第3装甲师和大德意志师，位于第48装甲师右翼的第11装甲师将进攻时间推迟到了09时30分，该师还在战

"大德意志"的参谋长瓦尔特·冯·纳茨默上校。

前仔细研究了进攻地段的地形。得知苏军前沿布设了密集的雷场后，第11装甲师在7月5日前要求军部增援工兵。第48装甲军从第1教导工兵营中抽调了两个连加强给第11装甲师。

第11装甲师的实力远不如大德意志师，突击炮的数量也不足。因此该师加强有第911突击炮营。该营的3个连各有7辆75毫米炮的Ⅲ号突击炮以及3辆105毫米炮的Ⅲ号突击炮。此外，第11装甲师还得到了装备20毫米和37毫米牵引或自行高炮的第277高炮营的加强。

09时30分，经过俯冲轰炸机和炮兵的火力准备后，第11装甲师开始向进攻地段中央的布托沃村挺进。第110装甲掷弹兵团2营在第15装甲团1个营的支援下率先从右翼发起冲锋。而第111装甲掷弹兵团2营也在1个装甲连和8辆Ⅲ号喷火坦克的支援下发起进攻。第15装甲团其余坦克、SPW营和第911突击炮营组成的装甲群则担任第二进攻梯队。就在德军开始前进时，苏联空军又一次突然出现并轰炸了德军步兵和坦克。此次空袭造成第15装甲团2营4名军官阵亡或重伤。

第11装甲师向军部报告了这一情况，同时请求空军支援，接着又冒着苏军的空袭于上午拿下了布托沃，然后向北冲向切尔卡斯科耶南边的三岔路口，结果又被一

第11装甲师师长约翰·米克尔少将。

道反坦克壕和雷区拦住了去路。苏军则用机枪和迫击炮拼命射击德军。第110装甲掷弹兵团2营一部与几辆突击炮在左侧发起了一次佯攻，成功地将苏军炮火吸引过去。随后2营主力在一个突击炮连的支援下以几个携带喷火器和炸药包的工兵班打头，从正面展开冲击。工兵在突击炮的掩护下迅速冲到反坦克壕，用炸药为后续部队打开了通路。左翼的第111掷弹兵团2营也遇到了泥泞地形，但依然顽强推进。喷火坦克也开始上前消灭苏军机枪火力点和碉堡，使该营可以顺利逼近到切尔卡斯科耶东南边缘。午后不久，苏军8辆坦克发起了一次反击，但被德军突击炮击毁或击瘫5辆，剩下的被迫撤退。

尽管有报告说苏军开始撤出村子，但正面火力仍然没有丝毫减弱，尤其在244.5高地方向。前出到切尔卡斯科耶以南反坦克壕的第110装甲掷弹兵团2营遇到了苏军密集的火力打击。鉴于正面强攻毫无希望，该营试图从东边迂回。第15装甲团2营主力和突击炮继续在南面等待步兵打开突破口。

苏联空军没费什么劲就发现了第11装甲师的坦克和半履带车队伍。虽然德军战机也及时迎战，却被苏军护航的战斗机缠住。伊尔-2强击机攻击了暴露在开阔地的第15装甲团，炸坏了几辆坦克，造成了一些伤亡。其中一名负伤的军官就是大德意志师装甲团团长斯特拉赫维茨的儿子。等到工兵在雷场中扫出通路并在反坦克壕处建立两个过壕点后，装甲群开始前进，穿过苏军防线，直抵切尔卡斯科耶西南的237.8高地。

13时，掷弹兵们冒着苏军猛烈的火力，夺取了切尔卡斯科耶东南苏军防线上的244.5高地，打开了一个缺口。一个由第110装甲掷弹兵团1营（SPW营）、第111装甲侦察营和1个摩托化工兵连组成的临时战斗群迅速穿过缺口，试图扩大战果，但很快被苏军凶猛的反坦克炮火拦阻。德军用喷火坦克打头阵发起了一次进攻，并于下午早些时候成功占领山顶。苏军步兵在坦克第245团支援下拼死反击，又将德国人赶下了山头。特奥多尔·席梅尔曼·冯·林登伯格（Theodor Graf Schimmelmann von Lindenburg）上校立即组织反击，打瘫了5辆苏军坦克，又将剩下的坦克赶跑。但苏军又一次集中坦克和步兵在飞机掩护下发起反击，第二次将德国人撵下了山顶。244.5高地几经易手，20时，掷弹兵们终于在坦克支援下击败了苏军最后一次反击。

与此同时，第111装甲掷弹兵团2营在切尔卡斯科耶东边缘发起进攻。掷弹兵在喷火坦克

第15装甲团团长特奥多尔·席梅尔曼·冯·林登伯格上校。

支援下攻占了小村，烧掉一个又一个苏军火力点。坦克第245团和步兵的反击又将德军坦克和掷弹兵击退，后者则稍事休整后再次冲进小村。当掷弹兵摸到村北时，大德意志师的豹式坦克和雷默的SPW营也从西北方向开始夹击苏军。近卫步兵第67师近卫步兵第196团终于顶不住来自两个方向上的强大压力，穿过燃烧的街道向北方和东方撤退。

夺取237.8高地后，席梅尔曼的装甲群继续向村东1公里的246.0高地推进。防守此地的近卫步兵第199团放弃了高地。这个高地以北有一条公路，向东北数公里连接着奥博扬公路。苏军意识到了这条公路的重要性，因此出动坦克第245团发起了一次反击。经过激烈的坦克战，席梅尔曼的装甲群打退了苏军，于21时牢牢控制了高地。

总结当日战斗，虽然第11装甲师如大德意志师一样需要通过泥泞的地形和密集的雷场，但表现却比后者好得多。第11装甲师争取到的军部工兵无疑起到了举足轻重的作用。该师在战斗中采用了声东击西的战术，且能迅速利用突破口扩大胜利。此外尽管遭到苏联空军的打击，但该师的损失和延误远比大德意志师小。两个师的表现高下立判。第15装甲团的坦克采取了原地不动射击的方式支援步兵，而没有冲锋陷阵以身试雷，使坦克的损失大大降低。7月4日，该师有72辆坦克可以投入战斗，而到7月6日夜却有74辆可战的坦克，显然修复的坦克数超过了损失数。

总结

在"堡垒"战役的第一天，第48装甲军各师向北推进了5至6公里。然而没有一支部队前出到苏军第二防御带。第48装甲军认为各师进展尚可，任务无需调整。等完成对第一防御带的突破后，大德意志师和第11装甲师将按照"堡垒"战役计划转向东北，沿佩纳河（Pena）弯曲部向东进攻。这一攻击方向的调整将使第48装甲军的进攻方向指向普肖尔河，偏向SS第2装甲军左翼。这样，两个装甲军将会向普肖尔河和奥博扬齐头并进，最终冲向库尔斯克。

第48装甲军发布了次日作战指示：第11装甲师从东、南两个方向攻击和夺取了切尔卡斯科耶。大德意志师绕过该村，攻击东北数公里处的210.7高地。第3装甲师向北进攻，冲向佩纳河弯曲部。

中央地段的战斗

位于德军南方集团军群中央地段的是SS第2装甲军。其中警卫旗队师（共20933人，作战兵力12893人）计划在05时15分至06时05分的炮火准备和05时50分至06时05分"斯图卡"对220.5高地的攻击结束后发动进攻。

任务分配如下：部署在右翼的SS第1装甲掷弹兵团（加强有1个坦克歼击连和师属高炮营4（中型）连）任务是沿着亚洪托夫西北的河谷推进，突破苏军第一道防线，然后主力攻击雅科夫列沃以东的第二道防线，部分兵力攻击贝科夫卡东侧，当日目标是拿下雅科夫列沃。

左翼SS第2装甲掷弹兵团（不含3营），任务是在第13重装甲连、"警卫旗队"坦克歼击营、1个工兵连和师属高炮营5（中型）连支援下突破苏军第一防线，然后沿公路两侧向贝科夫卡进攻，肃清沃尔斯克拉河沿岸村庄，防止左翼遭到来自西岸苏军的打击，当日目标是拿下贝科夫卡。负责地空协同的空军联络官会随同该团一起前进。第627工兵连和师属工兵营（缺1个连）等打开突破口后负责在反坦克壕上建立通道。

"警卫旗队"装甲团与SS第2装甲掷弹兵团3（SPW）营、1个坦克歼击连、"警卫旗队"装甲炮兵团2营、师属高炮营6（轻型）连编成的装甲群在后方待命，待前方的反坦克支撑点被拿下后，他们将经贝科夫卡以东，在雅科夫列沃东边突破，然后继续向东北方推进，最终在普肖尔河北岸建立桥头堡阵地。师属侦察营

SS 第 1 装甲掷弹兵团团长阿尔贝特·弗赖。

SS 第 2 装甲掷弹兵团团长胡戈·克拉斯。

和坦克歼击营余部作为预备队，根据事态发展选择支援装甲群或用于侦察和防御。

位于警卫旗队师西侧的第167步兵师第315掷弹兵团得到了第238炮兵团2营、第238工兵营1连、"警卫旗队"装甲炮兵团2营部分兵力和第55火箭炮团的1个火箭炮连的支援，他们的任务是在SS第2装甲掷弹兵团2营的战斗队形之后，穿过打开的突破口，向西北推进，掩护警卫旗队师的左翼，占领沃尔斯克拉河岸边的扎杰利诺耶和卡缅内宽沟村（Kamennyy Log），在西岸建立桥头堡，防止苏军从这两个据点侧击进攻部队。根据计划，进攻部队将在开始时施放烟幕，干扰苏军视线，降低其侧射火力的准确度。师属突击炮营会在突破第一阵地后抽调1个连加强给

SS 第 1 装甲团团长格奥尔格·舍恩贝格尔。

第315掷弹兵团，必要时第55火箭炮团剩余部队也将提供火力支援。

从05时15分开始，警卫旗队师所属和加强的炮兵对228.6高地以北进行了两分钟的急速射，然后火力向北延伸，对贝科夫卡公路两侧苏军阵地轰击了18分钟。接着炮兵用10分钟时间调整参数，然后与帝国师全部炮兵以及第861炮兵营和1个火箭炮营一起再次轰击了贝科夫卡公路沿线，将苏军注意力吸引到中央地段。然后德军计划以2个炮兵营、1个迫击炮营和5个火箭炮营的火力轰击了左翼第315掷弹兵团和SS第2装甲掷弹兵团前方的近卫步兵第52师所属的近卫步兵第153和151团的结合部，然后再突然将火力转移到右翼SS第1装甲掷弹兵团和帝国师"德意志"团地段，预计总耗时20分钟。德军这一复杂的火力准备计划的目的就在于将苏军坦克预备队吸引到左翼，用虎式坦克和突击炮予以消灭。

05时50分，大批斯图卡战机从南方灰蒙蒙的天空中呼啸而下，将炸弹准确地砸向苏军支撑点。跟随步兵一起前进的空军前进观察员也开始使用无线电引导攻击目标。前线的掷弹兵们可以清楚地看到"斯图卡"将苏军堑壕和反坦克炮阵地炸了个底朝天。

7月5日，德军的斯图卡战机正在为地面部队提供火力支援。

06时05分，当空军和炮兵的火力准备结束后，SS第1和第2装甲掷弹兵团各派出两个营发起进攻。SS第2装甲掷弹兵团迅速向守在北边不到1公里的220.5高地的近卫步兵第151团发起突击，13连的12辆虎式坦克和突击炮营的34辆突击炮负责提供火力支援。守在这里的苏军包括反坦克歼击炮兵第538团部分兵力，该团的20多门45毫米反坦克炮并没有集中在一起，而是以连为单位散布在近卫步兵第151和第155团各自的防线上。

第13重装甲连连长海因茨·科林通过无线电命令坦克前进，突击炮则在侧翼掩护进攻。当这些虎式坦克在巨大的轰鸣声中逼近苏军第一道工事时，各车车长突然发现前方苏军的自动喷火器喷出的烈焰形成了一道火墙。苏军这种遥控地雷式喷火器以后将在各次战役中继续

给德国人带来惊喜。不过科林反应很快，他立即命令驾驶员用履带碾碎露出地面的喷嘴，为步兵清除了障碍。科林随后率领全连小心地向苏军防线驶去，打在虎式坦克坚厚装甲上的苏军反坦克枪弹和反坦克炮弹都被弹开了。德

第13（虎式重坦克）连连长海因茨·科林。

军坦克宽大的履带很快在铁丝网上碾出一道道口子，同时把一些苏军士兵埋进他们的散兵坑里。

各掷弹兵营跟在坦克之后扑向了高地。加强的"警卫旗队"装甲炮兵团和第55火箭炮

营也全力压制高地上的苏军。在机枪掩护下，穿过雷区、越过反坦克壕的突击小组冲上去将手榴弹扔进还在冒烟的苏军战壕。德军首先将手榴弹密集投向敌人堑壕的某处，然后突击小组迅速跟上用冲锋枪和机枪扫射堑壕角落，最后用开刃的工兵铲、手枪和刺刀消灭残余的苏军。战斗工兵班将炸药包摧毁苏军碉堡，用喷火器消灭苏军火力点。这场惨烈的战斗最终以掷弹兵占领数个地段的苏军前沿工事而告终。

根据苏军资料，09时30分至10时许，德军才突破近卫步兵第52师的前沿防御。苏军利用有交通壕连接的三四道堑壕体系灵活机动地抗击拥有数量和质量优势的德军，给其造成了很大的麻烦。

当警卫旗队师虎式坦克和掷弹兵突破苏军前沿防线时，苏军反坦克歼击炮兵第538团不停朝他们开火。苏军构筑的反坦克炮阵地与地形完美地融为一体，除非他们开火，否则很难被发现。第13虎式重坦克连战史对此描述道：

装甲兵们很快就辨别出了俄军反坦克炮的炮口火焰。如果没有这种火焰的话，这些布置在伪装野战阵地上的精心伪装而又危险的火炮是永远也不可能被发现的。德国坦克从未冲入过这样密集的反坦克炮和掘壕固守的坦克中间。俄国人彻底利用一切地形地物设计出这样一种坦克防御体系，每个碉堡和掩蔽所都经过高明的伪装。

有些俄国炮手将虎式坦克放到极近距离才开火。敌人炮兵的这种战术极为致命。敌人一击之后，车长和炮手必须迅速将其定位。虎式坦克也必须停车开火以确保射击精度。

苏军的45毫米反坦克炮弹根本无法从正面

夺取苏军一处反坦克壕后，立即被德军掷弹兵用来休息和放置伤员。

击穿虎式坦克，虎式坦克则将这些炮兵阵地逐个消灭。按照苏军坦克第6军军长格特曼少将的说法，反坦克歼击炮兵第538团的损失是极为骇人的：

> 反坦克歼击炮兵第538团在与敌人的战斗中损失了18门45毫米炮，18辆威利斯吉普，12人负伤，145人阵亡或失踪。人员损失正在进一步核实。团长身负重伤，被送往医院。幸存的官兵和后勤人员被配属给近卫步兵第52师炮兵指挥部。

经过5个小时的激烈战斗，苏军浴血死守的220.5高地终于被德军占领。按照警卫旗队师的

资料，时间是在13时45分。15分钟后，SS第2装甲掷弹兵团又拿下了东北500米处的217.5高地，速度快得令人难以置信。根据沃罗涅日方面军的文件，"12时，敌人1个步兵团和60辆坦克沿通向贝科夫卡的公路发动进行，一小股集群到达别列佐夫西北1.5公里的217.1高地；30辆坦克和1个步兵营进入别列佐夫，一支坦克部队突入格列穆奇（Gremuchii）"。综合来看，这5个小时的战斗很可能包含了两个高地的战斗。

夺取220.5高地后，科林率领全连继续攻击东北的217.5高地。当他们来到高地前方的反坦克壕后，又遇到了一片雷区。战斗开始时工兵们曾给坦克扫过雷，但现在他们已经落在了后面。几辆虎式坦克被当场炸断履带或炸坏负重

"堡垒"行动期间，正在战斗间隙补充弹药的警卫旗队师第13重装甲连的虎式坦克。虎式坦克担任着突破苏军初期防御的重任，因此尽管虎式坦克备弹数量远高于Ⅲ号和Ⅳ号坦克，仍需在战斗间隙多次补充弹药。

轮，失去行动力后瞬间变成了苏军反坦克狙击炮兵第1008团的靶子。虎式坦克的车组们只能拼命摧毁每一门反坦克炮。虽然苏军的45毫米火炮无法击穿虎式坦克，但说不定哪一发炮弹会打坏火炮或者卡住炮塔。苏军炮兵还得到许多反坦克枪和机枪的掩护，希望可以打死探头观察的德军坦克车长、打坏履带或潜望镜的玻璃，让这些"老虎"变成瞎子和瘸子。因此当德军坦克进入射程后，苏军反坦克枪就一齐开火，打在坦克身上乒乒作响，导致没有一个车长敢探头侦察。

在这种情况下，德军装甲兵通常用车载机枪向暴露炮口火焰的位置射击，同时换装高爆弹轰击苏军。机枪压制可以让苏军炮手寻找掩蔽，或者躲到火炮防盾后面。德军炮手则抓住这关键的几秒瞄准目标迅速开火，消灭这些火炮。

另一种办法是施放烟幕，然后迅速倒车，躲进烟幕之中。车长随后再向其他坦克通告苏军反坦克炮的位置。这也可以让己方在正面用机枪和高爆弹射击的同时，从侧翼发起进攻。德国人能够协同火力和机动完全是建立在每辆坦克都配备无线电的基础之上。相反，苏军坦克兵无法使用这种战术，因为只有连长以上级别的座车才配备无线电。不过此时德军深陷雷区，不敢贸然行动，而且受损坦克的乘员也不敢下车修补履带，否则很可能被苏军步兵干掉。

当天，仅科林的车组就宣称击毁了9具喷火器、7个碉堡、4辆T-34坦克和19门反坦克炮。3排

苏军坦克第1集团军军事委员波佩利坦克兵中将。

排长米夏埃尔·魏特曼则击毁了9辆坦克和7门火炮。

苏军坦克第1集团军军事委员波佩利坦克兵中将亲眼目睹了反坦克狙击炮兵第1008团在217.5高地的战斗：

炮位之间的距离比想象的还要近。火炮布置在低洼的麦田中，在不长的麦秆中躲避敌军观察。

根本用不着望远镜也能看到德国坦克。他们像一条很宽的带子一样滚滚向前，到处撕开口子。其矛头占领了越来越多的土地。纵队左翼碾过一片茂密的坚果园，先头几辆车似乎有点犹豫，在开阔地停了下来。黑色的炮弹在其四周炸起浓烟。刚刚露出地面的反坦克炮炮管放平。炮口焰总是烧到沉甸甸的麦穗。

该团射击了不到一个半小时就有三分之一的火炮被打坏。炮手数量不断减少。相较于敌坦克造成的损失，敌机造成的损失更大。

德军俯冲轰炸机控制了天空。他们时不时组成紧密的圆形阵形，或者排成纵列。然后他们再次像跳舞一样飞速旋转，一个接一个地投掷炸弹。在天上，这样的圆舞不断上演。而在下面，泥土飞溅，烈焰四起，炮车和木片也都飞上了天……

就在刚才，炮兵团长科坚科少校试图坐着吉普车冲上炮位。他的座车残骸现在正冒着浓烟。不知道这位少校是怎么活着跑到炮位上当起炮手的。观察所空无一人——既然团长都在操炮直瞄射击了，剩下的人还在这儿干什么呢？许多炮兵连长和排长现在也亲自上阵，代替死伤的瞄准手或装填手。

浓烟，尘土，焦糊……反坦克炮与德国坦克和火炮双方的射出的火焰和钢铁的急流在交锋。怒吼的火焰和啸叫的弹片像无边的汪洋一

样将每个人卷入其中。每个人都如扑火的飞蛾一般脆弱而短命……

　　战斗的苦涩是任何东西都无法相提并论的。几个小时之后，我们的两个反坦克歼击炮兵团什么都没了，除了——正如他们所说——他们的番号。

　　根据格兰斯援引的苏方数据，该团的24门炮中有21门被打坏，超过一半的官兵阵亡，幸存的炮兵则在贝科夫卡作为步兵继续战斗。当天日终时，原本拥有44门炮的2个反坦克歼击炮兵团只剩下12门反坦克炮。苏方记录宣称该团在与警卫旗队师的战斗中击毁33辆德军坦克，包括17辆虎式。这个数字显然水分很大，先不谈虎式坦克的损失，科林的连总共有12辆虎式坦克，17辆的数字明显就是夸大了。根据警卫旗队师的报告，总共有4辆虎式受损退出战斗，其中3辆被地雷击伤，一辆被彻底击毁。突击炮营的损失较大，31辆战车中损失了8辆。师属装甲群在掷弹兵和虎式坦克突破苏军第一防御带并消灭反坦克歼击炮兵第1008团时并未投入战

斗，因此没有损失。

　　14时左右，苏军近卫步兵第52师下令集结于贝科夫卡地域的坦克第230团（3个连）发起反击。根据扎穆林所著的《打碎神话——普罗霍罗夫卡之战》一书的说法，该团共4个连，装备美国造的M3"斯图亚特"轻型坦克和M3"李将军"中型坦克，这两种坦克此时只适合支援步兵。格兰斯和豪斯的《库尔斯克会战》认为该团装备16辆T-60/70和23辆T-34坦克，这一歧误很可能是他们引用的早期苏方史料避谈美援所致。坦克第230团奉命以一个坦克连阻击帝国师，另外两个连在贝科夫卡以南1.5公里攻击警卫旗队师前锋。这是南线苏军第一次使用坦克攻击SS第2装甲军。

　　当苏军坦克第230团的两个连出现在战场上时，第13重装甲连的科林连长从指挥塔的炮队镜中发现了他们，科林立即下令全连坦克开火。科林的炮手卡尔-海因茨·"鲍比"瓦姆布伦就包办了2辆苏军坦克，其余虎式坦克也在几分钟内打瘫了大多数苏军坦克，只有靠后的几辆幸运地逃了回去，空气中到处弥漫着车辆燃烧

警卫旗队师的突击炮部队正在陆续进入战场。

冒出的滚滚浓烟的呛人味道。

第13重装甲连2排排长赫尔穆特·文多夫

第13重装甲连2排排长赫尔穆特·文多夫。

第13重装甲连3排排长米夏埃尔·魏特曼。

魏特曼的炮手巴尔塔扎·"鲍比"·沃尔。

（Helmut Wendorf）的座车在试图射击一个反坦克炮阵地时，踩上地雷，排里其他虎式坦克赶紧倒车试图退出雷区，苏军坦克第230团这时从侧面逼近了文多夫的排。文多夫只能通过无线电大声呼救。恰好魏特曼率领自己的3排找到了一条通向苏军火炮阵地后方的小路，听到呼救后立刻冲了上来。此时已经有一辆虎式坦克被击毁，苏军还有几辆坦克正向文多夫坦克的侧后方迂回。魏特曼的2排立刻向这些坦克开火，魏特曼的炮手沃尔击毁了其中3辆，剩下的苏军坦克赶紧调头就走。文多夫在获救后最终退出了雷区，返回后方修理。

等虎式坦克终于穿过雷区到达反坦克壕时，工兵们已经开始作业。一般的做法是用炸药炸塌反坦克壕的陡峭崖壁，再往坑中填土，即可快速形成一条通路。"警卫旗队"装甲团的一名装填手瓦尔特·劳（Walter Lau）后来描述了在反坦克壕附近的行动：

虎式重坦克连1排排长许茨的装填手克劳斯·比尔费尼希。

穿过反坦克壕是一项非常困难和复杂的行动。当我们到达时，工兵正忙着将一辆T-34坦克拖出壕沟，我们只能停下来等待他们清除这个障碍。一切完成后，我们整好队形继续向前进攻。没多久，我们就中了俄国人的几发炮弹。我当时没什么经验，没有意识到这些不过是被反坦克枪击中了行走装置和车长指挥塔。我很伤心，因为党卫队三级突击队中队长文多夫显然已经身负重伤，血流得满脸都是。但过了一会，我就发现原来他只不过被一块碎片划伤了脸而已，根本不是什么重伤，谢天谢地。在一次短暂的停车期间，文多夫正和工兵连的连长交谈，结果当我试图打开舱盖呼吸一点新鲜空气的时候，沉重的金属舱门刚好砸到工兵连连长的手，我的心情一下子又变得沮丧起来。

在我们后面是1排长许茨的坦克，他的座车被一发重型反坦克炮炮弹命中，炮手一头金发的克劳斯·比尔费尼希（Klaus Bürvenich）当场重伤，我奉命接替了他的位置。

为了消灭苏军最后的抵抗力量，当掷弹兵和虎式坦克等待工兵在反坦克壕中开辟道路时，师属的整个炮兵团和配属的火箭炮连集中火力轰击了高地山顶，把守军炸得抬不起头来。等到工兵完成作业后，德军立即有条不紊地继续展开进攻。德国人很快注意到苏军的机枪火力比最初弱了很多，但他们并不打算后退一步。此外，卡缅内宽沟附近高地以西的苏军炮兵连也给德军造成了很大麻烦。虽然警卫旗队师战史宣称于14时占领高地，但根据坦克第230团调动的时间和德军的描述来看，这应该不可能。帝国师"德意志"团1营在当天报告中对苏军坦克的反击描述如下：

14时45分（莫斯科时间16时45分），敌人从233.3高地（仙鹤林以北）方向发起的一次坦克反击被击退。7辆坦克被击毁……

尽管贝科夫卡距离233.3高地较远，但时间也不至于相差2小时45分，德军的时间显然包括了战斗时间。因此在没有其他可靠资料的情况下，推测德军占领217.1高地的时间应该在15时左右。

警卫旗队师左翼，第315掷弹兵团于13时10分开始向沃尔斯克拉河岸发起进攻。14时前不久，SS第1装甲掷弹兵团已经绕过别列佐夫，开始攻击仙鹤林以西的224.2高地，虽然苏军进行了猛烈的炮火还击，两个小时后，德国人还是占领了224.2高地。

"堡垒"行动前夕，一名"阿道夫·希特勒"警卫旗队师的士兵正在跟国防军第315步兵团的士兵聊天。在接下来的战斗中，第315掷弹兵团的士兵将与警卫旗队并肩作战。

15时，德军对卡缅内宽沟村—215.4高地（仙鹤林以西）—233.3高地一线进行了狂轰滥炸。此时，近卫步兵第52师的步兵和炮兵已经损失惨重，残部正撤向贝科夫卡，无力及时占领新的防线。近卫步兵第151和第155团的所有观察和指挥所都被占领，上下级失去了联系，无法继续组织战斗。为了能够守住近卫第6集团军第二防御带前的这一最后坚固支撑点，根据战前制订的反坦克预备队机动预案，15时，主力集结在波克罗夫卡（Porkrovka）和254.2高地（贝科夫卡以北约10公里）的独立反坦克歼击炮兵第28旅奉命以7个炮兵连前出到贝科夫卡地域封锁通往该村的各个道路。一个小时后该旅开始出发，一路上虽然遭到德军不断的空袭，但损失不大。不过由于该旅牵引车辆不足，加上出动太晚，等到他们赶到奥利霍瓦特卡和234.8高地一线时，发现德军已经占领了贝科夫卡和科济莫-杰米扬诺夫卡以南。与下属部队失去联系又惨遭空袭的近卫步兵第52师师部匆忙放弃科济莫-杰米扬诺夫卡后撤，师里的营、连长们和一些团部军官只能自行组织撤退。18时，近卫步兵第52师师部与近卫第6集团军也失去了联系。奇斯佳科夫司令员再也无法获悉前线的情况了。

16时30分，德军在苏军第一道防线上撕开了一道很宽的口子，警卫旗队师装甲群也接到了准备投入战斗的命令，"警卫旗队"装甲团的坦克陆续在SS第2装甲掷弹兵团3（SPW）营的跟随下穿过近卫步兵第52师防线的缺

SS第2装甲掷弹兵团3（SPW）营营长约阿希姆·派普。

口，沿公路向北方的雅科夫列沃挺进。

等先头坦克接近雅科夫列沃时，天快要黑了，德军还遭到了苏军的炮火的袭击。这些火炮可能就来自反坦克歼击炮兵第28旅。装甲团的坦克只能倒车寻找隐蔽，等待步兵和炮兵跟上来。炮兵纵队此时还远在后方，不可能在天黑前赶来建立观察哨，铺设电话线，并带上充足的弹药。220.5和217.1高地5个小时的激烈战斗迫使炮兵团在最初阵地上消耗了大量的时间和弹药。即使战斗结束后，炮兵团仍然要留在原地支援装甲掷弹兵团继续沿公路向北挺近雅科夫列沃，因此无法转移阵地。

由于无法进行空军、炮兵和步兵的协同进攻，警卫旗队师只能决定次日再进攻苏军的第二道防御带。全师官兵从凌晨开始已经不停地战斗了十几个小时，体力损耗极大。此外，工兵也损失惨重，急需休整。如果强行对有雷区掩护、精心伪装的苏军预有反坦克阵地发动进攻无异于自杀。为了减少这种不必要的人员和

装备损失，警卫旗队师停止了进攻。

7月5日，警卫旗队师总共有97名官兵死亡，522人负重伤（含17名军官，但不含营救护所收治的轻伤员，仅包含需要住院治疗和休养的重伤号），另有17人失踪。一线分队指挥官和士官损失最严重。其中SS第1装甲掷弹兵团领头连（3）连长，两个月前刚刚获得骑士铁十字勋章的赫尔曼·达尔克也在战斗中被苏军弹片击伤，随后伤重不治而亡。装甲群由于几乎没有参加战斗，没什么损失，但虎式坦克连和突击炮营损失较大。

尽管代价不菲，警卫旗队师还是顺利突破了近卫步兵第52师第一防御带，向前挺进14公里，逼近第二防御带。这是第4装甲集团军当天唯一一个前出到第二防御带的部队。尽管如此，220.5高地近5个小时的战斗还是严重拖住了该师的进攻步伐，导致该师没能突破第二防御带。近卫步兵第52师和反坦克歼击炮兵第538和第1008团的战士们用鲜血与生命为友军争取了

SS第1装甲团2营7连的一队Ⅳ号坦克正在等待进攻的命令。

宝贵的时间。

帝国师地段，该师装甲群至拂晓时仍未赶到集结区域，整个装甲纵队被泥泞的道路和交通堵塞所阻。由于不能因此推迟进攻，帝国师只能寄希望于掷弹兵独自打开突破口。

帝国师在7月4日时共有19812人，其中作战兵力为10441人。根据《库尔斯克1943：数据分析》的说法，帝国师在7月4日有20659人，作战兵力为7350人。这两份数据的差异应该在于统计口径不同。

帝国师当日首要目标是拿下苏军第一防御带上的别列佐夫，该村位于"德意志"团两个先头营东北2公里处。05时，帝国师的师属炮兵团和两个火箭炮团对亚洪托夫实施了20分钟的炮火准备。德军火炮随后又向别列佐夫以及小村西、南两面的丘陵倾泻炮火，高爆弹将一些房屋摧毁，引起熊熊大火。

大约半个小时后，又有几十架斯图卡战机飞临战场，以8至10架为编队向地面投掷炸弹。06时左右，当最后一架"斯图卡"返航后，"德意志"团3营发起了进攻。

防守别列佐夫的是近卫步兵第52师的近卫步兵第155团和暂归该师指挥的近卫步兵第156团3营（原属近卫步兵第51师），后者还得到了战斗工兵、喷火器连的加强，建立了环形防御阵地。

"德意志"团3营10连连长赫尔穆特·施赖伯（Helmut Schreiber）带领手下占据了别列佐夫以南一个高地的反斜面。经过激战，10连与第16工兵连抵达了别列佐夫前方的一个反坦克壕，但很快就被苏军的猛烈的炮火和机枪火力压制。利用这一机会，苏军步兵向反坦克壕内的掷弹兵发起了反击。双方士兵挥舞着工兵铲、刺刀甚至拳头展开了肉搏战。根据一名士兵回忆，当天战斗让他印象最深的就是空气中

潮湿的青草味道、衣服上的汗臭味以及苏军战壕里无烟火药和黄花烟（Mahorka，一种手工卷烟，有人音译作"马合烟"）留下的呛人味道。尽管全连奋勇抵抗，但部分阵地还是被苏军突破。根据帝国师的战史，此时部分突击炮应该已经出现在了战场上。

"德意志"团第16工兵连连长海因茨·马赫尔（领口佩戴骑士十字勋章者），这张照片就摄于别列佐夫村外围。

在"德意志"团3营其他进攻地段上，各连仍被躲在工事里的苏军轻武器和迫击炮火力压制得动弹不得。由于得不到坦克和突击炮的支援，掷弹兵们只能挨个摧毁苏军每一个碉堡。为了支援步兵，迫击炮排排长欧根·施托克（Eugen Stocker）将他的80毫米迫击炮小组尽可能地部署在靠近前线的地方，然后挨个轰击那些挡在掷弹兵进攻道路上的苏军火力支撑点。由于他们打得很准，苏军狙击手很快盯上了他们。施托克立刻带领排里的几名军士冲了上去，消灭了前方战壕里的狙击手。

眼看得不到坦克支援的"德意志"团进攻就要失败，阿洛伊斯·韦伯（Alois Weber）带领他的工兵排冒着苏军猛烈的炮火用火焰喷射器消灭了一排碉堡及数个机枪阵地。然后，韦伯又带着手下继续向防御纵深突破，但苏军炮火却挡住了跟在这个工兵排身后的援军。尽管随时可能被切断后路甚至被包围，韦伯仍然带着

人往苏军炮兵阵地深处猛冲。大部分向"德意志"团开火的苏军炮兵连都在别列佐夫以北的仙鹤林中，一些远程炮火则来自沃尔斯克拉河西岸，但威胁最大的还是这片树林。

"德意志"团第16工兵连某排排长阿洛伊斯·韦伯。

与此同时，海因茨·布赫霍尔德（Heinz Buchhold）带领的工兵排也突入了反坦克壕并试图填出一段通道。苏军步兵在这时候冲了过来，工兵们起先用喷火器把他们赶了回去，但苏军很快又卷土重来。这时，炮兵连连长约瑟夫·卡斯特（Josef Kast）恰巧就跟在突击人员后面。卡斯特在意识到这一危险后，立刻建立了一个临时炮兵观测点。每一次当苏军进攻布赫霍尔德的工兵排时，卡斯特就呼叫自己的连进行一次炮击。招架不住的苏军只能退了回去，再没有发动任何反击。

除了这些小股单位取得突破外，08时20分，"德意志"团大部分突击连都被来自沃尔斯克拉河西岸和仙鹤林的苏军炮火压制住了。"帝国"装甲炮兵团曾试图对森林进行炮火覆盖，不过由于对苏军部署一无所知，前方又没有观察员校正火力，因此效果不佳。帝国师只能请求空军的支援。13时左右，斯图卡机群对仙鹤林边缘地带进行了轰炸。虽然此后苏军炮火有所减弱，但一直没有间断过。

12时40分，临时配属给帝国师的髑髅师"艾克"团也加入战斗，从东面攻击了别列佐夫村。14时30分，他们越过了别列佐夫以东的反坦克壕。

利用苏军火炮被空军骚扰的机会，帝国师工兵们爬出反坦克壕开始清理围绕在别列佐夫周边的地雷。汉斯·吕费特（Hans Ruffert）的工兵排被加强给了"德意志"团2营。他带领手下冒着炮火为2营在雷场中开辟出了一条通道，仅吕费特本人就起出了18颗地雷。2营在攻至别列佐夫外环形反坦克壕后，又被战壕后方一座苏军机枪碉堡压制了。吕费特匍匐爬到碉堡附近后，把两枚手榴弹从机枪射击孔里扔了进去，为掷弹兵打开了道路。"德意志"团2营终于攻入小村边缘。同一时刻，施赖伯带领他的工兵连也从苏军阵地前两侧的缺口冲进了小村。苏军在别列佐夫的抵抗终于崩溃，开始放弃小村向北撤退。炮兵连长卡斯特见苏军步兵都暴露在开阔地上，立刻引导炮兵射击这些溃逃的苏军步兵。

15时30分，别列佐夫村的最后一股苏军被消灭，"德意志"团3营宣称抓获了130多名俘虏。

7月5日午后左右，帝国师的掷弹兵们正穿过一个小村向前行军。他们很可能属于"德意志"团2营或者3营。

苏军方面，由于没有人能够撑到最后，高级指挥部也不会去费心记录步兵连一级的战斗情况，因此只能找到关于别列佐夫村之战的只言片语。近卫步兵第51师的作战日志这样写道：

防守别列佐夫地域的近卫步兵第156团3营接受近卫步兵第52师的指挥。

1943年7月5日清晨，敌人击退了该师在亚洪托夫的战斗警戒，并对别列佐夫发动了进攻……步兵第9连没有放弃阵地，在最初顽强的战斗中，全连及所有装备都打光了；7连和8连剩余的41人在敌人的猛攻下退回团主要防御带，到7月6日上午，在246.3高地地域建立防御。

07时20分，沃罗涅日方面军副参谋长捷捷什金（S.Teteshkin）少将在向近卫坦克第5军通报作战态势时说，这一地段的战斗已经陷入堑壕肉搏战的地步。3营的近卫军人在长达9个多小时的残酷战斗中以弱敌强，死死咬住了德军两个装甲掷弹兵营。

稍事休整后，"德意志"团3营又向别列佐夫以北6公里的233.3高地发起了攻击。"德意志"团2营也在别列佐夫以西的开阔地向前挺进。就在掷弹兵们进攻233.3高地时，坦克第230团的一个连从高地方向对3营发起了冲击。赫尔穆特·施赖伯集合10连的一个排发起反击。尽管掷弹兵们打瘫了7辆坦克，但从前天夜里毫不停顿战斗到现在的掷弹兵体能已经耗尽，再也无力发起像样的进攻了。16时20分，一直担任预备队的"德意志"团1营奉命投入战斗。该营随后越过233.3高地以南的3营阵地向山顶发起进攻。与此同时，通过卡斯特连长以及其他炮兵观察员

苏军沃罗涅日方面军副参谋长谢尔盖·伊万诺维奇·捷捷什金少将。

的引导，"帝国"装甲炮兵团的火炮开始猛轰高地。斯图卡机群也在山顶来回盘旋，随时准备轰炸山顶的目标。这里值得一提的是，在炮击中损失惨重的战斗工兵此时正在忙着为后方的坦克和突击炮清理别列佐夫村外的第二道雷场。也就是说，1营的这次进攻依然得不到任何装甲部队的支援。

"德意志"团1营官兵冲到山脚后，踩上了密集的反步兵地雷。1连连长触雷身亡，多名排长重伤。维丁格营长只好亲自带领几个连发起了冲锋，经过残酷的白刃战，233.3高地于18时落入德军之手。在组织防御的时候，维丁格营长被弹片击中，抬下了火线。1营随后的进攻也被迫停止。在第一天战斗中，帝国师的掷弹兵在没有得到任何坦克的支援下推进了8.5公里，这已经算很不错的成绩

"德意志"团3营10连连长赫尔穆特·施赖伯。

"德意志"团1营营长奥托·维丁格。

了，当然这与空军和炮兵的密切协同也是分不开的。帝国师次日还必须拿下246.3高地，突破苏军第二道防线。

总结帝国师首日战斗的时候，SS第2装甲军认为造成进攻如此"吃力"的主要原因就是后方的交通堵塞，导致装甲部队迟迟跟不上来，因此下令军属的战地宪兵营立刻接管217.1高地和别列佐夫之间的交通管制，做好交通疏导工作。

7月5日夜至6日凌晨，"元首"团奉命前出至预定攻击阵地，准备执行次日的攻击任务。"德意志"团官兵得到了暂时休整的机会。20时，帝国师装甲群终于抵达别列佐夫以北的一道小河床，但也仅止于此，因为前方的雷场仍没有完全清除。除了地雷和泥泞给帝国师造成了麻烦和伤亡外，苏联空军的表现也十分积极，他们一整天都在不停地袭扰帝国师防空单位守卫的桥梁、道路和部队集结地。无论如何，帝国师仍决定不管是否得到坦克的支援，都于次日上午按时对246.3高地发起进攻。如此一来，能否取胜仍然继续取决于掷弹兵和战斗工兵们的个人技能和勇气。

在髑髅师地段上，7月4日时，该师共有19176人，其中作战兵力为10214人。05时15分，髑髅师的炮兵开始做炮火准备。"髑髅"团的掷弹兵们躲在战壕里，静静听着德军炮弹呼啸飞过。六管火箭炮射出的火箭弹拖着长长的尾烟尖啸着越过他们头顶，重重砸向苏军阵地。髑髅师的一名班长赫尔伯特·布伦嫩格尔（Herbert Brunnegger）这样回忆德军炮兵和空军的炮火准备：

> 1943年7月5日，我们彻夜未眠。我们待在距离前线不到100米远的地方，整晚头顶上各种东西飞来飞去。5点时，进攻即将开始，我们在自己的位置上等待重武器的火力准备。时间一到，整个我军战线发出令人恐惧的怒吼。一道弹幕如同暴风雨一般越过我们砸向敌人。火箭弹的尾烟像一条粗线一样划破长空，即使命中敌人防御体系且新的尾烟粗线出现以后也久久不会散去。

然后我看到许多"斯图卡"中队出现在天上，他们俯冲而下，攻击敌人的炮兵连、坦克集结点、工事和指挥部。我们的Me109战斗机在亨克尔轰炸机和"斯图卡"之间飞过，划出优美的曲线，这种场景会给敌人造成多么大的恐惧啊。在我们师上空，我看到不下100架飞机。简直难以相信敌人防线上会有什么人能活下来。

"髑髅"团2营和3营在虎式坦克连和师属突击炮营的支援下担任前锋。尽管髑髅师也遇上了泥泞的道路，但他们还是想方设法让坦克赶在进攻发起前一刻到达出发位置。06时，虎式坦克和突击炮在掷弹兵伴随下发起进攻。车长们略微将脑袋探出指挥塔，用望远镜观察远方是否有苏军反坦克炮阵地或进入战壕的坦克。苏军炮火打在地上，扬起一阵阵烟尘。在天上，苏德两军战机正在激烈地格斗。11时15分，髑髅师各营穿过树林，来到第一个目标216.5高地之前。

中午前不久，两个营抵达高地前方的反坦克壕。第9重装甲连连长威廉·施罗德（Wilhelm Schröder）也带领全连11辆虎式坦克冲到了反坦克壕边上，占领了射击位置。一直没有开火的苏军见德军坦克进入射程，纷纷开火。不过他们可怜的反坦克枪和反坦克炮对虎式坦克毫无

"髑髅"装甲团军官们的一次小碰头会，4个人从左往右依次是昆斯特曼、比尔迈尔，以及虎式坦克连连长威廉·施罗德和来自亨舍尔公司的机修人员弗兰克。他们背后是"443"号以及"400"号虎式坦克，而站在4人边上的是"443"号的车长鲍曼。

SS第3突击炮营营长维尔纳·科尔夫。

作用。可"髑髅"突击炮营就没那么走运了，打头的3连被苏军精确的炮火打得很惨，3辆突击炮被击毁击伤，连长卡尔·林德（Karl Linde）和排长克里斯蒂安·延森（Christian Jensen）负伤。此战中，髑髅师宣称首次遭遇苏联用T-34底盘改装的SU-152自行火炮。如同苏军动不动就看到并不存在的费迪南、虎式以及豹式坦克一样，德国人也经常看走眼。

同一时刻，髑髅师的工兵分队正冒着炮火用炸药包炸塌反坦克壕两侧，以便能够让坦克通过。没想到苏军迫击炮手早就标定好了参数，一通精确射击将在里面藏身的德军炸得东倒西歪，逼得掷弹兵们用工兵铲在壕沟的崖壁上挖出一个坑来躲炮弹。尽管面临苏军机枪和迫击炮火力的打击，工兵们还得拼命干活，否则部队将无法继续前进。火箭炮营的前进观察员终于赶了上来，引导火箭炮对山顶发起两轮齐射，压制住了苏军的迫击炮。德军工兵终于给坦克和突击炮开辟了道路。

虎式坦克和突击炮顶着苏军反坦克火力一个接一个地越过了壕沟。然而它们接着就钻进了雷区，4辆虎式坦克踩中地雷，其中两辆行走机构受损较为严重，只能等待维修。

德军对高地上的苏军又齐射了几次，苏军炮兵或被压制住，或被扬起的烟尘挡住了视线，无法射击德军。虎式坦克和突击炮趁机挨个敲掉了苏军暴露的据点和反坦克炮阵地。由于苏军重炮也不时朝此处射击，掷弹兵们只能躲在反坦克壕里。当帝国师的炮兵和斯图卡战机有效打击了仙鹤林的苏军炮兵阵地后，髑髅师的压力大大减轻。不过苏军停止炮击后，2营也没敢快速突击。

又一轮火箭炮齐射后，霍伊斯勒亲自带领"髑髅"团2营冲向高地。在机枪和火炮掩护下，他指挥各连冲到苏军堑壕，先投掷手榴弹，再与苏军展开白刃战。经过一番激战，霍伊斯勒带领2营官兵将高地正面东侧工事的苏军全部消灭。在营长的鼓舞下，掷弹兵们继续突击，于17时夺取了山顶的苏军主阵地。

半个小时后，高地上的战斗全部结束。"髑髅"团2营向师部报告完全控制高地。而此时在右翼，"髑髅"团3营仍在缓慢推进，2营不等3营赶到，在侧翼没有任何保障的情况下就集结部队继续向东面的奥博扬公路挺进。这条公路从别尔哥罗德北出城后几乎与北顿涅茨河平行，在波克罗夫卡转向东北可直通普罗霍罗夫卡。到达该公路后，"髑髅"团2营转向南，在6辆虎式坦克和突击炮营的支援下逼近控制公路的225.9高地。这样，2营就将近卫步兵第155团与近卫步兵第52师主力分割开来，迫使苏军后撤。近卫步兵第52师左翼的步兵第375师的侧翼也同时暴露。

"髑髅"团2营抵达公路后，就对SS第2装甲军和肯普夫集群的第3装甲军的战斗产生了有利影响。通过这条公路，德军可以直插近卫第6集团军最南边的步兵第375师的（北）侧翼。而步兵第375师的左翼与

"髑髅"团3营营长卡尔·乌尔里希。

近卫第7集团军的近卫步兵第81师相邻。后者防御着北顿涅茨河西岸阵地，可以直接威胁别尔

哥罗德，并拦在第3装甲军的第6装甲师前面。如果第6装甲师渡河成功，再转而向北突击20公里，前出到克里夫措沃——萨贝尼诺一线，便可以与帝国师右翼建立联系。这样，第3装甲军就可以掩护SS第2装甲军的右翼，让这个装甲矛头可以放心大胆地向北突击。

独立坦克第96旅旅长维克多·格里戈里耶维奇·列别杰夫少将。

如果"髑髅"装甲团的100多辆坦克能够在天黑前赶来支援2营的话，就可以继续沿公路向南粉碎近卫步兵第81师的右翼，这无疑会给第6装甲师的渡河作战减轻压力，从而为以后打下坚实的基础。苏军也意识到了这一点，独立坦克第96旅立刻奉命前出到两个集团军结合部东侧，集结于步兵第375师后方数公里堵住了缺口。

"髑髅"团2营推进到225.9高地前时，天已经黑了，官兵们也已筋疲力尽。更糟糕的是，师属装甲群仍然没有出现。2营不知道的是，苏军强击机和地雷成功迟滞了师属装甲群。"髑髅"装甲团的瓦尔特·韦伯回忆了全团上午遇到的麻烦：

俄国攻击机冲破我军战斗机拦阻，让等待前进命令的我们挨了一通狂轰滥炸……俄国的炸弹一炸，我们就赶紧寻找掩蔽，但太迟了，我们四周被炸弹的轰响笼罩，弹片也打到了坦克的装甲上。

上午的日光被燃烧造成的雾霾遮盖，空气中硝烟弥漫。等烟尘散去，我们看到了俄军轰炸造成的惨状，听到伤员的哭号。有些坦克着了火，乘员或死或伤，倒在残骸周围。我的一

这张照片显示了作为髑髅师装甲团主力的Ⅲ号坦克大多没有加装侧裙板。

个战友身负重伤，被一块弹片划破了肚皮。他躺在我们坦克下面血流不止，我们没有任何办法救他的命。

在死者和伤员被送往后方之后，后备乘员赶上来填补了空缺。此时，我们的高炮兵扫清了天空，打下一些俄国战斗机，它们像烧着的蚊子一样坠到地面。俄国飞行员也跳伞落到地上。我们的人赶紧冲过去处理此事。大约17时，我们终于接到前进的命令。先头部队已经突破俄国人精心构筑的纵深防线。我们在俄军阵地前有些失去行动能力的坦克，乘员们一边骂自己运气差，一边跑回后方。

与"髑髅"团2营一起向南前进的还有"髑髅"装甲工兵营3连的一个工兵排，排里的一名老兵回忆了接近225.9高地时发生的事情：

我们的重型排（装备半履带车）被配属给装甲团。我们遭到敌人坦克的射击，一辆半履带车中了地雷，油箱被炸飞。另一辆半履带车被坦克炮弹打瘫。到晚上时，全排只剩4个人。

向德军射击的坦克来自独立坦克第96旅，他们及时抢占了225.9高地。"髑髅"团2营还没鲁莽到对有地雷掩护的坦克发动夜袭的地步，配属的工兵分队也损失惨重，急需补充人员。因此，2营决定停止进攻。天黑后不久，"髑髅"装甲团的第一批坦克与2营会合，但此时已经无法发起进攻。由于独立坦克第96旅的及时赶到加上空军的打击，防守的苏军就躲过了一场危机。

早在天亮以前，右翼（南面）的"艾克"团就饱受苏军的炮火骚扰。"艾克"团3营在开阔地行军时遭到袭击，在寻找隐蔽时又钻进了雷区，接着又遭到苏军空袭。因此该团的3个营没能同时到达进攻出发阵地，一起发起进攻。16时35分，"艾克"团1营率先攻击225.9高地以西树林的苏军战斗警戒哨。德军还给前方的几个小树林起了绰号，比如左边的是"锤子"和"铁锤"，右边的是"龙"和"龙头"。该营的一名掷弹兵策尔（Zährl）这样回忆当时的情形：

敌人就在斜切阵地上。由于雷场和反坦克壕阻隔，我们的进攻遇到了麻烦。接着传出叫喊："工兵向前！"很多工兵或死或伤。

"艾克"团1营陷入激战之时，3营仍未集结完毕。直到一个小时过后，该营先头连才在"髑髅"装甲侦察营支援下冲向"龙"和"龙头"树林的苏军警戒哨。德军没有遭到太大抵抗。当他们冲进树林后，前方出现了一条沼泽一般的小河床。掷弹兵们划着橡皮艇过了河，而装甲工兵连则派出1个排搭建了一个徒涉场，让侦察营的半履带车顺利渡河。在南边，1营继续向奥博扬公路推进。他们在师属炮兵掩护下，经过大半个下午的苦战，于16时将顽强抵抗的苏军逐出树林。天黑以前，髑髅师的侦察兵与帝国师在仙鹤林南部边缘建立联系。两个师各一部协同进攻，迫使苏军炮兵撤出树林，逃向北方或东方。

近卫步兵第52师的作战日志中这样描述了近卫步兵第155团的战斗情况：

（在）近卫步兵第155团地段……敌人在控制别列佐夫后，在村子北侧建立了防御阵地，同时调集了一个团的步兵，还有坦克。14时30分，在别列佐夫西北侧，85辆坦克和一个营的步兵从仙鹤林方向杀出，与此同时冲向格列穆奇。2营各连打退了这次进攻。在敌人优势兵力的猛攻下，1营和3营余部开始向仙鹤林方向退却。而2营仍在格列穆奇把守先前的防区。在整个战斗过程中，敌人空军轰炸了团的阵地和防御纵深，炸坏许多火炮、武器，许多人失去战斗力。16时，敌人控制了仙鹤林，由此封住了仍然坚守原防线的2营的退路。

天黑时，"艾克"团仍没能消灭叶里克以西树林中的苏军。面对步兵第375师和近卫步兵第52师的顽强抵抗，该团打得非常吃力。德军在进攻时不仅遭到苏军炮兵精确打击，还遭到了伊尔-2强击机和战斗机的扫射和轰炸。尽管德国空军赶来支援，但苏军已经给地面部队造成了一定的损失。部署在十字路口的髑髅师师属高炮营用37毫米高射炮击落了3架伊尔-2和1架战斗机，比警卫旗队师和帝国师击落数都要高。对于伊尔-2这种有装甲保护的飞机，用小口径武器射击效果不大，而37毫米高炮的表现就要好很多。高炮营在37高炮的6发弹夹中混装高爆弹和穿甲弹，用穿甲弹打穿保护飞行员和油箱的装甲，接着高爆弹就将飞机打成一团火球。

对于髑髅师来说，这一天还算很成功。该师当日共有31人死亡，其中2人为军官，另有119人负伤，2人失踪，合计损失152人。坦克的损失也微乎其微。装甲团当日仍有121辆坦克可以投入战斗，其中57辆III号，47辆IV号，10辆虎式和7辆指挥坦克。

尽管在清晨和上午遇到了很大的麻烦，"艾克"团还是将绝大部分苏军逐出叶里克附近的树林。工兵们得以在奥博扬—别尔哥罗德公路以西的沼泽地和沟壑上架起了浮桥，建立起一条补给线。在前方进攻的装甲群就可以及时得到必需的补给。髑髅师的工兵表现要比另外两个师优秀，这也跟他们所在的地形要更好

有一些关系。SS第2装甲军对"堡垒"战役第一天的总结如下：

从我方攻势的进展来衡量，敌人起初打得极其顽强，不过随着抵抗的逐渐减弱，也开始后撤。

为了阻止敌人巩固第二道防线，命令警卫旗队师和帝国师在17时（莫斯科时间19时）——尽管已经很晚了——出动装甲团趁尚有光照突破第二防御带。命令髑髅师向仙鹤林派出强大的侦察部队，与帝国师右翼建立联系，并肃清树林。

……大约18时40分（莫斯科时间20时40分），警卫旗队师需进攻第二道防线，19时（21时），该部在第二防御带南面500米处的一道东南/西北走向且通往雅科夫列沃外围的峡谷前停了下来。由于帝国师推进路线上恶劣的路况和堵塞的交通严重迟滞了装甲团的行动，根据军的命令停止进攻。对第二防线的进攻必须在次日上午兵力集结完毕后有条不紊地展开。在夜间，如果条件允许，务必占领筑垒的哨戒阵地，步兵应推进到214.5高地。

南面地段的战斗

7月5日清晨，肯普夫集团军级支队的第3装甲军开始从别尔哥罗德西南的北顿涅茨河西岸发起进攻。他们的对手是近卫第7集团军，下辖近卫步兵第24、第25军及一些独立部队，共有76800人，1573门火炮和迫击炮，47门火箭炮，加强有近卫坦克第27旅、坦克第201旅和3个坦克团以及两个自行火炮团，合计246辆坦克和自行火炮。第3装甲军的3个装甲师加上第503重装甲营的45辆虎式坦克后共有285辆坦克，另外还有约97辆突击炮，合计382辆坦克和突击炮。肯普

1943 年 7 月 5 日，苏军近卫坦克第 27 旅正在进入阵地。

夫将重装甲营的3个连拆开分别支援各师，导致事后有人批评他没有将其集中起来作为拳头使用。考虑到德军的数量和质量优势，近卫第7集团军要抗击第3装甲军的进攻实际上还是很有难度的。

当然，近卫第7集团军还得到了3个牵引炮兵团、反坦克歼击炮兵第30旅、4个反坦克歼击炮兵团和数个装备反坦克枪的步兵营的加强。7月6日，集团军还得到了反坦克歼击炮兵第31旅的加强。

第3装甲军的任务是在突破苏军主防御带并强渡北顿涅茨河后向东挺进，直扑东北方的关键交通枢纽——卡扎奇耶和科罗恰，再挥师向北与SS第2装甲军齐头并进，掩护第4装甲集团军免遭苏军从北顿涅茨河以东发起的反击。第168步兵师在左翼协助第6装甲师渡河后，需机动至装甲军右翼提供掩护。但是考虑到这个步兵师缺乏运输车辆，只能依靠马匹拖曳火炮，执行这一任务将非常困难。

德军前方，近卫步兵第25军的近卫步兵第81师在坦克第262团支援下守卫着第一道防线，其后25公里处有坦克第167团担任预备队。另外近卫坦克第2军也在后方担任预备队，这个军的200辆坦克中有四分之三

肯普夫集团军级支队指挥官维尔纳·肯普夫。

德军第 168 步兵师师长夏勒斯·德·博利欧少将。

是T-34坦克。防守第二防御带的是近卫步兵第73师和步兵第213师。在第3装甲军进攻地段以南，德军第11步兵军负责进攻近卫步兵第24军的防线。在南面，德军第42步兵军将在第11军右翼渡河，进攻苏军第57集团军北翼部队。

作为科普夫战役集群的进攻核心，第3装甲军下属第6装甲师的任务是在第168步兵师的火炮支援下从别尔哥罗德东、北两个方向出发，强渡北顿涅茨河，然后向北前进20公里，夺取萨贝尼诺和克里夫措沃（Krivtsovo）的桥梁。这样，苏军机动预备队就无法在此渡河攻击第4装甲集团军的右翼，SS第2装甲军的3个师就可以毫无后顾之忧，全力以赴向北进攻，普罗霍罗夫卡距离此处仅25公里。

第19装甲师在战线中央，该师将在渡过北顿涅茨河突破苏军第一防御带后转向北，在第6装甲师右翼行动，目标是夺取亚历山德罗夫卡（Alexandrovka）附近的几座桥梁。

第7装甲师（左翼）的任务是突破苏军第一防御带后转向东北，夺取第6装甲师目标桥梁以东10至15公里远的拉祖姆纳亚河（Razumnaia）桥梁。然后继续向北推进。

近卫第7集团军在7月5日凌晨的炮火反击给肯普夫集团军级支队造成了不小的麻烦。第168步兵师遭到了压制，第11军的两个步兵师及其先头的突击炮营也被炸得不轻。

第3装甲军左翼第6装甲师的进攻时间定于04时25分，第一个目标是占领旧城（Staryi Gorod）和绿波利亚纳（Zelenaya Polyana）。第6装甲师必须先穿过别尔哥罗德市区的狭窄街道，经一座木质桥梁才能渡河。该师加强有第674工兵营和第54火箭炮团3营。在这之前，第168步兵师已经将自己的大部分部队都派了出去，用于掩护第6装甲师并为其腾出足够的展开空间。第168步兵师的第417掷弹兵团2营和另一个掷弹兵团的2营组成一个战斗群，部署在桥头堡阵地附近。还有一个掷弹兵营则部署在别尔哥罗德的东部边缘直至波克罗夫卡以北区域。从这里一直到师左翼防线的是第417掷弹兵团1营和部分师属侦察营。由于不断遭到苏军炮击，进攻部队损失很大。

此时，奉命为第6装甲师开道的第503重装甲营1连的虎式坦克也赶了过来。不过，该连连长汉斯·布尔梅斯特（Hans Burmester）上尉随后就失望地发现，工兵们冒着炮火搭建的浮桥承重仅24吨，虎式坦克根本无法通过。他们现在只能等待第11舟桥连的工兵实施加固桥梁作业。为了及早渡河，第6装甲师第11装甲团团长赫尔曼·冯·奥佩尔恩-布罗尼科夫斯基（Hermann von Oppeln-Bronikowski）上校决定在没有虎式坦克的支援下投入进攻。他下令全团在第91高炮营的高射炮掩护下夺取这座15米长的桥梁。第503重装甲营营长冯·卡格内克在回忆录中写道：

当炽烈的曙光划破远方天空的时候，敌军100门斯大林管风琴（喀秋莎火箭炮）同时向桥梁发射了火箭弹，浮桥瞬间就被摧毁。这种鱼雷形状的破片弹横扫地面，我们的工兵伤亡惨重……这次炮击证明了我们这份忽略了桥头堡以南敌军阵地的计划是多么的疯狂。占领了那里就能获得1.5英里的视野。

第503重装甲营1连连长汉斯-于尔根·布尔梅斯特。

进攻的任务随后

落在了第114装甲掷弹兵团为核心组成的冯·比贝尔施泰因（von Bieberstein）战斗群身上。比贝尔施泰因战斗群同第168步兵师的417掷弹兵团2营和师属工兵营3连一样都在前一天就被配属给奥佩尔恩的装甲群。第57装甲工兵营在雷场中清理出通道后，比贝尔施泰因战斗群小心翼翼地沿着道路两侧发起了进攻。第76装甲炮兵团则为战斗群提供炮火支援。战斗群最终抵达旧城火车站附近，在付出不小的代价后于18时占领火车站。与此同时，第114装甲掷弹兵团1营或2营也开始对苏军交通线发起了进攻。

比贝尔施泰因中校随后打算继续进攻，但他却发现，战斗群部分兵力没跟上来。原来，第228突击炮营的1辆突击炮在通过米哈伊洛夫卡（位于别尔哥罗德市区东南角）浮桥的时候撞坏了浮桥的承重机构，导致跟在后面的第417掷弹兵团2营无法渡河进攻。比贝尔施泰因只能下令部队撤回绿波利亚纳西北2公里的树林建立防线。

第114装甲掷弹兵团团长冯·比贝尔施泰因中校。

如此一来，第6装甲师之前的计划不得不作一些更改。许纳斯多夫师长在得到前方情报后仔细研究了局势，然后向第3装甲军报告，认为继续进攻弊大于利，而且他强调"从第6装甲师的人员损失来看，很难说这是一场胜利"。第3装甲军于是决定下午将第6装甲师撤出桥头堡，然后向南进入第7装甲师进攻地段，后者此时进展还算顺利。第3装甲军打算根据情况选择将第6装甲师投入到别尔哥罗德以东与第19装甲师一起突破苏军防御，或是与正向亚斯特列博沃推进的第7装甲师一起攻向梅利霍沃。德军还打算将虎式坦克连和1个突击炮连也送到第19装甲师地段渡河，而正面攻击苏军步兵第375师防线失败的第168步兵师除留下少数部队掩护别尔哥罗德方向外，主力转入第19装甲师地段，继续向顿涅茨河东岸发起进攻。

第11装甲团团长赫尔曼·冯·奥佩尔恩-布罗尼科夫斯基上校。

07时，奥佩尔恩战斗群接到命令，"你的战斗群必须利用先前第7装甲师使用的60吨承重桥过河，继续进攻"。第503重装甲营1连的虎式坦克也被加强给战斗群，所有坦克集结在杜博沃耶国营农场休整。第76装甲炮兵团1营也会赶去加入战斗群。当晚至次日凌晨，第6装甲师部分兵力撤出一线，转入第3装甲军预备队。由于当天原定的进攻被暂停，这些部队暂由第11军节制，随后该部进入米亚索耶多沃两侧的拉祖姆纳亚河地段，以期前出到梅利霍沃。

午夜时，第6装甲师把阵地移交给第168步兵师，只留下1个突击炮连，主力转到南面的第7装甲师地段，准备次日上午利用后者打开的突破口扩大胜利。

第3装甲军中路的第19装甲师分为三个战斗群，首要目标是通过两座桥和米哈伊洛夫卡（Mikhailovka）附近的几处徒涉场渡过北顿涅茨河，拿下对岸已经沦为废墟的克列伊达村（Kreida）和一所学校，然后控制近伊古缅卡附近的制高点。其中两个战斗群分别以师属的两个装甲掷弹兵团配属其他兵种组建，第三个战斗群由第27装甲团和师属SPW营组成，实际上就是装甲战斗群。进攻发起时，第19装

第19装甲工兵营营长格哈德·内姆尼希上尉。

第73装甲掷弹兵团团长鲁道夫·克勒上校。

第503重装甲营2连连长海尔曼上尉。

甲工兵营应该在北边的普什卡尔诺耶（Pushkarnoe）村北架起一座承重60吨的桥梁，以供虎式坦克通过。此外，临时配属给该师的工兵会在约3公里外的普什卡尔诺耶村南架起一座承重24吨的桥。

第73装甲掷弹兵团与第19装甲工兵营一部和第19坦克歼击营1个连组成第73装甲掷弹兵团战斗群在师最右翼渡河并前出至铁路线。然后转向北，从南面攻击克列伊达村。该战斗群的作用至关重要，因为它要为第19装甲师其他两个战斗群打开突破口。

第74装甲掷弹兵团（不含2营）1营、第503装甲营2连和第19装甲工兵营3连组成的里希特战斗群（赫尔穆特·里希特上校是第74装甲掷弹兵团团长）位于师左翼，任务是前出到米哈伊洛夫卡—拉祖姆诺耶公路，然后等待克勒的战斗群就位后

再越过公路，继续向克列伊达村方向推进。

贝克尔（Becker）上校的装甲战斗群由第27装甲团（81辆坦克）和第74装甲掷弹兵团2（SPW）营组成，任务是等步兵和第503装甲营2连撕开口子后突入苏军阵地，拿下近伊古缅卡。加强给第19装甲师的第168步兵师第223掷弹兵团1营的任务是肃清米哈伊洛夫卡桥头堡以南的苏军。

进攻发起前，工兵们开始在东岸的苏军雷场中排雷。他们发现探雷器毫无反应，然后突然意识到苏军使用了木制外壳的地雷，工兵们随后只能用刺刀排雷。

此外，在德军出发前不久，苏军用火炮和火箭炮轰击了他们的集结地域，尤其是米哈伊洛夫卡桥头堡。苏军的炮火在克列伊达村车站水塔上的观察员引导下打得十分准确，毫无防备的工兵伤亡很大。06时，克列伊达村和学校都没有拿下。第223掷弹兵团面对苏军火炮、地雷和机枪火力死伤无数，狼狈撤出战斗。渡过北顿涅茨河的第73装甲掷弹兵团也在苏军防线前密布地雷的沼泽地中蒙受了不小的伤亡。近卫步兵第81师总共埋设了20266枚反坦克雷和24955枚反步兵地雷，平均每公里分别为2133枚和2626枚。里希特战斗群渡河后倒是有些战果，不过先头突击的几个连也损失很大。09时，承重60吨的桥梁被炮火损毁，虎式坦克和突击炮只能再一次待在西岸发呆。雪上加霜的是，第19装甲炮兵团也因前进炮兵观察员视野受限无法提供有用信息而不能提供火力掩护。

11时40分，60吨的承重桥梁修复后，第503装甲营2连的14辆虎式坦克才冲上来支援步兵。苏联空军此时稍微出现了一下，扫射和轰炸德军坦克和步兵的战斗队形后就消失了。虎式坦克很快击溃了只能用机枪反抗的苏军步兵，冲进了139.9高地前的雷场。224号虎式坦克的装填

手、上等兵波尔青（Polzin）回忆道：

出发后不久，全连就闯入了雷区。一次剧烈的爆炸将我们的坦克像稻草一样向后抬起。整个地段上，无尽的尘土遮天蔽日。我们坦克右侧履带和负重轮受损，炮塔也卡住了。后来发现右前方也被击伤，离合器也坏了。等到后备坦克赶来把我们接走时，资深上等兵利伯曼（Liebermann）用牵引缆绳连接到另一辆坦克上。可怜的是他在这一过程中负伤了。下面几个人也接连负伤……这片雷区导致全连17人负伤。

第503重装甲营2连此时仅剩的2辆无损的虎式坦克，它们在第19装甲炮兵团发射的烟幕弹掩护下继续攻击苏军阵地。几天后，第503装甲营在给第3装甲军的报告中指出：

当天上午，我们仅1个连（2连）就损失了参战14辆坦克中的13辆。其中9辆是在穿过雷区时损失的，需要两到三日才能将其修复。

在雷场中损失的原因有三：

1. 从一开始就没有一张地图显示德军在建立桥头堡时设置的雷区位置。有两张地图可供参考，但二者互相矛盾且都不准确。此外，我们有两辆虎式坦克被引向己方雷区。另外两辆虎式坦克在通过本应是安全的地形时触雷。

2. 扫雷工作粗心大意。有3辆虎式坦克得到前方没有任何地雷的保证后被地雷炸坏。

（当天上午，第74装甲炮兵团的两门火炮也在按理应被扫清的道路上触雷。）

3. 由于工兵通知前方安全，第8辆虎式坦克一头撞进了敌方雷区。第9辆虎式坦克遇到俄军坦克攻击时想改换位置，结果也进入了雷区。

贝克尔装甲战斗群直到下午晚些时候还一直待在西岸，等他们在虎式坦克之后渡河，再想完成任务时已经来不及了，而且第27装甲团当天也有4辆坦克被直接命中损毁。师长施密特中将在总结首日战斗时认为："俄国人打了那么多炮弹，以至于我相信他们的炮兵要比我们更强大……我师在米哈伊洛夫卡附近渡过顿涅茨河时人员装备损失很大。这几乎就是一场败仗。"第3装甲军日志中指出该师遇到了苏军步兵顽强的抵抗、精心设计坚固构制的防御和极深的雷场。苏军埋设地雷的水平非常高，几乎在所有预想的地段都迟滞乃至拦住了德军。7月5日结束时，第73装甲掷弹兵团战斗群挺进到克列伊达村外1公里，里希特战斗群到达139.9高地附近，准备次日在1个半履带车连支援下攻克高地。德军仅仅是突破了铁路沿线，没能突破近卫步兵第81师近卫步兵第238团和近卫步兵第78师近卫步兵第228团防守的第一防御带。第19装甲师共有62人阵亡，413人负伤，22人失踪，共计497人。

第19装甲师师长古斯塔夫·施密特中将。

第7装甲师位于第3装甲军最南边，右侧是第11军的第106步兵师，分界点在索洛米诺（第7装甲师占领），左侧为第19装甲师，分界线为列普诺耶（第19装甲师占领）—杜博沃耶国营农场（第7装甲师占领）—丰收日集体农庄（第19装甲师占领）—拉祖姆纳亚河畔加里宁纳至其源头。攻击发起时间是04时25分。

包括第503重装甲营3连在内的装甲部队集中在师的右翼。但他们过河前就遇到了麻烦。

如同第48装甲军一样，工兵的失职对进攻的展开造成了不利影响。7月4日夜至次日凌晨，第7装甲师的工兵营利用夜色掩护在河岸西面的德军雷场中清理道路。然而到攻击发起时，他们仍然没能开辟出足够多的通道。这样无疑会限制装甲部队的机动。更糟的是，第651工兵营给了第503重装甲营一张地图，上面标注了工兵应该在德军雷区中扫出哪些通道，但他们没有及时通知装甲部队自己没有完成任务。试图从这些道路穿过的坦克立即引爆了德国人自己埋设的地雷。至少7辆虎式坦克行走装置损坏。一支工兵分队随后上前重新标记了雷区，并发现有120颗地雷没有排除。3天后，第503重装甲营营长卡格内克给第3装甲军和装甲兵总监古德里安打了一份小报告，说明了此事。

第503重装甲营营长冯·卡格内克上尉。

经过一番周折，第25装甲团与3连其他虎式坦克终于赶到了北顿涅茨河西岸，工兵将会在这里建起一座承重30吨的桥梁。对于不超过25吨的Ⅲ号和Ⅳ号坦克来说一切不在话下，但近57吨的虎式坦克肯定无法通过。3连2排排长里夏德·冯·罗森（Richard von Rosen）少尉在夜间做了几次勘察，发现一个可供坦克通行的徒涉场，这里水流并不急，水也不深。唯一的缺点是对面河岸

第25装甲团团长阿达尔贝特·舒尔茨中校。

过于陡峭。因此工兵必须过去用炸药炸出一个缓坡，以便坦克通行。渡河时的行动顺序是这样的：先头的2排渡河，另一个排做好准备，第3个排负责提供掩护。

04时30分，德军炮兵和火箭炮开始向东面的苏军阵地进行炮击。不久后，德军步兵和工兵组成的突击队开始划橡皮艇渡河，苏军炮火不时在皮艇旁边激起水花。到达东岸后，掷弹兵们立即建立了防御阵地。工兵也用炸药炸出缓坡，为虎式坦克开辟道路。苏军炮兵则向西岸和桥梁加强了炮火轰击。

第25装甲团以行军队形准备过桥。第503重装甲营3连2排排长罗森少尉看到第25装甲团工兵分队的资深上士鲍曼（Baumann）打出两发绿色信号弹（表示行动顺利）后发出命令："坦克，前进！"

第503重装甲营3连2排排长里夏德·冯·罗森少尉。

3连2排的第一辆虎式坦克刚渡过10至15米宽的北顿涅茨河，在准备通过工兵炸开的坡道时却发现土地被炸软了，实在爬不上去。试了几次之后，这辆虎式坦克卡住了。此时苏军炮火也朝这边打了过来。无奈之下，罗森报告渡河失败。3连原地待命期间，工兵再次奉命构筑承重60吨的桥，由3连负责掩护，防止苏军反击。德军用牵引索将陷住的坦克拖回西岸。而此时，在东岸桥头堡的掷弹兵已经被苏军炮兵炸得支持不住了，担架队和走得动的伤员已经陆陆续续返回西岸。苏军火箭弹随后呼啸着划破天空，将桥梁炸坏。

第503装甲营营长卡格内克上尉在营战史中

这样写道：

7月5日那个灰蒙蒙的清晨，我站在顿涅茨河岸边观察我们的坦克渡河进入桥头堡。工程兵在晚上忙得热火朝天，桥梁已经完成了80%。突然"一轮红日"从远方升起，而数百门斯大林管风琴准确地将火箭弹砸向渡河点。桥梁被完全摧毁，倒霉的工兵也遭到了惨重伤亡。

由于没有在战斗发起前清除苏军的前沿警戒哨，第3装甲军的步兵、工兵和装甲兵为此付出了惨重的代价。在第503重装甲营的战史中记录了卡格内克营长质疑肯普夫的作战方案的内容：

苏军的炮击揭示了此前几个星期被完全忽视了的问题，这是难以置信的。必须拔除我军桥头堡南边的敌军阵地，因为这一阵地让敌人可以从2公里外将我军部署看得一清二楚。

卡格内克营长的指责并不公正，实际上与第48装甲军和SS第2装甲军正面的连绵丘陵地形不同，在第7装甲师进攻地段上，河西岸有几座高地，而东岸地势平坦，海拔也较低。占据西岸高地的德军可以轻松打击铁路路堤以西的苏军阵地。此外，第4装甲集团军前方并没有河流水障，而第3装甲军则必须强渡北顿涅茨河才能攻击到苏军前沿的战斗警戒乃至主防御阵地。当然德军也可以选择从米哈伊洛夫卡桥头堡出击，沿河岸攻击苏军前沿，但这样整个侧翼都会暴露在苏军炮口之下，德国人显然不想冒这个险。

当虎式坦克还待在西岸等待过河时，各掷弹兵团已经开始向苏军阵地发起了突击。第25装甲团也分成两部，一个营由舒尔茨团长亲自带领，在第7装甲掷弹兵团配合下向纵深攻击，罗森的2排会为他们打开突破口。另一个营与503重装甲营3连两个排一起支援第6装甲掷弹兵团，掩护第7装甲师的右翼，也是第3装甲军的右翼。

别尔哥罗德至普罗霍罗夫卡的铁路在城东向南出城后，与3公里远的北顿涅茨河几乎平行。防御这里的是近卫步兵第78师，下辖近卫步兵第223、225和228团，近卫炮兵第158团，独立近卫反坦克歼击炮兵第81营，共计7854人。另加强有炮兵第671团1个营和集团军反坦克枪第4营。近卫步兵第78师把机枪火力点和掩体布置在高出地面的铁路路堤的西侧，而将迫击炮和重武器藏在东面。苏军阵地前是一片泥泞地，上面埋设了地雷、带刺铁丝网和反坦克障碍物。右翼的近卫步兵第228团守卫着拉祖姆纳亚河以北5公里宽的地段，并加强有两个反坦克枪连和两个反坦克歼击炮兵连。左翼近卫步兵第225团加强有1个反坦克枪连，防守约宽7公里的地段。两个第一梯队团各得到近卫炮兵第158团1个营的支援。此外近卫步兵第223团（缺1个营）担任第二梯队，该团第3个营与1个反坦克歼击炮兵连组成预备队。苏军在拉祖姆纳亚河以北的兵力较强，防御地段也较窄，且有便于防御的居民点和不利于进攻的地形。

由于德军没有预先击退或消灭苏军的前沿警戒，因此在进攻时面对苏军引导的密集炮击伤亡惨重。此外，苏军飞机表现也特别活跃。德国空军拼尽了全力也无法拦下所有战机。苏军飞机撕破了德军防空火力网，低空扫射并轰炸了德国地面部队。尽管如此，第7装甲师还是打开了一条通道。在铁路沿线处，双方大打出手。16时，罗森的2排终于渡河，然后在拉祖姆诺耶车站处突破了铁路线一带。罗森回忆道：

距此不远，我前往第7装甲掷弹兵团指挥部。我的排在进攻时被配属给该团。在地图上简要介绍了地点并提了建议之后，我们就离开了。

……整个下午，我们引导各步兵连与敌人进行了激烈的交火。有我们在，掷弹兵们备感放心。但是要逐个肃清无数散兵坑中的俄国士兵让他们损失很大，双方经常进入肉搏战。

这种情况下，我们实在帮不上什么忙。俄国人会先把我们的虎式坦克放过去，然后打击跟随的掷弹兵。

第503重装甲营3连连长瓦尔特·舍夫中尉。

第503重装甲营3连剩下坦克此时在舍夫（Scherf）中尉的带领下奉命为第25装甲团2营开路。他们通过第651工兵营构筑的浮桥过河后，准备支援第6装甲掷弹兵团攻击拉祖姆诺耶。3连1排311号虎式坦克的炮手格尔德·尼曼（Gerd Niemann）中士回忆了当时的情形：

太阳将外装甲烤得像着了火一般。待在战斗室就如同进了烤箱。退下来的负伤步兵不理解我们为什么不冲上前线。他们不断地向我们喊道："向前！向前！你的同志们在等着你。"终于我们得到命令："全连前进！"前进了100码之后，我们遇上了敌人。"两点钟方向，碉堡，高爆弹。"我本能的一只脚踩住踏板以旋转炮塔，左手则调整瞄具来计算距离，然后抓住转轮调整火炮。我的右手准备好了按动手柄。"目标确认，解除保险！准备射击！"我按动扳机。目标消失在一团烟云之中。我算是打中了吗？魏纳特（Weinart）少尉没给我时间去搞清楚。坦克已经准备再次进发……

第503重装甲营3连1排炮手格尔德·尼曼。

这一套动作重复了很多次："退弹壳，烟尘，走！"虎式坦克不断行动，时而往左，时而向右，时而前进，时而倒退。很快我就失去方向感。俄国士兵们出现在我们的坦克前方。我们正一头扎进他们的防御阵地。

一大群身着褐色制服的人用手头的步枪和冲锋枪向我们的座车射击。有几个人跑了，其余的则在倾斜地面上寻找掩蔽。他们挡不住我们。没被我们的机枪撂倒的敌人四散奔逃。

在我们右侧是一片庄稼地，反坦克炮的绝佳藏身之所。魏纳特少尉命我们将敌人轰出去。"方向，一点钟。距离，50米。高爆弹，解除保险！"

我们小心翼翼地前进。我的额头紧紧贴在瞄准具的护垫上。我眼前只能看到一片麦浪。突然火光一闪，我们的坦克挨了一下。与此同时，一片泥土被轰起三四十米高。"太棒了，正中靶心！"到这时我才意识到我开火了。

虎式坦克又挨了几下，炮弹来自远处，但是我们还是看不见敌人。无论如何，装填手仍必须片刻无误把炮弹塞进炮膛。我严格按照魏纳特少尉的指示行事："再开一炮。不能让'伊万'觉得他很安全。"

坦克重重地挨了一下。库纳特（Kuhnert）

中士似乎说了一句"被打穿了"，资深上等兵莱纳（Lehner）喊了一声"负伤了"。魏纳特少尉仍然十分冷静："还有别的情况吗？""没了，少尉同志。""那就继续，库纳特。"

魏纳特少尉非常沉着，就如同在训练时一样，他指挥自己的虎式坦克越过田野冲向一门反坦克炮。向左，向右，向左。坦克履带碾过一门又一门炮。车内的电气系统坏了，头戴式耳机中的沙沙声也消失了。不过坦克继续前进。

右侧50米处又发现一门反坦克炮。乘员们赶了过去，机枪开始射击。这时那门炮附近有个东西在动：突然之间火光一闪，虎式又挨了一下。整个战斗室都被震动了。还没等我明白过来，库纳特中士已经将炮管对好，打坏了第4门反坦克炮。

但是我们还不是很清醒。坦克后方中弹造成发动机停车，我们在原地动弹不得。好在没过多长时间，发动机机动装置再次运转，我也试图手动转动炮塔。

此时魏纳特少尉命令道："停！"我立即问他："那门反坦克炮怎么样了？""资深上士龙多夫（Rondorf）把它解决了。"这样我们不再孤单，"麦田"行动宣告结束。我们终于

第503重装甲营3连的魏纳特少尉（左）正在与连长瓦尔特·舍夫特中尉交谈，照片摄于1943年7月1日。

可以抽一口烟。呼吸一下新鲜空气了。

但是事情还不算完。我们发现了敌人的坦克。我们用曲轴手摇发动引擎。等我们启动离开后又踩上了地雷。万幸只是变速箱轻微受损并很快就被修复了。接着，一个村庄（拉祖姆诺耶？）映入眼帘。远处的敌军坦克清晰可辨——距离1200米。我只用了两发炮弹就将第一辆击毁。

库纳特中士，装填手。

第二辆T-34进入我们的射界。它跑得很快。这次用了3发炮弹才将其击中……全连随后开始为过夜开始安全扎营。

下午晚些时候，第7装甲师的掷弹兵和虎式坦克已经在拉祖姆纳河以南的铁路路堤处为装甲部队打开了一块足够宽的突破口。第7装甲师下令第25装甲团进入突破口，向第一个目标拉祖姆诺耶（Razumnoe）前进。第25装甲团2营在渡过北顿涅茨河时遭到苏军炮击，营长安德烈亚斯·塔勒尔（Andreas Thaler）上尉被弹片打伤，6连连长毛尔（Maul）上尉接替了营长一职。但这位新营长刚刚上任就在战斗中负伤。2营的阿图尔·舍雷尔（Arthur Scherer）回忆道：

我们的营长在进攻还没开始的时候就被弹片击伤了，6连的连长毛尔上尉接替了他的位置。
……
在炮火准备过后，我们发起了进攻。我们的坦克刚刚前进了50码左右就被击中了。车组5

个人都安全地逃了出来。毛尔上尉以及阿尔特少尉和机电员施密特躲在坦克下面，驾驶员和我则躲在履带后面。

但第二发以及第三发炮弹在击中坦克斜面后反弹在坦克底部爆炸，阿尔特当场阵亡，机电员施密特丢了一只胳膊，毛尔在头部挨了重击后倒在了地上。

我和我的驾驶员扫了一眼战场，真是可怕极了。我向机电员施密特打手势示意他跟我一起去找团长。舒尔茨中校此时正在一个山谷里。没多久，我向中校报告了我的遭遇和所见所闻。随后，我带着两个人试图去救回仍躺在坦克边上的毛尔上尉。我们一共尝试了3次，都被敌军的炮火赶了回来。最终，我还是抬回了重伤的上尉。

我接下来也没能得到片刻休息，我背着装着文件的公文包和机电员就坐在2营的新指挥坦克里，新任营长总是指挥我不停地修改密码。更换坦克也没给我们带来什么好运，不到半个小时，我们就又被击中了，只能再换一辆坦克……

当德军突破近卫步兵第225团2营防线并继续向纵深推进时，近卫步兵第78师下令预备队上前支援前沿被重创的部队，阻止德军坦克继续前进。由于该师防御地段上河流纵横，村庄遍布，不利于机动和火力展开，区区一个反坦

库尔斯克战役期间，苏军的45毫米反坦克炮根本无法对德军虎式坦克的前装甲造成有效的伤害。

克歼击炮兵连（11-16门45毫米反坦克炮）根本挡不住一个装甲团，更何况还有虎式坦克。

傍晚，第25装甲团及虎式坦克已经前进到距离出发阵地约5公里远的拉祖姆诺耶和克鲁托伊宽沟村（Krutoi Log）之间的高地。全师伤亡不大，只有10人阵亡，86人负伤。但第7装甲师仍处在苏军第一防御带的纵深内，更别说拿下首日目标——拉祖姆纳亚河上的桥梁了。而苏军虽然暂时挡住了德军，但自身防御部署也有问题。战后，伏龙芝军事学院对近卫步兵第78师的战斗队形提出了批评，认为其右翼防御地段较窄，且前沿有利用防守的居民点和不利用进攻部队的地形，只需放置较少兵力，而在左翼建立较大的兵器密度会更好一些。

对第3装甲军来说，这一天相当令人失望。所属的3个装甲师都没能顺利突破苏军第一防御带并转向北方，只有第7装甲师勉强有点成绩，但步兵损失极大。第503重装甲营竟然损失了75%的坦克，绝大部分尚未进入战斗就在雷区就失去行动力。

主要问题出在工兵身上，不能说他们的职业素养不够，而是因为肯普夫及其参谋人员低估了前方地形的复杂程度，没有派出足够多的工兵架桥、排雷和支援战斗。另外，苏军炮火也给工兵造成了很大损失。从苏德战争的经验来看，专业工兵可以说是装甲部队机动的最重要保障。

首日总结

"堡垒"战役的首日就这样结束了。按照德军的设想，第4装甲集团军麾下最强的第48装甲军应当连续突破苏军两道防御带，从7月4日就占领的苏军前沿战斗警戒向近卫第6集团军纵深推进45公里，到达普肖尔河。而SS第2装甲军

也应当突破苏军两道防御带，前出到普罗霍罗夫卡，从而在苏军防线上凿开一个15公里宽、30公里深的突破口。

然而事与愿违，整个南方集团军群的9个装甲师和装甲掷弹兵师中只有警卫旗队师前出到苏军第二道防御带，剩下的要么勉强突破苏军主防御带，要么还在其中挣扎。表现略微突出的SS第2装甲军因为两翼友军无法跟上，只能分兵掩护自己的侧翼。苏军战前精心构筑的防御体系以及红军战士们英勇顽强的抵抗彻底打碎了德军迅速突破的企图。

奇怪的是，第4装甲集团军在报告中还是乐观地认为，无论如何，这一天还是可以算作彻底胜利。两个装甲军遇到的苏军坦克都是20至25辆的小部队，根本看不到军一级的大兵团。也许第4装甲集团军觉得在苏军战役预备队到来之前，他还有一天时间可以从容突破苏军第二防御带。显然他的情报机关并没有侦知苏联坦克部队正在赶来。

对于德军来说，既然第一天没能干净利落地突破苏军防线，那么这场战役的结果就很令人怀疑了。德国人面对的苏军已经不是一群见到坦克就望风而逃的乌合之众。很多红军战士宁可用机枪徒劳地扫射虎式坦克，也不愿转身逃跑。炮兵打光了炮弹就发起决死的反击，无数的连队战至最后一兵一卒也不投降。第4装甲集团军和肯普夫战役集群当天伤亡6011人，其中775人阵亡或失踪。克里斯特·贝里斯特伦（Christer Bergström）的《库尔斯克空战，1943年7月》认为苏军损失了8500人，而且其中很大一部分为德军空袭造成。虽然他没有给出数字来源，但应该是准确的。至于苏联空军则在首日不仅没能阻碍德军轰炸己方地面部队，反而损失了不下160架飞机，其中超过97架为伊尔-2强击机。德国空军则损失了27架飞机。

对于苏军来说，面对如此强劲的敌人，虽然部分地段第一防御带遭到突破，但这个结果还算令人满意。只是近卫第6集团军已经将包括反坦克预备队在内的90%的炮兵投入战斗。为了稳定局势，瓦图京大将决定给近卫第7集团军调去第69集团军的步兵第111和第270师。这两个师将同近卫步兵第15师一起防守科列尼河以东和近卫步兵第24军后方的第二防御带。此外，安德烈·格里戈里耶维奇·克拉夫琴科少将的近卫坦克第5"斯大林格勒"军（227辆坦克，其中包括131辆T-34，75辆T-70轻型坦克和21辆Mk.Ⅳ丘吉尔坦克）和阿列克谢·谢苗诺维奇·布尔杰伊内少将的近卫坦克第2"塔钦斯卡亚"军（222辆坦克，其中包括131辆T-34，70辆T-70轻型坦克和21辆Mk.Ⅳ丘吉尔坦克）奉命前出，转由近卫第6集团军司令员奇斯佳科夫中将指挥。

坦克第1集团军司令卡图科夫中将接到的命令则有些自相矛盾，命令既要求他以两个军在7月5日晚10时进入近卫第6集团军第二防御带，占据战壕并做好伪装，建立坚固的防御。同时又要求其准备好在7月6日清晨向托马罗夫卡方向发动反攻。拥有557辆坦克（其中464辆T-34坦克）的坦克第1集团军在库尔斯克南线将会起到举足轻重的地位，而到底该防守还是反击，一切都会在次日清晨揭晓。

此外，瓦图京还下令近卫步兵第35军的近卫步兵第93师于次日03时赶到普罗霍罗夫卡地域，配置在步兵第183师后方。

由于苏军大本营和总参谋部战前误以为德军会在北线发动主攻，瓦图京被迫在第二天就将手头全部预备队投入战斗。如果还不能挡住德军，他就只能指望大本营代表华西列夫斯基元帅去向斯大林要增援了。所幸的是，与窘迫的德国人相比，苏军有大量战略预备队。

第五章　7月6日：德军突破苏军主防御带

德军的计划

虽然第4装甲集团军没能一天之内连续突破两道防御带，但德国人仍然认为能顶住空军的密集打击并突破苏军精心构筑的第一防御带本身还算是不小的胜利，而两个装甲军"只遭到小规模坦克部队的攻击"（实际上这仅仅是苏军的战术预备队）。由于苏军战役预备队尚未出现，第4装甲集团军估计自己仍有一天时间，足以赶在前者到来之前突破第二防御带，获得战役行动的自由。当然，德军不知道沃罗涅日方面军本身就有三道防御地带。

由于警卫旗队师比第48装甲军多推进了6公里，位置靠前，加上第167步兵师进展缓慢，SS第2装甲军左翼就暴露了。曼施泰因元帅也注意到两个装甲军结合部的问题，于是询问如何处理。他得到答复是，第4装甲集团军没有部队来协助第167步兵师，但等两个装甲军突破苏军第二防御带后，再调动部队歼灭第167步兵师前方的苏军。曼施泰因怀疑第4装甲集团军可能会调用一个党卫军师来协助第167步兵师，导致主攻方向上的进攻力量被削弱，因此特意强调不希望任何党卫军师去解决这一问题，尤其是髑髅师必须与帝国师并肩作战，绝不能参与到清除两个军结合部的战斗之中。

在南面，由于肯普夫战役集群没能在别尔哥罗德东、南两个方向突破苏军防御，SS第2装甲军的右翼也暴露了。曼施泰因考虑用整个第8航空军支援肯普夫，从而使第3装甲军可以跟上SS第2装甲军的进度。

第4装甲集团军7月6日的任务是突破苏军第二防御带，进而继续向北推进。第48装甲军左翼由第52步兵军掩护，德国人判断苏军坦克部队还没有赶到这里，因此该军可以独立完成任务。此外，第332步兵师也继续划归第52军指挥。第4装甲集团军希望两个装甲军可以突破卢奇基、雅科夫列沃、杜布罗瓦(Dubrova)

正在观察战场的第4装甲集团军指挥官赫尔曼·霍特上将（近处）。

和卢汉尼诺（Lukhanino）一线的第二防御带。苏军强大的坦克部队可能会实施反击，关键在于各装甲师要花费多长时间才能突破第二防御带，能否赶在苏军预备队到来之前达成突破，就只能看今天德军的表现了。第3装甲军的任务仍然是突破苏军第一防御带并尽可能跟上SS第2装甲军的右翼。

苏军对形势的判断

虽然沃罗涅日方面军给坦克第1集团军、近卫坦克第2和第5军都下达了准备反击（同时也掘壕固守）的命令，但在7月6日早晨又取消了这一计划。

按照坦克第1集团军司令卡图科夫的说法，机械化第3军下辖的近卫坦克第1旅和坦克第49旅于7月5日晚在波克罗夫卡以南遭遇了SS第2装甲军的虎式坦克，受到了一定的损失。卡图科夫担心自己手头的T-34直面虎式坦克无异于送死：

在这种条件下，放弃反突击，像先前一样将赌注压在精心构筑的纵深梯次防御体系上岂不是更好？

让法西斯分子抱着"无论什么时候，我们都能成功突入战役纵深"的幻想缓慢前进。让希特勒分子们在我们的防线上一头撞死。而我们在消耗敌人的装备和有生力量。等我们让敌人的部队血流殆尽，并粉碎法西斯分子们的装甲拳头时，才是发起强大反击的绝佳时机。但这样的时刻尚未到来。

卡图科夫的想法虽然正确，但7月5日晚苏军在波克罗夫卡以南遭遇的可能不是虎式坦克，而仅仅是试图进攻的警卫旗队师装甲群，主力是Ⅳ号坦克。由于当时是夜晚，德军也误将苏军坦克当成了反坦克炮。

苏军没有发动反击的第二个原因是还有一些部队没有做好准备。7月6日清晨，坦克第1集团军第一梯队的两个军在近卫第6集团军的第二道防御带展开完毕后，近卫坦克第2和第5军的主力仍然没有到达指定位置。

综上，苏军放弃了7月6日发动反击的计划，坦克第1集团军转入固定防御。

西侧地段

第48装甲军7月6日的任务维持不变——突破苏军第二防御带。大德意志师和第11装甲师将联手歼灭切尔卡斯科耶（村）中没有撤走的苏军，第11装甲师还要负责扫清从南边进入该村公路上的地雷。米克尔师长报告他的工兵已经全部上了第一线，如若撤出必将影响进攻速度。军部于是抽调一个军属工兵连负责切尔卡斯科耶以南的扫雷工作。

到达村子以北与佩纳河南岸之间的开阔地后，大德意志师和第11装甲师将转头冲向东北的杜布罗瓦和卢汉尼诺，与SS第2装甲军左翼建立联系，消除结合部问题，接着挥师北上，渡过普肖尔河。第3装甲师的任务是消灭佩纳河两岸的苏军炮兵和步兵阵地，它的左翼得到第52步兵军的掩护。

第48装甲军计划于08时发起进攻，但切尔卡斯科耶周围和公路上的地雷还无法在此之前扫除。第一天是泥泞，第二天是地雷。第48装甲军在记录中无奈地写道："正如昨天越壕作业因泥泞而失败一样，军全部装甲力量的推进完全依赖于排雷的速度。"

在奥博扬正南偏西南约40公里处，东北—西南流向的佩纳河逐渐转向西北方，形成了一块巨大的三角形弯曲部，在弯曲部的南边分布着几个构筑了防御工事的村庄，这里就是苏军第二防御带的一部分。

第48装甲军最初的攻击正面指向的就是佩纳河弯曲部。防守阿列克谢耶夫卡（Alekseevka）—卢汉尼诺—杜布罗瓦一线的是苏军近卫步兵第90师（下属近卫步兵第1092

团在佩纳河弯曲部以北设防）得到了坦克第22旅、反坦克歼击炮兵第27旅的加强。此外，坦克第1集团军下属的机械化第3军的3个机械化旅也在卢汉尼诺河（流经杜布罗瓦、卢汉尼诺和阿列克谢耶夫卡的佩纳河支流）北岸掘壕固守，每个机械化旅都下辖1个坦克团。

在第3装甲师的前方，坦克第6军扼守第一亚历山德罗夫卡—梅洛沃耶—恰帕耶夫—拉科沃—舍佩列夫卡一线的佩纳河弯曲部西侧，任务是防止德军向东北方向突破。防御地带宽16公里。格特曼少将决心以基本兵力扼守至关重要的地域，一旦德军突入防御地带，则以坦克的反冲击将其歼灭。他把主力集中在左翼，战

第3装甲师师长弗朗茨·韦斯特霍芬中将。

斗队形编为两个梯队。第一梯队为主力的坦克第200旅、摩托化步兵第6旅和坦克第22旅。第二梯队为坦克第112旅，部署在坦克第22旅后方，距离前沿6至8公里，准备随时实施反冲击，或在战斗过程中在第一梯队占领防御地段，加强左翼。

经侦察发现，佩纳河两岸河汊纵横，尤其南岸土质松软泥泞，不适宜坦克突击。但在扎维多夫卡（Zavidovka）有一座完好无损的桥梁可以渡河。韦斯特霍芬师长决定冒险派出第6装甲团2营发起突袭，夺取这座桥梁。7月6日上午，装甲营和师的其余部队集结在扎维多夫卡西南5公里左右的红波奇诺克（Krasnyy Pochinok）。

10时30分，第48装甲军直属炮兵向佩纳河弯曲部南岸村庄发起猛烈炮击，第3装甲师的坦克也同时开始出发。第6装甲团2营以7连为先锋，5连和6连在左右两翼发起进攻。当德军到达一道很长的缓坡前时，苏军炮兵突然开始轰击通向佩纳河的接近地，反坦克炮兵也在北岸的拉科沃（Lakovo）朝他们开火。此时，在后方隐蔽处的8连朝拉科沃猛烈开火，试图压制苏军。当德军坦克接近到河岸时，师属炮兵也朝扎维多夫卡外围射击。当7连冲到距离村子600米远时，遭到了苏军压制火炮和反坦克炮猛烈的打击。一名排长的坦克指挥塔被击中，排长当场阵亡，剩下坦克也或多或少受到损伤。连长意识到如果继续在开阔地进攻，全连都得死在这里，因此下令施放烟幕弹后撤。苏军飞机此时也发现了2营，随后向5连后面的各连投掷了炸弹。

这时，7连的一名排长，阿舍曼（Aschermann）少尉看到了前面的桥梁，命令全排加速向前。另外两个排见阿舍曼如此勇敢也率部猛冲，5连的一个排也冲了上去。阿舍曼决心直冲过去，夺取这座桥。但当他们刚到河岸，一个苏军爆破小组就引爆了炸药，将该桥炸成齑粉，碎块甚至掉落在德军坦克上。

由于苏军工兵及时炸桥，猛冲过来的阿舍曼等人立刻陷入极为尴尬的境地。苏军炮弹纷纷朝他们砸来，多亏8连赶紧施放烟幕，阿舍曼的连才撤回安全位置。

这样，第3装甲师就丧失了夺取桥梁的唯一机会。侦察情报显示沿河其他村庄均有苏军重兵防守，要想夺取渡河点必须强攻筑垒防御阵地。此外，空军侦察发现了不下10个重型炮兵连。包括美援"格兰特·李"坦克在内的大量苏军坦克也在佩纳河北岸占据了隐蔽良好的射击掩体。

在抢占渡河点失败后，第3装甲师向第48装甲军报告可能无法强渡佩纳河。原因在于苏军

兵力很强，而且部分师属炮兵未能跟上，无法支援进攻。7月7日上午之前，师属炮兵都无法完成集结。第3装甲师随后请求加强炮兵火力，以免步兵在渡河时损失惨重。第48装甲军随后将这一信息上报给了第4装甲集团军。

第3装甲师随后接到命令，前往"大德意志"燧发枪兵团开辟的卢汉尼诺登陆场渡过佩纳河，阵地移交给第52步兵军的第332步兵师。该师过河后将向北边10公里处的维尔霍佩尼耶（Verkhopen'e）进发。当天下午晚些时候，第6装甲团开始准备前往卢汉尼诺登陆场。

午夜之前，第3装甲师又接到通知，所谓的"卢汉尼诺登陆场"压根就不存在。此时，该师已经朝指定地点赶了半天的路，而且预定的炮兵和空军支援计划也只能全部作废。

第48装甲军参谋长弗雷德里希·冯·梅伦廷。

这一天，大德意志师在战斗中犯了装甲部队不协调、误报军情这两个严重的错误。在第48装甲军和第4装甲集团军记录中没有给出进一步的解释。

上午早些时候，第48装甲军参谋长弗里德里希·冯·梅伦廷（Friedrich von Mellenthin）通知第3装甲师按原命令在卢汉尼诺集结。第48装甲军觉得从这里进攻会更顺利，因为佩纳河防御"要比前一天遇到的更坚固"。另外考虑到第3装甲师部分炮兵落在数公里外的泥泞中，装甲团也遭受了很大损失，他的这一决定是正确的。

04时30分，"大德意志"掷弹兵团2营和第11装甲师的几辆喷火坦克一起消灭了切尔卡斯科耶村子以西的苏军。德军随后在村北重新集结，准备向杜布罗瓦进攻。但苏军对村子一阵炮轰，迫使德军撤到村外挖掘掩体。经过短暂休整，"大德意志"掷弹兵团1营开始前进，他们越过一道反坦克壕，来到第二道反坦克壕前，开始向杜布罗瓦进攻。不过他们居然搞错了，他们进攻的村子实际上是卢汉尼诺。

在村东，"大德意志"燧发枪兵团集结在一条宽阔平坦的干水沟中。他们当日目标是近卫步兵第67师所属部队防守的杜布罗瓦。该师得到了大量反坦克炮和重型迫击炮的加强。13时50分，"大德意志"侦察营和突击炮营从切尔卡斯科耶以北向210.7高地发起了进攻。

09时15分，第11装甲师工兵清除了切尔卡斯科耶南边公路上的地雷。为了确保道路畅通，大德意志师独享这条公路的使用权，而第11装甲师只能利用东面的公路运送给养。10时30分过后不久，第11装甲师和大德意志师报告在切尔卡斯科耶东北集结。11时30分，第11装甲师向第48装甲军报告进展顺利，大德意志师却没有回应。过了好长一段时间，该师依然没有发回任何报告，第48装甲军军部只能派一名军官去查明情况。

当这名军官赶到大德意志师的坦克部队时，发现"大德意志"装甲团仅仅从切尔卡斯科耶向东北前进了3至4公里就遇到了从东北方某个集体农庄出现的苏军坦克（可能是坦克第245团）。施特拉赫维茨

"大德意志"师师长瓦尔特·赫恩莱因中将。

团长询问第48装甲军能否将豹式坦克团划归他指挥，因为他始终与第10装甲旅联系不上，他

甚至怀疑豹式坦克团是否已经开始进攻。

15时30分，第48装甲军指挥部惊喜地收到了大德意志师的报告。报告中说装甲群已经抵达254.5高地，与雅科夫列沃以东相隔不远了。254.5高地在切尔卡斯科耶西北15公里处，大德意志师到达此地也就意味着师属装甲群已经突破了苏军第二防御带，打开了通向奥博扬的道路。这条消息被立即上报给了第4装甲集团军，德军上下倍感兴奋，以至于没人怀疑是否准确。之后一份报告又指出豹式坦克团在装甲团左翼行动，具体位置不明。

17时，第48装甲军军长克诺贝尔斯多夫的心情被一份更准确的战报破坏得一干二净。这份报告是他派出去的参谋军官发出来的，报告说"大德意志"装甲团的坦克和SPW营实际上还在杜布罗瓦以西241.1高地前方的反坦克壕

第48装甲军军长冯·克诺贝尔斯多夫。

之前。克诺贝尔斯多夫只能硬着头皮向第4装甲集团军汇报自己的失误。

坦克第1集团军司令卡图科夫在回忆录中描述了机械化第3军的情况：

和瓦图京交谈之后，我动身前往克里沃舍因的军，此时敌人正发动下一次进攻。敌人沿奥博扬公路在狭窄的地段上投入了200辆坦克。从雅科夫列沃方向不断传来低沉的隆隆声。远方的地平线上升起了厚厚的烟尘。

我在一道密林丛生的河谷中找到了克里沃舍因。军长和他妻子乘坐的用来沿公路兜风的货车停在他那狭窄的战壕旁。将军正对着电话

吼着什么。一看到我，他就结束了交谈，放下电话，给我敬了个礼："指挥员同志，敌人正在进攻。"

"我自己能看见。敌人兵力有多少？"

"在军的地段上，多达400辆坦克！"

"你没夸张吧，谢苗·莫伊谢耶维奇？"

"夸张什么啊？仅仅在戈列洛夫（近卫坦克第1旅旅长）的位置就有100辆坦克。在巴巴贾尼扬（机械化第3旅旅长）的位置有70辆！"

我们爬进设置在河谷边一个谷仓阁楼里的观察所。尽管正是中午，但似乎暮色已经来了：太阳被烟尘笼罩住了。木制的谷仓仿佛有些紧张，在瑟瑟发抖。在天上，飞机开始尖啸，机枪不断扫射。我们的歼击机试图驱逐正向我方阵地投掷致命炸弹的敌轰炸机。观察所位于战线后方4公里处，却看不清被呛人的烟雾和火海淹没的地方发生了什么。

最后野战电话响了。戈列洛夫，接着是雅科夫列夫（机械化第10旅旅长）和巴巴贾尼扬报告敌人的首轮进攻被打退。我松了一口气，祝贺克里沃舍因开了个好头。

当天下午，德军拼死向前进攻，但进展不大。23时，雷默的SPW营终于到达杜布罗瓦东部边缘。"大德意志"燧发枪兵团的一个营拿下了切尔卡斯科耶以北的210.7高地，另外两个营穿过佩纳河弯曲部南岸的低地向前挺进。同一时刻，大德意志师报告燧发枪兵团最终占领杜布罗瓦，在佩纳河（实际上是佩纳河支流）北岸建立了一个桥头堡。克诺贝尔斯多夫军长于是命令第3装甲师赶赴卢汉尼诺的桥头堡渡河，大德意志师则冲向北边的瑟尔采沃（Syrtsebo），突破苏军第二防御带。虽然这一天遇到很多麻烦，由于燧发枪兵团表现出色，德军似乎仍有希望取得很大进展。大德意志师

命令豹式坦克团补充弹药和油料，准备次日向北突击。

当第48装甲军开始为各师下达次日作战任务时，第3装甲师正在为从卢汉尼诺桥头堡出击做准备。军部同意第11装甲师继续在杜布罗瓦西、北两个方向发动钳形攻势。午夜之前，大德意志师通过无线电上报军部，原先该师已经在卢汉尼诺渡过佩纳河的报告有误。实际上，燧发枪兵团仅仅勉强到达卢汉尼诺村南郊，激烈的战斗仍在继续，少数德军在佩纳河支流（有可能是佩纳河支流的支流）两岸占领了一块阵地。尽管所谓的"卢汉尼诺桥头堡"压根就不存在，第3装甲师仍奉命为进攻卢汉尼诺做准备。

7月6日这天，大德意志师出现了通信不畅、误判目标和报告错误等一系列问题。第10装甲旅与"大德意志"装甲团未能协调一致也造成了恶劣的影响。根据记录显示，因为"通信器材不足且与陌生部队合作导致了困难"。第48装甲军当天下午决定将豹式装甲团划归"大德意志"装甲团指挥，第10装甲旅旅长德克尔被调到军里，劳歇特则继续指挥豹式装甲团。虽然有人认为第48装甲军对两人的处理不妥，但反过来说，若让德克尔或劳歇特代替施特拉赫维茨指挥"大德意志"装甲团，那很可能他们连一辆坦克都指挥不动。

此外，由于指挥失误，"大德意志"装甲团在头两天因战损、地雷和机械故障而损失惨重。另外有一辆豹式坦克误入第11装甲师第15装甲团地段，该团的几辆IV号误认是苏军坦克，在100米距离上向豹式坦克侧面开火，豹式坦克当场中弹起火，乘员被烧死。7月4日时尚拥有300辆坦克（含194辆豹式）的大德意志师到7月6日夜间只剩33辆坦克（9辆III号，22辆IV号和2辆虎式）和50辆豹式坦克，这也就意味着该师仅用两天就损失了约220辆坦克，几乎是一个装甲师的实力。

第48装甲师右翼第11装甲师的进攻地段包含切尔卡斯科耶，然后沿着小村以东的公路干线向东北方向延伸，经雅科夫列沃后可分别通向北方的奥博扬和东北的普罗霍罗夫卡。第48装甲军在7月6日整体开始向右翼的SS第2装甲军靠拢，第11装甲师任务是冲向奥博扬公路，与SS第2装甲师左翼会合，然后向北强渡普肖尔河。一旦拿下奥博扬和普罗霍罗夫卡，德军就顺利突破了苏军的集团军后方防御带，即第三道防御带。如果北线的莫德尔也取得同样的进展，且苏军没有战略预备队，那么曼施泰因口中的胜利将不再是空谈。

第11装甲师在转向东北之前必须首先消灭

这辆很可能从桥上翻倒的"415"号豹式坦克D型就属于第39装甲团第51装甲营4连。在"堡垒"行动的前两天，第39装甲团就因各种原因损失了大量的豹式坦克。

切尔卡斯科耶村中仍在抵抗的苏军，然后再夺取小村东面的246.0高地，守卫这座高地的苏军炮兵牢牢地封锁了公路，必须彻底清除这一据点才能继续前进。

05时15分，两个得到加强的装甲掷弹兵营向246.0高地发起进攻。到08时30分，德军没费多大劲就占领了高地，而工兵也在公路雷区中开辟出了道路。但全师花了很长时间也没有完全占领切尔卡斯科耶，直到喷火坦克上阵才肃清了苏军最后的抵抗力量。

10时30分，第11装甲师的装甲群开始沿公路冲向瑟尔采沃。第11装甲侦察营的半履带车和部分装甲车在右侧掩护坦克。德军从246.0高地向东前进了1至1.5公里后，先头坦克遭到苏军反坦克炮的射击。装甲群立刻将他们消灭，随后在德米特里耶夫卡又遭到苏军坦克和反坦克炮射击。第11装甲侦察营离开公路，在一个工兵连的配合下，越过反坦克壕和雷区，冲进了村子，从后面打击苏军火炮和进入战壕的坦克，迅速结束了战斗。

14时30分，第11装甲师装甲群继续稳步向苏军第二防御带推进。然而好景不长，装甲群先头部队在241.1高地附近被反坦克壕拦住去路，高地上的苏军反坦克炮、迫击炮也纷纷开火。一辆坦克轧上了地雷，失去行动能力。不久，苏军又召唤了一轮重炮集中射击，德军半履带车和坦克赶紧施放烟幕，然后躲进附近的小土丘和小树林中。工兵不要命地冲上去在反坦克壕中埋设炸药，为坦克开辟通道。小股掷弹兵也用机枪和迫击炮掩护工兵作业。尽管如此，苏军狙击手和机枪还是给扫雷和排障的德军工兵造成了不小的伤亡。与此同时，侦察营在突击炮营的支援下试图绕过高地。他们抵达241.1高地以南的树林边上时，遭到苏军反坦克炮射击，无法继续前进，只得赶紧撤了下来，绕开反坦克炮阵地，另寻他路。

工兵不久后在反坦克壕处炸出可以通行的缓坡，又在杜布罗瓦西南的雷场中开辟出了几条通道。安全起见，装甲群采取的是交替掩护前进的战术，因此行军速度不快。在步兵和突击炮部队加入后，苏军的反坦克阵地才终于被摧毁。占领高地后，装甲群来到杜布罗瓦边上的小树林。

17时至19时左右，大德意志师和第11装甲师打垮了近卫步兵第67师和近卫步兵第52师，前出到新切尔卡斯科耶、特里列奇诺耶、德米特里耶夫卡和奥利霍夫卡。苏军近卫第6集团军司令部随后命令损失较大的近卫步兵第67和52师撤到第二防御带。由于第11装甲师和警卫旗队师是相向攻击，位于沃尔斯克拉河及其支流

1943年7月6日，在新切尔卡斯科耶抗击德军的苏军近卫步兵第67师下属近卫步兵第199团。

沃尔斯科列茨河形成的三角地带中的近卫步兵第67师的炮兵团和两个步兵团、近卫步兵第52师的炮兵团一部与主力的联系被切断。不过这算不上什么合围圈，所以大部分人员顺利穿过德军防线的缝隙撤了回去。

19时15分，第11装甲侦察营终于绕过了苏军阵地，来到苏军第二防御带前。他们在杜布罗瓦以东等了一段时间后等到了突击炮营和装甲群。不过天色已经转黑，装甲群决定次日上午再继续进攻。当晚，第11装甲师的炮兵向前机动，为次日的火力支援做准备。

中央地段的战斗

根据SS第2装甲军的命令，加强有第315掷弹兵团的警卫旗队师在7月6日的任务是与帝

国师一起攻击雅科夫列沃东南的苏军阵地，突破第二防御带，然后接着完成7月5日剩下的目标。按计划，SS第1装甲掷弹兵团将绕过雅科夫列沃的苏军支撑点，转而攻击东南的243.2高地，SS第2装甲掷弹兵团则掩护SS第1装甲掷弹兵团的左翼。突破第二防御带后，装甲群将通过突破口，扑向北方20公里处的普肖尔河。

7月6日清晨，德军侦察兵发现SS第1装甲掷弹兵团所在的雅科夫列沃以南高地，科济马-杰米亚诺夫卡以西高地，SS第2装甲掷弹兵团所在的奥利霍夫卡和贝科夫卡西南的第315掷弹兵团正面有苏军不少兵力。这些部队是近卫步兵第51师和近卫步兵第90师左翼一个近卫步兵团。近卫步兵第52师在首日战斗中损失惨重，被击退了10公里，几乎被切为两段，一部分退回波克罗夫卡和大马亚奇基两地，在近卫坦克第1旅和坦克第49旅之间组织防御，剩下的则与近卫步兵第51师会合，后者并未过多参与7月5日的战斗。

1943年7月6日，苏军近卫步兵第90师近卫步兵第274团的步兵匆忙前往瑟尔采沃地域抢占阵地。

7月5日时，近卫步兵第51师共有约8950人，但有两个步兵营先前加强给了近卫步兵第52师。该师防守着229.4高地—226.0高地—索洛涅茨（Solonets）南面—243.2高地—246.3高地—涅恰耶夫卡（Nechaevka）—捷捷列维诺以南——马林诺夫卡（不含）一线的第二防御带，防线总长16.5公里，比一个满编步兵师（10595人）理论上的防线宽度还要长4.5公里。这条防线还有7公里的路段为适合坦克行动的开阔地。为此，该师总共建立了三个防坦克地域。

苏军近卫步兵第51师师长尼古拉·塔列洛维奇·塔瓦尔特基拉泽少将，照片摄于1945年。

近卫步兵第154团负责防守最关键的229.4高地—246.3高地—索洛涅茨（Solonets）以南—雅科夫列沃之间5.5公里宽的战线。该团在7月1日时有2734名官兵，但其中1个步兵营先前转隶给了近卫步兵第52师。作为补充，共计394人的师近卫教导营也进入该团地段防御。该团经过加强后共有4门45毫米反坦克炮，16门76毫米反坦克炮，6门122毫米榴弹炮和46门迫击炮（其中17门50毫米迫击炮）。

7月6日05时，克拉夫琴科少将的近卫坦克第5"斯大林格勒"军主力抵达指定的捷捷列维诺—奥泽罗夫斯基—科津卡河谷（卢奇基村东北3公里）一线以巩固步兵防线。不过很多部队仍未赶到。该军第一梯队是近卫坦克第22旅、近卫坦克第20旅和近卫摩托化步兵第6旅一部，他们在科津卡河谷—232.0高地—卢奇基（南）—捷捷列维诺一线展开。近卫坦克第21旅和重型坦克第48团在德军坦克最可能出现的奥泽

苏军近卫坦克第21旅旅长奥夫恰连科上校，照片摄于1943年5月。

罗夫斯基地域和索巴切夫斯基（Sobachevsky）以北的果林展开。

天亮后不久，"警卫旗队"装甲炮兵团的炮兵和第55火箭炮团开始了火力准备。09时30分，炮火准备结束。苏军步兵立即冲向自己的阵地，准备应战。得到虎式坦克和突击炮加强的SS第1装甲掷弹兵团开始攻击雅科夫列沃以东的243.2高地，这里是最适合坦克突击的地段之一。近卫步兵第154团2营的一个连就守在这里。"警卫旗队"坦克歼击营的黄鼠狼式坦克歼击车也从侧翼利用灌木丛及地形掩护慢慢逼近前线。这种坦克歼击车装甲极薄，完全经受不住苏制45毫米和76毫米火炮的打击。

第13装甲连剩下的5辆虎式坦克在掷弹兵伴随下向前推进，243.2高地上的苏军则用迫击炮轰击德军，各种口径的反坦克炮也从隐蔽阵地一齐开火，不过都无法击穿虎式坦克厚重的前装甲。虎式坦克碾过反坦克壕前方的带刺铁丝网，1排排长许茨的先头坦克很快就轧上了地雷，履带脱落，接着又被重炮命中，许茨被震晕。一名叫做约阿希姆·费尔瑙（Joachim Fernau）的战地记者当时正在车内，他是这样描述的：

在突击中，虎式坦克被一发炮弹击中，许茨受到剧烈的冲击，甚至误以为自己失去了双腿，他很快缓过神来，然后发现自己的腿还在。在战斗中，年轻的装甲兵们不仅要达到战斗的要求，而且要努力保持头脑清醒。战斗中，虎式坦克驾驶员约翰·格拉夫（Johann Graf）在开车时通过送话器唱维也纳歌曲来保持冷静。

车长鲁尔夫·尚普（Rolf Schamp）的虎式中了地雷，落在了后面。俄国人埋设了很多木制（壳）地雷，这造成了严重的损失。

许茨排长赶紧向其余的虎式坦克发出警告，虎式坦克赶紧倒车，试图离开雷场。"工兵向前"的喊声再次响起，工兵连接着拿着炸药、排雷工具匍匐进入雷区，开始清扫道路，虎式坦克和突击炮则不停射击，掩护作业。等道路打开后，工兵就带着炸药包和喷火器与掷弹兵一起前进。德军花了一个多小时才突破高地前方的雷区和工程障碍。随后又用前一天同样的战术继续清扫战壕。11时45分，德军打开突破口，冲上了山顶，接着向突破口两翼卷击。一个加强装甲掷弹兵团攻击一个步兵连，用了近2个小时15分钟，可见苏军步兵部队的战斗力和战斗意志与之前已经不可同日而语。

第13虎式重坦克连1排排长瓦尔德马·许茨。

与此同时，SS第2装甲掷弹兵团已经在沃尔斯克拉河东岸占领了阵地。该团很早就派出小股部队渡过沃尔斯克拉河，试图查明左翼的苏军动向。德军担心苏军坦克部队可能会从北方或西方赶来，打击警卫旗队师的侧翼，然后包抄后方。第315掷弹兵团则调头沿着沃尔斯克拉河向南推进，朝斯特列列茨科耶进攻。

"1324"号的虎式坦克车长鲁尔夫·尚普。

侦察队于中午之前返回，他们告诉克拉斯，河西岸南北走向的公路上挤满了从奥利霍夫卡和德拉贡斯科耶地域撤出的苏军步兵和车辆，而左翼的一些村镇已经被放弃，苏军显然正向北撤退。德军遭遇的最大抵抗就是担任殿后的一个苏军步兵营在没有任何坦克、火炮以及空军的支援下发起的一次自杀式反击，很快就被击退。在北边不远处，苏军又发起了一次并不坚决的反击。由于缺乏战术机动力量吃掉这些苏军，德国人只能眼睁睁看着苏军有序撤退。

SS第1装甲掷弹兵团在243.2高地打开突破口后，13时15分，右翼的帝国师"元首"团1营和2营也在45分钟激战后拿下了近卫步兵第51师独立近卫教导营一个连防守的246.3高地（帝国师官方战史中将其误记成243.2高地）。如此一来，SS第2装甲军就在普罗霍罗夫卡方向上撕开了一道近4公里宽的突破口。近卫坦克第5军立刻派了一支坦克分队在一个步兵连的支援下封堵243.2高地和246.3高地之间的缺口，同时以一个坦克连和一个加强摩托化步兵连前往彼得罗夫斯基—涅恰耶夫卡（Nechaevka）一线与左翼的近卫坦克第2军部队建立联系。近卫坦克第5军并不指望这点力量能挡住强大的德军装甲部队，只是希望能争取时间，让主力能得到更多时间巩固防御。

13时45分，SS第2装甲军下令警卫旗队师穿过卢奇基（北），但不得越过村北的公路，因为左翼的友军仍没有跟上。

拿下243.2高地后，SS第1装甲掷弹兵团继续进攻，但在北边不远处的230.5高地被苏军拦住去路，15时30分，德军才击退苏军。如此一来，警卫旗队师就在苏军第二防御带上撕开了一道足够宽口子，在雅科夫列沃以南待命的装甲群立刻突入进攻。前一天晚上，警卫旗队装甲群尽可能移动到靠前的位置上，这样就能尽快穿过突破口或应对苏军坦克的反击。苏军炮兵和航空兵乘机对警卫旗队装甲群的集结地进

行了袭击。

SS第2装甲掷弹兵团3（SPW）营14连连长埃尔哈德·居尔斯（Erhard Gührs）描述了当时的情形：

SS第2装甲团3营14连连长埃尔哈德·居尔斯。

我们的环形防御阵地在夜间得到大大加强：反坦克炮和高炮分队、侦察营和掷弹兵跟上了我们。19时，俄国炮兵和坦克开始射击我们的集结地域。最终"斯图卡"赶到，救了我们。我们部署在一个构筑了大量工事的高地前方。

舍尔霍恩（Schellhorn）被打死了。老好人梅韦斯（Mewes）负伤了。总共有6人受伤……而我们还没正式进攻呢。

15时，警卫旗队师判断即将在230.5高地打开苏军第二防御带的突破口，于是下令"警卫旗队"装甲团和派普的SPW营立刻前进，他们将经由卢奇基（北）和捷捷列维诺（Teterevino）冲向普肖尔河。接到命令后，装甲团的Ⅲ号和Ⅳ号坦克一起排成宽大的战斗队形冲向突破口，紧随其后的是SPW营，坦克歼击车在两翼掩护。当装甲群和第13重装甲连的虎式坦克会合后，后者将引导装甲群的进攻。

瓦图京大将接到近卫第6集团军司令员奇斯佳科夫的电话后才得知防线被突破，因此赶紧下令坦克第1集团军与近卫坦克第5和第2军发起反击，堵住突破口。坦克第1集团军在13时30分命令机械化第3军出动下属的坦克第49旅的一个营支援近卫坦克第1旅向雅科夫列沃方向发起反击，坦克第31军则以坦克第100旅前出到米哈伊洛夫卡的"红色农民"集体农庄，堵住机械化

坦克第31军军长德米特里·赫里桑福维奇·切尔尼延科少将。

机械化第3军军长谢苗·莫伊谢耶维奇·克里沃舍因少将。

第3军和近卫坦克第5军结合部之间的缺口。

15时15分，德军宣称38辆苏军坦克出现在雅科夫列沃东部，开始冲击SS第1装甲掷弹兵团3连的阵地（该连作为先头连第一个冲进雅科夫列沃村，并据守在村东）。在此之前，苏军炮兵也对3连阵地进行了猛烈的炮击，接替阵亡的达尔克成为3连连长的京特·察格亲眼看到一个野战厨房被一枚炮弹直接命中，以及一名传令兵被爆炸的冲击波撕成了碎片。

不久后，察格接到了突入小村西部的命令，为此他还得到了3门75毫米的Pak40反坦克炮的加强。由于这3门反坦克炮的原始阵地在一处树林边缘地带，很难提供什么有效的跟随掩护，察格干脆让他们挖个深炮位蹲着。正当他和这3门反坦克炮的指挥官商讨行动方案时，苏军的T-34坦克冲了上来，伴随的步兵也试图利用地形逼近3连防线。3门反坦克炮立即开火，根据3连战史记载，3门反坦克炮击毁了2辆T-34坦克，击瘫了1辆。

此时，虎式坦克赶了上来，很快击毁了不少苏军坦克。苏军并没有被吓跑，剩下的坦克一边继续冲锋，一边开火，丝毫没有利用掩蔽和采取迂回机动的迹象。相反，虎式坦克则如

同在演习场上打靶一般从容射击。德军装甲兵明白，除了极少数精英车组以外，坦克在运动中射击根本毫无准头可言，而T-34的76毫米穿甲弹纵然命中也无法有效击穿虎式坦克的前装甲。如此一来，装甲兵相当于坐在保险柜里将苏军坦克接连打爆。仅科林车组就宣称击毁4辆T-34、1辆KV-1和1辆KV-2坦克。警卫旗队师装甲群宣称当天总共击毁10辆苏军坦克。苏军最终由于损失过大退出战斗，其中有3辆坦克试图从西面回到波克罗夫卡时被斯图卡战机击毁。坦克第100旅被迫退却到乌里扬诺夫、大马亚奇基和亚布洛奇基（Iablochki）一线继续战斗。

1943年7月，库尔斯克战场上的警卫旗队师第13重装甲连的虎式坦克，旁边的掷弹兵似乎与它的行进方向相反。也许该坦克是返回后方补充弹药。

当时在近卫第6集团军司令部的总参军官沙莫夫（Shamov）中校描述了战斗的详情：

近卫步兵第51师继续在预定线上战斗。11时20分，在50架飞机空袭该师阵地后，敌人以两个步兵团和100辆坦克在雅科夫列沃和卢奇基方向上发起进攻。坦克第230团、第245团的坦克与炮兵在很长时间内打退了野蛮的法西斯分子的多次猛烈进攻。敌人在以新锐力量加强部队后，于13时在雅科夫列沃东南5公里处的果园中集结了两个步兵团和200辆坦克，再次向卢奇基发动进攻，突破了近卫步兵第156团的防御

地段。到15时，敌人占领了卢奇基和涅恰耶夫卡。由于无法抵挡巨大压力，近卫步兵第154和第156团放弃了雅科夫列沃、卢奇基和涅恰耶夫卡，毫无秩序地退向西北方向。近卫步兵第158团将右翼转移到210.7高地，继续防御210.7高地—捷捷列维诺—沃洛布耶夫卡（不含）。

库尔斯克战场上，与德军对抗的苏军T-34/76坦克，虽然苏军坦克兵一般非常英勇，但仍弥补不了与虎式坦克之间的巨大性能差距。

7月7日04时，得知近卫步兵第51师无需撤退后，集团军司令员命令恢复该师的秩序，并立即巩固如下战线：苏霍索洛京诺（Sukho. Solotino）以南—小马亚奇基（Mal. Mayachki）以南。

近卫坦克第5军司令员安德烈·格里戈里耶维奇·克拉夫琴科少将。

虎式坦克给苏军坦克兵造成了极大的震撼。克拉夫琴科本人就记录了这样一件事情：战斗结束后，他乘坐自己的指挥坦克前进时，发现一辆己方坦克既没活动也没射击，并且该车并未遭到任何毁伤。他命令驾驶员开过去，看看坦克兵为何畏缩不前，他估计车长已经阵亡或失去知觉，因此乘员不知该如何是好。当克拉夫琴科的坦克停在那辆T-34旁边时，他惊讶地发现车长和乘员钻出战车，每个人都毫发无伤。副官上去询问虎式坦克的事情。坦克车长说这些坦克是"猛兽，十足的猛兽……有生的，有死的，但虎式主宰一切"。尽管虎式坦克数量不多，但它们给苏军造成了巨大的杀伤，厚重的装甲让苏军坦克对之无可奈何。克拉夫琴科少将事后认为7月6日是整个战争期间最糟糕的一天。

部分苏军在雅科夫列沃被德军俘虏，参加过普罗霍罗夫卡之战的近卫第5集团军近卫步兵第95师近卫步兵第287团1营老兵瓦赫拉梅耶夫（I. S. Vakhrameev）回忆了一个列兵的遭遇：

不幸的是，并不是所有在雅科夫列沃和卢奇基附近战斗的官兵都逃出了包围圈。一些人——主要是伤员和失去意识的——落入了法西斯分子手中。在维肖雷的战斗结束后，一个名叫谢苗·雷奇科夫（Semyon Lychkov）的列兵补充到我们的排。我和他成了朋友。他告诉我，他曾在雅科夫列沃的战斗中被德国人俘虏，然后被送到德军战线后方的一座战俘营。那里有一百多个战俘。希特勒分子对他们很残酷：次日一大早，他们就把战俘带到草原上的一个河沟边上，让他们排成一排，然后用河沟边上已经架好的机枪射击。为了确保每个人都死透了，还用坦克碾压。当坦克靠近时，雷奇科夫和两个轻伤员跳了起来，向河沟的另一边飞奔。机枪手朝他们开火，但谢天谢地，子弹没伤着他们。这伙难兄难弟在一片庄稼地里藏了一整天，等到晚上才越过战线，回到我方。

16时左右，德军声称另外7辆苏军坦克在奥利霍夫卡攻击了SS第2装甲掷弹兵团1营，但未说明战斗情况，双方可能都没占到什么便宜。

在沃尔斯克拉河西岸战斗的第315掷弹兵团于16时回归第167步兵师建制，虽然苏军忙于后撤，但该团的先头营仍远在波克罗夫卡以南。应当说给一个非摩托化的步兵团分配跟上装甲/装甲掷弹兵师的任务本身就是极为不合理的。由于撤出波克罗夫卡以南、沃尔斯克拉河沿岸的村庄，第315掷弹兵团终于可以放心大胆地追赶第48装甲军和SS第2装甲军。尽管先头营试图截住苏军退路，但为时已晚。绝大部分防守第一道防御带的苏军都成功撤回己方战线。德军宣称打死400名苏军，俘获300多人，但围歼左翼苏军的时机已经错过。德军还缴获了少量轻武器，但除了一门榴弹炮以外，报告中没有说明击毁或缴获了坦克或重武器，这也证明了两个装甲军结合部的苏军的损失应该不大。

第13重装甲连连长科林手下还有魏特曼、汉斯·赫尔德（Hans Höld）、格奥尔格·勒奇（Georg Lötzsch）和于尔根·勃兰特（Jürgen Brandt）的4辆虎式坦克，其中3辆属于魏特曼的3排。他们沿公路开出卢奇基没多远就钻进一片雷区。魏特曼的坦克被猛烈的爆炸震了一下，一个右前轮被炸坏，履带断裂，坦克无法继续前进了。

见此情景，几辆T-34和反坦克炮开始不断向魏特曼的坦克射击。魏特曼的炮塔和车体正面多次中弹，无线电员操纵的球形机枪也被打坏，装填手头部被一块铁皮打中（可能未击穿，但炮塔内壁受剧烈冲击造成崩落），身负重伤。有些乘员开始惊慌失措，想趁被击中起火前弃车逃命。但魏特曼清楚此时下车将失去装甲保护，无异于自杀，因此想尽办法稳住手下的情绪，让他们相信自己可以设法绝境逢生。

勃兰特意识到魏特曼车组的处境，立刻赶来救援。他跳出坦克，冒着枪林弹雨将牵引钢缆挂到魏特曼的座车上。尽管周围枪林弹雨、爆炸声此起彼伏，勃兰特居然毫发无伤地做完了这一切，然后迅速爬回自己的坦克，钻进指挥塔，大声命令驾驶员开车。就这样，勃兰特拖着魏特曼的虎式缓慢地退到一个掩蔽处，逃出了苏军火力杀伤区。魏特曼车组留下更换履带和车轮，剩下的虎式坦克则绕过雷区，继续向东北挺进。

尽管被雷区和苏军坦克迟滞了一段时间，但警卫旗队师装甲群还是接近了卢奇基。接近村子时，他们突然遭到高爆弹和反坦克炮弹的猛烈打击，坦克和半履带车顿时笼罩在弹雨之中。魏特曼刚修好坦克就接到科林连长的命令，上前歼灭村子南面隐藏的苏军炮兵阵地。魏特曼通过无线电集合全排，然后利用一个小树林的掩护接近苏军炮兵：

> 虎式坦克并排驶出树林，冲进开阔地，然后发现了第一个炮兵连。敌人正准备实施齐射。虎式一齐开火，敌阵地上烈焰四起。俄军无线电站被直接命中摧毁。然后一堆弹药也爆炸了。敌炮手四散奔逃。

射击苏军炮兵的虎式坦克被村外一个精心隐蔽的反坦克炮兵连发现。几发炮弹击中了一辆坦克，打坏了行走装置。魏特曼听到车长呼救，与另一辆虎式前去救援。他们冲到被打坏的坦克前方，一边正面迎敌，一边用88毫米主炮压制苏军反坦克炮。受损坦克的乘员则趁机下车抢修。魏特曼车组宣称击毁4门火炮，打垮了这个炮兵连，幸存炮手被赶走。装甲群侧翼威胁解除后，于16时抵达卢奇基。需要指出的是，在雅科夫列沃以东5公里和东北6公里处各有一个卢奇基村，德军将其分别称为"卢奇基南"和"卢奇基北"，魏特曼所在的是北边的卢奇基。对苏军来说，倒没有南北之分，就是地图上两个同名的村子而已。

当先头部队进入村子后，一群T-34和T-70坦克一边开火，一边向德军冲来。派普手下的半履带车赶紧加速，以S形路线越过开阔地，躲避苏军坦克射击。当装甲群的坦克赶上来支援时，一些进入掩体的苏军坦克和反坦克炮突然开火。这些坦克可能隶属于坦克第100旅和坦克第230团。

一辆进入战壕的KV-1坦克在600米的距离上打瘫了先头的虎式。乘员爬出起火的坦克，但被俄国人的机枪打死。炮弹如冰雹一般砸向坦克。魏特曼的虎式被击中，但炮弹被厚重的装甲弹开。

"发射高爆弹，瞄准正前方的两辆KV！"魏特曼命令道。炮弹爆炸后扬起很大的烟尘，让俄国炮手看不清楚。

"前进，跟我来。"敌人只能盲目射击。炮弹高高地越过虎式坦克。

"停车！"魏特曼命令道。虎式炮手们瞄向先前穿透尘雾的炮口焰闪光处，开始等待。当尘土散尽后，第一辆KV-1的炮塔显露出来。沃尔稍微校正了一下就开火了。大约一秒钟后，这辆KV的弹药架被引爆了，坦克接着消失了。

虎式坦克将躲在战壕后面的苏军坦克一辆接一辆击毁，然后越过苏军放弃的反坦克炮阵地继续前进。

由于警卫旗队师和帝国师在两个方向上达成突破，苏军近卫坦克第5军实际上已经被合围了，通向第三防御带的道路也被打开了。科林尽管只是一名连长，但也意识到机不可失，他迅速率部冲向公路，同时通知营长格罗

"堡垒"行动期间，在掷弹兵伴随下进入战场的警卫旗队师第13重装甲连的虎式坦克。于库尔斯克的平原地形上，在不考虑空中袭扰的情况下，虎式坦克可以把优势发挥到极致。

斯，他打算穿过卢奇基（北）向北直通捷捷列维诺（北）和普罗霍罗夫卡的公路继续进攻。格罗斯随即下令装甲群跟随在虎式坦克连之后前进。此时大约18时30分，警卫旗队师成为南线所有德军中第一个冲到苏军第三防御带的部队。

对于豪塞尔来说，虽然左翼出现了苏军坦克，但他并没有让正向东面捷捷列维诺挺进的警卫旗队师装甲群停下来。此时，装甲群的坦克正在公路两侧推进，侦察营则在右翼行进。派普的SPW营紧跟在坦克后面。在村子北边不远处是苏军步兵第183师驻守的258.2高地，这里位于苏军第三道防御带的前沿。苏军不出意外地布设了雷场，而德国人又一次冒冒失失地闯了进去。SPW营的第14连连长埃哈德·居尔斯这样描述道：

装甲营和侦察营一部已经在我们前面集结完毕，准备进攻。然后我们向北开足马力，奋力前进……我们在侦察营和坦克后面以宽正面行军。突然一切都停了下来。公路和开阔地上遍布地雷。反坦克壕后的高地上有反坦克炮和坦克。4辆半履带车中了地雷。坐在半履带车中的空军联络军官被炸飞了。

营长格罗斯的指挥坦克也被一枚地雷炸断履带，落在后面。他赶紧向师部报告了这一情况。师参谋长鲁道夫·莱曼（Rudolf Lehmann）立刻乘坐一辆指挥坦克前来接替指挥，直到格罗斯的坦克修好。莱曼参谋长以拉尔夫·蒂曼（Ralf Tiemann）的7连组成楔形队形的前锋，跟在虎式坦克后方前进。蒂曼命令手下不要在乎地雷和侧翼的反坦克火力，勇往直前。

7连的一名驾驶员海因里希·布尔克（Heinrich Burk）这样回忆道：

"阿道夫·希特勒"警卫旗队师参谋长鲁道夫·莱曼。

SS第1装甲团2营营长马丁·格罗斯。

> 作为驾驶员，我低头朝前面低伏的草地看去，一眼就看出来了：地雷！接着连长蒂曼通过无线电呼叫我们："格奥尔格，格奥尔格（Georg，3排的无线电呼号），怎么开得磨磨蹭蹭的，开快点。"我自言自语道："要上了。"然后加大油门，增加了一挡。接下来就是一声巨响。我能感觉到下面传来的冲力。这意味着踩上地雷了。我低头一看，车底左侧有个洞。感谢上帝，幸亏爆炸时我正在挂挡。因为只被少量弹片打伤，流血不多，经过医护兵简单处理后，我被允许继续留在连队。

德军的装甲车辆随后一辆接一辆地踩上地雷，履带、负重轮纷纷被炸坏。

挡在德军前方的苏军第69集团军步兵第183师步兵第285团在7月8日的作战报告中描述了当时的情形：

> 1943年7月6日18时，敌人130辆坦克在航空兵支援下接近主防御带前沿。大约10辆坦克在捷捷列维诺—伊万诺夫斯基移民新村公路一线的步兵第4连地段渗透过去。敌人坦克达成突破的原因如下：敌人紧随近卫第6集团军的近卫步兵第51和第52师后撤的车辆，这导致无法用反坦克雷切断从捷捷列维诺至伊万诺夫斯基移民新村的道路。
>
> 这10辆坦克接近到共青团员国营农场南面的树林边缘。我们的反坦克歼击炮兵打瘫其中两辆，余者退回258.2高地地域，沿步兵第4连的交通壕杀了出去。结果4连部分人员被坦克碾压和射杀，部分退到1营和3营。大约70辆坦克与集群自动枪手与我方步兵第3和第5连交火。从7月6日夜至7日凌晨，敌人用步机枪火力和炮火打击（我方阵地），同时对3连右翼实施了侦察，但被击退。
>
> 从7月6日18时至7日黎明，敌人6辆坦克被击毁，30名步兵被击毙。

侦察部队已经可以看到东北方数公里的普罗霍罗夫卡外围，但天就要黑了。更糟的是，由于第48装甲军和帝国师被死死咬住，楔入苏军防御的警卫旗队师装甲群两翼被拉得很长，面临被分割包围的危险。SS第2装甲军也意识到形势不对，下令警卫旗队师装甲群停止前进，撤回卢奇基（北）。天黑后，战斗群在卢奇基

（北）附近的一个高地建立防御，7连和6连布置在右侧，5连在面向西方的反斜面上做预备队。

由于当日报告中没有记录可以投入战斗的坦克数，因此无法搞清楚警卫旗队师在7月6日的损失情况，但这个数字不会很小。师属维修连的记录也没有提供具体数字。但从7月1日至29日，该连的1个排就接收了141辆被击伤或有机械故障的坦克。其中只有3辆被彻底除籍，其余的损伤都是最常见的被地雷炸坏履带或负重轮。总共有39辆Ⅲ号和Ⅳ号坦克被击伤，维修行走装置有19例，绝大部分应该是地雷所致。

当晚，警卫旗队师开始为突破普罗霍罗夫卡前方最后一道防御带做准备。对于苏军来说，如果德国人得手，那么德军装甲部队就可以将近卫第6集团军和第69集团军的防线劈为两段。沃罗涅日方面军只能用更多的反坦克部队封闭突破口，方面军的坦克预备队要么已经投入战斗，要么正在赶赴前线的途中，不过对德军突破口两翼的夹击已经渐有成果。

7月6日上午，帝国师地段上的道路状况依然十分糟糕，泥泞限制了所有车辆的行动。他们原计划于09时30分时对苏军第二防御带前沿的246.3高地发起突击，但从早晨开始很长一段时间内，该师地段上多次局部大雨，让道路更加难以通行。师参谋长格奥尔格·迈尔（Georg Maier）上报SS第2装甲军准备工作被耽误，帝国师无法在中午11时30分以前发起进攻。迈尔还报告由于补给车队被泥泞的道路所阻，导致炮兵弹药不足，无法提供充足的炮火支援。原定于天明后出动的德国空军也应该得到地面部队无法按时进攻的消息，避免做无用支援。

豪塞尔军长对此忍无可忍，决定亲自采取措施处理帝国师糟糕的交通管制，他命令军属宪兵连接管别列佐夫和217.1高地之间的帝国师交通管制权，解决堵车问题，保持车队正常通行。

11时30分，先头的几个装甲掷弹兵营开始进攻前，苏联空军突然出现并扫射及轰炸了帝国师的行军队形。这个时候，师属炮兵团倒是报告现有弹药数量够用了。

当斯图卡战机以及"帝国"装甲炮兵团和火箭炮营进行一轮俯冲轰炸和炮火准备后，12时30分，"元首"团2营对246.3高地发起了进攻，1营紧随其后。"元首"团3（SPW）营仍配属给装甲群。当2营官兵赶到高地前时惊讶地发现，苏军的火力仍然十分猛烈。一些掷弹兵踩上了地雷，剩下的人则被机枪和迫

帝国师参谋长格奥尔格·迈尔。

击炮打得四处寻找掩蔽物，连头都抬不起来。"工兵前进！"突击炮和斯图卡战机也开始压制苏军火力点。德军很快拿下了近卫步兵第51师独立近卫教导营1个连防守的这座高地，苏军附近的另一个支撑点也被占领。

"元首"团于是就在苏军防线上撕开了一个足够宽的口子，帝国师随即下令"帝国"装甲团投入战斗，"元首"团3营和自行火炮也在坦克之后进入突破口。坦克歼击营各连负责

"元首"团2营营长赫伯特·舒尔策。

"元首"团1营营长阿尔弗雷德·莱克斯。

掩护装甲群的侧翼。越过246.3高地后，装甲群将迂回到卢奇基（南）后方。15时40分，"帝国"装甲团报告已经抵达村北1公里的232.0高地。与此同时，"元首"团2营开始进攻卢奇基村，德军宣称于16时40分将近卫坦克第5军的近卫摩托化步兵第6旅赶出了小村。

"元首"团一名年轻的装甲掷弹兵汉斯·约阿希姆·克鲁尔（Hans Joachim Crull）在阵亡前给母亲的信中这样描述了这场战斗：

我们在防御阵地上突然听到一声叫喊："准备！"我们放下野战背包，将其放在坦克上。接着一切都越来越快……俄国反坦克炮发出巨大的响声，但我看不到他们在哪里射击。在村外100米处，坦克停了下来，我们边跑边进攻。

同一时刻，近卫坦克第5军也奉命对德军发起反击。"帝国"装甲团的坦克和SPW营刚刚越过232.0高地，近卫坦克第22旅就从高地东北树林中冲了出来，前方伪装良好的反坦克炮和进入战壕的坦克也纷纷开火。德军被迫停了下来。恩斯特·克劳森（Ernst Claussen）带领一个Ⅲ号坦克排本来在后侧掩护右翼的，结果他发现5辆进入掩蔽阵地的T-34坦克正从侧面射击9连和10连的坦克。他立即率全排占领有利射击位置，在700米距离上向苏军开炮，击毁了其中2辆，剩下的苏军坦克立刻掉头撤了回去。在侧翼威胁解除后，另外两个装甲连火力全开，将剩下的苏军坦克击退。

在帝国师装甲群和"元首"团向北推进的同时，"德意志"团也在东面的彼得罗夫斯基（Petrovskii）与苏军展开了长达数个小时的拉锯战。苏军步兵在几辆坦克和炮兵火力支援下顽强固守，每当德军掷弹兵拿下一块阵地，苏军就迅速发动步坦协同的反击，将德国人打退。

"帝国"装甲团的恩斯特·克劳森排长。

"德意志"团随后在师属装甲侦察营的加强下，再次冲进村子。苏军立刻组织步兵和坦克发起反击，又将德国人打退。没有坦克支援，指望侦察营的轻型装甲车对抗T-34坦克是根本不现实的。整个下午，帝国师的装甲营和突击炮营都在卢奇基（南）对抗坦克和步兵的凶猛反击，虽然将苏军击退，但却无暇抽身支援彼得罗夫斯基的"德意志"团。

"帝国"侦察营营长雅各布·菲克。

近卫坦克第22旅攻击受挫后，近卫坦克第5军又下令近卫坦克第21旅和独立近卫重型坦克第48团（装备英国援助的"丘吉尔"坦克）上前支援，但仍然没有任何效果。由于右翼的步兵被警卫旗队师突破，帝国师也逐步逼向奥泽罗夫斯基和加里宁，16时30分，这两个坦克旅和1个坦克团就在科津卡树林区域被合围了。虽然这不算是个严密的合围圈，但近卫坦克第5军已经没有预备队用来救急了，该军给沃罗涅日方面军的报告记录如下：

正如现在已经确定的，敌人对我部发起了主要突击。攻击的前锋多达300辆坦克和一个机械化师。从进攻一开始，敌人的空军就有计划地攻击我军的阵地和集结地域。德战机整日出动了不下1500架次。

正当敌坦克集群出动时，（近卫）步兵第23军军长给我递了一张有您签名的关于调动两个坦克旅和一个"丘吉尔"坦克团向246.3高地、243.2高地及其东北方树林地域发动反突击的指示。就当我接到挂着您名号头的这份指示后，全权代表近卫第6集团军司令员的尼基福罗夫（Nikiforov）上校到达我的指挥所，并威胁我，如果我的军部发动反突击的话，他就要掏手枪了。我执行了这条指示。尽管军的防御地段遭到削弱，但部队直到7月6日晚11时还是继续打退敌主力进攻，直到被围。在杀出重围后，我部在伊万诺夫斯基移民新村—别列尼希诺—捷捷列维诺（不含）地段的铁路沿线占领防御，并在铁路西面1公里设立警戒。在7月6日这一天，军没有得到右翼（坦克第1集团军所部）和左翼（近卫坦克第2军所部）的支援，与敌人主要的坦克兵力进行了激战，共损失110辆坦克。

当天，在近卫步兵第51师防线被德军突破后，因为喝酒而醉醺醺的近卫步兵第23军军长瓦赫拉梅耶夫要求克拉夫琴科少将发动进攻，威胁如若不然就逮捕他，并威胁逮捕拒绝以装甲坦克和机械化兵司令部名义发布类似命令的传令官。瓦赫拉梅耶夫很快因为酗酒、近卫步兵第51师防线被突破和威胁克拉夫琴科被临时解职，由近卫步兵第51师师长塔瓦尔特基拉泽代理。7月19日，瓦赫拉梅耶夫军长因不能履行职责而被方面军军事委员会正式解除职务。这位参加过苏波战争的老兵后来在1944年11月担任步兵第93军军长时因为无法领导自己的军、缺乏主动性和缺乏个人纪律性而再次被解职，直到他出色地指挥步兵第89军强渡奥得河和易北河后才荣获红旗勋章和列宁勋章。

德国空军当天报告一股实力不明的苏军

"堡垒"行动期间，在库尔斯克地区作战的苏军近卫坦克第5军的"丘吉尔"坦克。

坦克部队渡过了利波维顿涅茨河。德军侦察机在彼得罗夫斯基东南6.5公里左右的克留科沃（Kriukov，萨日诺夫斯基顿涅茨河与利波维顿涅茨河之间）附近发现了苏军90辆坦克、30门牵引火炮和至少50辆各型军用车辆。德军意识到这应该是苏军战役预备队。晚些时候，德军又从俘房口中得知近卫坦克第2军的近卫坦克第26旅已经赶来。如果苏军在这里发起反击并得手，那么他们将切断帝国师乃至警卫旗队师的补给线。好在此地的威胁可以交给髑髅师的装甲群对付。

"帝国"装甲团在打退苏军最后一波进攻后，以突击炮营和SPW营掩护侧翼，继续向北冲向小马亚奇基和亚斯纳亚波利亚纳之间的捷捷列维诺（北）。德军拿下了奥泽罗夫斯基和加里宁。近卫坦克第5军的指挥和参谋人员在高射炮兵第1698团的掩护下匆忙撤离了加里宁，高射炮兵第1698团团长和政治副团长则全部牺牲。

17时，近卫坦克第5军下令包围圈之外的近

"堡垒"行动期间，在战场上指挥战斗的"帝国"装甲团团长阿尔宾·冯·赖岑施泰因（手拿地图者），左1戴墨镜的是2营营长蒂克森，背景处则是赖岑施泰因的团部指挥坦克"R11"号。

卫坦克第20旅在捷捷列维诺留下1个坦克连，其余坦克全部迅速赶往索巴切夫斯基以北树林，防止德军从别列尼希诺车站方向推进。但等他们于19时到达别列尼希诺车站以南500米处时，帝国师的部队也已经赶到了。近卫坦克第20旅在独立侦察第23营、摩托车第80营和近卫摩托化步兵第6旅3营的60名步兵支援下打退了帝国师的进攻，顺利接应了突围部队，还建立了稳固的防线。

夜幕降临后，帝国师装甲群在奥泽罗夫斯基停止了进攻。苏军近卫坦克第5军的独立侦察第23营，随后报告了当晚的情况：

营长派出一个装甲汽车排组成的独立侦察组与军建立联系并查明态势。斯捷潘诺夫中尉的排沿加里宁—奥泽罗夫斯基—大马亚奇基出发……但侦察排没回来。到18时以前，军指挥

所也没送来任何命令。与此同时，敌机加大了轰炸力度，形势依然不明朗……军情报处长、近卫军少校叶夫列莫付和其他参谋军官决心调整营的部署，根据营长丘耶夫上尉的命令，全营在别列尼希诺车站占领防御阵地。很快，摩托车第80营也赶了过来，会同独立侦察第23营一起防御车站。20时之后，军的近卫坦克第20和第21旅的坦克或单车或结伴开始突出包围圈，到达别列尼希诺车站，并一起巩固独立侦察第23营的防御。没过一会儿，近卫坦克第20旅大部也再次集结，开始与敌人激烈交火。整个晚上不断有坦克赶来，这样，别列尼希诺车站就成了防御支撑点和数十辆敌坦克的坟墓……

在《苏联总参研究》中这样描述近卫坦克第5军的战斗：

鉴于我军在这一地区的顽强防御，德国统帅部被迫改变进攻方向，并于当日下午将主攻方向改为东北，进攻卢奇基和近卫坦克第5军部队。在紧张的战斗中，坦克军部队打坏了95辆敌军坦克和数辆费迪南自行火炮。到天黑时，敌人成功占领卢奇基，部分兵力包围了军的右翼。军部队继续在雅科夫列沃东北与敌人激烈战斗至7月6日零时。

格兰斯和豪斯在书中也提及了苏军的说法，但接着实事求是地写道：

尽管如此，党卫军的进攻还是动摇了苏军防御，克拉夫琴科少将的几个坦克旅如同保龄球中被击倒的木瓶一般，急忙与近卫步兵第51师的近卫步兵第158团幸存者一起逃向东北和北方。

根据《苏联总参研究》的说法推断，近卫坦克第5军遭遇的德军应该就是警卫旗队师和帝国师所部。苏军宣称打坏95辆坦克的说法肯定夸大了。帝国师至少损失了30辆坦克和突击炮，因为期间可能还修复了不少。警卫旗队师没有7月6日或7日凌晨的坦克数报告，只知道突击炮数量相比7月5日傍晚少了7辆。7月7日傍晚，警卫旗队师只剩64辆坦克。因此该师在7月6日可能也损失了数十辆坦克。此外，警卫旗队师可用的虎式坦克也只剩下4辆。

在库尔斯克会战防御阶段结束后的7月24日，沃罗涅日方面军给斯大林提交了一份报告，其中这样描述了7月6日的战斗情况：

在1943年7月6日，敌人损失惨重，几无进展。而我们则在这天仅损失了50辆坦克。

直到晚上，敌人才击退近卫坦克第5军，并开始在卡图科夫与克拉夫琴科结合部的雅科夫列沃和卢奇基之间渗透进来。为了消灭渗透的敌人，必须急调坦克第1集团军的坦克第31军向卢奇基方向发起反突击，该军顺利完成了任务。

……没有任何一支部队被歼灭或被合围。

这种谎言当然只是为了避免被斯大林惩罚而已，但红军战士们却为上级的愚蠢和失职付出了血的代价，在7月5日时尚有8950人的近卫步兵第51师到7月7日只剩3354人，也就是说，排除转隶给近卫步兵第52师的两个营，近卫步兵第51师在7月6日当天损失了大约5000人。而近卫坦克第5军的坦克数折损一半，而进攻他们的德军警卫旗队师和帝国师却仅损失了712人。

上午，当警卫旗队师和帝国师继续向东北方向推进时，髑髅师装甲群和"髑髅"团2营准备再次冲击225.9高地，该高地横跨别尔哥罗德—雅科夫列沃—奥博扬公路，具有重要战略意义。德军计划天亮后用装甲群和"髑髅"团2营强攻高地，得手后转向南边沿奥博扬公路推进。如果一切顺利，苏军步兵第375师的右翼就

进攻至某处高地山脚的"帝国"装甲团，近处的是5连的Ⅲ号坦克。

遭到了威胁，虽然在利波维顿涅茨河一线有一连串的居民点，便于组织防御，但在侧翼暴露的情况下，是否能够守住以及战事不利后在德军眼前渡河撤退，这就只有天知道了。

在225.9高地西南，苏军步兵在公路以西设防。反坦克炮兵在公路以西不到1公里处占领了有利射击位置。"髑髅"团3营和"艾克"团的任务是消灭这股苏军，保证公路的畅通无阻。7月6日黎明，"艾克"团的3个营将在叶里克以西一字排开，"髑髅"团3营则从北边发起冲锋。

在前线指挥战斗的髑髅师师长赫尔曼·普里斯（最右侧），他身边的是奥托·鲍姆，"髑髅"装甲掷弹兵团团长。

7月5日夜至6日凌晨，髑髅师请求空军出动"斯图卡"消灭叶里克地域和225.9高地的几处苏军反坦克炮阵地。空军的答复是06时以前无法提供支援，这时已经天明。髑髅师师长普里斯再次向集团军报告，他不能等这么长时间，无论有没有俯冲轰炸机的掩护，他都将于05时45分发起进攻。"髑髅"团2营对225.9高地的进攻将得到第9重装甲连的支援，该连当天尚有6辆虎式坦克可投入作战。"髑髅"装甲团1营作为第二梯队，待前方打开突破口后再越过高地直扑苏军后方。"髑髅"团1营（SPW营）和"髑髅"装甲团2营则在高地以北待命。

05时45分，"髑髅"团2营开始进攻225.9高

地上的苏军阵地。虎式坦克也开始碾过铁丝网向前冲击，不时采取短停射击的方式消灭苏军火力点。不久后，斯图卡轰炸机也及时赶来增援，轰炸了苏军支撑点。进入战壕的苏军T-34和T-70坦克开始向虎式坦克猛烈开火，但依然无法击穿虎式坦克的正面装甲。德军装甲兵则可以轻松地将苏军坦克——打爆。

"堡垒"战役期间的髑髅师虎式坦克，注意车体前侧的三条竖杠的伪装师徽。

失去了坦克掩护的苏军火力迅速减弱，"髑髅"团2营乘机在携带喷火器的工兵掩护下冲上高地，逐渐扫清了战壕中仍在顽强抵抗的苏军步兵。08时，2营报告占领高地。

不久后，附近树林里的苏军在没有任何炮火和坦克掩护下发起了一次反击。这种仅靠步兵冲锋就试图夺回高地的行动很快被德军的MG42机枪打退。等苏军残部退回树林后，髑髅师装甲群开始沿奥博扬—别尔哥罗德公路向南

进军。在叶里克村以东的一个拐弯处，德军遭到反坦克炮袭击。"髑髅"装甲团下令4辆Ⅲ号坦克掩护"帝国"装甲工兵营的工兵迂回苏军阵地，消灭隐蔽的火炮。

"帝国"装甲工兵营参加这场战斗的格奥尔格·金茨勒事后回忆了当时的情况：

> 我们分成两组前进，坦克在我们后面掩护。左边的一组由党卫队三级突击队中队长德纳特（Dähnert）带领，右边一组由我亲自带队。俄国人无法察觉到我们在接近。地上过于繁茂的谷物和浓密的杂草给了我们很好的掩护。直到摸到距离苏军阵地100米左右的时候，我们仍未被发觉。我打出一发信号弹，告诉坦克手们我们已经就位。
>
> 坦克主炮发出轰响。这是进攻的信号。我们在坦克火炮掩护下突入敌阵地……我们在近战中压垮了敌军炮兵阵地，3门反坦克炮完好无损地落入我们手中。几名工兵将炮口转向捷尔诺夫卡（Ternovka）方向……但是因为已经完成任务，我们无需在此停留。在留下一部分人作为警戒哨后，我们带着两名阵亡同志的遗体回到坦克那里。

在消灭反坦克炮阵地后，虎式坦克连和"髑髅"装甲团1营沿公路继续向南前进至一个三岔路口。苏军装甲部队可以通过路口以东的捷尔诺夫卡和以北的维斯洛耶（Visloe）的桥梁渡过利波维顿涅茨河，打击SS第2装甲军的右翼。"髑髅"装甲团下令虎式坦克连继续向南边的绍皮诺（Shopino）前进，"髑髅"装甲团1营则呈突击队形向捷尔诺夫卡挺进。不过该营没有得到任何步兵掩护，因为"髑髅"团2营已经奉命越过一连串高地向南进攻，而"艾克"团仍在叶里克附近的树林里和苏军战斗。

"髑髅"装甲团1营穿过麦田后抵达捷尔诺夫卡村外，早已严阵以待的独立坦克第96旅的坦克和反坦克歼击炮兵第496团的炮兵立刻开始向德军猛烈开火。"髑髅"装甲团1营的一名炮手瓦尔特·韦伯回忆了当时的情况：

> 今天我们应该在顿涅茨河对岸（东岸）建立渡口，俄国人在那里有很强的防御阵地。太阳升起后，我们开始向河岸前进。但河岸被白色的雾气笼罩，很难看清前方情况。突然间我们被俄国反坦克炮弹和高爆弹组成的弹雨笼罩，目光所及之处都是俄国人射击时炮口冒出的闪光。我们看不到他们的火炮阵地，无法准确回击。此外我们暴露在开阔地，如同一群浮在水面的鸭子（欧洲比喻，浮在水上的鸭子比在天上飞的更容易打）。幸亏我们迅速施放烟幕弹并逃进附近一个树林，这才避免了更大的损失。我们在掩蔽物后待了几个小时，等候命令，最后奉命退到附近的一个村庄。在向村子转进途中，我们营被苏军战斗机攻击，损失不小。

当然韦伯不知道，为什么都隔着一层浓雾，德军如同盲人一般，而苏军却能有效组织炮击。推测苏军应该事先已经标定好了射击参数，在视野不佳时通过声音来确定德军大致方位再进行打击。在没有掷弹兵和炮兵掩护的情况下，"髑髅"装甲团1营也不敢贸然用坦克攻击伪装良好的苏军火炮和T-34坦克阵地。苏军步兵装备的反坦克枪、燃烧瓶和炸药包也可以在近距离造成不小的麻烦，加上不清楚前方是否埋有地雷。因此"髑髅"装甲团1营决定撤出战斗，等待"艾克"团前来增援。

瓦尔特·韦伯继续回忆了他们在附近村子等待步兵时的情形：

在做好新的战斗准备后，我们终于有属于自己的时间了。野战厨房今天发挥超常，这顿鸡肉意面本该让我们终生难忘，因为我们几乎从来就没吃过热饭。不过饭刚发到手上，一名掷弹兵营的传令兵就跑过来叫道："坦克！敌军坦克！"……这人被吓得不轻，无法平静下来。我们立即扔下食物，冲向自己的坦克，发动引擎。而我们的连长早已经朝俄国人的方向开了过去。

德国空军侦察机最早发现索申科沃(Soshenkov)附近有苏军装甲部队活动，SS第2装甲军也在10时收到了报告，但没有给予应有的重视。豪塞尔军长和他的参谋们也许认为这不过是近卫第6集团军的少量坦克而已。然而没多久德国人就发现，苏军已经成功将大量坦克送过利波维顿涅茨河。19时，空军再次报告33辆苏军坦克正从索申科沃地域向西移动，随后的报告又提高了苏军的坦克数量。这很可能是苏军战役预备队渡河而来，准备打击德军暴露的侧翼，SS第2装甲军这才警觉起来，随即下令"髑髅"装甲团2营协同"髑髅"团1（SPW）营以及"髑髅"装甲侦察营一部一道封堵苏军打开的突破口。

"髑髅"团1（SPW）营的老兵本茨贝格（Benzberg）回忆他们前往侦察报告中苏军坦克最后一次出现的斯莫罗季诺（Smorodino）途中的情形：

在我们向斯莫罗

"髑髅"团1营营长鲁道夫·施耐德。

季诺的公路行军中，我军和俄军的空军都非常活跃。等我们到达时，补给车正在向后退却，因为据报告，俄国坦克已经出现在这一地域。

由于不知道苏军坦克的具体位置，"髑髅"装甲团2营只能小心翼翼地前进，以免遭到伏击。坦克和半履带车在闷热的下午缓慢移动，身后扬起漫天的尘土。接近索申科沃以西地域时，2营进入了一片平坦空旷的草原。该营的装甲兵罗尔夫·施泰特纳（Rolf Stettner）描述了当时的情况：

我们左边是韦斯特法尔（Westphal）和他的6连。我们穿过一道干水沟，来到一座小山前面。我们以楔形队继续前进。前面是一大片平坦的地形，覆盖着草丛和灌木丛，后面是北顿涅茨河河谷（施泰特纳分不清北顿涅茨河和其支流），然后我营到达了地图上说的涅普哈耶沃村（Nepkhaewo）。村后是一片杂草丛生、树木茂盛的斜坡。突然从斜坡处一阵反坦克炮火的风暴向我们袭来。我们建立了射击正面，然后炮兵开始轰击村子，而俄国火炮也还以颜色。大口径炮弹打在我们的坦克四周。在如此猛烈的炮兵和反坦克炮火力下，继续进攻无异于自杀……由于坦克的一个主动轮被严重损坏，需要替换，我们退到附近一个高地之后。

髑髅师装甲兵越过平坦无掩蔽的河谷底部，直到发现眼前有一片灌木丛可以很好地隐藏坦克和火炮。髑髅师领头的坦

"髑髅"装甲团2营营长格奥尔格·博赫曼。

克开始变得小心翼翼起来，苏军一队T-34和T-60坦克突然出现并开始攻击装甲营的侧翼。"髑髅"装甲团2营下令5连与苏军坦克正面交火，另一队坦克则迂回攻击苏军侧翼。5连进入射击阵地后，苏军很快就来了：

根据报告，俄国人已经发起反击，突破了我方防线，直扑后方地域。我们在村子前方五六百米处的高地反斜面上占据了阵地，静待敌军。我们得到了很多发现敌坦克的报告但并未接火，我们所有人都不知道今天将会发生什么。

带着没吃上热饭的疲倦和愤怒，我透过瞄具望去，什么也没有，而我们却为此没吃上一顿热腾腾的饭菜。这时候，敌人坦克出现在了很远的地方，又有掩蔽，他们误以为我们在村子里，正朝那儿射击，这让我颇为失望。突然我浑身一个激灵！两个巨大的身影（正）慢慢朝我们在高地的阵地驶来，显然敌人并不知道我们正在等候他们的到来。当敌人接近到200米时，我打出第一发50毫米炮弹，但是打在炮塔上被弹飞了。战友的坦克也一起开火，敌坦克被一发75毫米炮弹击中，炸成一团火球。其余T-34坦克仍向我们冲来，一辆冲到距我们车组座车50米处，我迅速开火打中了它的发动机舱，这辆T-34坦克开始冒烟然后停了下来。装甲营的其他坦克也加入到战斗中来。看起来我们让俄国人大吃一惊，因为他们采用了会大大降低精确度的移动射击方式。一辆"丘吉尔"坦克朝我们直扑而来，在40至50米距离上被一发炮弹直接命中车体和炮塔之间，乘员跳出坦克，立即消失在高高的草丛中。

到此为止，敌人向我们发动了两轮坦克冲击，但只在我们面前留下一些燃烧的坦克残骸。有那么一段时间，我们觉得局势已经平静

下来，但敌人又发动了第三波坦克进攻。我环顾四周，将炮塔指向"十点钟方向"，突然驾驶员喊道"我们前方有坦克！"在摇动炮塔方向曲柄的时候，我几乎喘不过气来。在我们前方被击毁的"丘吉尔"坦克后面又冲出一辆"丘吉尔"，距离我们只有大约20米。直到今天我仍然不明白他为什么不立即朝我们射击。我不加瞄准就赶紧开了一炮。只见火光一闪，炮弹穿透了敌坦克的前装甲。两个坦克手迅速跳出座车，消失得无影无踪。但第三个人显然没学会如何以最快速度弃车，因此被我们的机枪打死。

在战斗中，苏军又有一群坦克出现在了战场上，双方随即展开了激烈的混战。"髑髅"团1（SPW）营的掷弹兵也跳下车，拿着磁性反坦克雷冲向苏军坦克。半履带车则立即散开队形，因为T-60和T-70轻型坦克可以轻易将半履带车打成碎片。施奈德营长的座车就被一炮击中，随即起火，全车无一生还。施泰特纳车组当时正在更换主动轮，他回忆道：

我方一架轻型侦察机从敌军方向往回飞并投掷紫色信号弹。"警报！俄国坦克。"我们的5连发出嘎嘎的响声，驶离村子，朝敌人方向前进。而我们还在修理自己的坦克……掷弹兵从我们身后的高地步行过来，他们的半履带车提供支援火力。

此时苏军步兵和坦克已经开始向村子边缘冲击，施泰特纳的坦克只修了一半，还是动弹不得，事后他描述了当时的情况：

我们当时在村子里简直没救了。这时一辆坦克在我们身边停了下来。车里坐着党卫队一

级小队长迪古施（Diegusch）。他喊了一声："上来。"我赶紧拽坏了电击发装置，改变了无线电频率。我和车组跳到另一辆坦克上。我们一路狂奔，逃离了燃烧的村子，俄国步兵的子弹嗖嗖地从我们头顶飞过。

我们亲眼目睹了我们营再次进攻……战斗是坦克连对坦克连。

库尔斯克战场上的髑髅师装甲团的Ⅲ号坦克。"堡垒"行动期间，虽然髑髅师保持了完整装甲团的编制，但师属两个装甲团仅有3连和6连装备Ⅳ号坦克G型，其他连均为Ⅲ号坦克L或M型，实力不如警卫旗队和帝国两师。

等村中战斗结束后，施泰特纳和车组又回到了自己的坦克，并最终完成了抢修。远处坦克炮仍在轰鸣，这意味着装甲营仍在与苏军坦克激战。他们立即驱车寻找自己的战友：

在去前线的路上，斯莫罗季诺东南一座被毁坏的风车中有步兵武器朝我们射击。我们将坦克开到掩蔽处，然后步行前去侦察。走了500米后，我们发现营的一辆救护车。车子旁边倒着被打死的司机。在附近的灌木丛中我们找到了医护兵。俄国人残忍地破坏了他的尸体。

施泰特纳接着描述了天黑前最后一段时间以及接下来那个不平静的夜晚：

我们有一辆坦克被击中炮塔，另一辆被T-34撞坏，但全营没有完全除籍的坦克。村子里的补给单位被激烈的战斗吓得魂飞魄散，逃向后方。村子里只有我们勇敢的厨师长仍然坚守岗位，当卡车离他而去时，他还高声叫着："我的孩子们总得有东西吃啊。"尽管他很卖力做好了鸡肉意面，但我们却连看都没看到，因为我们彻夜未归，待在集结地准备次日上午的进攻。那一晚，我们的步兵撤到我们四周，防止我们被俄国人袭击。苏军的几次伴攻被打退，一辆T-70离正在熊熊燃烧的坦克残骸太近，结果被我们发现，将其打瘫。俄国飞机整晚都利用燃烧的坦克残骸来确定我们的阵地，不停地进行扫射和轰炸，让我们没法睡觉。

攻击髑髅师装甲群的是近卫坦克第2军，该军拥有227辆坦克，其中原定于16时出击的大约有165辆。

这一天，髑髅师剩下的部队也陷入了激烈的战斗之中。"艾克"团和"髑髅"团3营于天亮后不久在奥博扬—别尔哥罗德公路以西叶里克村附近展开了进攻。"髑髅"团3营穿过225.9高地以西茂密的树林，向南攻击苏军步兵第1243团工事的后方。不过，苏军在这里精心构筑了防御工事，还布置了遥控操纵的地雷式喷火器以及伪装良好的反坦克炮。直

"艾克"团3营营长马克思·屈恩（左）与"艾克"团2营营长沃尔弗拉姆·施耐德。

到"艾克"团3营从西南方向达成突破后，苏军见可能被合围，才缓慢向东边的绍皮诺退去。"髑髅"团3营消灭了树林中小股落单的苏军后在225.9高地以南的别尔哥罗德公路集结。

拿下叶里克后，"艾克"团3营尾随向东退却的苏军步兵进入附近的树林。该营和1个工兵排穿过树林后，在一个反坦克壕附近遇上了阻击的苏军后卫。经侦察发现，附近有一条隐蔽的小路直通苏军阵地后方，且无人防守。德军立即从此处发起突击，上百名苏军被打了个措手不及，很多人缴械投降。拿下这个支撑点后，德军发现别尔哥罗德公路一线有几辆被苏军击毁的坦克在燃烧。

"艾克"团1营随后消灭了几处树林中抵抗的苏军，接着越过南边的公路继续向东方的利波维顿涅茨河岸推进，试图与绍皮诺以西的师属装甲兵会合。两个火箭炮连的齐射支援了他们的这次进攻。该营的布伦嫩格尔回忆道：

解决了微弱抵抗后，到中午时，我们已经抵达了（别尔哥罗德）公路。当我走下一个陡坡时，看到一个新兵时期结识的战友——来自（奥地利）萨尔茨堡州的上平茨高（Oberpinzgau）的弗朗茨·胡贝尔（Franz Huber）……我已经有一年多没见他了。我和我的班立即向他走去，而他在高地下面，没法把自己的20毫米炮搬上陡峭的高地。我们一起扛着这门炮上了斜坡……从与公路平行的壕沟再往前就是很长的斜坡，从这里可以远眺数公里，看到敌后的情况。我对现在阵地上缺少掩护很不满意，命令手下挖掩体。我判断俄国炮兵会雨点般地轰击我们的阵地……我们右边可以看到友军一个连向俄国堑壕发起突击，敌人无比坚韧勇敢，那是一场双方用冲锋枪和手榴弹的贴身厮杀。

下午晚些时候，"艾克"团1营在绍皮诺村边缘占领了一块阵地，但很快被苏军凶猛的反击给撵了出去。当1营收拢人员，准备再次进攻时，苏军又发起第二次反击。负责支援的火箭炮部队及时齐射，压制住了苏军，否则1营可能就被打垮了。傍晚之前，"艾克"团3营尾随从叶里克撤出的苏军来到绍皮诺村西边。苏军在一座桥墩附近仓促组织防御，但被霍伊斯勒的营击溃，大部逃进绍皮诺村和附近的树林中。

17时，德军从村外看到苏军又在准备进攻，于是立刻用炮击和火箭弹将其扼杀在了萌芽之中。"艾克"团1营在天黑前反复冲击苏军防线，试图占领村子，他们遭到了在少量坦克支援下的苏军步兵的拼死抵抗，后者牢牢控制着阵地。天黑以后，精疲力竭的德军被迫放弃，撤出战斗。

"髑髅"装甲侦察营早在上午时就从南边冲进了茹拉夫利内树林，打算快速清理树林后，再继续进攻，然而浓密的植被妨碍了全营的行动。正当他们忙着开拓道路时，接到了上级新的命令。克龙营

"髑髅"装甲侦察营营长奥托·克龙。

长立刻召集军官和军士前往营部开会，各连长刚刚到齐时，一架苏军飞机发现了他们，随即俯冲而来，向他们倾泻了凶猛的火力。营长克龙和手下几名军官负伤。侦察营的老兵哈克斯（Hax）这样描述当时的情景：

正当我们的头到了的时候，一架俄军战斗轰炸机呼啸着俯冲而下。它朝我们俯冲而来，

每个枪管都在射击。万幸的是，这次"赐福"从我们头顶一闪而过。不过一通火箭弹嗖嗖地钻进了村子。数秒内，那里就被浓重的黑烟笼罩。接着就是一阵死寂。

我们一些同车的军官负了伤。两位连长和一名团部军官退出战斗，营长奥托·克龙——骑士铁十字勋章获得者——被弹片打成重伤。

克龙先前曾指挥"髑髅"高炮营，该营的37毫米高炮装填手维尔纳·弗尔克纳（Werner Völkner）看到了自己的老营长被菲泽勒"鹳"式侦察机后送时的情况。他记得克龙当时从头到脚被几十片弹片打伤，军装上多处被鲜血浸透，但他似乎更关心他脖子上是否还挂着骑士铁十字勋章，而不是检查伤口。这份荣誉是他在1942年6月28日杰米扬斯克包围圈中指挥高炮营奋勇作战获得的。

苏联空军在战场上非常活跃。髑髅师高炮部队全天都在忙着保卫车队、桥梁和关键的交通线。苏军为了能随心所欲地攻击目标，有时也会向防空部队发起进攻。攻防双方均有损失。"髑髅"高炮营1连连长当天被弹片打死。德军防空部队被迫不时转移阵地，并尽可能利用一切掩蔽物。如果一个防空连在某射击阵地待的时间过长，就会招致苏军的炮兵打击。而仅在正面有防盾的高炮无法保护乘员免遭侧后爆炸的威胁，更不用说重炮的直接命中会直接废掉火炮、炮手以及牵引的半履带车。

髑髅师在7月6日这一天成功挡住了近卫坦克第2军的反击，肃清了叶里克村和225.9高地，但没能前出到利波维顿涅茨河和占领渡河口。苏军在叶里克村的顽强抵抗牵制住了整个"艾克"团和"髑髅"团一部，让迈尔德雷斯的装甲营向捷尔诺夫卡进攻时没有步兵保护。当然德军不能推脱步兵赶不上装甲兵，因为德国

人也常常用坦克搭载步兵的方式实现步坦同时到达作战地域，所以本质上来说这还是指挥失误。因此，苏军仍然可以通过利波维顿涅茨河和北顿涅茨河三角地带之间的渡口，源源不断地向第3装甲军正面的苏军输送部队和补给。布赖特这一天需要努力扩大现有狭小的桥头堡才能继续向北方的普罗霍罗夫卡突击。

在库尔斯克草原上集结待命的髑髅师一部，注意掷弹兵们搭乘的突击炮车体后侧的该师伪装师徽。这张照片是髑髅师在"堡垒"行动中最著名的照片之一。

南侧地段的战斗

7月5日夜间，第6装甲师在多罗戈布日诺（Dorogobuzhino）和索洛米诺（Solomino）渡河进入第7装甲师地段。军属防空部队主力配置在北顿涅茨河沿岸，掩护部队过河。虽然苏联空军发起多次空袭，试图炸毁桥梁，但在德军高射炮抵抗下未能如愿。

第6装甲师先头部队将防线交接给第168步兵师。第228突击炮营1个连被配属给该步兵师。这一换防虽然遭到干扰，但还是顺利完成。

在渡河完毕进入第7装甲师进攻地段后，师属装甲群首要任务是前出到拉祖姆纳亚河南岸，在索洛米诺附近过桥，然后攻击格涅拉洛夫卡（Generalovka），在亚斯特列博沃

（Yastrebovo）以南1公里处停止前进。由于装甲群当天上午很晚才接到进攻命令，因此直到14时30分才抵达北顿涅茨河东岸。装甲群以第503重装甲营1连的10辆虎式坦克打头阵，左后方是第11装甲团8连，右后方则是5连和7连。第114装甲掷弹兵团2（SPW）营的半履带车跟随在坦克之后准备扩大战果。

16时45分，师属装甲群开始攻击格涅拉洛夫卡。奥佩尔恩上校声称这是他在整场战役中遇到过的最大规模的战斗。一开始，苏军用飞机和炮火打击德军，当虎式坦克冲进苏军阵地后，苏联空军为免误伤，退出了战斗。接着双方展开对射。第6装甲师事后宣称摧毁苏军数门反坦克炮，但己方也有3辆坦克触雷：

不管怎么说，敌人的防线动摇了。贝克少校的第11装甲团6连和7连是在第503重装甲营1连的支援下终于和第25装甲团会合。敌人有7辆坦克、10门反坦克炮和大量火炮被击毁。我得知贝克博士又击毁了一辆T-34坦克。

当装甲群到达格涅拉洛夫卡时，遭到苏军猛烈射击。装甲薄弱的半履带车立即后撤，只留下第503重装甲营1连和第11装甲团的6、7连继续进攻。3个装甲连用主炮和机枪将村子周边的苏军压制住，满载掷弹兵的半履带车营紧跟着上前，消灭了村子里的苏军。

当村子里仍在激战之时，6连和7连进入已经拿下的索洛维耶夫。第11装甲团2营则在216.1高地和207.9高地与苏军反坦

第11装甲团2营营长弗朗茨·贝克。

克歼击炮兵第31旅对射。

第503重装甲营1连的虎式坦克则误入雷区，还遭到苏军反坦克炮的射击。连长布尔梅斯特上尉呼叫工兵支援，直属第3装甲军的第70工兵营奉命排雷，但损失很大，进攻最后被迫取消。

第11装甲团的6连和7连在战斗中损失很大，不过苏军也顶不住德军坦克的猛攻，向后退却。当天，第503重装甲营1连和第11装甲团宣称击毁苏军6辆T-34、1辆T-70、10门反坦克炮、1门火炮、3门172毫米炮、4门76.2毫米高射炮，打死苏军120人。苏军方面并无资料证实，而且他们也没有装备过172毫米炮和76.2毫米高射炮。

奥佩尔恩的装甲群损失了8辆坦克，其中包括克鲁特（Knut）少尉的905号车，另有3辆坦克触雷。晚上，第11装甲团2营尽可能在209.9高地建立防御。苏军曾试图反击，但被轻松击退。配属给第11装甲团2营的翁赖因（Unrein）战斗群也在别洛夫斯科耶（Belovskoe）建立防御。奥佩尔恩的装甲群只能一边建立环形防御阵地，一边等待次日天明后发起进攻。

第19装甲师组建了两个突击群，从己方狭小的桥头堡阵地穿过米哈伊洛夫卡东南的树林

"堡垒"行动期间，奥佩尔恩战斗群所属的"904"号Ⅲ号坦克N型，它与书中提到的克鲁特少尉的"905"号一样，应该都属于营部或团部直属侦察排。

向近卫步兵第81师发动进攻。第73装甲掷弹兵团团长鲁道夫·克勒（Rudolf Köhler）率领克勒战斗群在一个工兵连支援下从左翼进攻已成废墟的克列伊达村。师主力放在右翼，第27装甲团、第74装甲掷弹兵团1营（SPW营）组成的贝克尔战斗群在第74装甲掷弹兵2、3营组成的里希特战斗群支援下将夺取丰收日集体农庄和别洛夫斯卡亚（Belovskaia）。进攻一开始，苏联空军就不断对第19装甲师进行轰炸和扫射，似乎丝毫不受德国空军的影响。05时30分，贝克尔战斗群推进到丰收日集体农庄以西时又闯进雷场，14辆坦克触雷。当德军试图后退时，近卫反坦克歼击炮兵第114团果断开火，又打瘫4辆坦克。第27装甲团赶紧停止进攻并向师部上报了情况。第19装甲师决定改变原定计划，将主力集中到拉祖姆诺耶以北，并把第168步兵师的第412掷弹兵团加强给贝克尔战斗群。

第19装甲师第27装甲团团长海因里希·贝克尔。

进攻克列伊达的克勒战斗群同样被侧射火力打得抬不起来，苏军步兵乘机发起反击，但被击退。与此同时，一个工兵连赶到贝克尔战斗群前方，在炮兵掩护下，他们顶着苏军轻武器和迫击炮的火力冒死排雷，为装甲兵开辟了道路。16时30分，第27装甲团向丰收日集体农庄以南推进，试图从苏军防御工事旁边迂回过去。而第74装甲掷弹兵团1营则从正面展开强攻。这种打法固然没错，但第27装甲团显然低估了苏军工兵的勤劳和敬业精神，该团的坦克刚跑了一会就又踩上了地雷。工兵们不得不再次排雷。负责正面吸引火力的1营不出意外

地在苏军工事前方被机枪和迫击炮压制。

同一时刻，第73装甲掷弹兵团也一路冒着枪林弹雨缓慢推进。由于降雨和雾气，支援该团的炮兵前沿观察员看不清苏军阵地，无法准确引导射击。任何胆敢从隐蔽处探头观察或引导射击的观察员都有可能被狙击手爆头。天黑以后，该团才报告已经突入苏军防御阵地。这一天第73装甲掷弹兵团伤亡惨重，某些连队一天内就损失了40%的人员。

第19装甲师装甲战斗群等工兵打开前路后，绕过丰收日集体农庄，攻击了苏军防线的侧翼，SPW营趁势拿下了基本上被苏军放弃的集体农庄。当步兵和被包围的苏军后卫战斗时，第27装甲团再次北上，于下午晚些时候前出到别洛夫斯卡亚村外。第74装甲掷弹兵团1营也在少量坦克支援下经过一个小时的战斗拿下拉祖姆诺耶。这样，贝克尔战斗群就对苏军近卫步兵第81师的左翼造成了严重威胁。苏军迅速作出反应，投入师属教导营掩护受威胁部队有秩序撤退，近卫步兵第78和第73师部队也向北转移，在德军前方建立阻击阵地。德军没有继续前进，而是在天黑后开始原地防御。

当天，第19装甲师到达格涅拉洛夫卡和丰收日集体农庄东北，准备继续攻击近伊古缅卡。第73装甲掷弹兵团仍未肃清克列伊达村抵抗的苏军，距离第二防御带尚有不少距离。

7月5日入夜后，第7装甲师就不断遭到苏军空袭，尤其是在桥梁附近地段。虽然损失不大，但部队的行动和集结遇到很大麻烦。直到7月6日08时15分，全师才展开进攻。第25装甲团以第503重装甲营3连的虎式坦克为先导，在SPW营支援下在右翼发起进攻。左翼是第6装甲掷弹兵团团长沃尔夫冈·格尔塞默（Wolfgang Gälsemer）上校率领的格尔塞默战斗群。

格尔塞默的战斗群分成两个突击群，他们

第7装甲师第6装甲掷弹兵团团长沃尔夫冈·格尔塞默上校。

逐渐将苏军逼退至森林中，但苏军的抵抗此时也猛然增强，德军几名军官还被狙击手打穿了脑袋。此时在右翼，第25装甲团与虎式坦克冲到树林边缘，开始与苏军对射，不过即使是虎式坦克也不敢冲得太前。第25装甲团本来计划从右侧攻击，尽管有炮兵支援，但还是被苏军挡住。

第25装甲团1营营长霍尔斯特·福尔通（Horst Fortun）上尉率部从左侧发动进攻，但由于观察员视野不良，无法引导炮兵，因此只在1营前方打了几发炮弹便作罢。参加了这次战斗的第25装甲团1营的装甲兵赫尔曼·罗特（Hermann Rothe）回忆道：

第25装甲团1营营长下达的命令："全速前进"。我们营在福尔通上尉带领下果断出发……我们很快就来到了树林边缘……我们有6辆不走运的坦克被直接命中，3辆起火，但我们成功了。

不幸的是，福尔通上尉在自己的坦克中身负重伤，死在了送往急救站的途中。他是一个非常优秀的人。永远乐天派的小劳尔森（Lauersen）也死了。另外2连也阵亡了一名乘员和其他装甲兵。

第7装甲师实际上在两翼迂回了克鲁托伊宽沟村，将抵死奋战的近卫步兵第225和第223团所属部队合围了。

在巴特拉茨卡亚林场村（Batratskaia Dacha）以北的苏军第二防御带上，苏军在216.1和207.9两座高地驻有重兵。7月5日夜，沃罗涅日方面军和近卫第7集团军调来了近卫步兵第73师、两个坦克团和反坦克歼击炮兵第31旅。近

第25装甲团1营营长福尔通上尉。

卫步兵第73师的任务就是配合原守军保卫村子和两座高地。

第25装甲团与巴特拉茨卡亚林场的苏军从下午战斗到晚上，最后还是德国人取得了胜利。207.9高地的苏军也在德军虎式坦克和掷弹兵的反复冲击下终于崩溃，利用夜色退出战斗。邻近高地很快也落入德军手中。到24时，第3装甲军向肯普夫报告已经拿下两处高地和一个村子。这样第7装甲师实际上不仅突破了苏军第一防御带，而且推进了10公里，在苏军第二防御带上打开了一

苏军近卫步兵第73师师长谢苗·安东诺维奇·科扎克上校。

个小突破口。该师当天共有28人阵亡，105人负伤，合计133人。第503重装甲营3连则有5人阵亡。

总结

7月6日晚，德国第4装甲集团军对SS第2装

甲军和第48装甲军发布集团军第2号令。霍特在命令中指出，由于"不屈不挠地向前猛攻"，SS第2装甲军已经在卢奇基（北）和雅科夫列沃之间突破苏军第二防御带。同时他也指出第48装甲军未能突破苏军第二防御带。霍特还谈到了其他一些重要事项，其中最关键的就是苏军战役预备队已经从东方赶来。

7月6日，SS第2装甲军与近卫坦克第5军开始交火，这是与苏军预备队的首次交锋。此时第4装甲集团军主力尚未完全突破苏军第二防御带。第48装甲军的部队仍在佩纳河苏军第二防御带前方，准备沿奥博扬公路向北攻击前进。

第4装甲集团军发现从奥博扬地域赶来的苏军装甲预备队后，就通知第48装甲军并提醒后者可能会成为苏军攻击目标。德国人认为的这支部队是坦克第1集团军，但后者正在进行防御作战。实际上德国人看到的部队是7月5日从方面军直属部队转隶过来的近卫坦克第2军，他们将配合近卫坦克第5军向SS第2装甲军的右翼发起进攻。与第48装甲军和第3装甲军进展不顺不同，SS第2装甲军表现最好，冲得最远，反而将两翼暴露出来。

冲在最前面的警卫旗队师几乎三面受敌，形势最危险。沃罗涅日方面军将两个近卫坦克军砸向了SS第2装甲军的侧后。在此之前，警卫旗队师已经冲破了波克罗夫卡地域苏军机械化第3军所属近卫坦克第1旅和坦克第49旅加强的步兵防线，挫败了坦克第100旅的反击，一路冲到普罗霍

近卫坦克第2军军长阿列克谢·谢苗诺维奇·布尔杰伊内上校。

罗夫卡西南；而帝国师和髑髅师却遭到了近卫坦克第5军和近卫坦克第2军反击。帝国师表现不错，一路推进到奥泽罗夫斯基和加里宁。髑髅师因为分出步兵向右攻击苏军步兵第375师防线，因此虽然也打退苏军坦克，但没有推进太远。而第48装甲军面对3个机械化旅加强的近卫步兵第90和第67师却无甚成果。

沃罗涅日方面军在7月6日有两个失误，第一个失误导致近卫步兵第51师防守的第二防御带被SS第2装甲军突破。第二个是让坦克部队对德军装甲矛头发动未经周密协同的反击，导致大量坦克毫无价值地损失掉。这主要是因为瓦图京错误地将两个近卫坦克军划归一个诸兵种合成集团军指挥，而倒霉的克拉夫琴科少将又碰上一个无能的瓦赫拉梅耶夫。外行领导内行的结果可想而知。其次，由于SS第2装甲军造成了很大的威胁，沉不住气的瓦图京放弃了用坦克掘壕固守的战术，转而实施反突击。如果加起来约有400辆坦克的两个坦克军能够经过充分准备后，在航空兵、炮兵和步兵的密切配合下发起反击，再由一位有能力的坦克战专家来指挥，就算不能完全击退，也可以给德国人造成相当大的麻烦。

可是综观整个库尔斯克会战的初期防御阶段，苏军组织了一次又一次声势浩大的反击，却屡屡以失败（至多是惨胜）告终。

同一天，在北方的中央方面军地段，罗科索夫斯基基于7月6日命令加强有坦克第19军的坦克第2集团军发起反突击，由于组织不力，且在通过步兵阵地和雷场时花费了太多时间，全部的624辆坦克和自行火炮中只有坦克第16军所部约100辆坦克与步兵一道展开了反击，结果德军第2和第9装甲师在第505重装甲营（共46辆坦克，其中31辆虎式坦克）配合下以不到250辆坦克的实力在开阔地将苏军打得大败。苏军坦克

沃罗涅日方面军司令瓦图京大将正在听取下级的报告。

第107旅的50辆坦克遭到德军埋伏，瞬间被击毁46辆，坦克第164旅也损失了23辆。最后坦克第2集团军司令员罗金中将只能下令停止反击，退至步兵阵地转入防御。

　　当然也要注意到，面对如此强敌，瓦图京

手头的兵力并不够。7月6日下午，他联系最高统帅部大本营代表华西列夫斯基元帅，报告自己的第二防御带被德军突破，而且德军还在继续向近卫第6集团军方向调来预备队，因此急需得到坦克、反坦克炮和步兵的增援。实际上南方集团军群仅有第24装甲军一支装甲预备队，但此时该部所有3个装甲师还远在第1装甲集团军地段。其中第23和第17装甲师正准备次日在利西昌斯克反击进攻的苏军，维京师也处于防御态势。此外，7月6日时，维京师和第3装甲师分别有41和56辆可以出动的坦克。第17装甲师当日情况不明，但在"堡垒"战役结束几天后，第24装甲军报告中指出该师拥有54辆可以出动的坦克。推测该师战备程度仅仅与肯普夫集群的第3装甲师类似，完全不能与霍特的6个装甲或装甲掷弹兵师相提并论。

第六章 7月7日：党卫军装甲军向东北突击

对于德军来说，虽然攻击首日打得十分难看，但是第二天表现就很不错了。苏军花费了几个月精心构筑的两道防线居然两日内就被突破，德军的小股兵力甚至渗透过了第三防御带。这说明在老练的德军这面前，任何失误都是致命的。不过，德军指挥层也看到，SS第2装甲军的突破口只有15公里宽，需要向两翼侧击以扩大缺口，而且警卫旗队师的攻击方向在雅科夫列沃、大小马亚奇基和格列兹诺耶，帝国师的攻击方向在加里宁和别列尼希诺这两地，髑髅师在索申科沃、新洛济（NovyeLozy）和罗日杰斯特文卡（Rozhdestvenka）一线，三者的结合部都产生了缺口。更糟的是，第48装甲军和第3装甲军及其他步兵部队进展缓慢，将整个党卫军装甲军的侧翼暴露了出来。

尽管如此，第4装甲集团军仍然下令SS第2装甲军继续向东北猛攻，夺取卡尔塔谢夫卡（Kartashevka）—普罗霍罗夫卡公路以北的高地，以便继续向库尔斯克进发。第48装甲军的任务是向右翼的SS第2装甲军靠拢，绕过佩纳河弯曲部，继续向北进攻，继续沿别尔哥罗德—库尔斯克公路突破苏军第二防御带，在进抵普肖尔河后一面卷击佩纳河弯曲部东段之敌，一面冲向库尔斯克。

正在轰击苏军阵地的SS第2装甲军某部的重型榴弹炮部队。

在头两天的战斗中，警卫旗队师和帝国师的坦克损失较大。帝国师可出动的坦克和突击炮数量相比7月4日下降了43辆。警卫旗队师7月6日晚情况不明，但到7月8日晚，可出动坦克和突击炮数相比7月4日也下降了68辆。髑髅师相对而言损失较小，坦克数下降了17辆，突击炮损失不明，估计也下降了10辆左右。因此，SS第2装甲军打算用髑髅师的101辆坦克作为主力，在掷弹兵伴随下突向普肖尔河。髑髅师奉命把当前战区移交给第167步兵师，尽管这个师当时仍在第48装甲军地段作战。第167步兵师随后接到的命令是于7月9日前进驻到绍皮诺—涅普哈耶沃一线。

不过，帝国师与髑髅师防线结合部的缺口是最大的麻烦，对面的苏军绝不会放弃这个机会。在第167步兵师赶来之前，第4装甲集团军随后用第627工兵营、第818炮兵团3营（105毫米榴弹炮）、1个装备坦克歼击车连和1个重型迫击炮排临时凑成一个战斗群，在第627工兵营的营长带领下去堵防线缺口。

此外，德国人还注意到苏军的战役预备队已经上来了，但他们觉得这并不完全是坏事。第4装甲集团军甚至建议SS第2装甲军放近卫坦克第2军渡过利波维顿涅茨河，然后切断其后路，进而全歼。髑髅师的任务是向近卫坦克第2军发起进攻。为了确保SS第2装甲军和髑髅师领会自己的意图，霍特上将于7月6日深夜再次提醒前者，他的目的是围歼苏军坦克部队，而不是打成击溃战。此时苏军装甲部队位置不明，需要次日伺机行动。

德军对面的近卫第6集团军防线此时已经破裂，防守普罗霍罗夫卡方向的近卫步兵第23军几近崩溃，司令部失去了对下属各师的统一指挥。近卫第6集团军已经用光了所有预备队，防御的重担只能落在坦克第1集团军身上。

1943年7月7日，近卫第6集团军司令奇斯佳科夫（左1）与沃罗涅日方面军军事委员赫鲁晓夫（左2）正在听取报告。

在坦克第1集团军司令部，卡图科夫将军也注意到了第48装甲军和SS第2装甲军之间的缺口。虽然之前已经决定采用将坦克作为固定火力点拦阻德军的战术，但精通坦克战的卡图科夫肯定不愿放过这个绝佳的机会。他的方案很简单，以机械化第3军和坦克第31军的5个坦克旅作为"铁锤"打击党卫军的左翼，以己方在利波维顿涅茨河一线（党卫军右翼）的坚强防御作为"铁砧"，从而粉碎德军的装甲楔子。具体部署如下：近卫坦克第1旅在雅科夫列沃地域；坦克第49旅在斯坦诺瓦亚树林（Stanovaia）向波克罗夫卡方向进攻；坦克第100旅在大马亚奇基（Bol'shie Maiachki）—亚布洛奇基（Iablochki）地域；坦克第242旅在雷利斯基（Ryl'skii）向卢奇基（南）进攻；坦克第237旅在格列兹诺耶（Greznoe）—捷捷列维诺一线准备。而作为铁砧的近卫坦克第5"斯大林格勒"军、近卫坦克第2"塔钦斯卡亚"军、步兵第375师和近卫步兵第93师则应阻止德军前进，同时采取积极行动将德国人牢牢吸引在自己当面。

卡图科夫兵力情况如下。第一梯队的这5个旅合计大约有256辆坦克（坦克第31军部队根据编制数，机械化第3军根据可用数计算），19门

76毫米反坦克炮。坦克第180旅与坦克第192旅作为第二梯队，共有127辆坦克和8门反坦克炮可以投入战斗。此外，坦克第31军还拥有24门85毫米反坦克炮，59门45毫米和76毫米反坦克炮。如果加上正在该地段战斗的近卫步兵第51师近卫炮兵第122团的13门火炮，卡图科夫共有123门反坦克炮可以投入战斗，其中99门为76毫米和85毫米火炮。

西侧地段

天亮时，第3装甲师仍分成四路纵队向卢汉尼诺地域进发。第6装甲团和第3装甲掷弹兵团1营组成的装甲群于08时到达卢汉尼诺。3个小时后，除了师属炮兵团外，其余部队都做好了进攻准备。德国空军的斯图卡俯冲轰炸机和He-110轰炸机对苏军的炮兵阵地和堑壕进行了一个小时的火力准备。

由于炮兵迟迟未进入射击阵地，因此韦斯特霍芬师长电话通知军部，他无法在15时之前开始进攻。此后第3装甲师又将攻击发起时间改为16时30分。

早在上午，第4装甲集团军就提醒第48装甲军，他们的任务是与SS第2装甲军左翼建立联系，消除两军结合部之间的巨大缺口。当第3装甲师第三次报告部队仍未做好进攻准备时，第48装甲军军长克诺贝尔斯多夫终于忍不住了。按照档案记录，克诺贝尔斯多夫给韦斯特霍芬师长下达了"严厉的命令"，要求他用手头无论什么部队立即进攻渡口。

这道命令的效果立竿见影。在第3装甲师的下一份报告中，韦斯特霍芬报告第394装甲掷弹兵团的两个营正在渡过卢汉尼诺西北的小河。第3装甲掷弹兵团的两个营在第39装甲工兵营和1个装甲连的支援下正面强攻卢汉尼诺。

德军坦克和掷弹兵掩护工兵上前用炸药

1943年7月7日，第3装甲师的1辆Ⅲ号坦克正驶过一处泥泞地。

包和喷火器炸毁了苏军碉堡。师属炮兵也在用炮击掩护进攻部队，然后苏军炮兵反应也非常快，他们立刻以强大火力同时压制德军的前锋和纵深。这样德军前面的部队在挨打，后面的援军上不去。苏联空军也不失时机地果断出击，德军最终只能匆匆撤回南岸寻找隐蔽。

入夜以后，德军工兵在夜色掩护下，在河上架设桥梁，以便坦克通过。苏军也没闲着，小型飞机不停投下照明弹，照亮作业的德军工兵后，再不停炮击他们。由于藏身的村庄燃起熊熊大火，德军只能撤离。工兵和掷弹兵们就趴在坦克底盘下藏身，等炮击结束后就抓紧架桥。有的装甲兵对此一无所知，在开动坦克时将下面的士兵碾得粉碎。还有一辆坦克陷入泥泞，动弹不得。德军只能继续后撤躲避苏军炮火。尽管得到了空军和两个炮兵团的强力支援，第3装甲师仅仅在一开始推进了几百米后，就退回了原点，当天可谓一败涂地。

前一天晚上，大德意志师地段上的双方都为次日的战斗进行着准备和休整，没有发生什么交火。"大德意志"装甲团在苏军第二防御带建立了环形防御过夜，苏军其间并未进行袭扰，只有少数小型夜间轰炸机对德军进行了轰炸。

机械化第3军军长谢苗·莫伊谢耶维奇·克里沃舍因少将。

但是听音哨发现卢汉尼诺以北地域有大量坦克集结。次日清晨，苏军机械化第3军在佩纳河北岸占领了阵地，该军下属3个机械化旅的3个坦克团进入掩体，只露出炮塔。坦克第1集团军知道尽管对面德军坦克损失很大，但实力仍不容小觑，因此将西面的坦克第6军也加强过来用于封堵第48装甲军。

坦克第1集团军这一点判断的没错，此时大德意志师的装甲群仍有73辆坦克（9辆Ⅲ号，22辆Ⅳ号，2辆虎式和40辆豹式）。在损失的豹式坦克中，绝大部分是因为行走机构被地雷炸坏或被泥泞陷住，有76辆因机械故障损坏，第48装甲军记录中特地指出"由于技术故障造成的豹式坦克损失高得有点不正常"。

夜间，大德意志师的工兵和掷弹兵们成功突破了杜布罗瓦四周的反坦克壕，为坦克炸开了通道。只是对面仍有不下20辆苏军坦克以及反坦克歼击炮兵第35团的炮兵需要对付。大德意志师装甲群于07时50分请求空中支援。09时，姗姗来迟的斯图卡战机进行了一个小时的轰炸。装甲群随后让豹式坦克打头阵，与"大德意志"掷弹兵团1（SPW）营一起，在2营掩护下攻击杜布罗瓦以东的苏军阵地。

尽管有前几天的教训，装甲群依然选择了坦克强攻战术，再次闯进苏军布设的雷区。工兵只能再次冒着苏军炮火上前排雷。被地雷瘫痪的豹式坦克虽然正面坚不可摧，但侧面装甲却无法抵御反坦克炮的近距离射击，结果又损失了一些。

好不容易冲出雷区后，德军继续向北边的254.5高地冲击。当豹式坦克与苏军掘壕固守的T-34坦克对射时，装甲群其余部队又继续前进了3公里。13时15分到达瑟尔采沃以东的230.1高地，这里由苏军步兵、坦克和反坦克炮兵共同防守。

德军从侧面对瑟尔采沃发起了攻击，本以为可以轻易拿下，结果苏军坦克第112旅突然从村中杀出，向218.5高地附近的德军猛烈开火。根据德军报告，大约有20辆坦克从东面的瑟尔采沃、30辆坦克从北面攻击了装甲群。被两面

坦克第112旅旅长米哈伊尔·特罗菲莫维奇·列昂诺夫上校。

包抄后，德国人只能后撤重整。

与此同时，"大德意志"燧发枪兵团向瑟尔采沃以南发起了多次强攻，虽然遭到苏军的空中打击，但右翼的3营和左翼的1营经过反复争夺，分别拿下了一小块阵地。到天黑时，"大德意志"燧发枪兵团在多个地段突破了瑟尔采沃外围的苏军防御阵地。按照德军的说法，村子里的苏军使用装备122毫米榴弹炮的自行火炮配合步兵发起了一次反击，但被击退。另外，苏联空军和炮兵也在不停地向德军倾泻弹雨。由于部队经过一天的苦战，损失较大，

"大德意志"燧发枪兵团没有继续战斗下去，而是在瑟尔采沃外围建立防御。

当瑟尔采沃正打得如火如荼时，"大德意志"侦察营和突击炮营从村子东南数公里处迂回包抄，支援"大德意志"掷弹兵团1营进攻230.1高地，打退了防守的数辆坦克，于天黑前拿下高地。

大德意志师当日还是没有达成决定性的突破，"大德意志"燧发枪兵团苦战一天，居然没能拿下瑟尔采沃村。对卢汉尼诺也只是形成了半包围态势，苏军步兵在断壁残垣中死战不退。唯一值得一提的是拿下了控制奥博扬公路

大德意志师侦察营营长鲁道夫·韦特延骑兵上尉。

在战场上临时休息的大德意志师第39装甲团第51装甲营的豹式坦克，边上是苏军战俘，从照片中可以看到豹式坦克来自4连。

的230.1高地，从而可以威胁到波克罗夫卡地域苏军的侧翼。

第11装甲师当天的任务是机动到大德意志师右翼投入战斗，首要任务就是前出到奥博扬公路。然而该师必须先突破前方苏军第二防御带的229.4和245.2高地才行。拿下这两处高地后，才能接着夺取波克罗夫卡以西苏军防守的另外两处高地。警卫旗队师正在这里与坦克第49旅和近卫坦克第1旅激战。

凌晨05时，第11装甲师开始发起进攻。右翼的第11装甲侦察营和第15装甲团2营于09时15分拿下229.4高地。德军报告苏军整整一个步兵营放弃了阵地，向北溃退。侦察营趁此机会冲向奥博扬公路，第111装甲掷弹兵团紧随在后。第15装甲团和第110装甲掷弹兵团开始联手冲击245.2高地。由于地面松软，坦克只能缓慢前进。而空军正全力支援大德意志师，第11装

甲师没有得到太多空军掩护，但掷弹兵们和工兵仍在炮兵掩护下奋力前进。本来一切比较顺利，结果德军坦克又冲进了苏军雷区。11时，空中侦察发现波克罗夫卡以北有不下50辆苏军坦克正在赶来。继续进攻的德军装甲营和第110装甲掷弹兵团2营在到达路口前突然遭到苏军坦克的反击。双方坦克的激战一直持续到下午。德军侦察战斗群不敢恋战，继续向东面的奥博扬公路推进。第4装甲集团军指挥部意识到该师的进展，于是要求空军转而支持该师右翼的战斗。

在天黑之前。德国空军两次出动斯图卡战机攻击了靠近奥博扬公路的苏军坦克，打乱了苏军战斗队形，造成一些损失。侦察营和装甲营终于到达了公路，随后向北推进了2公里左右，于18时45分到达波克罗夫卡西北的251.2高地。在高地以北500米，德军遭到苏军坦克和反

第11装甲师下属第15装甲团8连的"815"号Ⅲ号坦克正经过一辆SdKfz222轮式装甲车开赴前线。注意车体前挡泥板的师徽。

坦克炮的拦截，被迫停止前进。第11装甲师最终在一天内推进了6公里。要知道这一切都是在没有强大炮兵和空军支援的情况下取得的。

中央地段

7月6日夜幕降临后，警卫旗队师地段上没有发生较大规模的战斗。德军装甲兵和维修单位的士兵们全力将战损的坦克拖回己方战线。苏军侦察兵则在不停试探德军阵地，试图查明德军部署情况。苏军还时不时射击德军后方的桥梁以及路口。侦察机也偶尔光临，投下照明弹，企图侦知德军部队调动和集结情况。

夜间，一些在白天的战斗中被击溃，藏进附近村庄和密林之中的小股苏军坦克试图返回己方战线。有些运气不好的反而撞进德军阵地，部分苏军坦克杀出重围，剩下的坦克则因弹尽油绝而被放弃。SS第2装甲掷弹兵团2个营在卢奇基（北）至捷捷列维诺（北）公路之间未能形成绵亘防线，在遭到苏军坦克的夜袭时无法保护后勤车队，结果一些为捷捷列维诺（北）的装甲群运送油料弹药的卡车被击毁。

还有一部分苏军坦克搭载步兵闯进了捷捷列维诺（北）。由于没有灯光，他们没有看到守卫的德军。此外，一辆受了轻微损伤的虎式坦克停在村子中间的路口边上。一名掷弹兵提醒车长，有T-34坦克接近。等到苏军坦克兵反应过来，虎式坦克已经开炮。炮手在极近距离上首发命中，接着调转炮口，将3辆T-34坦克全部击毁。

拂晓时，仍有少量苏军坦克在这一带活动。但警卫旗队师考虑到这点坦克无关痛痒，而且此时补给充足，因此命令师属装甲群继续冲向普罗霍罗夫卡。按照计划，帝国师的坦克应该在右翼支援警卫旗队的进攻，但到08时，

进攻打响之前，苏军一个步兵营在6辆坦克掩护下攻击了捷捷列维诺（南）。一番激战之后，苏军步兵损失惨重，两辆T-34被德军掷弹兵在近距离打坏，被车组放弃。

不久后，德军在卢奇基（北）的警戒哨报告前方树林中有坦克发动机的轰鸣声。警卫旗队师担心苏军会对这里发起坦克突击，因此下令SS第2装甲掷弹兵团2营和1个侦察排火速增援卢奇基，该部一路击退小股苏军的多次进攻，终于赶到卢奇基村。

德军刚到不久，10时50分，坦克第100旅的30辆T-34坦克和1个步兵连就发起了进攻，他们打垮了SS第2装甲掷弹兵团在村外的防御。德军被迫撤回村中央继续抵抗。奇怪的是，苏军的T-34坦克放下步兵

SS第2装甲掷弹兵团2营营长鲁道夫·桑迪希。

建立防御后就离开了村子。SS第2装甲掷弹兵团2营官兵抢在苏军建立牢固防御之前，又夺回了失去的阵地。

有意思的是，苏军却认为是德军先发动了进攻，并且攻击地点是在大马亚奇基，而不是卢奇基。坦克第100旅4个小时内在大马亚奇基接连打退德军多次进攻。该旅的参谋长皮缅诺夫（Pimenov）上校在报告中描述了古斯托夫（Gustov）中尉的T-34坦克被击伤后的战斗情况：

尽管如此，等到古斯托夫中尉的坦克乘员们刚刚恢复意识，德军自动枪手（即掷弹兵）就逼近了。见已经被包围，他们与敌人展开了肉搏战。双方的搏杀到了需要拳击的白热化境

地……古斯托夫和他的车组……将德国自动枪手们击退了……

不过到晚上，该旅便奉命放弃了大马亚奇基。从村子撤出的苏军坦克准备前往捷捷列维诺附近的高地。此时"警卫旗队"装甲团2营和SPW营正在高地的反斜面休整。这些士兵在前两天的战斗中精疲力竭，正在休息，坦克第100旅的到来把他们全部惊醒。"警卫旗队"装甲7连的一名驾驶员罗尔夫·埃尔哈特（Rolf Ehrhardt）回忆道：

前一天，魏泽尔（Weiser）排长因为坦克还没修好，钻进了我的Ⅳ号坦克。他刚刚度完蜜月归来，因为没空发野战服，因此身上还穿着军礼服。每个人都围拢过来看他的结婚照。

对于我这个坦克驾驶员来说，我的经历就是7月6日驾车踩上一颗地雷，听到一声巨响，然后就是其他一些不打紧的任务……我们很高兴地把防御任务交给SS第2装甲掷弹兵团3营的掷弹兵们……然后到了一个高地的反斜面，我们钻进自己坦克下面的"兔子洞"里，上面有24吨的大铁砣当保险，但我们都忘了其中有一吨是高爆炸药。

埃尔哈特和他的战友们睡得正迷迷糊糊的时候，苏军坦克就突然杀了过来，瞬间碾过高地正面的掷弹兵阵地，冲上山顶，然后直扑而下。"警卫旗队"装甲团的装甲兵们迅速反应过来。各车乘员立即钻进自己的坦克，做好了战斗准备。埃尔哈特接着回忆道：

我们的好梦一早就被编成进攻队形的命令打断："发动引擎！上车！准备战斗！"就在我们收拾床铺时，党卫队三级突击队中队长魏泽尔大步从指挥部方向跑来，叫道："赶紧！敌军坦克！"接着就是一声爆炸，200米外一辆T-34坦克被打成火球。我们营部的一辆坦克用50毫米炮打中了它。现在无需命令，我们知道该干什么。

"堡垒"行动期间，警卫旗队装甲团7连的"735"号坦克，3排排长座车。

从最初的混乱中恢复过来后，"警卫旗队"装甲团与苏军T-34坦克开始交火。由于战场上烟尘弥漫，双方为了防止误伤都打得很谨慎。混战中7连连长蒂曼得知SPW营营长派普负伤，需要后送治疗，因此让埃尔哈特的坦克前去把派普接走。过来传信的人也钻进了埃尔哈特的坦克，一起去寻找派普。埃尔哈特继续回忆道：

浓烟一会就飘了过来，弥漫在四周，我必须慢慢开车，以免撞上什么东西。在我的观察窗前方仿佛是无声电影中的画面：残骸、烈焰、戴着俄国钢盔的鬼影。炮弹一发接着一发地射击。突然什么地方重重挨了一下。转向……这都乱成什么样子了，我们哪里找得到指挥所……我们在一阵迷茫中，没人注意到已经收不到消息和命令了。天线是什么时候坏掉的？好在内部通话系统没坏。那是一辆德国半履带车，一顶德国钢盔？继续前进！还是俄国人！突然我们听到耳机里传来大声的命令：

"T-34，2点钟方向，穿甲弹，开火！"

"炮塔卡住了！"炮手报告。

现在可就真不妙了。

"驾驶员，车辆往右转，向右转！"

命令传来，我挂着3挡转向。其实我知道应该换挡，但来不及了……突然传来重击声，然后静了下来。

无线电员摘掉我的头戴耳机，喊道："炮手死了，内部通话系统也玩完了。"

"我该怎么办！"

"车长也死了！"

埃尔哈特试着调头驶回己方战线。苏军坦克依然在向他开火，反坦克枪的子弹也如雨点般打在车体上。装填手被弹片击伤，火炮被打坏，驾驶员的防弹玻璃也被反坦克枪打碎。埃尔哈特无奈之下只得探头开车：

在炮手一侧被击中后数秒内，我就看到俄国人向我们的坦克发起进攻。我继续驱车前进，突然发现敌人一辆T-34出现在百米之内。主炮还能用吗？我将车体转了90度，接着传来爆炸声……我凭借第六感找到位于敌我之间的一辆坦克残骸作为掩体……但我仍不安全。我把车开出浓烟，看到了党卫队三级小队副哈拉尔德·施泰因（Harald Stein）和他的座车……我打开舱盖，露出脑袋继续开车，施泰因则用手势给我指引方向。

等埃尔哈特返回后，却发现派普并未受伤，而且已经自行返回了安全地带。当天苏德两军的坦克和步兵在卢奇基（北）—捷捷列维诺（北）—普罗霍罗夫卡一线展开了激烈的交火。而在警卫旗队师左翼，SS第1装甲掷弹兵团在波克罗夫卡的房屋中建立了防御。他们还得到了师属坦克歼击营Pak 38和Pak 40反坦克炮的加强。德军将反坦克炮隐藏在碎石瓦砾和阴影中，只露出炮管。就在此时，坦克第49旅在坦克第100旅支援下从村子西边扑了过来。

坦克第49旅旅长亚历山大·费奥多罗维奇·布尔达中校。

当苏军坦克越过崎岖不平的开阔地高速冲过来时，德军也做好了战斗准备。反坦克炮早早就瞄好了苏军坦克，有的掷弹兵手中也紧握着集束手榴弹或磁性反坦克雷，只等坦克接近了。他们非常清楚，如果苏军突破了他们的防线，就可以到达通向普罗霍罗夫卡的公路干线，切断正在前方苦战的装甲群的补给线。在战斗如此激烈、消耗如此之大的情况下，一旦弹药油料跟不上，装甲群就十分危险了。

德军首先用MG42机枪在远距离开火，把苏军坦克上搭载的步兵扫离坦克。德国空军也发现了这支没有任何空中掩护的队伍，立刻扫射和轰炸了坦克第49旅的60辆坦克。反坦克炮也迅速开火，将T-34坦克一辆接一辆地打成火球。《苏联总参研究》对此战却作了不太一样的描述：

在波戈列洛夫卡（Pogolelovka）和米哈伊洛夫卡（均在波克罗夫卡与雅科夫列沃之间）地域的战斗中，敌人攻击了近卫坦克第1旅。多达100架敌机从空中轰炸了该部。敌军一切突破旅防御的企图都失败了。同时，希特勒分子的指挥部投入了30辆坦克和一个步兵营进攻波克罗夫卡并将其占领，这样就对旅的左翼形成了威胁。布尔达中校的坦克第49旅赶赴波克罗夫卡地域改善局面，将敌人逐出了波克罗夫卡。但在随后的战斗中，布尔达退向北方，敌人再度占领波克罗夫卡。

警卫旗队师全部56辆坦克都在东边10公里处的捷捷列维诺（北）附近与苏军近卫坦克第5军交手。SS第2装甲军7月7日的日志中指出，这天"由于警卫旗队师和帝国师遭到俄军装甲部队从北、西北、东和东北四个方向的进攻"，全军几乎没有向前推进。苏军资料则证实近卫坦克第5军被德军击退。

当天由于大雾和硝烟，德国空军再次发生误击事件，差点干掉自己人。当第13重装甲连的虎式坦克连在捷捷列维诺与苏军T-34坦克激战之时，一队斯图卡战机俯冲而下，向虎式坦克

发起进攻。3排排长魏特曼赶紧打开舱盖，奋力挥舞对空识别旗帜，"斯图卡"这才紧急拉起。

由于连日苦战，当晚警卫旗队师只剩33辆IV号、4辆III号和4辆虎式坦克以及5辆指挥坦克可用，总计46辆。该师当天24人死亡（含军官一名），166人负伤或失踪，总计损失190人。当天结束时，全师比左翼第48装甲师多推进了8公里。警卫旗队师不得不调动SS第1装甲掷弹兵团掩护暴露的左翼，担负进攻重担的装甲群只能得到SS第2装甲掷弹兵团剩下两个营的支援。

天亮前不久，集结在奥泽罗夫斯基西南的"帝国"装甲团接到了当天的命令，他们的任务是向东北方的别列尼西诺发起进攻，掩护向捷捷列维诺（北）进攻的警卫旗队师侧翼不受苏军干扰。但地面和空中侦察显示，帝国师东边树林和村庄中仍有不少苏军坦克。因此，帝国师把师属突击炮营配置在了东面，以备不测。SS第2装甲军判断近卫坦克第5军会在捷捷

被警卫旗队师击毁的 T-34 坦克残骸。

列维诺再次攻击警卫旗队师，近卫坦克第2军则会打击帝国师和髑髅师的结合部。

05时30分，帝国师装甲群开始进攻。苏德双方的空军战斗机也展开了激烈的空战，强击机和俯冲轰炸机也在不停地攻击对方的地面目标。苏军小股战机突破了德国空军的拦截，轰炸了卢奇基的"元首"团阵地。天空中不时闪现出小型观测机的身影。德军对这种飞机恨之入骨，因为它们的出现往往意味着不久之后就要挨上火炮的一顿狂轰滥炸。因此地面部队立即组织高炮乃至轻武器集火射击。当日帝国师和警卫旗队师军均报告击落不少苏军飞机。

到08时为止，帝国师装甲群先头部队都没有遇到激烈的抵抗，但德国空军当天早晨报告在捷捷列维诺（北）东南的亚斯纳亚波利亚纳有大量苏军坦克出现。而此时帝国师装甲群仅有7辆虎式坦克和15辆T-34坦克。12时30分，近卫坦克第22旅（可能还有近卫坦克第21旅及近卫重型坦克第48团，但经过7月6日的苦战，在08时突出重围前又损失了11辆T-70坦克，因此所

剩应该不会太多）约24辆坦克（截至6日23时尚有8辆T-34坦克和16辆T-70坦克）从侧翼攻击了"帝国"装甲团。双方经过激战，苏军扔下被打坏的T-34坦克退到亚斯纳亚波利亚纳东北方。此后，斯图卡战机再次飞临战场，又打坏了数辆苏军坦克。如此一来，近卫坦克第5军在两天的战斗中实力就由200辆下降到了约100辆坦克。帝国师装甲力量则损失很小。

在东面，"德意志"团和"元首"团进行了一整天的（侧翼）防御战。"帝国"装甲侦察营也从彼得罗夫斯基地域（帝国师与髑髅师的结合部）赶来支援。该营在一个炮兵营的支援下肃清了彼得罗夫斯基以北以及捷捷列维诺（南）区域。

"元首"团3营穿过加里宁向东面2公里的别尔哥罗德—普罗霍罗夫卡铁路线一带的苏军发起进攻。在一个炮兵营对苏军防守的高地进行了一轮炮火准备后，3营以10连为先锋开始突击。德军刚冲出不久就遭到苏军密集的火力打击，德国人开始四散寻找掩蔽。10连连长海

掩护掷弹兵进攻的帝国师突击炮，注意车体后侧的伪装师徽。

因茨·维尔纳试图让部队继续进攻，结果自己被打成重伤。全连暂由23岁的约阿希姆·克吕格尔（Joachim Krüger）指挥，他身先士卒带领自己的排杀进了苏军步兵战壕。在激烈的肉搏战中，他两次负伤，就这样还带领一个突击小组用磁性反坦克雷炸坏了一辆苏军坦克。由于克吕格尔（1943年8月14日战死）的领导才能和勇敢精神，1944年6月24日被追授骑士十字勋章。接着同样损失了连长的15连也冲了上来，接过了这一地段的防御。

"元首"团3营10连代理连长约阿希姆·克吕格尔。

近卫坦克第2军以排为单位发起的反击，都被"元首"团击退。负责掩护"元首"团的"斯图卡"中队宣称摧毁了1个T-34坦克排，不过还是有少量坦克搭载着步兵冲进了村子，扑向了"帝国"装甲炮兵团1营营长海因茨·洛伦茨（Heinz Lorenz）的营部。洛伦茨临危不惧，带领营部人员用集束炸药包干掉数辆T-34坦克，又紧跟着向残余苏军步兵和坦克发起反击。洛伦茨还笔直地站在指挥车上冒着迫击炮火一路穷追不舍。1944年8月7日，洛伦茨获颁了金质德意志十字勋章。当然，如同苏军总是把德军坦克称作虎式、突击炮称为费迪南一样，德国人也习惯把苏军T-60/70轻型坦克算作T-34坦克。

当天，帝国师对别列尼希诺车站和共青团员国营农场发动了多次进攻，未能成功。死守别列尼希诺的近卫坦克第20旅和近卫摩托化步兵第6旅在一天内打退了德军11次进攻。

7月7日结束时，帝国师装甲群越过捷捷列维诺（北），建立了防御阵地。"元首"团则守住了从加里宁到彼得罗夫斯基之间约8公里长的右翼。以第627工兵营为核心组建的临时战斗群掩护着帝国师与髑髅师在彼得罗夫斯基的结合部。"德意志"团在捷捷列维诺（北）建立扇形防御阵地。当日帝国师坦克损失不大，到日终时仍有88辆，其中6辆虎式，14辆缴获的T-34坦克。

"帝国"装甲炮兵团1营营长海因茨·洛伦茨。

7月7日，髑髅师准备于次日把阵地移交给第167步兵师，由该师掩护从别尔哥罗德至帝国师（右翼）之间的SS第2装甲军右翼。当天早晨，可能来自近卫坦克第26旅的一些T-34坦克向贡基以北德军阵地发起试探性进攻。另外，侦察显示大批苏军坦克利用夜色掩护已经潜入到贡基东北数公里处。

髑髅师很清楚如果此时换防，苏军肯定会乘机骚扰，因此决定先发制人，以一个火箭炮营掩护"髑髅"装甲团2营和"髑髅"团1营向苏军集结地域的侧翼进行打击。结果刚出发就遭到苏军重炮的打击，无法继续前进。装甲群主力上午也不停遭到空袭，髑髅师文件指出当天苏军大约180架飞机共计实施了73次对地攻击。虽然损失不大，但部队调动却受到很大影响。只有火箭炮营在天明前数小时向绍皮诺和涅普哈耶沃的苏军步兵阵地实施了炮击。

"堡垒"行动期间，在库尔斯克战场上作战的帝国师装甲团3（坦克歼击）营装备的 T-34 坦克，可以清楚看到编号为"923"。

当近卫坦克第2军一部向贡基以西的髑髅师阵地发起进攻后，"髑髅"装甲团在火箭炮的支援下合围了小股苏军坦克，宣称击毁击伤11辆T-34坦克。"髑髅"装甲团2营随后在贡基以东集结，继续防御别尔哥罗德—奥博扬公路。当天，苏军并没有对髑髅师实施大规模反击，让后者轻松了不少。

"艾克"团在奥博扬公路至利波维顿涅茨河之间设防，他们得到了火箭炮单位的支援。由于对面苏军没有什么动静，这个火箭炮单位就转移了阵地。它们走后不久，苏军就炮轰了绍皮诺附近的"艾克"团阵地。

24时，苏军出动一个连对贡基以南进行了战斗侦察，但被德军步兵和炮兵联合击退。不久后，苏军又出动数辆坦克和一个营的兵力试探性地进攻了"髑髅"团和"艾克"团的结合部。但两个团在此处的防御十分严密，苏军没有得手，就退了回去。

苏军此后没有再发动任何较大规模的进攻。当天髑髅师地段的战斗并不激烈，

"髑髅"突击炮营代理营长恩斯特·德默尔。

该师只有39人死亡（含3名军官），112人负伤（含5名军官）。负伤的军官中有几位连长，还有突击炮营的营长维尔纳·科尔夫（Werner Korff），营长一职随后由恩斯特·德默尔（Ernst Dehmel）暂代。

南侧地段的战斗

根据计划，第3装甲军在7月7日应当向北推进，围歼别尔哥罗德城东的近卫步兵第81师，尽可能按照战前设想，赶上SS第2装甲军并掩护其右翼。

苏军也不会坐以待毙，他们在别尔哥罗德城东投入步兵第213师、近卫步兵第72师及部分坦克向德军第106和第320步兵师发起了多次凶猛的反击，导致德军第106步兵师根本无法抽身接管第7装甲师的战线。

天明以前，第6装甲师主力集结到了第7装甲师左翼的拉祖姆纳亚河西岸。苏联空军对渡口和道路的夜间袭扰造成了一定车辆损失和迟延。位于第3装甲军中央的第6装甲师当日任务是占领拉祖姆纳亚河一线的亚斯特列博沃和谢夫留科沃，师属装甲群接到的命令是占领这两个小村。

06时30分，奥佩尔恩上校向各部分配了任务。一个半小时后，坦克进入出发阵地。09时30分，4辆虎式坦克和第11装甲团7连在斯图卡战机掩护下发起进攻。不久，翁赖因（Unrein）战斗群（第4装甲掷弹兵团部分兵力）与装甲群一起抵达了别林斯卡亚。

没前进多远，无线电中就传来"注意地雷"的呼叫。所有坦克立即停止前进并赶紧呼叫工兵支援。好在第57装甲工兵营3连本来就被配属给了装甲群。大约10分钟后，工兵就

第4装甲掷弹兵团团长马丁·翁赖因上校。

赶上来进行排雷作业，在雷场中开辟出一条通路。解除引信的地雷被扔在通道两侧，并用白色棉布条标识通路。第11装甲团7连继续作为前锋为主力开路。他们很快遭到苏军的射击，连长罗伊特曼（Reutemann）中尉座车中弹，但他的IV号坦克仍然在继续前进。7连其他坦克发现苏军坦克正在攻击连长，也纷纷开火反击。

"别管那些坦克"，罗伊特曼喊道，"尽快赶往谢夫留科沃！"在谢夫留科沃，苏德双方再一次展开激烈交火。13时，德军击毁击伤苏军8门反坦克炮和1辆T-34坦克后，罗伊特曼连长向装甲群报告占领该村。装甲群随后在试图渡过拉祖姆纳亚河时遇到了麻烦。原先的两座桥梁被苏军炸毁，水浅的地方也不适合坦克通行。第57装甲工兵营3连只能在舟桥工兵帮助下修建承重24吨的浮桥。苏军很快发现了德国人的企图，立刻引导炮兵实施猛烈轰炸，给修桥工兵造成了不小的伤亡。

奥佩尔恩上校随即下令SPW营以火力掩护工兵作业。一个小时后，掷弹兵们在河东南岸建立了一块新的登陆场。

22时，德军架好了浮桥，装甲群立刻开始渡河。到当天结束时，第6装甲师又沿拉祖姆纳亚河向北推进了2至3公里。

为了避免被合围，从7月6日夜至7日拂晓，苏军撤出了克列伊达村以南的防御阵地，收缩至克列伊达车站附近并建立了防御。这次后撤并没有拉平战线，苏军阵地仍然像一个不太尖锐的楔子，插在德军第19装甲师侧后，因此第19装甲师当日的任务就是在拉祖姆纳亚河西岸向东北方向发起进攻。

09时45分，第73装甲掷弹兵团在斯图卡战机支援下向克列伊达车站的近卫步兵第238团阵地发起进攻。11时左右，第429掷弹兵团也进入克列伊达村。德军俘虏了大约40名苏军，缴获

"堡垒"行动期间，正在集结中的第6装甲师装甲团的坦克，近处可以看到团部的"R03"号，是团通讯官的座车。背景处的半履带车则来自师属SPW营。

45挺机枪，29门迫击炮，3支反坦克枪和80支步枪以及不少弹药。

拿下克列伊达的掷弹兵们在休整片刻后继续向东北方进发。第73装甲掷弹兵团计划从丰收日集体农庄以北前出到别洛夫斯卡亚和近伊古缅卡之间树林的南部边缘，然后向北穿过树林，从南面攻击近伊古缅卡。

德国人在丰收日集体农庄以北苏军构筑的地雷和蛇腹形铁丝网掩护的堑壕前遭到了炮火拦截。在炮兵掩护下，德军强行发起进攻，结果还没摸到边就损失了四分之一的兵力。在接下来的进攻中，第73装甲掷弹兵团团长克勒上校中弹阵亡。对于克勒阵亡的地点有不同的说法，有的认为在克列伊达村，第3装甲军的日志指出他是在上午夺取近伊古缅卡时阵亡的。该师的一名炮兵前进观察员却给出了不同的说法：

敌人的抵抗再次给我们造成了很大的伤亡。人数不断减少的掷弹兵们冲向查明的俄军阵地。他们拿下了第一道堑壕，正准备进攻第二道时却遭到步兵火力的突然射击。我们赶紧卧倒在地，用工兵铲拼命挖掘掩体。子弹在我们四周嗖嗖飞过，在太阳烤干了的草地上溅起尘土。我根据教范在地上挖了个散兵坑并藏了进去。我很快就汗如泉涌，甚至被迷住了眼睛。一会儿过后，当我正向后挪以建立无线电联系时，第73装甲掷弹兵团团长克勒上校和两个人爬出堑壕，让我下达撤退的命令。

俄国人停止了射击。克勒上校用他的打了绳结的手杖朝敌人碉堡的方向（丰收日集体农庄到北边树林之间有苏军的两个土木火力点）指指点点。只听到炮闩声音传来，接着传来爆炸声。克勒上校被当场炸死。我赶紧发出报告，并下达了上校的指示。

按照他的回忆，克勒应当是在丰收日集体农庄北边阵亡。霍斯特少校接过了指挥权，带领全团官兵攻克了苏军防线。他们接下来按照克勒先前的计划，从南边穿过树林，向近伊古缅卡发起进攻。结果在近伊古缅卡以南被近卫步兵第81师近卫步兵第233团死死拦住。德军进攻了几次都无法突破，而第73装甲掷弹兵团却损失惨重，到日终时，有一个连只剩下10个人还能战斗。

不久后，第73装甲掷弹兵团和第27装甲团2营在斯图卡战机和第19装甲炮兵团1营的火力支援下攻击近伊古缅卡东南、亚斯特列博沃西北的制高点——215.5高地。第27装甲团2营用坦克点射暴露的反坦克炮，但先头坦克在不到60码（约55米）的距离上被苏军炮火直接命中，浑身是血的车长赶紧打开炮塔舱盖逃生。后面的坦克从残骸旁经过，试图解救战友。但不知为何，一辆坦克在调头时被后面的车追尾，撞在了一起。此时战场上乱作一团，到处是被击毁坦克冒出的滚滚浓烟。

尽管开局不利，第27装甲团还是控制住了高地。守卫高地的苏军应该已经没了反坦克武器，只能绝望地用手榴弹攻击坦克。徒劳的抵抗过后，苏军开始溃退。由于此前别洛夫斯卡亚失守，苏军在没有既设防御阵地，后方又被包抄的情况下，很难再次组织坚强防御。高地落入德国人手中。18时10分，第19装甲师占领近伊古缅卡。

开战两天来，师属装甲群终于完成了任务，第27装甲团团长贝克尔随即让传令兵向各部传达了继续进攻的命令。第27装甲团1营营长迪特里希·维利肯斯（Dietrich Willikens）上尉接到命令后，立即召集全连训话：

我们现在务必迅速占领212.1高地。要积极主动，也要随机应变。敌坦克和反坦克炮在等待着你们。我们手里有两张王牌。第一，里希特中校的掷弹兵；第二，突然性。

夜幕降临后，德军拿下了212.1高地（应该在波斯特宁科沃庄园以北）。但苏军以炮火掩护步兵在波斯特宁科沃和远伊古缅卡之间发起

在克列伊达村战斗的德军第19装甲师一部。

了一次反击，又夺回了一块阵地。

当贝克尔上校带着两名营长进入近伊古缅卡后，他发现村子里的房屋都在燃烧。他找到了第74装甲掷弹兵团的团长里希特中校，后者告诉他，克勒上校已经阵亡了，几个连长正在这里等待命令。第73装甲掷弹兵团损失很大，急需休整和补充。只是第3装甲军根本没有预备队。

由于第19装甲师当日的努力，近卫步兵第81师地段上出现了很有意思的一幕，近卫步兵第233团由于在东、南两个方向都遭到了德国人的攻击，只能向西北两个方向上收缩，居然形成了背靠别尔哥罗德和北顿涅茨河的局面，前景堪忧。第19装甲师在当天损失也很大，很多掷弹兵连人数下降到50至60人。

第7装甲师当日首要任务是歼灭巴特拉茨卡亚林场残余的苏军，然后沿着拉祖姆纳亚河东岸向北挺进15公里，拿下马济基诺。这个计划显然有些理想化了。

第7装甲师以第25装甲团、SPW营、"胡蜂"式自行火炮连以及坦克歼击营和工兵营各一部组成一个战斗群，由第25装甲团团长舒尔茨上校指挥。舒尔茨打算从巴特拉茨卡亚林场以北与另一树林之间的走廊中穿过，然后向北攻击舍伊诺（Sheino）。该村距离最终目标马济基诺只有3公里左右。右翼由第7装甲掷弹兵团团长的一个装甲掷弹兵营和第7装甲侦察营一部组成的战斗群掩护，左翼则交给了第6装甲掷弹兵团。第6装甲掷弹兵团将向北实施佯攻，吸引苏军注意，确保师属装甲群能够顺利机动。

08时15分，第7装甲师的装甲群和SPW营开始向北进攻。德军希望赶在苏军炮兵反应过来之前就迅速突破对方防线。结果他们刚冲出树林就遭到苏军进入战壕的坦克和反坦克炮的射击，反坦克枪子弹也打个不停，说明苏军步兵

也不在少数。德军见无机可乘，只能放烟幕弹撤了回去。第7装甲侦察营则向东突入林场东北的树林地带，与苏军发生交火。

第7装甲师左翼的战斗却并不激烈，第6装甲掷弹兵团战斗群在上午只遇到轻微抵抗。到中午时，他们已经向北前进了将近4公里，来到拉祖姆纳亚河东岸的米亚索耶多沃村。苏军在该村以东密林覆盖的高地上有重兵防守。

第7装甲掷弹兵团团长费雷德里希-卡尔·冯·施泰因克勒上校。

掷弹兵随后在坦克支援下向高地发起进攻，但被坦克和步兵火力击退。德军随后再次进攻，终于突入村中心，结果又被苏军反击打退。最终，第7装甲掷弹兵团还是在坦克支援下把苏军赶下了高地。一个小时后，经过激烈的巷战，德军又拿下了米亚索耶多沃。弃守该村的苏军步兵沿通向东北的道路退回己方战线。

第7装甲掷弹兵团的老兵埃里希·塞德尔（Erich Seidel）参加了米亚索耶多沃之战，他回忆了此战的情形：

经过短暂的准备后，我们攻击这个位于谷地中的村子。因为我必须给3连传达消息，因此就和他们在一起。掷弹兵开始前进。

在这一地域发生了非常激烈的战斗。俄军挖掘了掩体，必须步步为营，逐个清除。俄国炮兵竭尽所能地射击。斯大林管风琴咆哮着砸向一小群士兵中间。我们肚皮紧紧贴在犁地时犁出的斜坡上，在开阔地上一直等到爆炸结束。所幸斯大林管风琴刺耳的噪声掩盖了混乱。我们有两三个人负伤。

我们三三两两慢慢地和已经冲进第一批房屋的突击部队会合，占领阵地后，他们进入村子，控制了入口。敌人在一个斜坡上掘壕固守。当我们挖掩体时，敌人狙击手又给我们连造成了一些伤亡。

连部设在一个尚属牢靠的教堂内。从阁楼上可以看清下方的我方士兵，也能看到俄军的碉堡和反坦克炮。资深上士克里斯蒂安·克雷默（Christian Krämer）带领的侦察组冒着敌人火力爬上斜坡，然后向俄国人投掷长柄手榴弹和集束手榴弹。俄国人的散兵坑和机枪火力点第一个遭殃。我们通过望远镜观察了整个战斗过程。

教堂里一切都被毁了。传令的摩托车手、无线电员、护士和担架员——属于连部的一切人和物都散布在房子的各个角落。伤员们被放在夯实了的泥地上（如同贫苦农民的房屋一样，很多建筑物并无地板概念，不过是夯实了的泥地而已）。

反坦克炮和迫击炮的炮弹砸在教堂厚厚的墙壁上，教堂竟然奇迹般地挺住了。传令的摩托车手要求补充弹药，伤病员们则哭着喊着要求送自己到后方急救站。

师部的军官们突然出现了，他们想亲眼看看形势如何，他们似乎对"堡垒"战役的进展感到十分不满。

不管怎么说，我们营完成了任务，只是伤亡很大。大量反坦克炮、迫击炮和机枪被摧毁，有200人被俘，他们隶属于一支被削弱了的后勤单位（此处应当是指苏军的损失情况）。步兵们的压力仍然很大。我们乐观的情绪也逐渐消失不见。

第7装甲师的装甲群之后并没有继续进攻，因为东、北两个方向都有苏军坦克埋伏。侦察兵报告在米亚索耶多沃东以北的树林带后就有苏军强大的坦克部队，而且由于应当掩护第7装甲师右翼的第11步兵军被近卫步兵第25军牵制住，冲在最前面的第7装甲师现在还要掩护整个第3装甲军的右翼，明显已经力不从心。

总结

7月7日，在与下属两位军长经过两次无线电交谈中，霍特上将的评价非常令人费解。他告诫豪塞尔不要"仅仅将敌击退"，而是应集中兵力歼灭在波克罗夫卡和亚布洛奇基威胁其东面侧翼的苏军。但标准的闪击战应当集中全力以最快速度突破敌防线，建立合围圈，然后再考虑歼灭被围之敌，任何拖泥带水之举都会让敌人有时间调集预备队、恢复防线。另外霍特还丝毫不提如果第48装甲军也能如SS第2装甲军一样击退当面之敌，两个装甲军之间就不会有这么大的缺口。不过他倒是指出了肯普夫的第3装甲军没能完成掩护SS第2装甲军右翼的任务。

虽然当天遭到了苏军坦克第1集团军的凶猛反击，但霍特并未感到一丝惊讶，他早就明白苏军拥有坦克数量上的优势，他相信德军完全可以凭借装甲兵素质和坦克质量的优势，歼灭普罗霍罗夫卡方向的苏军。唯一的问题在于，苏军的坦克何时才会打光？根据情报显示，苏军仍然在向前方调集更多的兵力。SS第2装甲军作战行动日志指出：

24时（此为柏林时间，莫斯科时间为7月8日凌晨2时），对第4装甲集团军前方敌调动情况的航空侦察如下（确认130辆坦克）：

7月7日航空侦察报告下列道路有大量车辆通行：科罗恰—别尔哥罗德公路，90辆车向东北移动，60辆车向西南移动；斯科罗德诺耶—普罗霍罗夫卡-奥博扬公路，400辆车向东，150辆车向西；普罗霍罗夫卡以西6公里的道路，100辆车向东北移动。奥博扬、雅科夫列沃及其以西的道路，共计发现110辆坦克，另有30辆坦克正从北面行军而来。在别尔哥罗德以东18公里地域，20辆坦克……

1943年7月7日对敌人的评估。总体印象。

根据航空侦察得到的信息可以认为敌人主要部队——首先是步兵——正从SS第2装甲军向东北（普罗霍罗夫卡方向）和北方（奥博扬方向）的攻势威胁到的地域撤出。敌人在马林诺地域和奥博扬附近的普肖尔河南北两岸集结大量坦克和摩托化部队作为战役预备队，虽然是在防御，但却摆出了进攻的态势。敌人7月7日的反击不如7月6日从斯莫罗季诺向西和雅科夫列沃向东试图达成坦克突破那一次一样有组织。这些反击从侧后方打击我方正面进攻的矛头。在战斗中敌人损失了很多坦克。

为了能让第48装甲军继续前进，霍特上将做出了一个关键的决定。他命令距离普罗霍罗夫卡只有不到10公里的SS第2装甲军停止前进，同时开始转向。当晚，警卫旗队、帝国两师的装甲群开始脱离战斗，向捷捷列维诺（北）以北集结。次日，帝国师负责面向东北掩护侧翼，警卫旗队师装甲群向西和西北的索洛京卡河（Solotinka）发动进攻，攻击坦克第1集团军的左翼，然后与转向东面的第48装甲军一起歼灭普肖尔河南岸的坦克第1集团军部队，主要是坦克第31军和机械化第3军。

霍特这样做当然有他的考虑。苏军沃罗涅日方面军当日还是取得了不小的成果。尽管德军在多个地段楔入一线集团军防御纵深，但未能在任何地方达成彻底突破。而且坦克第1集

团军的损失并不严重。如果不将党卫军转向西面，苏军既可以死死拦住第48装甲军，又可以利用两军结合部的空隙反复袭扰SS第2装甲军的侧后。

不过德国人不知道的是，瓦图京大将正准备在7月8日发动反击，目标就是SS第2装甲军的右翼。由于未能完全阻止德军的前进，瓦图京正面临很大的压力，方面军军事委员赫鲁晓夫这样回忆当时的情形：

交战越来越激烈。我和瓦图京有点担心：我们毕竟没有料到会有那么大的压力。有一则消息使我们尤其吃惊，说是敌人那边出现了某些新型坦克，我们的反坦克炮弹对它的装甲毫无办法……如何是好？我们下令让各种口径的火炮一律专打坦克的履带……但是虎式坦克已经动摇了我反坦克歼击炮兵的作战信心……

……

敌人还在把我们往第三道防线紧逼。包括最后一道地带在内的三条防御地带，都有反坦克壕、各种地下和野战工事以及专门的步兵、火炮和坦克阵地。可在一周之内所有这一切几乎全被他们攻破了，只是暂时还没有抵达集团军的后方防御地带而已。在通往库尔斯克方向的普罗霍罗夫卡车站一带的形势特别紧张。

准备参加反击的苏军共有4个坦克军、2个步兵师，由近卫第6集团军副司令帕维尔·菲利波维奇·拉古京（P. F. Lagutin）少将负责。有意思的

近卫第6集团军副司令帕维尔·菲利波维奇·拉古京少将。

是，拉古京早在1942年2月至4月就指挥步兵第293师进攻普罗霍罗夫卡车站和周边的几个农场和村庄。在哈尔科夫进攻战役失败后，他的师退向顿河。为了围歼SS第2装甲军，坦克第10军将沿普罗霍罗夫卡—捷捷列维诺（北）公路面攻击警卫旗队师，坦克第2军（从西南方面军抽调）的168辆坦克将在就位后也加入反击。近卫坦克第2军的140辆坦克与近卫步兵第89师则在捷捷列维诺（南）攻击帝国师，以期拿下卢奇基（南），并在雅科夫列沃地域切断此地以北的德军。这4个坦克军合计有大约600辆坦克。

相对地，德军也没有多余的坦克来应对苏军的反击。

此外，瓦图京还从未受主要攻击的第40和第38集团军抽掉了步兵第309师和几个反坦克歼击炮兵团，用于阻截第4装甲集团军。近卫步兵第52师则撤到普肖尔河北岸休整，准备投入新的战斗。

综上所述，7月8日将会是非常关键的一天。瓦图京大将能否达成目标，SS第2装甲军会不会被击败，这一切都将在次日揭晓。

第七章　7月8日：苏军的反击

根据7月7日发布的第4装甲集团军第3号命令，SS第2装甲军于次日将帝国师和警卫旗队师的装甲群转向西，强渡索洛京卡河，另外还要切断近卫坦克第5军的交通线。与此同时，第48装甲军务必突破瑟尔采沃以东苏军防御，推进14公里，与SS第2装甲军在科切托夫卡会师。如果一切顺利，就可以合围佩纳河东岸与奥博扬公路一带的大量苏军。霍特认为此举可以"迅速减轻SS第2装甲军的压力，使其可以扩大进攻地段的宽度"。

这里必须注意的是，第48装甲军的3个装甲师，尤其是大德意志师的坦克损失相当大。该师在7月4日时拥有将近300辆坦克，此时只有83辆可以投入战斗，其中40辆为第39装甲团的豹式坦克，剩下的则属于"大德意志"装甲团。在开战前赶往集结地域的路上就有6辆豹式坦克起火。大德意志师的维修连根本没有足够的人员和车辆及时修复所有受损车辆。

7月7日夜里，警卫旗队师在捷捷列维诺（北）集结完毕。7月8日08时，装甲群在坦克歼击车掩护下向西边的索洛京卡河前进。索洛京卡河是普肖尔河的支流之一，长约15公里。实际上，SS第2装甲军在前出到穿过科切托夫卡和苏霍索洛京诺的索洛京卡河之前还要强渡流经格里亚兹诺耶和小马亚奇基的一条普肖尔河支流和另一条小溪。虽然天然的障碍比人为

的抵抗更容易克服，可无疑还是会降低行进速度，让苏军有时间抽调预备队进行阻截。在渡过这三条河流后，SS第2装甲军将在奥博扬公路附近的新谢洛夫卡（Novoselovka）与第48装甲军会合。参与进攻的帝国师部队包含"帝国"装甲团2营、"帝国"装甲炮兵团3营、"元首"团3营与"帝国"装甲侦察营一部，统一由"帝国"装甲团团长冯·赖岑施泰因指挥，任务是掩护警卫旗队师的右翼，防止苏军从北面反扑。

根据第4装甲集团军的要求，德国空军将主力集中到第48装甲军地段。第167步兵师（缺1个团）也在结束两个装甲军结合部的战斗后，往东与髑髅师换防，让后者可以参加进攻。此前由于苏军在德军的右翼实施反击，髑髅师两天都在从事防御战。曼施泰因元帅早就提醒过第4装甲集团军避免此类情况的发生，因为进攻主力是不应该拿来防御的。当第4装甲集团军将7月8日进攻计划递交给曼施泰因，并指出此举可以给第48装甲军正面苏军造成极大杀伤，曼施泰因同意了他对SS第2装甲军进攻方向的变更。

德国人并不知道苏军将在7月8日发起反击，主要目的就是打击德军右翼，特别是在帝国师地段。该师只有两个装甲掷弹兵团（不含SPW营）在此防御，好在他们手头有突击炮

营、坦克歼击车营和大量的Pak38和Pak40反坦克炮。

虽然瓦图京在7月7日基本控制住了德军快速突进的势头，但目前的局面仍然让他感到担忧。早在7月6日，他就请求大本营向他提供4个坦克军和2个航空兵军。总参谋长华西列夫斯基也同意加强沃罗涅日方面军：

就我而言，我觉得为了进一步的积极行动，有必要给（瓦图京的）方面军加强两个坦克军，其中一个前往（奥博扬东南30公里处的）普罗霍罗夫卡地域，另一个前往科罗恰地域。为此，可以选择从扎多夫处抽调坦克第10军，从马利诺夫斯基处抽调位于瓦卢伊基附近的坦克第2军。此外，我认为可以让罗特米斯特罗夫前出到奥斯科尔河和旧奥斯科尔以南地域，以备不测。

华西列夫斯基提议两个坦克军部署的位置分别位于最危险的普罗霍罗夫卡方向和德军第3装甲军推进方向的侧翼，斯大林同意了华西列夫斯基的建议。7月7日19时，坦克第10军已经在普罗霍罗夫卡附近集结。坦克第2军也开始离开西南方面军。此外，7月7日00时40分，红军总参谋长指示原支援西南方面军的空军第17集团军转而支援沃罗涅日方面军。

如此一来，苏军就具备了反击德军的实力，不过实际效果要取决于诸兵种的协同和组织情况。

西侧地段

7月8日，第3装甲师进展十分缓慢。师属装甲群仍在卢汉尼诺与顽强抵抗的苏军残部厮杀，无法向佩纳河北岸推进一步。前一天晚上，卢汉尼诺以西小河上的浮桥被苏联空军炸毁。试图突进卢汉尼诺村子的掷弹兵也死伤惨重。第3装甲师于是在凌晨时请求第48装甲军允许其改变装甲群、重武器部队和第3装甲掷弹兵团的进攻路线，希望能将装甲部队等集结到卢

"堡垒"行动期间，第3装甲师的一组通信兵正前往火线架设通讯线路。

汉尼诺东北。05时,第48装甲军批准了第3装甲师的请求,但要求尽快完成这一变更。

第3装甲师立刻开始变更部署。装甲群和第3装甲掷弹兵团1营向东取道杜布罗瓦。师属装甲侦察营则集结到卢汉尼诺以西的阿列克谢耶夫卡,准备向北前出到佩纳河渡口。第394装甲掷弹兵团主力则继续在卢汉尼诺以南作战,其中1个营渡过村西的小河后,付出很大代价才缓慢突入小村西北角。苏联空军对第3装甲师的行动造成了很大麻烦,在卢汉尼诺两侧,苏军炮兵的火力也十分猛烈。

11时,师属装甲群穿过杜布罗瓦,来到该村另一侧的一处高地前。韦斯特霍芬师长亲自到进攻地点观察地形和装甲群的行动。装甲群第一梯队是第6装甲团的5连和6连,7连和8连作为第二梯队,韦斯特霍芬师长的指挥车则与7连一起行动。7连随后前往卢汉尼诺支援第3装甲掷弹兵团2营对该村的进攻,结果先头的几辆车开进了雷区,3辆坦克被地雷炸坏,等到达2营营部时只剩4辆坦克尚能作战。尽管如此,韦斯特霍芬师长仍坚持计划不变,继续进攻。

经过短促的炮火准备后,德军坦克来到苏军阵地前,7连侧翼的1辆坦克被1门反坦克炮当场打瘫。7连连长阿舍曼带着剩下两辆坦克奋勇向前,敲掉苏军数个机枪火力点,击毁了几辆坦克。在坦克支援下,掷弹兵还是接连拿下了苏军两道堑壕,占领了村子的边缘。7连随后没有继续参加巷战,而是向西北的瑟尔采沃进发。他们在半路遇到苏军坦克第112旅一部的拦截。双方交战过后,德军继续前进,于16时到达瑟尔采沃以东的218.5高地。

第3装甲师在其余地段的进展仍然无法令人满意。进攻阿列克谢耶夫卡的第3装甲侦察营被苏军坦克和火箭炮集中轰击,遭受了一定损失。第3装甲师于是又将该营移至右翼支援进展

顺利的装甲群。师前进观察员发现越来越多的苏军坦克开进阿列克谢耶夫卡,还看到多个重炮阵地和一个120毫米迫击炮连。如果继续进攻,除了增加伤亡外毫无意义。右翼进攻的第394装甲掷弹兵团也毫无进展。临近傍晚,第3装甲师装甲群再次被苏军挡住,只能在瑟尔采沃以东就地防御。到目前为止,卢汉尼诺小村的绝大部分仍牢牢控制在苏军手中。

大德意志师当天首要任务是拿下苏军坚固设防的瑟尔采沃村,接着占领以北的上佩尼耶。进攻还没打响,在瑟尔采沃以东掩护侧翼的"大德意志"装甲团2营的4辆坦克就不慎闯进坦克第112旅的伏击圈,全部被击毁或击瘫。坦克第112旅接着又向230.1高地的"大德意志"装甲团发动了进攻。

根据汉斯·约阿希姆·荣格(Hans Joachim Jung)的《"大德意志"装甲团战史》,当天该师共有4辆Ⅲ号、24辆Ⅳ号、8辆虎式和11辆豹式坦克可以投入战斗。根据坦克第6军军长格特曼的回忆录,坦克第112旅的坦克数为60辆。《苏联总参研究》指出该旅在此前一天的战斗中损失了15辆,有可能得到了一些补充,也有可能记述有误。无论如何,苏军的坦克数要略多一些,只是在质量上无法与虎式和豹式坦克抗衡。此外,坦克第112旅还得到2个近卫迫击炮兵团的加强。

经过短暂的交火,"大德意志"装甲团打瘫了苏军10辆坦克。不过,德军随后也发现瑟尔采沃苏军防守力量十分强大。与此同时,在"大德意志"装甲团东面的师属侦察营和突击炮营接到了夺取上佩尼耶的命令。

08时45分,大德意志师向军部报告,尽管尚未完全消灭瑟尔采沃的苏军,但后者抵抗已经比前一天大大减弱,又接着报告"大德意志"掷弹兵团的1个连已经拿下上佩尼耶以北地

"大德意志"装甲团的虎式坦克连，该师同SS第2装甲军下属的3个师一样，也拥有一个重装甲连。

区，苏军在此地的防御非常薄弱。虽然这个消息还有待证实，但第48装甲军还是立刻向第4装甲集团军报告了这个好消息。霍特上将于是认为大德意志师已经达成突破，不需要SS第2装甲军的太多协助，因而调整了进攻部署，帝国师调头向东，大德意志师前出到普肖尔河弯曲部南岸，准备切断苏军补给线，与SS第2装甲军在索洛京卡河会合。大德意志师和第11装甲师然后再包抄坦克第6军和坦克第31军侧后，完成对普肖尔河南岸苏军装甲部队的合围。

可是第48装甲军指挥部很快又得到报告，掷弹兵们搞错了地点，实际上他们到达的是上佩尼耶东南5.4公里处的格列穆奇。二者无论规模和附近河流的流向、宽度都大为不同，而且就连德国陆军总部的大比例地图上都没有标错位置，因此这一错误实在是让人不能原谅，而且这已经是开战以来大德意志师第二次"情报错误"了。第48装甲军参谋长冯·梅伦廷不得不告诫大德意志师参谋长瓦尔特·冯·纳茨默，以后对于如此重要的情报必须仔细查验后再向军里汇报。

12时30分，左翼的"大德意志"燧发枪兵团从前一日占领的一处河床边的树林出发，再次冒着佩纳河西岸苏军反坦克炮火从南面攻击瑟尔采沃，"大德意志"装甲团2营和SPW营向瑟尔采沃以东推进，配合燧发枪兵团在南边的进攻。经过两个小时激战，德军于14时30分成功突入村子，开始扫荡残敌，第3装甲师的第6装甲团也在西侧提供了支援火力。右翼格列穆奇和奥博扬公路之间的"大德意志"掷弹兵团则在侦察营支援下，沿公路向北进攻。

"大德意志"装甲团2营和SPW营没有纠缠于东面的坦克战，而是穿过奥博扬公路以西的开阔地向北推进。"大德意志"掷弹兵团的另外两个营在装甲群右翼行动，侦察营和突击炮营也经过苏军弃守的格列穆奇小村，然后冒着苏军空中打击前进了2公里。德军起初进展颇为顺利，直到抵达上佩尼耶以东3公里的242.1高地南边时才遇到抵抗。右翼的突击炮营遭到东北别列戈沃伊方向坦克第192旅的多次冲击，双方

库尔斯克战场上，在豹式坦克伴随下一同进攻的"大德意志"装甲团的Ⅲ号和Ⅳ号坦克集群。

在241.1高地东面公路一线发生激战。而"大德意志"装甲团主力正面遭遇了坦克第6军的坦克第200旅。《大德意志装甲军史》第2卷中记述了突击炮营整个下午不断遭受反击的情况：

该营刚在格列穆奇以北形成半包围态势就迅速遭到东北方向敌人坦克的首轮进攻。大约不到1个小时后，敌人20-40辆坦克组成的进攻单位才停止进攻。弗朗茨（Frantz）指挥的突击炮营在几个小时内总计击毁了敌人35辆坦克和18门重型反坦克炮。

第48装甲军根据大德意志师报告估计当天德军在上佩尼耶地域共击毁、击伤50辆坦克。"大德意志"装甲群宣称，当

"大德意志"突击炮营营长彼得·弗朗茨少校。

天上午打瘫了坦克第112旅10辆坦克。《苏军总参研究》也承认坦克第200旅没有沿预定线进入掩蔽阵地，在德军空袭下受到相当大的损失。该旅当天击退德军12次冲锋，并在日终时撤到佩纳河之后掘壕固守。

全天都和坦克第200旅在一起的坦克第6军的军长格特曼少将和集团军司令卡图科夫在回忆录中都指出上佩尼耶仍在苏军手中。第48装甲军的记录也指明德军不过是占领了上佩尼耶的一小部分而已，对该地的争夺仍将持续到7月9日。大德意志师报告7月9日13时30分左右，苏军坦克、炮兵和轻型装甲车辆撤出上佩尼耶，向西退却。晚些时候，大德意志师又报告大约30辆苏军坦克（应该是坦克第200旅）出现在上佩尼耶的佩纳河西岸。如此看来，德军估计在上佩尼耶附近击毁苏军50辆坦克无疑是夸大了。

由于坦克第200旅被击退，瓦图京意识到佩纳河东岸上佩尼耶至波克罗夫斯基之间的防线被撕开了一道口子，威胁到了坦克第1集团军左

坦克第6军军长格特曼少将。

翼，因此他下令坦克第31军向北撤退，在苏霍索罗京诺地域的奥博扬公路两侧建立新的防线。此外，瓦图京还抽调第40集团军的步兵第309师、反坦克歼击炮兵第29旅，两个坦克旅和几个反坦克歼击炮兵团抵挡大德意志师和第11装甲师。第48装甲军对此并不知情，而是根据第4装甲集团军下达的"歼灭而非简单地击退"指示精神，将大德意志师转向西支援第3装甲师，加速左翼的进攻速度，歼灭挡在第3装甲师面前以及迟滞第52步兵军在卢汉尼诺强渡佩纳河的两处苏军。

第11装甲师在7月8日再次成为第48装甲军进展最顺利的部队，几乎推进了6公里。该师位于波克罗夫卡与瑟尔采沃以东奥博扬公路之间。最右侧的第11装甲侦察营位于警卫旗队师防守的波克罗夫卡以西。左翼的装甲群集结在奥博扬公路以东的251.2高地。中央的第110和第

德军第11装甲师师长米克尔少将坐在指挥车上向自己的助理参谋军官传达下一步指示。对第11装甲师的全体官兵来说，他们的师长永远都是在前线指挥战斗的。

111装甲掷弹兵团分别在公路左右两侧，准备前进。

11时30分，第4装甲集团军询问第48装甲军是否考虑让第11装甲师提前出动，因为SS第2装甲军进展很快，而第48装甲军面前的坦克第31军正在向北退却，明显有机可乘。第4装甲集团军希望了解第11装甲师前方的情况以及苏军是否向北退却得足够远。如果第11装甲师能够向东北推进至格列兹诺耶地域，就能协助髑髅师从该地域向普肖尔河的进攻。由于军长赶到一线视察进攻了，暂时无法联系上，因此参谋长梅伦廷向第4装甲集团军上报了第11装甲师的态势。根据报告，该师的侦察分队已经与警卫旗队师在大马亚奇基取得了联系。霍特对这个答复颇为不满，因为这里距离波克罗夫卡不过3公里左右。此外，梅伦廷还报告红波利亚纳地域有30-40辆苏军坦克，瑟尔采沃地域的坦克则更多。而且侦察机报告更多的苏军坦克正朝该师赶来。梅伦廷认为第11装甲师仅靠自己的力量是无法推进到格列兹诺耶的，如果有两个师一起进攻，则不仅可以向东北方推进，而且可以截住坦克第6军的退路。第二个方案是用两个师沿奥博扬公路向北推进。汇报完毕后，梅伦廷与下属各师之间的电话线不知为什么中断了，只能通过无线电联络。电话线修复后，梅伦廷通知第11装甲师，第167步兵师第339步兵团将接替波克罗夫卡附近的该师部队，第11装甲师则转入进攻。

14时05分，第11装甲师报告已经向波克罗夫卡以北推进了1公里，扫清了该村西侧的抵抗，抵达249.3高地。第11装甲师师长米克尔相信他的部队现在可以继续推进到波克罗夫斯基-伊林斯基和上佩尼耶以东地域。进攻命令很快下达，14时15分，第11装甲师的机械化部队开始向北冲锋。师属装甲群穿过步兵的散兵线，

排成进攻队形向前推进。支援装甲群的有第911突击炮营、第110装甲掷弹兵团1营（SPW营）和1个自行火炮营。右翼的第11装甲侦察营在第339掷弹兵团前方攻击红波利亚纳。坦克歼击车连负责支援步兵，避免其遭到苏军坦克袭击。

德军起初进展还算顺利，但装甲群很快遇到了在战壕内射击的T-34和KV-1坦克。交战之后，德军还是突破了苏军阵地，拿下了242.1高地，继续进攻。突然大约40辆苏军坦克从波克罗夫斯基杀出，发起了一次凶猛的反突击。席梅尔曼虽然将他们击退，但苏军很快又组织了第二次反击。苏德双方的拉锯战持续一段时间，直到德国空军赶来才彻底结束了战斗。装甲群继续向242.1高地以北推进了500米左右，又被伊林斯基至上佩尼耶之间高地上苏军火力所阻。苏军在这里部署了进入战壕的坦克、步兵、反坦克炮和一些85毫米高射炮。另外由于天色渐暗，第11装甲师将剩余进攻部队调至红波利亚纳。第11装甲侦察营占领村子以东，掩护右翼。第339掷弹兵团在东面的树林设防。两个装甲掷弹兵团仍在242.1高地以西的公路两侧占领防御阵地。该师当天坦克损失很大，到7月9日02时，主力III号和IV号坦克数相比7月8日凌晨02时分别下降了13辆和7辆，喷火坦克数下降4辆，突击炮损失不详，但战前该师有22辆，现在只剩7辆。

根据第48装甲军命令，从7月9日06时开始，第11装甲师和大德意志师先向北进攻，分别拿下伊林斯基及以北的260.8高地和上佩尼耶。第3装甲师接着夺取卢汉尼诺，确保该地域以西的安全。大德意志师再接着从上佩尼耶向西推进6公里，与第52步兵军的第332步兵师会合，后者应该强渡佩纳河，向北推进8公里，抵达多尔基，这个任务对于一个没有任何装甲力量的步兵师来说非常艰巨。第3装甲师则应当

第11装甲师师长米克尔少将正站在坦克边与第15装甲团的团长席梅尔曼·冯·林登伯格上校（着黑色装甲兵制服者）交谈。

消灭卢汉尼诺至上佩尼耶之间的苏军，掩护军左翼安全。第4装甲集团军所有配属的炮兵都进入瑟尔采沃移动阵地，在第122炮兵指挥部统一指挥下，支援第3装甲师和大德意志师。空军也通知第48装甲军，所部主力会全力支援进攻行动。

中央地段

德军对苏军的反击准备并非毫无察觉。综合夜间侦察得到的消息，苏军坦克正在SS第2装甲军右翼集结。德军士兵也听到了对面T-34坦克发动机和履带刺耳的声音。帝国师侦察兵发现有250辆苏军车辆正沿普罗霍罗夫卡—捷捷列维诺（北）公路赶来，仅前锋就有不下80辆坦克。空中侦察发现另一股大约60辆坦克组成的集群正渡过普肖尔河，与前者平行而来。7月8

日早晨，SS第2装甲军陆续接到类似报告。当天晚些时候，报告再次显示在彼得罗夫斯基以东和以南的髑髅师正面发现数个20至30辆规模的坦克集群。

由于装甲部队被抽调到西面，一线的步兵很大程度上必须依靠自己对抗苏军坦克。不过好在德军装备了不少反坦克炮。根据7月7日夜间的报告，帝国师尚有31门Pak38反坦克炮，15门Pak40火炮以及10辆装备75毫米或苏制76.2毫米炮的"黄鼠狼"式坦克歼击车。在防线后方，帝国师的炮兵、迫击炮和火箭炮也做好了支援准备。

7月8日天明以前，集结在捷捷列维诺（北）的警卫旗队师装甲群利用最后几个小时的时间抓紧补充油料和弹药。按照计划，"警卫旗队"装甲团和SPW营行动之前，集结在捷捷列维诺以西的SS第1装甲掷弹兵团1营应在"警卫旗队"突击炮营（20辆突击炮）和第13重装甲连的支援下拿下小马亚奇基，消灭此地隐蔽的苏军反坦克炮阵地和进入战壕的坦克，为装甲群开辟道路。与此同时，SS第2装甲掷弹兵团另外两个营将接手防御捷捷列维诺（北）至卢奇基（北）的道路。

07时，SS第1装甲掷弹兵团1营开始向小马亚奇基方向发起攻击。08时，从波克罗夫卡西北出现大约6辆T-34坦克，从南面攻击了该营的翼侧。苏军此次仅仅是试探性进攻，没有坚决进攻，在1辆坦克被德军坦克歼击车击毁后就集体撤退了。08时45分，从小马亚奇基出击的13辆苏军坦克攻击了卢奇基（北）以北的SS第2装甲掷弹兵团2营，但被击退。

09时10分，SS第1装甲掷弹兵团1营到达小马亚奇基村，德军随后发现苏军已经放弃了该村。这等于是一个现成的突破口，警卫旗队师决定立即投入装甲群。50分钟后，警卫旗队师

的坦克开始穿过这个缺口向前推进。

当装甲群从小马亚奇基渡过河后，突击炮营和虎式坦克连迅速与装甲群会合，以增强突击力量。此时第13重装甲连的虎式坦克连并不满编，弗朗茨·施陶德格尔（Franz Staudegger）和罗尔夫·尚普的座车

SS第1装甲掷弹兵团1营营长汉斯·席勒。

因战伤和机械故障留在了捷捷列维诺（北）。

11时20分，渡河之后的装甲群遭到从西北方向赶来的坦克第100旅约40辆坦克的攻击。德军立即转向迎敌，装甲群右翼（北边）1公里处的帝国师装甲部队也与坦克第237旅交火。战斗持续到12时30分，攻击警卫旗队师的苏军见难以得手，转而向南攻击SS第2装甲掷弹兵团1营在亚布洛奇基的警戒哨。13时30分左右，4辆T-34坦克在加里宁突破了帝国师阵地，突向卢奇基（北）。警卫旗队师担心这仅仅是苏军大部队的前锋，因此命令"警卫旗队"突击炮营回防卢奇基，保护至关重要的补给线。

在小马亚奇基以西的坦克战持续到12时30分，德军击败了苏军坦克兵。近卫第6集团军司令奇斯佳科夫回忆了帕维尔·菲利波维奇·拉古京指挥的反击情况：

几个小时后，拉古京已经克服重重困难，将反击部队集结完毕，于7月8日10时开始了炮兵和航空兵的火力准备。然而我们的对敌坦克集团军两翼的突击并未得到预想的结果，我们还未到达红波利亚纳就被敌人强大的坦克、炮兵和航空兵集群挡住了。为了避免不必要的损

失，方面军司令要求我们就地掘壕固守。他语带责备："你吹上天的拉古京怎么没能完成任务？"

"司令同志，敌人很强大。"

他自己十分理解，然后语气和缓了一些，结束了谈话："是的……不要进攻了，但是要牵制住敌人，使其无法将坦克部队从你的战线上离开。"

经过短暂休整后，德军于13时继续以战斗队形向索洛京卡河以东5公里的韦肖雷挺进，坦克歼击营负责掩护着部队的两翼。苏军坦克第31军和机械化第3军一部则在韦肖雷东面的239.6高地和南面的227.4高地布防。为了掩护奥博扬公路，苏军向德军第48装甲军和SS第2装甲军结合部投入了步兵第309师、两个坦克旅（约100辆坦克）和反坦克歼击炮兵第29旅。

警卫旗队师此时正向韦肖雷以南的227.4高地进攻，帝国师则负责突击东边的239.6高地。德军发现从北边远处几座高地山顶驶来少量苏军轻型坦克，过了一会儿又不见了。不久后，大约30辆T-34坦克开始向警卫旗队师的坦克开火，德军坦克立刻转向迎击，SPW营则继续向西推进。在北方，帝国师装甲群开始与坦克第237旅发生交火。

SPW营一路西进，夺取了韦肖雷西南的雷

照片中这辆"蟋蟀"式自行火炮 M 型就属于警卫旗队师 SS 第 2 装甲掷弹兵团 3（SPW）营，车体上的喷灯图案是派普营的特有标志。

利斯基。该营的第14（重武器）连装备80毫米迫击炮的半履带车排、37毫米反坦克炮排以及6辆"蟋蟀"式自行火炮。连长埃哈德·居尔斯回忆了当时战斗的情况：

现在我们有机会让装甲兵们见识见识掷弹兵的进攻手段如何。我们在坦克前面飞速向前冲击。派普在无线电中喊着："行动，居尔斯，行动！万特！行动，再快点！"

我们就这样前进着，就好像在疯狂追逐一般。我驱赶手下以最快速度前进。事情就该这么做，我们的力量源于速度。我们得利用好这一点。我连的进攻非常了不起。第13连的连长就在我左边。离村子大约有800米。敌人的火力渐渐增强。前后左右都是爆炸。所以我什么也听不出来。我们左边施放了烟幕。烟雾朝我们飘来。我们只剩500米远了。我们必须成功！

这时我看到两辆俄国坦克驶出烟幕，一边猛烈开火，一边朝我们冲来。我立刻施放了烟幕下令后撤。300米之后有个很小的低洼处，可以为我们提供一些掩蔽……

SPW营的半履带车赶紧扔出大量发烟罐，然后四散隐蔽，最后在附近一道很浅的干河沟重新集结。由于他们投掷了大量的发烟罐，导致看不清楚战场上的情况。不久后，德军又发现西边出现了不少苏军坦克，后者显然是奉命来防御索洛京卡河的。

居尔斯连长决定用6辆"蟋蟀"式自行火炮远距离向苏军坦克射击。与此同时，第11连连长保罗·古尔也大胆地率部从右侧迂回苏军坦克的后方。不过由于手下被打散，古尔只找到4辆半履带车，但他决定无论如何要发动这次进攻。

这6辆"蟋蟀"式自行火炮在一处高地山

SS 第 2 装甲掷弹兵团 3 营 11 连连长保罗·古尔。

顶占领了阵地，从它们的位置可以看到西边约1500米处有大约20辆苏军坦克。1辆T-34坦克向他们开了一炮，但没有命中。随后他们再也没有朝这里射击，可能苏军坦克认为"装甲车"不会造成什么威胁，或者觉得在如此远的距离上开炮无异于浪费炮弹。"蟋蟀"式自行火炮随后则开始轰击苏军T-34坦克集群。

虽然远距离情况下被打中的概率很低，德国人依然不敢冒险，6辆"蟋蟀"式自行火炮基本打一炮就换一个地方。虽然都是高爆弹，但只要击中苏军坦克，150毫米的炮弹依然是坦克吃不消的。居尔斯连长就利用这种战术一直迟滞着苏军的前进，坚持到傍晚双方都无法瞄准为止。由于打得太激烈，居尔斯已经找不到友军的位置。在通过无线电求助后，附近的警卫旗队师部队打出了几发红色信号弹。23时，居尔斯最终带领6辆"蟋蟀"式自行火炮返回了卢奇基（北），同时向派普报告自己一切相当顺利。

SPW营各连与苏军激战时，第13重装甲连从东南方向赶来支援，他们随后遭到了韦肖雷附近两处高地上苏军反坦克炮火力的集火射击。不过45毫米穿甲弹依然无法击穿虎式坦克的正面装甲，4辆虎式坦克继续向前，从侧面攻击了进入战壕的T-34坦克。

科林连长亲率全连冲锋，消灭了挡在前方的苏军反坦克炮、坦克以及火力点。科林宣称自己就击毁了十几辆苏军坦克，其中3辆为美制"格兰特·李"坦克。在虎式的帮助下，SPW营

开始攻击防御雷利斯基地域的苏军坦克。

此时苏军坦克正忙于与"蟋蟀"式自行火炮对射，古尔连长率领半履带车从一条小路绕到苏军背后，然后用37毫米反坦克炮和缴获的苏制反坦克枪向苏军开火。虽然对于T-34坦克来说，这些火力不疼不痒。但混乱之间他们也不知道身后的不过是一些德军半履带车，加上虎式坦克的出现，苏军坦克纷纷倒车开始向西撤退。在索洛京卡河岸边。一些惊慌失措的坦克手跳出战车，泅渡过河，其他一些人没有放弃自己的坦克，另寻了一条徒涉场渡河。古尔和他的手下惊讶地发现战场上很多苏军坦克几乎毫发无损，也没有遭到破坏。不过他们无法将其开回己方战线，因此只能用炸药将它们全部炸毁。该连随后报告总共破坏了31辆T-34和T-70坦克。

没多久，古尔又看到北边远处有一些苏军坦克在集结，因此全连赶紧藏到附近一处河谷内。很明显，苏军坦克和步兵试图从多个方向逼近，切断该连与友军的联系。天黑后，古尔连长命令炸毁所有半履带车，全体官兵步行数

"警卫旗队"装甲团团长拉尔夫·蒂曼的座车"705"号Ⅳ号坦克 G 型。照片摄于"堡垒"行动期间。

个小时溜回了己方战线。

在警卫旗队师装甲群结束与正面苏军的战斗后，开始奉命转向北，歼灭索洛京卡河东岸沿线设防的残余苏军部队。近卫反坦克歼击炮兵第29旅已经在此建立了防御。警卫旗队的坦克再次遭到了反坦克炮的猛烈射击。"警卫旗队"装甲团7连连长蒂曼回忆了在韦肖雷以南与苏军的这场遭遇战：

来到一条很长的盆地后，全营排成宽大的楔形队形，开始越过这条河沟的背面……正当我们停在森林前时，我们右翼遭到强大的火力打击。我们恰好位于一条反坦克炮组成的战线前面。我的坦克车体挨了一发。由于担心爆炸，我们立即跳出坦克。无线电员被弹片打伤。

我进入连指挥坦克内，喉部送话器和耳机还没戴好，炮塔又中了一弹，装填手被打死。我再次迅速弃车。我站在一辆正在射击的坦克边上，一边想着换一辆指挥坦克。2排长发现了这个问题，爬出了自己的坦克，让我钻了进去。

等"警卫旗队"装甲团退出战斗时，天色已经很暗了，德军不敢在未知地形上与实力不明的对手在如此昏暗的条件下继续战斗，于是停止进攻并后撤。

在掷弹兵防守的捷捷列维诺一线，德军正面临一场危机。按照苏军计划，坦克第10军将沿普罗霍罗夫卡—捷捷列维诺公路发动反击。只是坦克第10军迟迟未能准备完毕，结果没能参加7月8日的战斗。坦克第2军的右翼部队则会在这一方向发起进攻，在苏军前面只有第13重装甲连两辆履带和车体受损的虎式坦克，它们

"堡垒"行动期间，准备在掷弹兵的伴随下发起进攻的"1311"号和"1332"号虎式坦克，车长分别是瓦尔德马·许茨和马克思·马尔滕。

恰巧就在捷捷列维诺（北）村中，两辆虎式坦克的车长分别是施陶德格尔和尚普。

虽然两辆虎式坦克行走装置受损，只能缓慢移动，但他们还是做好了战斗准备。两辆虎式坦克慢慢挪动到了村子东北。施陶德格尔的虎式坦克在突起的路基背面占据了一块射击位置，尚普的虎式坦克则负责掩护施陶德格尔的侧翼。没多久，一名掷弹兵跑来告诉施陶德格尔，自己的连队正被5辆苏军坦克蹂躏。施陶德格尔立即和尚普赶去救援。等他们赶到时发现两辆T-34坦克已经被步兵炸成一团火球。施陶德格尔的炮手海因茨·布赫纳（Heinz Buchner）连射三发炮弹，将另外3辆T-34坦克全部击毁。这时，从附近的路基后面突然又冲出2辆T-34坦克。布赫纳调转炮口，将它们全部击毁。施陶德格尔车长命令驾驶员前往下一个射击位置。但坦克刚开动，从路基后面又钻出一大群T-34坦克。施陶德格尔的虎式坦克立刻原地迎战，而扑向他们的苏军T-34坦克要么打偏，要么炮弹被虎式弹开。施陶德格尔车组这一轮击毁了大约17辆T-34坦克。

然而苏军坦克还是不断地从路基一面涌出，炮手布赫纳报告穿甲弹已经打光，只剩高爆弹了。施陶德格尔听到后并没有决定撤出战斗，他知道，在如此近的距离上，即便高爆弹也具有致命的威力。虎式坦克接着又用高爆弹击毁了4辆苏军坦克，击伤数辆，迫使苏军撤退。这时虎式坦克的发动机出现过热现象。施陶德格尔于

施陶德格尔的炮手海因茨·布赫纳。1943年7月23日，布赫纳获得了二级和一级铁十字勋章。

是下令返回捷捷列维诺。在这一番激战中，施陶德格尔车组事后宣称总共击毁了22辆苏军坦克，尚普也击毁了几辆。

《苏联总参研究》对于此战的说法如下：

坦克第10军遭到敌人先发制人的打击，并没有实施反击。该部与第69集团军步兵第183师所部与在7月8日上午领受了进攻任务的敌坦克集群进行了阵地战斗。敌军所有突破普肖尔河的企图都被打退。

显然这个说法并没有反映实际情况。向这两辆虎式坦克进攻的是坦克第2军的坦克第99旅。坦克第99旅的一份文件详细描述了当天的战斗情况：

进攻行动的如下几个特点决定了战斗的结果：

1. 缺乏准备时间。

2. 缺乏敌情信息和我部前方作战的友军防御前沿部署情况。

3. 1943年7月8日12时才收到进攻地图，而且其中对于预定1943年7月8日10时的进攻只画了一个方向，这让我们无法恰当地组织进攻。

在接到电话通知开始展开部队后，旅指挥人员回到部队执行命令，并监督和协助纵队的展开。

12时35分，旅纵队先头已经……集结到（十月）国营农场的斯大林斯科耶分场的果园东侧。

……侦察了行军路线、攻击的出发点和进攻展开线（伊万诺夫斯基工人新村北面600米处的铁路岔口）。与此同时，坦克正在卸载多余的弹药和备用油箱，并从坦克后面卸下备件箱。

所有这一切都是仓促完成的，而且还受到来自上级的压力，他们指责我们旅磨磨蹭蹭。

进攻不是在10时，而是在14时展开的。坦克第99旅在坦克第169和第26旅之后作为第二梯队，战斗队形也分为两个梯队：第一梯队是T-34，第二梯队为T-70。一个摩托化步兵营和一个反坦克枪连搭乘坦克进入战斗。这样，旅在没有任何准备、没有任何正面和两翼敌情信息的情况下，在预定的258.2高地—捷捷列维诺—卢奇基方向投入了战斗。

随着我旅前方的坦克第169旅抵达共青团员国营农场一线，敌人用炮兵、迫击炮和进入战壕的Ⅳ号坦克主炮向我方坦克开火，并以容克88和容克87反坦克飞机（对我）实施密集打击。容克87反坦克飞机装备3门37毫米自动炮（事实上容克87G只装备2门）。随着旅的推进，空中打击逐渐增强，大约18时，这些德国人的飞机简直是盘踞不走了……一般来说，攻击我方坦克的容克87都会用炮火打击发动机舱。

在7月8日14时至19时之间，敌机出动了大约425个架次。我方航空兵没有任何行动。

本应在坦克第169旅之后我旅第一梯队进攻的坦克第1营营长甚至在带领全营进入攻击出发线（伊万诺夫斯基工人新村以北500米处的铁路工棚）时就错误地跑到了伊万诺夫斯基工人新村以南2公里。旅部立即采取措施，指示坦克第2营代替坦克第1营作为第一梯队。坦克第1营停止前进，转而从另一个方向进攻共青团员国营农场果林西南部边缘。这样，坦克第1营就转入了第二梯队。

在公路附近，坦克第1营撞上了坦克第26旅的纵队，尽管营长明白坦克第26旅应该在其右翼作战。接着坦克第1营营长率队沿公路路基向捷捷列维诺方向进攻。在接近258.2高地时，该营遭到两辆进入掩体的Ⅳ号坦克的射击，双方随即展开交火，遭受损失的1营退回共青团员国营农场树林西部边缘，并在此射击。

机动到坦克第169旅后方的坦克第2营抵达258.2高地（应该是德方资料中宣称的252.5高地）西南坡，但遭到224.5高地和258.2高地之敌的猛烈射击，在损失两辆T-70坦克后，营退却到亚尔扎斯洛内（IarZaslonnyi），与坦克第169旅及近卫重型坦克第15团的10辆坦克（这些部队剩余的部分坦克已经无法行动或其他地方被击伤，余者都在战场上损失了）占领了有利位置。

搭乘坦克第1和第2营的摩托化步兵营和反坦克枪连士兵们在遭到敌机空袭时跳下被毁伤甚至仍然可以作战的坦克，分散成小群（6至10人），与其他部队的步兵在敌人轰炸和扫射下寻找掩蔽。带领一个迫击炮连在自己身边的摩托化步兵营营长失去了对全营的控制，他和他的营部人员一起试图集合手下。实际上，旅部也在忙着做同一件事。

坦克第2军坦克第99旅 I. I. 马洛夫中校，摄于1941年。

遭到敌炮兵射击和敌机不间断空袭的反坦克歼击炮兵旅退却至国营农场斯大林斯科耶分场果园西南1.5公里处的一座无名高地占领阵地，他们打算在这里打退敌人从捷捷列维诺和亚斯纳亚波利亚纳方向而来的坦克

坦克第2军坦克第169旅旅长 I. Ia. 斯捷潘诺夫上校。

进攻。

敌我炮兵和坦克的火力战伴随着敌机的猛烈空袭一直持续到深夜。到此时，通过各营营长和旅部的努力，终于将步兵重新集结起来，调整好了部署。

在当夜直到1943年7月9日天明前，根据军参谋长的命令，旅在258.2高地东南坡建立了坚固的防御，随着黎明的到来，已经准备好执行当天的任务。步兵掩体已经挖好，坦克也进入了很深的掩体中。

除了构筑坚固的防御工事外，旅部与所属部队、分队建立了通信联系。在前一天的战斗中，由旅部人员充任的传令兵成了维持通信的主要手段。

在激烈的战斗中，坦克第99旅损失如下：21辆T-34和2辆T-70被打坏或烧毁。21名指战员阵亡，53人负伤。

敌人损失总计为13辆中型坦克，8门反坦克炮和6挺机枪。大约300名官兵被打死。

坦克第99旅的这份文件中的258.2高地应该是德方资料中宣称的252.5高地。可见德军对此战的描述并无特别夸大。虽然不像某些资料中说的那样，施陶德格尔在7月8日击退了苏军一个坦克旅乃至整个坦克第10军，但他的"英勇"奋战具有重大意义。当天，警卫旗队师所有装甲力量均转向了西，根本无法支援捷捷列维诺的掷弹兵。如果没有这两辆虎式坦克，苏军很可能一路杀进卢奇基（北），切断"警卫旗队"装甲团的补给线。豪塞尔军长对此一清二楚，他对施陶德格尔和尚普以两辆虎式坦克对抗苏军一个坦克旅的勇气表示了赞赏，并推荐授予施陶德格尔骑士铁十字勋章。

下午晚些时候，苏军坦克停止了进攻。根据空中侦察，卢奇基—捷捷列维诺公路以北已

经没有苏军坦克的活动。战场上到处都是浓烟滚滚的坦克残骸。不过空中侦察报告苏军坦克和车辆仍然在渡过普肖尔河或集结在南岸。SS第2装甲军情报官在形势报告中指出，显然大队苏军坦克仍在从奥博扬赶来，或是集结在东边的普罗霍罗夫

1943年7月10日，弗兰茨·施陶德格尔成为第13重装甲连中第一个获得骑士铁十字勋章的成员。

卡走廊出口。这也就是说，尽管此前遭受了重大的损失，但苏军统帅部仍掌握着大量有战斗力的坦克预备队。

捷捷列维诺的战斗结束后，SS第2装甲掷弹兵团团长克拉斯也与师参谋长莱曼商讨了捷捷列维诺（北）东北方向的苏军坦克情况。此时，警卫旗队师师长威施终于有时间调整布防。他将师属工兵营（13时45分出发）派往卢奇基（北）接替那里的SS第2装甲掷弹兵团2营，后者则前往卢奇基（北）—捷捷列维诺（北）公路一线建立防御。与此同时，SS第2装甲团掷弹兵团2营也率部赶到SS第2装甲掷弹兵团1营一侧，在捷捷列维诺（北）以西设防。防守捷捷列维诺村的是帝国师"德意志"团下辖的1个营，该营防线延伸至南面。这样，卢奇基和捷捷列维诺之间最后一个缺口就被堵上了。经过索洛京卡河一线的激战，"警卫旗队"装甲团只剩大约40辆可战的坦克，被迫退出战斗进行休整和维护，由维修连抢修战损的坦克。大多数虎式坦克都已经因行走装置受损或机械故障退出战斗。

对韦肖雷的进攻推迟到7月9日，警卫旗队师装甲群也收缩了回来。SS第1装甲掷弹兵团

SS 第 2 装甲掷弹兵团 1 营营长汉斯·贝克尔。

准备次日继续向索洛京卡河进发，全团集结在大马亚奇基西北的一个分叉状干河沟内。准备于次日歼灭雷利斯基的苏军，然后向索洛京卡河上的苏霍索洛京诺进发，扫清科切托夫卡以南一线。帝国师则会肃清北面。如此一来，SS第2装甲军就可以突入到大德意志师和第11装甲师当面苏军的背后，切断其补给线。

7月7日晚至8日凌晨，帝国师地段没有发生大规模交火。只有个别苏军飞机飞过。天亮以后，苏军空军的活动开始活跃起来。根据计划，"帝国"装甲侦察营将从师南边防御阵地撤出，掩护在警卫旗队师右翼作战的"帝国"装甲团2营。情报显示，从捷捷列维诺（北）至戈斯季谢沃（注意，第4装甲集团军临时拼凑的工兵战斗群在此防御帝国师与髑髅师的结合部）一线都有苏军坦克在集结的迹象。因此，帝国师下令侦察营主力原地不动，只派出1个连前去支援装甲部队。

"帝国"装甲团共有88辆坦克可以投入战斗，其中有14辆为缴获后的T-34坦克。它们将全部于天明后集结在捷捷列维诺（北），负责支援的是"元首"团3营以及"黄蜂"式自行火炮连以及1个搭载37毫米高炮的半履带车连。10时，这支全机械化战斗群开始向索洛京卡河发起进攻。

起初，帝国师装甲群向捷捷列维诺西北方

7月8日，SS第1坦克歼击营的其他"黄鼠狼"Ⅲ型坦克歼击车正在经过1辆被击毁的苏军"格兰特·李"轻型坦克的残骸。

向韦肖雷发起联合突击的警卫旗队和帝国师的混合部队。

"元首"团 3 营营长文岑茨·凯泽。

向前进，越过平坦茂盛的草原，一路未遇抵抗。接着他们来到了穿过小马亚奇基和格里亚兹诺耶（当时名为格列兹诺耶）的普肖尔河的支流前方，这是一条大约10公里长的小溪。装甲群从格列兹诺耶渡河来到西岸，在其西边约3公里处就是韦肖雷，该村东北和东边分别有239.6高地和227.4高地上的苏军提供火力掩护。如果向南眺望，可以看到警卫旗队师正与苏军反坦克炮交火。

当帝国师的坦克接近韦肖雷时，遭到了苏军炮火的突然打击。坦克立即后撤，同时命令伴随前进的"黄蜂"式自行火炮进入射击阵地，向239.6高地开火。自行火炮随后开始用高爆弹压制239.6高地，苏军坦克和反坦克炮在德军炮击下损失惨重。不等炮火准备结束，帝国师的装甲兵就发动坦克扑向了高地，乘坐着半履带车的掷弹兵则紧紧跟在后面。整个战斗非常顺利，帝国师装甲群报告于13时拿下高地，部队正继续向西边的索洛京卡河与科切托夫卡推进。

同一时刻，"帝国"装甲侦察营也派出的一个连全速冲向普肖尔河支流南岸。当先头车赶到时，乘员们被周围的景象吓呆了。在东边5至6公里处，一支多达200辆的苏军车队正在渡河，其中绝大部分是坦克，他们应该就是准备南下攻击捷捷列维诺的坦克第10军一部。该连立即向上级报告了情况，然后继续向西前进，掩护装甲营的侧翼。到中午时，该连已经抵达红十月村附近连绵的丘陵上，从南边可以看到装甲群正在科切托夫卡村以东与苏军坦克激战。此外，帝国师曾希望髑髅师的坦克能及时赶来，但后者在路上被苏军缠住了。

正在扑向索洛京卡河的帝国师装甲群距离该河西岸的德军第11装甲师只有不到10公里远。当他们接近科切托夫卡时，苏军少量坦克从北边对装甲群右翼发动了几次反击。战斗群坦克被迫转向迎战。经过数小时的激战，损失惨重的苏军向北退却。帝国师装甲群继续向西推进，就在他们将要抵达索洛京卡河时，帝国师装甲群突然接到SS第2装甲军的无线电命令：装甲群调头向东。

为什么SS第2装甲军要在帝国师装甲群进攻如此顺利的情况下突然下令调头向东？08时45分，在前线视察的大德意志师师长赫恩莱因中将向第48装甲军报告前方苏军抵抗已经大大减弱。不久，大德意志师又报告已经抵达当日最终目标——上佩尼耶。实际上，大德意志师再次搞错了地名，他们只抵达了上佩尼耶东南约5.4公里处的格列穆奇。因此，第4装甲集团军据此调整了进攻部署，命令大德意志师前出到普肖尔河弯曲部南岸，随后切断苏军补给线，与SS第2装甲军在索洛京卡河会合。大德意志师和第11装甲师随后再直扑坦克第6军和坦克第31军侧后，完成对普肖尔河南岸苏军的合围。既然原本调动SS第2装甲军西进的目的已经达到，而且集团军右翼还在承受着苏军坦克部队的强大反击，于是第4装甲集团军下令帝国师的装甲群掉头向东。根据7月8日晚的第4装甲集团军的记录显示，霍特上将也曾考虑过让党卫军继续向西进攻。不过，他最终还是选择调头，显然他认为第48装甲军形势已经大大改善，可以独自完成任务。

当帝国师的装甲群还在索洛京卡河激战之时，德军第4装甲集团军（东）侧翼的掷弹兵和坦克歼击车部队正遭到苏军4个坦克军的猛攻。除了被施陶德格尔挡住的坦克第10军以外，尚

1943 年 7 月 8 日，"帝国"装甲团的战斗群开始投入进攻，此时全团共有 61 辆Ⅲ号坦克和 30 辆Ⅳ号坦克 G 型（不含虎式坦克）。

有3个军在攻击帝国师。实际上，如果苏军的进攻准备更为充分，加上组织协同完善的话，德军的后果将不堪设想。由于准备不足，且分批投入战斗，苏军没能把握住德国人失去坦克支援的绝佳时机。

瓦图京的反击命令是7月7日深夜23时下达的。近卫第6集团军司令奇斯佳科夫中将在7月8日02时下令部队于10时做好准备，10时30分发起进攻。但是下属各部都不是立刻接到通知的，例如近卫坦克第2军直到05时30分才接到该命令。要在不足8小时之内布置好所有部队/分队的任务、调整部署、补充弹药、就餐，这几乎是不可能完成的。

此外，苏军还有很多部队正在赶来的路上。坦克第2军各坦克旅在预定进攻发起时间之后3个小时，即13时左右才能赶到。而且经过长途行军之后，乘员已经精疲力竭，车辆也急需检修。经过准备，坦克第2军于16时发起进攻。德军空中侦察也报告一股很长的夹杂了不少坦克的苏军纵队正从普罗霍罗夫卡以东狂奔而来。此外，坦克第2军所属步兵由于缺乏汽车等交通工具，还要再等两天才能赶到。近卫坦克第5军在之前的苦战中已经折损一半，7月7日上午逃出重围的车辆中又有三分之一待修，大批营长、连长非死即伤。近卫坦克第2军虽然也进行了两天的激战，但此时实力还是稍强一些。

对瓦图京大将来说，也许不该在宽大正面上实施目标过于宏大的反击，而应待部队到齐后集中力量形成拳头，炮兵和航空兵还必须提供密切支援。不过，这样反击时间就不会早于16时，但瓦图京没有的就是时间。近卫坦克第5军军长克拉夫琴科少将回忆道：

1943年7月8日4时，我亲自接到方面军参谋长伊万诺夫中将的作战指示，要求我军于1943年7月8日10时30分在左右两翼友军配合下转入进攻。军所属部队于7月8日10时30分在指定方向发动进攻，到15时拿下加里宁村，并前出到奥泽罗夫斯基—索巴切夫斯基（Sobachevskii）—索巴切夫斯基南面无名高地一线。

右翼的坦克第2和第10军以及左翼的近卫坦克第2军没有进攻。这样，尽管我们和友军保持了不间断的通讯联络，而友军也得到了我军进攻的消息，他们却没有利用我军最初的成果。

必须指出，沃罗涅日方面军司令部对坦克兵团协同动作的组织一塌糊涂，而他们也没有有力地监督对作战命令的执行情况。这导致了大量坦克兵团（坦克第2和第10、近卫坦克第2军）没有加入战斗，这是毫无纪律的犯罪行为。

敌人发觉我方将在相对狭窄地段发动突击，因此迅速在卢奇基（北）—捷捷列维诺（北）—亚斯纳亚波利亚纳一线纠集了130辆坦克（其中30辆虎式）、多达一个师的摩托化步兵、4门六管火箭炮和多达30门各种口径的火炮，向卢奇基（南）方向的我军发起进攻。与此同时，大量敌机出现在战场上空，在数个小时内不间断轰炸我军战斗队形。从16时至19时30分，敌人还首次使用了大编队的Me110飞机，扫射了近卫坦克第20和第21旅的坦克。

由于敌人从捷捷列维诺（北）方向对我侧后的猛烈打击，且友邻没有提供任何支援，到7月8日日终时，我军所属部队遭受了惨重的损失，退回铁路线一带最初占领的阵地。在战斗中，我军击毁敌人46辆坦克、数门自行火炮和迫击炮、55辆车，击毙多达一个营的步兵。我方损失31辆坦克。

……在这几日的战斗过程中，我军损失了大量曾在斯大林格勒经过战火考验的指挥员。

两名团长阵亡，两名旅参谋长身负重伤，

近卫突破坦克第48团团长负重伤。75%的营长和70%的连长非死即伤。

所有指战员都在战斗中表现得极为英勇，为了消灭敌人，他们奋不顾身。有无数乘员拒绝放弃起火的坦克，继续坚持战斗的例子……

克拉夫琴科当时的心情可以理解——仅仅经过3天的战斗，他这支齐装满员、有着"斯大林格勒"光荣称号的坦克军，实力就从7月5日的216辆坦克下降到7月8日日终时的41辆，而其中还有17辆需要维修。不过责任并不在友邻几个坦克军身上，而是在于方面军司令部根本就没有组织好反击，反而允许部队分批投入战斗，而且其他几个坦克军也面临着与近卫坦克第5军同样的问题和困难。

在1943年7月8日的反击中，近卫第6集团军副司令员帕维尔·菲利波维奇·拉古京少将（左1）与近卫坦克第5军军长安德烈·格里戈里耶维奇·克拉夫琴科少将（左4）向方面军军事委员赫鲁晓夫汇报作战情况。

坦克第2军宣称于10时30分准时发起进攻，但德军方面资料显示，帝国师直到13时25分才看到大量苏军步兵从加里宁以东的树林里冲出。苏军炮兵也轰击了村子外围，还有搭载着步兵的30辆T-34坦克。苏军飞机也在极低的高度发起攻击。德军为了打乱苏军的步坦协同，用机枪和迫击炮将苏军坦克搭载的步兵从坦克上

逼下来，同时拉开高速冲击的坦克与随行步兵之间的距离。德军利用这个空当，从堑壕和建筑物中向T-34坦克投掷磁性反坦克雷等。此外，德军反坦克炮也把苏军坦克放到400至500米之内再开火。德军事后宣称击毁、击伤7辆T-34坦克。

苏军并未因此停止进攻，而是继续不管不顾地试图压垮"德意志"团在加里宁的防线。德军声称，大约4辆T-34坦克冲破德军防线后一路向卢奇基（北）冲去，其余苏军也在多处突破"德意志"团后向卢奇基（北）推进。缺乏坦克预备队的帝国师只能用炮兵打击前出到奥泽罗夫斯基附近的苏军坦克，从后勤支援部队抽调人员组成的反坦克小组投入到阻击T-34坦克的战斗之中。

攻击"元首"团防线的苏军坦克也遭到了掷弹兵和反坦克炮的拦截。如同在加里宁村一样，快速冲击的苏军坦克迅速打穿了德军防线。例如在加里宁以南作战的"元首"团15连地段就是如此。T-34坦克集群利用地形掩护，迅速碾过第15连某排排长约瑟夫·布伦纳（Josef Brunner）的阵地。布伦纳排长立即组织机枪火力射击从背后跳车的苏军步兵，但苏军已经在多处突破防线，然后从侧面打击布伦纳的排。布伦纳排长亲自拿着机枪带手下发起反击，经过激战将突入的苏军步兵全部消灭，剩下的苏军则向东退却。

突破德军防线的苏军坦克并没有回头帮助步兵，而是在没有步兵掩护的条件下继续向西推进，很快就被德军炮兵和步兵打退。

按照计划，在捷捷列维诺（南）地域进攻"元首"团的是近卫坦克第2军。10时30分，该军根据信号"555"从两个方向发起进攻。近卫坦克第4旅负责攻击涅恰耶夫卡，但在渡过利波维顿涅茨河时遭到卢奇基和涅恰耶夫卡地域德

军的攻击，因此坦克渡河被耽搁，只有步兵强行渡河。然而没有坦克支援，且不断遭到德军空袭的步兵是不可能完成任务的。

近卫坦克第2军的另一个集群——近卫坦克第26旅的一个坦克营，近卫摩托化步兵第4旅的一个摩托化步兵营以及近卫步兵第89师一部则在维斯洛耶渡河成功，然后从行进间向"自由劳动"集体农庄方向（髑髅师）发起进攻，占领了209.5高地。德军立刻出动多达50辆的坦克进行反击，激战之后苏军无法再前进一步。日终前，苏军打退了德军一次反击。这里距离7月5日时步兵第375师最初的防线只有5

坦克第2军独立近卫重型坦克第15团团长图连科夫上校。

公里左右。

根据德军说法，17时30分，大约40辆苏军坦克（应该隶属于近卫坦克第2军）以宽大阵型攻击了"德意志"团3营。该营在捷捷列维诺（南）村外100米处连绵的高地上占领的苏军阵地上防守。德军在原有工事基础上进行了加固。3营营部就设在村中一辆履带部分被打坏但主炮尚能使用的IV号坦克边上。苏军发动了数次连级规模的冲锋，每次都得到10至15辆坦克支援。德军利用机枪和其他轻武器将苏军步兵逼退，但还是有个别T-34坦克冲进了村子。在没有步兵伴随的情况下，德军反坦克小组和那辆IV号坦克一起将突入的苏军坦克逐个击毁。

别列尼希诺地域，坦克第2军于16时发起进攻。该军的3个坦克旅共有145辆T-34和T-70坦克，坦克第26旅有34辆T-34和19辆T-70，坦克第99旅有34辆T-34和19辆T-70，坦克第169旅有19辆T-34和20辆T-70坦克。独立近卫坦克第

坦克第2军军长阿列克谢·费多罗维奇·波波夫少将正在通过无线电指挥各旅战斗。

帝国师的一辆半履带牵引车正经过一辆被击毁的英制"丘吉尔"式坦克。

帝国师虎式重坦克连的"S13"号车长正在示意掷弹兵跟随支援。

15团的11辆"丘吉尔"坦克在普罗霍罗夫卡西南的斯托罗热沃耶树林隐蔽待命。坦克第99旅的文件中模糊地写着"缺乏敌情信息和我部前方作战的友军防御前沿部署情况"，实际上他们在16时左右错误地攻击了步兵第183师的步兵第285团，导致该团25人死亡，37人负伤，坦克第10军也有一辆坦克或自行火炮被该旅击毁，而他们自己也有一些坦克闯进了己方布设的雷区之中。步兵第183师师部在7月9日05时的作战报告中愤怒谴责了坦克第2军"犯罪一般的粗心大意"，并要求上级采取严厉措施惩处相关人员。

经过7月8日的苦战，无论德军还是进攻的苏军都精疲力竭。帝国师当天总共付出了22人阵亡，127人负伤的惨重代价。

而髑髅师在这一天终于可以移师北上攻击普肖尔河弯曲部了。髑髅师此时共有99辆坦克可以出动，其中包括35辆Ⅳ号，52辆Ⅲ号，5辆虎式和7辆指挥坦克，算得上第4装甲集团军坦克实力最强的一个师。师属突击炮营还有13辆Ⅲ号突击炮。

髑髅师原本防守着彼得罗夫斯基—绍皮诺之间约12公里宽的防线。在前沿，左翼为"髑髅"团，右翼为"艾克"团。"髑髅"装甲团和师属突击炮营集结在距离前线数公里的贡基。"髑髅"装甲团5连的炮手沃尔特·韦伯回忆了当时的情景：

清晨我们醒来，伴着晨光开始仔细检查昨天坦克战的受害者。有些烧焦的俄国坦克兵尸体半伸出焚毁的残骸，草原上满目疮痍，死伤枕藉，到处是坦克的碎片和工具。晚些时候，团里其他人也都过来了。当团长的坦克驶过时，我们连长在自己的坦克里向他立正敬礼。昆斯特曼咧嘴大笑并挥了挥手，这是对我们的

付出和击败俄国装甲部队的认可。

第167步兵师主力并未按原计划在上午全部抵达，这样髑髅师依然不能全力向北攻击普肖尔河弯曲部，部分单位只能继续原地等待。不过从早晨开始，第167步兵师陆续抵达髑髅师地段开始换防。天明之前不久，阿图尔·罗泽诺（Arthur Rosenow）的SPW营（原营长鲁道夫·施耐德在7月6日时座车被直接命中，当场阵亡，3连连长阿图尔·罗泽诺接替了营长一职）开始赶赴装甲团所在的贡基。

前沿防御的德军在夜间就听到了对面苏军坦克集结的声响，不过整个上午，苏军都没有出现。直到14时45分，侦察兵报告一股大约40辆坦克组成的步坦集群正从维斯洛耶和捷尔诺夫卡之间地域向西直扑而来。他们显然就是近卫坦克第2军的另一个集群——近卫坦克第26旅的一个坦克营，近卫摩托化步兵第4旅的一个摩托化步兵营以及近卫步兵第89师一部。这队苏军随后向贡基以东数公里的209.5高地发起了进攻。此外，髑髅师还获悉在苏军进攻部队以南的加里宁附近的树林里还有一支步坦集群。德国空军也报告大队苏军步兵、汽车和坦克正从东面赶来。髑髅师的中央防线即将遭受苏军的强力反击，髑髅师随即下令"髑髅"装甲团立刻出动消灭209.5高地方向的苏军坦克。

当天中午的激战中，髑髅师的虎式重坦克连连长威廉·施罗德在击毁2辆T-34坦克后，发现自己的座车通过一片麦田后被一群苏军步兵包围，他下令炮手路德维希·拉赫曼使用同轴机枪进行扫射，但是施罗德一下子忘记了虎式坦克指挥型已经堵死了同轴机枪口，于是又下令机电员用前侧球形机枪开火，结果刚打了几发就卡住了。施罗德随后开始大声命令拉赫曼把坦克内的冲锋枪递给他，另一名车组成员弗里

"堡垒"行动期间，髑髅师装甲团9连的"911"号虎式坦克。

茨·希茨（Fritz Hitz）为了不让连长冒险，假装找不到冲锋枪。施罗德开始发起火来，并且命令他们立刻执行自己的命令。随后，他打开车长指挥塔的舱盖开始扫射坦克周围的苏军。在打空几个弹夹后，施罗德突然瘫了下来，原来他的头部被一发子弹击中，当场阵亡。车组们赶紧对外扔了几个卵形手榴弹，又用修好的机枪一顿扫射才撤了回去。

此时，"髑髅"装甲团团长昆斯特曼非常希望师属突击炮营能够打击苏军坦克集群的侧翼，然而他并没有苏军位置和兵力的准确信息，因此昆斯特曼坐着自己的指挥坦克，带着两辆坦克和1个乘坐半履带车和装甲车的20人的工兵分遣队到前方侦察。一开始平安无事，但等到他们接近一段本应由德军防守的地域时，突遭对面一阵轻武器齐射，工兵分遣队当场就有数人中弹，其中弗里茨·卢克斯（Fritz Lux）排长身负重伤。两辆坦克立即冲上去掩护工兵抢救伤员。工兵们随后又向苏军发起反击。两辆坦克也开始用主炮向苏军开火，掩护工兵冲锋，苏军很快被打垮，还有8人被俘。昆斯特曼决心继续寻找苏军坦克部队，他们随后抵达了一处低矮的高地，高地前有一条小溪从山脚流过。

昆斯特曼不敢确定高地对面情况如何，因此命驾驶员小心翼翼地从山脚绕过，以寻找最佳的观察位置。然而，他并不知道，苏军已经拿下了这座209.5高地！刚开出几秒，两发炮弹从对面300米远一处精心伪装的射击阵地处呼啸而至，直接命中昆斯特曼的指挥坦克，撕碎炮塔装甲后，将昆斯特曼打死。目睹昆斯特曼倒下的驾驶员吓得跳出坦克，跑到其余两辆坦克旁边，大喊着昆斯特曼已经战死和坦克起火的消息。而无线电员、装填手和炮手其实还在坦克内，但没有驾驶员因而无法后退寻找掩蔽。他们也不敢弃车逃生，生怕苏军轻武器把他们打死。

奇怪的是，苏军这门反坦克炮并没有继

"髑髅"装甲团团长昆斯特曼，这张照片摄于他阵亡前仅仅几个小时，很可能是他最后一张照片。

续开火。几名工兵爬到坦克边上，发现并未起火。经过观察，他们发现山脚的灌木丛中有一处精心伪装的苏军反坦克炮阵地。此时昆斯特曼座车的驾驶员也恢复了正常，在两辆坦克不断用机枪压制对面苏军阵地的同时，爬进了自己的坦克，然后倒车脱离了苏军火炮视野。

昆斯特曼阵亡的消息通过无线电传到了师部。一个装甲工兵排护送他的遗体回到后方，埋葬在了仙鹤林的髑髅师公墓中。原2营营长格奥尔格·博赫曼暂时接替了团长一职，从不伦瑞克党卫军军官学校毕业后就一直待在髑髅师的弗里茨·比尔迈尔则升任2营营长。

刚刚上任的博赫

接替格奥尔格·博赫曼成为"髑髅"装甲团2营营长的弗里茨·比尔迈尔。

曼立刻亲自率领1个装甲营来到北面，同时让突击炮营的13辆突击炮和装甲团的其余部队在别尔哥罗德—奥博扬公路东面展开，建立一道阻击阵地。博赫曼打算以这些部队正面迎敌，等到苏军进攻受挫后，再用手下的装甲营（约45辆坦克）突袭苏军侧翼。

苏军坦克最终并没有出现。博赫曼只能下令装甲营向前推进，经过209.5高地时，终于和苏军坦克集群接火。苏军报告遭到德军50辆坦克的反击与事实几乎完全吻合。16时，博赫曼报告自己的装甲营正与苏军坦克激烈交火。"髑髅"装甲团5连的炮手沃尔特·韦伯回忆道：

在接下来的这个上午，我们被"各排排长到连长处报到"的叫喊声吵醒。等我们排长一边抱怨没有足够的洗漱用水，一边离开后，我们赶紧狼吞虎咽地吃了一顿早餐。我们再次奉命准备当天发动进攻。显然俄国人已经试图用强大的装甲部队达成突破，但经过一番血战后被赶跑了。一些坦克完好无损地落入我军之手，部分座车受损的装甲兵就开上了这些缴获的车辆。午饭后我们再次开始进攻，结果遇到强大的反坦克炮和炮兵火力。从射击的力度来看，显然俄国人投入了新的反坦克炮兵连。从卡车上下来的俄国步兵在我们附近的果园中占据了阵地。随着我们的前进，俄国人的火力越来越猛烈。我们的一辆坦克被打瘫，其他的也都挨了炮弹，装甲兵也有损失。

我们（开始）慢慢撤退，我们连的一部掩护我们的撤退，然后我们沿一条林间道路从另一个方向进攻。我们在林间道路上等了几分钟。步兵报告前方有精心伪装的敌方坦克。就在这点闲暇时间里，我们用喷灯煮了点鸡蛋，好好吃了这必要的一餐。敌人反坦克炮发射的炮弹不断掠过我们头顶，炮声很凄厉。随着夜幕降临，我们逼近前方的村庄，枪炮齐鸣，发动进攻。

……

房子和弹药卡车已经起火，而俄国步兵四散奔逃，试图到房子中寻找掩蔽。与此同时，我们已经和连里其他坦克会合，缓慢地跟着己方步兵向村子推进。俄国坦克出现在房子后，被打瘫几辆后又迅速消失了。绝大部分俄国步兵也跑了。到晚上我们已经控制了村子。晚些时候，一群俄国KV-1坦克发动了进攻，但被我们团的两辆虎式赶跑。我们在村子边上建立了阵地。入夜后一些躲起来的俄国人投降了。晚上，他们被送上补给卡车押回后方。

由于德军的反击，布尔杰伊内这个集群无法继续前进。根据德军记录，天黑前，大约8辆T-34在维斯洛耶方向发动了一次进攻，但被髑髅师装甲部队打退。这是当天德军记录中苏军第5次也是最后一次进攻。不过杀进村子的德军当晚就被苏联空军赶到了附近一个河谷之中。

入夜以后，战事渐渐平静下来。髑髅师不久后接到军部的命令，要求"髑髅"装甲团和师属装甲侦察营前往卢奇基（南）集结。一开始，师属突击炮营也奉命配合装甲群，SS第2装甲军很快又调整了计划，指示髑髅师将该营转隶给第167步兵师，作为装甲预备队，掩护该师稳固防御。在换防过程中德军发现了一部暴露的苏军，但由于正执行换防任务无法攻击，只能放过。天黑后不久，髑髅师向SS第2装甲军报告已经在卢奇基（南）以北建立了自己的师部。

尽管白天遭到小股苏军的袭击，部队的换防并未受到很大影响。到天黑时，第331掷弹兵团接管了维斯洛耶地域，第315掷弹兵团团长也

"堡垒"行动期间，髑髅师最著名的一张照片，注意车体上的伪装师徽。

赶来开始换防。德军审讯战俘得知苏军打算在午夜时分向维斯洛耶地域发动夜袭。德军也发现大队苏军步兵正从南边赶来。不过由于髑髅师的炮兵团和装甲团已经北上普肖尔河，无法主动出击，德军只能抓紧时间换防，并做好战斗准备。

根据德军记录，7月9日04时30分，苏军步兵和坦克从209.5高地以东发起进攻，试图切断别尔哥罗德—奥博扬公路。苏军一开始就逼近到225.9高地附近，髑髅师的1个突击炮连与"艾克"团2营立刻发起反击，经过数小时的近距离激战，苏军被击退。

总体说来，髑髅师还是顺利地从党卫军第2装甲军的东翼撤出，转向普肖尔河弯曲部。该师将会是整个库尔斯克会战中，南方集团军群向北突击距离最远的一个师。

南侧地段

经过三天的苦战，德军在别尔哥罗德东南几乎毫无进展，第3装甲军对此很不满意，军部认为苏军精心构筑并坚固设防的阵地只能通过从后方包抄的办法拿下，然后就可以让第168步兵师和第19装甲师解脱出来。这对解决SS第2装甲军和第3装甲军之间缺口问题有很大帮助。第3装甲军为此就必须先拿下远伊古缅卡和梅利霍沃（Melikhovo）地域，接着转向西南，从背后攻击近卫步兵第81师，彻底粉碎苏军防御体系。此外，装甲军右翼部队还必须将树林边缘的苏军击退，然后与右侧的第11步兵军建立联系。

苏军也不会干等着德国人，近卫第7集团军下令一线防御部队不时对德军发起反击，同时以近卫步兵第15师、步兵第111和第270师巩固左翼防线，死死咬住肯普夫的右翼。此时，经

过3天的战斗，近卫第7集团军的死亡和卫生减员共有6782人，失踪443人，合计7225人。当面的肯普夫战役集群损失了6539人。

04时，第6装甲师的装甲群（第11装甲团为核心）通过此前第57装甲工兵营架设的24吨桥，转移到师左翼，与中央的翁赖因战斗群（第4装甲掷弹兵团）会合，然后准备于08时进攻梅利霍沃。就在进攻准备发起的最后一刻，师属装甲群指挥官奥佩尔恩上校接到新的命令，由于负责支援的迫击炮营仍未赶到指定地点，进攻推迟一个小时。许纳斯多夫师长在前线亲自观看了部队在拉祖姆诺耶河北岸的进攻情况。08时45分，右翼第114装甲掷弹兵团组成的比贝尔施泰因战斗群发动进攻，顺利进抵梅利霍沃以南约4公里的加里宁村。但此后不久便在反坦克壕前方遭到苏军步兵迫击炮和各种重武器的抵抗。右翼师属装甲群到09时仍不见迫击炮营赶来，又等了半个小时还没看到后者的影子，于是决定单独进攻。

师属（奥佩尔恩）战斗群以7连为先导，5、6、8连和装甲炮兵团紧随其后。第228突击炮营（不含支援第168步兵师的6辆突击炮）掩护后方。喷火坦克和其他轻型车辆原地待命。他们会和左翼的第19装甲师一起前进。

10时45分，第6装甲师部队在雷区前遭到苏军炮火的猛烈打击。苏军的反坦克炮以及布置在波斯特尼科沃和加里宁的火箭炮等也对着装甲群猛烈开火。德军工兵再次上前拼死在雷区中开辟出道路。12时左右，德军又在距离梅利霍沃3公里处被反坦克壕挡住去路。工兵再次上前开路。但是紧接着他们又遇到苏军两道雷区。很多装甲兵都对此感到绝望。

此时，第19装甲师的贝克尔战斗群也被雷区拦住，负责排雷的工兵在苏军火力扫射下伤亡惨重。

第6装甲师的师长冯·许纳斯多夫少将正在与第114装甲掷弹兵团2营营长内克瑙尔上尉商讨战况。

正在此时，比贝尔施泰因战斗群的半履带车及时赶到，开始以机枪火力为工兵提供掩护。多亏了他们的帮助，工兵们才能顺利完成任务。但尽管如此，仍有几辆坦克在通过时触雷。

在第7装甲师转入防御的情况下，第19和第6装甲师都进展缓慢，第3装甲军下令第19装甲师的装甲群（即贝克尔战斗群）与第6装甲师的奥佩尔恩装甲群组成混编战斗群向别尔哥罗德东北15公里的梅利霍沃发动进攻。贝克尔战斗群将转向西攻击远伊古缅卡，掩护奥佩尔恩的侧翼，防止苏军从东北向战斗群侧翼发起进攻。

此外，由于奥佩尔恩装甲群行动缓慢，第6装甲师联系第19装甲师，请求将一个战斗群（应该是距离较近的里希特战斗群）配属给自己，并在第27装甲团的支援下占领梅利霍沃。不过里希特战斗群自身正在苦战之中，根本无

暇抽身。为了统一指挥，第6装甲师师长许纳斯多夫亲自协调左右两翼的第19装甲师的贝克尔装甲群和自己的奥佩尔恩装甲群。第503重装甲营1连则在中央为第4装甲掷弹兵团开路。

德军装甲部队此时应该已经绕过了苏军顽强防守的加里宁，只留比贝尔施泰因战斗群在原地牵制苏军。12时左右，德军来到梅利霍沃以南1公里的一处反坦克壕和雷场面前。环绕梅利霍沃的防御工事中有不少坦克。根据许纳斯多夫师长的命令，第6装甲师的炮兵开始集中轰击苏军工事，掩护工兵排雷。第76装甲炮兵团5连长绍夫（Schauf）中尉跟随步兵一起在前线引导炮兵射击，将暴露的苏军火力点逐个打掉。工兵和步兵再上前突破苏军防御阵地，夺取或击毁苏军的坦克和反坦克炮，向两翼扩大突破口。两个装甲群也赶来提供火力支援。

率先投入进攻的是第11装甲团2营，他们打退了苏军步兵。苏军随后逃向附近的一条河

第6装甲师的一辆霍希军官用车正驶过一个燃烧的苏联小村。

谷。绍夫中尉立即引导炮兵向这股溃逃的苏军射击，造成了很大的杀伤。德军随后冲进梅利霍沃，初期还算顺利，结果突然遭到大约"15个炮兵连、反坦克炮和迫击炮的集火打击"（德军宣称），第一次进攻遂告终止。

在第二次进攻中，德军击败了近卫步兵第280团，于18时夺取了梅利霍沃村。德军共计缴获12辆坦克、21门反坦克炮和大量轻武器及迫击炮。德军接着在梅利霍沃东和北两个方向上建立了扇形防御。师属装甲群指挥部就设在梅利霍沃以西的树林里。贝克少校的第11装甲团2营（不含6连）则继续向东北攻击什利亚霍沃。他们于天黑时到达尔哥罗德—科罗恰公路附近。苏军第69集团军紧急调来了步兵第305师及时堵住了这一缺口。第11装甲团2营营也因此没有继续北上。第6装甲师的次日任务将是与第19装甲师装甲群和一个轻型炮兵营转向西攻击北

顿涅茨河，消灭远伊古缅卡的苏军，随后在第168步兵师配合下，向北顿涅茨河东岸推进。该师剩余的5辆喷火坦克将转而支援第19装甲师的步兵。此前支援第19装甲师的第503重装甲营的虎式坦克连也回归营建制。

第19装甲师则在7月7日晚间至8日凌晨进行了整夜的战斗。装甲群遭到212.1高地以北树林中的苏军反坦克炮射击。贝克尔很快就接到下级的报告："无法继续前进！"半个小时后，德军炮兵开始提供火力支援，终于压制住了苏军。师属装甲群碾过苏军防御后继续向加里宁挺进，结果又被雷场拦住。装甲兵们焦急地等待着工兵上前开辟通路，有的人甚至打起了盹。不到一个小时以后，无线电中响起喊声："坦克前进！"

第19装甲师装甲群随后又遇到苏军一道防线。第27装甲团团长贝克尔上校大概就在此时

负伤，被后送到帕夫洛夫卡的急救站。第9卫生连的护士又将他送往位于托马罗夫卡的战地医院。贝克尔上校最终还是没能挺过来，一个月后不治身亡。

现在只有不到15辆坦克的第27装甲团（数字可能不准，该团7月9日上午时有35辆坦克，也可能有补充）开始集中所有力量准备拼死突破苏军防线。

黎明时分，后勤分队为坦克送来了油料。根据第3装甲军的指示，装甲群随后向西攻击远伊古缅卡，掩护第6装甲师师属装甲群的侧翼，防止苏军从东北向己方侧翼发动进攻。贝克尔战斗群于下午到达远伊古缅卡以东，但被雷场和反坦克壕挡住。工兵在师属炮兵掩护下先后在雷场和反坦克壕中开辟通道，紧随其后的掷弹兵成功扩大了突破口，装甲群接着向远伊古缅卡村推进。贝克尔战斗群宣称当天击毁了苏军26辆坦克。

在该师的后方，第73装甲掷弹兵团仍在近伊古缅卡地域战斗。第3装甲军下令第19装甲师的第73装甲掷弹兵团、第19装甲侦察营与第442掷弹兵团、2个炮兵营和5辆喷火坦克组成一个"南方攻击群"，向近伊古缅卡以南树林的苏军再次发动进攻。经过连日战斗，第73装甲掷弹兵团的战斗力量只剩下两个连。实力不足的德军被击退，苏军还趁势发起反击，将德国人赶回了进攻出发阵地。苏军自身的形势虽然不妙，但仍威胁着第3装甲军的左翼。第7装甲师当日也无进展，导致近伊古缅卡至米亚索耶多沃之间整个第3装甲军的突破口仅有大约5公里宽，十分狭窄。德军开始担心苏军调集坦克部队发动翼侧进攻，很有可能围歼德军，而苏军近卫步兵第92、第94师和1个坦克团的到来加深了他们的忧虑。曼施泰因元帅告诉肯普夫，他希望第3装甲军继续向北冲到萨贝尼诺和上奥利尚涅茨（Verkh Ol'shanets）地域，进而围歼北

1943 年 7 月 8 日，第 503 重装甲营的两辆虎式坦克正在支援第 19 装甲师的掷弹兵们投入进攻。

顿涅茨河与突破口之间的苏军。为此，德国空军将调动充足的兵力提供支援，重点打击近伊古缅卡和旧城地域。实际上，德国空军已经在打击北顿涅茨河以东的苏军目标了。

第7装甲师当天的任务是攻击米亚索耶多沃和阿尔卡季耶夫卡以西树林地域。只是这个任务无法执行，因为缺乏运输车辆的第106步兵师还远远落在后面，导致全师右翼暴露。第11步兵军也希望得到增援，否则它的第106和第320步兵师根本无法在顿涅茨河一线顶住近卫步兵第24军以及加强坦克部队的攻击。

第7装甲师师长汉斯·冯·丰克。

第7装甲师只能转入防御。其中第25装甲团部分兵力和配属的第503重装甲营的虎式坦克需要防守米亚索耶多沃东南3公里的206.9高地。

7月8日清晨，苏军大约1个步兵连开始从北面向巴特拉茨卡亚林场以北的一个集体农庄的第7装甲师阵地发动进攻。近卫步兵第94师也开始连续冲击第7装甲师在米亚索耶多沃和206.9高地的前哨阵地。12时，苏军又发动了两次强力的进攻，在多处突破缺乏步兵的德军防线，德军虽然通过反击成功封住突破口，但也无力继续前进。第3装甲军命令第7装甲师继续坚守阵地，同时准备将阵地移交给7月7日刚下火车的第168步兵师，然后前往全军左翼。

总结

第4装甲集团军将SS第2装甲军的两个装甲

群调往西面时，苏军获得了一个绝佳的机会，可以集中大量坦克突破第4装甲集团军的右翼。只是参战部队无法及时到位，反击进行得一塌糊涂，反而损失不小。在与下属军长的交谈中，瓦图京这样评价：

今天，由于各军犯下的一系列错误，我的计划没能实现。然而，即使是各军极为有限的推进也迫使敌人减少了这一方向上的兵力。不过由于未能实现我的计划，敌人在当天下午再次全力攻击卡图科夫。敌人获得一点进展，推进到科切托夫卡—上佩尼耶。而在舒米洛夫的地段，敌人尽管损失惨重，仍然拿下了梅利霍沃。这一方向上的敌人正努力从梅利霍沃向北发动进攻。这会造成对我们来说极为不利的局面。

SS第2装甲军却不敢坐视缺口不管，下令放弃当日帝国师侦察营占领的科切托夫卡东半部分、帝国师战斗群占领的格列兹诺耶以及警卫旗队师战线上的韦肖雷、雷利斯基和小马亚奇基，全军后退约5公里，收缩至雅科夫列沃、南北卢奇基、奥泽罗夫斯基和捷捷列维诺地域，同时将进攻韦肖雷的日期推迟到7月9日。根据步兵第48军报告，该军观察到德军当晚在258.2高地地域开始掘壕防御。此外还观察到德军在涅恰耶夫卡和卢奇基布设铁丝网障碍物。

曼施泰因也在谈话中表示了对东侧翼的担心。此时德军不知道，近卫坦克第5集团军正全速向普罗霍罗夫卡地域赶来。当天下午，曼施泰因决心动用预备队第24装甲军，以便加速第3装甲军的进展，或者应对苏军预备队。不过第24装甲军已经在第1装甲集团军编制内与苏军交战。但该军仍奉命抽调"维京"装甲掷弹兵师前往哈尔科夫以北，第23装甲师则在城南集结。需要说明的是，这两个师总共只有97辆主力坦克和13辆突击炮，大约12000名官兵。同一天，苏军统帅部下令草原方面军的两个近卫集团军，共计593辆坦克和117000名官兵开赴前线。此后，曼施泰因就只剩一个拥有63辆主力坦克的第17装甲师，而草原方面军余下的四个集团军仍有大约27万人和350辆坦克。苏军已经在人数和装甲力量上取得了压倒性优势。

第八章　7月9日：东翼危机

虽然苏军在7月8日的反击失败得一塌糊涂，但德国人也不得不重新审视自己的作战计划。7月8日14时35分，SS第2装甲军接到第4装甲集团军发来的7月9日任务命令：

SS第2装甲军应当歼灭流经格列兹诺耶的小河与索洛京卡（河）地段之间的敌方装甲部队。之后，军再经准备后以其右翼穿过普罗霍罗夫卡进攻普肖尔（河）地段南面，包抄（敌人）并占领奥博扬东面的制高点。

第48装甲军首先从索洛京卡（河）地段以北突破，在伊林斯基（普肖尔河与索洛京卡河交汇点东南）——希佩地段到前出置普肖尔（河），以防止SS第2装甲军当面之敌退向奥博扬，并注意北面侧翼需要掩护。必须做好渡过普肖尔（河）的准备。

不过在得到苏军反击的消息后，第4装甲集团军调整了计划，SS第2装甲军于21时20分接到了新的命令：

（3）SS第2装甲军歼灭别列戈沃伊东北地域的敌人，并占领流经科切托夫卡的索洛京卡（河）东岸。为此，军应在7月9日集中手头全部力量打击从普罗霍罗夫卡方向出击的敌人，并在7月9日保持防守态势。随后，军准备在7月10日向普罗霍罗夫卡方向进发。SS"髑髅"师的突击炮营仍归第167步兵师指挥。

（4）第48装甲军沿雅科夫列沃—奥博扬公路两侧向北进攻，重点放在右翼，击退妨碍其突向普肖尔（河）的敌装甲部队，并占领科切托夫卡和新谢洛夫卡（Novoselovka）村北之间的连绵高地。然后军做好准备，等待采取包抄机动，击溃佩纳河西岸的近卫坦克第6军（此处番号有误，实际为坦克第6军）。现在不得渡过佩纳河向西推进。

虽然德军总体目标仍然是以两个装甲军作为铁钳突破普肖尔河，攻向奥博扬。这两道命令却有两个显著的区别：首先，新的作战目标已经变得极为保守，SS第2装甲军的任务不再是拿下奥博扬以东的制高点，而是解决左翼的麻烦，然后专注防御，待7月10日再突向普罗霍罗夫卡，而第48装甲军也不再强渡普肖尔河；其次，佩纳河左岸的苏军坦克第1集团军给第48装甲军造成了很大的威胁，后者必须先解决这一问题。

从7月5日至8日连续4天的激战中，第4装甲集团军遭到苏军坚固防御和强大预备队的屡屡反击，付出了不少人员和装备的代价，进展十分有限。7月8日，第4装甲集团军仅仅损失了848人，与前一日的1582人相比减少了很多，但装甲力量损失很大，两翼的威胁也越来越明显。因此第4装甲集团军只能放弃快速突进，而采取稳妥的方案，保证侧翼的安全再向前推进。

总结"堡垒"战役前4天的战斗，德军的进展喜忧参半。按照计划，德军应当在战役发起第4天，即7月8日就冲到库尔斯克，但此时连半路的奥博扬都没看到。苏军战前精心设计的反坦克防御体系起到了很大作用。到7月6日，全部3个装甲军中只有SS第2装甲军突破了第二防御带，剩下的则差强人意。第48装甲军到7月7日仍未干净利落地突破苏军第二防御带。不过，德国人能在3至4天里突破苏军两道防御带已属不易，进攻战术也主要是集中优势兵力，尤其是装甲兵和炮兵打击诸兵种合成的近卫第6集团军。第4装甲集团军拥有1004辆坦克和突击炮（7月4日数据），推测有1774门火炮和迫击炮，而近卫第6集团军只有约155辆坦克和自行火炮，推测有1682门火炮和迫击炮。二者装甲力量约为6:1。德军以重型坦克和突击炮开路，装甲兵、机械化步兵与空军密切协同，最大程度发挥了诸兵种协同作战的威力。

考虑到德军的兵力、素质和战术优势，加上由于战前的误判，苏联沃罗涅日方面军实力逊于北面的中央方面军，能够依靠两道集团军防御带挡住德军长达4天，方面军的表现已经相当优异。

7月8日19时，该军右翼的步兵第48军在一份作战报告中写道："从当天后半段开始，敌人在258.2高地地域挖掘战壕。"同时，苏军还观察到涅恰耶夫卡和卢奇基（南）的德军也在布设铁丝网障碍物。

这样看来，7月8日这天的反击虽然未能如愿，却也让德军调整了进攻计划。SS第2装甲军也再次回到了原定的普罗霍罗夫卡方向。这实际上创造了两种可能性，德军可以攻击近卫第6集团军和第69集团军结合部，或者选择以第4装甲集团军的两个装甲军合击奥博扬，或者以SS第2装甲军南下协助肯普夫集群。不过第二个方案仍取决于第3装甲军是否能够尽快突向普罗霍罗夫卡。

西侧地段

7月9日黎明，第3装甲师仍未能渡过佩纳河。师属第394装甲掷弹兵团经过连夜的巷战，逐渐占领了瑟尔采沃村南部。佩纳河西岸的苏军坦克和炮兵给德军造成了很大的麻烦。在卢汉尼诺以西的农田中，德军步兵与苏军步兵再次展开了激烈的战斗。当天上午，德军终于控制了半个卢汉尼诺，并可以利用村中央的小桥渡河。

古斯塔夫－阿尔布雷赫特·施密特-奥特（Gustav-Albrecht Schmidt-Ott）上校率领第6装甲团的39辆III号和17辆IV号坦克以及SPW营在午后从瑟尔采沃向上佩尼耶发动进攻。结果断断续续的暴雨让地面变成

第6装甲团团长古斯塔夫－阿尔布雷赫特·施密特-奥特上校。

了一片泥泞，再加上雷场、空袭以及西岸的苏军炮火，等到他们来到上佩尼耶时，就只剩下42辆坦克了。

奥特上校还是来晚一步，苏军已经撤出上佩尼耶。装甲群随后抵达北面的树林，掩护"大德意志"装甲掷弹兵团向北行军。夜幕降临后，第3装甲侦察营也在村子对面占领防御阵地。而此时，第3装甲师的掷弹兵们终于肃清了卢汉尼诺和瑟尔采沃。第3装甲掷弹兵团2营宣

称有150名苏军投降。

霍特上将当天造访了第48装甲军军部，并且严厉批评了该部作战不力的情况，尤其是第3装甲师。有记录显示，克诺贝尔斯多夫军长甚至打算亲自到第3装甲师下令该师次日上午等大德意志师攻击得手后立刻强渡佩纳河。

根据计划，大德意志师应当在06时发起进攻，首要任务是占领上佩尼耶。该师侧翼的第11装甲师则继续向前推进，同时保持联系。此外，第11装甲师的坦克还临时划归大德意志师指挥，余部就地设防。大德意志师装甲群得到第11装甲师的装甲群加强后，向西突破，前出到多尔基，与左翼的第332步兵师会合。第48装甲军希望借此围歼佩纳河弯曲部的苏军坦克部队。第3装甲师待大德意志师和第332步兵师得手并逼迫河岸一线苏军撤退后渡河。但这个计划的最大问题在于第332步兵师如何在一天之内强渡佩纳河，然后杀到北面8公里处的多尔基。

第4装甲集团军对此也颇有疑虑，因此特地加强了空中支援。大德意志师也会在等待第11装甲师的装甲群赶到之后，才会在加强的炮兵和航空兵支援下发动进攻。

7月9日清晨，部队没有按时到达出发位置，大德意志师只能把进攻时间推迟到07时30分。但是不知为何，大德意志师没有将这一消息上报军部。但第48装甲军无意中在无线电中听到第10装甲旅的通话，而这段通信表明进攻被推迟。

第48装甲军立即给大德意志师发起一份严厉的斥责，军记录中清楚地记载着，冯克诺贝尔斯多夫军长打电话到大德意志师师部，强烈指出他无法容忍这种不及时通报情况的行为。他要求师长立即报告哪些部队已经启动，何时出动。

大德意志师师部拖了半个多小时才回复，内容主要是大德意志师主力仍被奥博扬公路以西242.1高地上的苏军坦克和反坦克炮死死挡住，坦克和突击炮则因佩纳河西岸苏军反坦克火力打击，尚未开始进攻上佩尼耶。根本无法在预定时间与第11装甲师会合。当然，这个回答让军部同样无法满意。

第11装甲师也对大德意志师推迟进攻一事一无所知，他们准时发动了进攻。第11装甲师满以为大德意志师已经扫清了左翼260.8高地的苏军炮兵和坦克，结果在拿下伊林斯基后，他们立刻遭到了260.8高地方向苏军炮火的猛烈射击。08时45分，第11装甲师的装甲群报告自己被迫在伊林斯基附近的高地反斜面（南坡）躲避苏军炮火，无法继续前进。

鉴于上午战况不利，第48装甲军决定将攻击的重点由大德意志师转移到第11装甲师地段。支援该军的炮兵和空军奉命以主力支援奥博扬公路以东的第11装甲师。大德意志师也必须尽快向上佩尼耶以西发动辅助攻势。大德意志师战史描述了之后的战斗情况：

大约在同一时间，得到突击炮营支援的GD装甲侦察营正在执行师下达的沿通向奥博扬道路向260.8高地推进的命令。进攻之前，"斯图卡"向北边的敌坦克和部队集结地发起了袭击。好几波次俯冲轰炸机将弹药准确地倾泻到俄国坦克上。每当一个车组被送上天堂时都会迸发出很高的火柱。在这样真正卓越的空中掩护下，装甲侦察营战斗群接近了260.8高地。

到10时30分，大德意志师侦察营和突击炮营已经沿奥博扬公路向北推进至260.8高地以南4公里处的242.1高地。

大德意志装甲掷弹兵团对上佩尼耶的进攻也得到了空军的大力支援：

大约在同一时间，09时许，2营和3营的装甲掷弹兵们决心再次冒着西面猛烈的侧射火力，彻底占领上佩尼耶。冯·施特拉赫维茨战斗群在上佩尼耶南缘附近以约19辆Ⅳ号、10辆虎式和大约10辆豹式坦克支援进攻。同时，几个"斯图卡"中队也发起密集进攻，将炸弹投掷在村中和佩纳河西岸的指定目标处，以削弱目标地域的敌人。

第48装甲军的档案文件却指出该师装甲部队是在上佩尼耶以北支援进攻，与大德意志师的战史说法不同。德军试图接近村子时遭到村内坦克第200旅以及佩纳河西岸苏军轻重武器的猛烈射击，大德意志师装甲群被迫后撤寻找掩护，掷弹兵们也被苏军各种炮弹炸得人仰马翻，好不容易在上佩尼耶东北角的一个大风车处找到隐蔽。由于再往前走没有任何掩护，掷弹兵们不敢冒险前进，攻势因此陷入停顿。

大德意志师了解这些战况后上报了军部，由于苏军火力猛烈且前方缺乏掩蔽，如果继续让步兵突击，会造成很大的伤亡，而且继续进攻几乎必败无疑。军部虽然同意他对形势的判断，但也指出，待对上佩尼耶形成合围，苏军形势恶化后，必须继续进攻。

起初，德军观察到一股苏军坦克驶出上佩尼耶，他们立刻通知了"大德意志"装甲团，德国人以为苏军是去攻击第11装甲师的侧翼。不久后，德国空军报告说发现大量步兵、车辆和牵引火炮从断壁残垣中向北退却。前沿的掷弹兵也发现苏军坦克、装甲车和炮兵从村东和村北的防御阵地撤出，向西渡过佩纳河。苏军的有组织后退得到了上佩尼耶以北的奥博扬公路两侧进入战壕的坦克掩护。

当苏军放弃村子外围后，德军终于可以继续推进，一路上几乎未遇抵抗。"大德意志"

"堡垒"行动期间，集结待命中的大德意志师装甲战斗群，具体拍摄时间不详。

装甲团则在"大德意志"燧发枪兵团配合下转向北。在公路以东，师属侦察营和突击炮营也向北攻击，于14时之前抵达新谢洛夫卡以南。在新谢洛夫卡东南方向，大约20辆进入掩蔽阵地的苏军坦克射击了德军。这些坦克来自坦克第86旅，双方最初交战距离足足有2500至3000米。第11装甲师第15装甲团这时开始从东面打击苏军的翼侧，苏军则试图同时迎击两面的威胁。斯图卡战机再次出现在战场上空，胜利终于朝着德国人倾斜。尽管"大德意志"装甲团6连有3辆坦克被打瘫，但苏军却被迫向北撤退。

15时45分，"大德意志"装甲团通过无线电报告师部，他的坦克在前往新谢洛夫卡的途中消灭了大量苏军坦克。SPW营跟随在装甲团之后沿公路向北前进。两个小时后，第10装甲旅报告已经抵达新谢洛夫卡以北4公里处，这里距离奥博扬只有不到20公里。不过此时左翼的第3装甲师第394装甲掷弹兵团报告，他们发现

包括坦克在内的苏军大部队正沿着瑟尔采沃以西的公路向北行进。德军空中侦察证实了这一情报，并且指出苏军纵队有3公里长，正在上佩尼耶以西6公里处。

第48装甲军虽然警觉起来，但是光根据这些模糊的情报，无法判断苏军的目的是撤退还是渡河攻击自己的左翼。接下来，空军又报告大约200辆苏军坦克正从北面向奥博扬公路赶来。他们应该就是坦克第10军。该军用了不到24个小时就从普罗霍罗夫卡西南地域穿过普肖尔河弯曲部来到第48装甲军前方的弗拉季米罗夫卡地域，可以说是一次非常漂亮的机动。

继续向北推进还是增援左翼，第48装甲军必须做出一个艰难的决定。经过连日苦战，曾经拥有442辆主力坦克的第48装甲军，如今只有不到161辆，其中大德意志师不到62辆坦克，已经无力同时解决两个方向的苏军。第4装甲集团军也没有任何装甲预备队。

在上佩尼耶附近集结准备继续进攻的"大德意志"装甲团的Ⅲ号坦克。

第48装甲军最终还是决定暂缓北上，主力向西准备应对侧翼的危机。大德意志师装甲群立即转向90度，朝上佩尼耶西北的251.4和247.0高地推进，准备从正面攻击挡在第3装甲师前方的苏军。加强的侦察营负责掩护装甲群西南翼侧。已经推进至奥博扬公路上三岔路口以南244.8高地南边的"大德意志"燧发枪兵团也停止进攻，在新谢洛夫卡以北和东北以及244.8高地以南建立防御。"大德意志"装甲掷弹兵团的1营和2营则在新谢洛夫卡以西和西北设防。

"大德意志"装甲侦察营和突击炮营于15时40分占领了新谢洛夫卡西南一座无人防守的高地，接着又向西南方推进了大约1公里，于天黑前在上佩尼耶西北的251.4高地建立了防御。侦察营的1个加强排向西又深入5至6公里，侦察了克鲁格利克一带。装甲群则在深夜24时遇到苏军坦克，双方发生交火。德军此后没有继续进攻，而是停下来补充油料、弹药，等待次日天明。

06时，第11装甲师发动了进攻，从左至右依次为师属装甲群（第15装甲团）、第110装甲掷弹兵团和第111装甲掷弹兵团。装甲群沿着与奥博扬公路平行的道路向北推进，快速穿过雷区后，来到伊林斯基以北的高地。虽然高地本身无人防守，但当他们刚翻过山顶，260.8高地的苏军坦克就立刻向他们倾泻了大量的炮火。按照计划，大德意志师早已应该占领了该地。装甲群的官兵们当机立断缩了回去。

第48装甲军立即组织军属炮兵主力对260.8高地实施火力覆盖，同时下令大德意志师和第11装甲师对高地进行协同攻击。一个斯图卡俯冲轰炸机中队也将飞抵战场提供支援。

根据第48装甲军的记录，在战斗中一种"新式苏制突击炮"的直接命中让第11装甲师两辆坦克"彻底报销"，开火的可能就是苏军的SU-152或SU-122自行火炮。

在装甲群等待火力准备开始的时候，步兵的进展较为顺利。第110装甲掷弹兵团2营将苏军近卫步兵第51师逐出了波克罗夫斯基，接着继续向北前进。东侧的第339掷弹兵团拿下了红波利亚纳村和别列戈沃伊村。最右侧的第111装甲掷弹兵团则前出到了苏霍索洛京诺。

大德意志师的坦克就位后对苏军发起攻击。第15装甲团趁苏军正面迎敌之时，从侧翼发起突击。第15装甲团2营利用一座密林覆盖的高地掩护，悄悄绕到苏军侧后发起攻击。苏军坦克兵直到挨了炮弹才意识到后方被包抄了。德军的斯图卡战机也同时来到战场上空，呼啸而下将T-34坦克挨个击毁。

第11装甲师的装甲群继续向前追击，不久后又遇到大约10辆苏军坦克。随行的空军联络官再次呼叫"斯图卡"支援，将苏军击退。天黑时，装甲群从新谢洛夫卡向前推进了3公里，抵达244.8高地以南。

该师当日坦克损失不大。22时45分呈

第15装甲团2营营长察哈里埃·林根塔尔上尉。

报军里的报告指出当时尚有26辆Ⅲ号和13辆Ⅳ号，5辆喷火坦克，5辆Ⅱ号，2辆指挥坦克和6辆150毫米自行火炮。经过近两个小时的抢修后，00时30分，第11装甲师报告可以出动的Ⅲ号和Ⅳ坦克数又恢复到了56辆。

中央地段

结束了7月8日晚到9日凌晨的战斗后，警卫旗队师只剩下57辆可以出动的坦克，包括40

辆Ⅳ号，10辆Ⅲ号，6辆指挥坦克和1辆虎式坦克。精疲力竭的装甲兵随后前往捷捷列维诺（北）进行休整，维修人员则忙着抢修战损的车辆。只剩1辆坦克可以战斗的虎式坦克连几乎无所事事。科林连长命令魏特曼去指挥这辆完好的虎式。而师属突击炮营就没那么轻松了，该营（7月8日20时50分尚有20辆）奉命和1个工兵连一道支援SS第1装甲掷弹兵团对索洛京卡河的进攻。此外，由于空军正根据第4装甲集团军的指示全力支援第48装甲军在奥博扬公路一线的进攻，因此对SS第2装甲军只能提供最低限度的侦察和支援。

10时，SS第1装甲掷弹兵团已经集结在大马亚奇基以北一道又宽又平、长约2公里、一直指向雷利斯基的河谷内，做好了再次进攻雷利斯基村的准备。该团将首先拿下当地，然后夺取苏霍索洛京诺。德军进攻前发现除了昨天的残骸以外，没有任何苏军步兵和坦克活动的蛛丝马迹。

等到炮兵做好射击准备后，进攻命令于12时发出。SS第1装甲掷弹兵团3营在右翼行动，1营则在左翼。当他们行进在茂盛的草原上时，炮兵和火箭炮轰击了雷利斯基和苏霍索洛京诺。掷弹兵在这个方向几乎没有遇到什么抵抗，只有苏军炮兵和一些迫击炮给掷弹兵们造成了少量伤亡。

13时，德军到达雷利斯基外围，仍然没有遇到苏军的抵抗。不久他们发现苏军已经放弃了该村。SS第1装甲掷弹兵团派出侦察兵前往苏霍索洛京诺查看敌情，14时20分，该团通过无线电报告师部，苏霍索洛京诺依然无人防守。苏军已经退到索洛京卡河西岸，并炸毁了苏霍索洛京诺的桥梁。可能隶属于坦克第31军的一些后卫坦克也向北退却，不久便失去踪迹。

7月9日，警卫旗队师几乎没进行任何激烈的战斗，因此当日只有12人阵亡，34人负伤，2

"堡垒"行动期间，刚刚夺取苏军一处反坦克壕的警卫旗队师掷弹兵。

人失踪。

凌晨时分，德国空军侦察到帝国师防线以东苏军活动迹象十分明显。前进观察员和听音哨也听到了对面坦克的轰鸣声。尽管如此，德军仍无法查明苏军具体会有什么样的动作。

天亮以后，空中侦察发现苏军坦克从加里宁和亚斯纳亚波利亚纳以东的树林驶出，开始集结。显然打算在上午发动进攻。帝国师命令师属装甲团在前线后方两公里处的奥泽罗夫斯基做预备队。维修人员加紧修理战损的车辆。该团将在此一直停留，直到7月12日下午才参战。

在帝国师南翼与第167步兵师的防线结合部，德军判断苏军肯定会对彼得罗夫斯基地域再次发动进攻。驻守这里的是以第627工兵营为核心组建的战斗群，他们得到了帝国师一个掷弹兵连的支援。不久后，东岸苏军开始用猛烈的炮火和坦克近距离射击掩护工兵在利波维顿涅茨河上架桥。由于担心苏军在北面同时发起坦克进攻，因此帝国师无法向这里派出更多兵力发动反击，只能依靠炮兵干扰苏军的架桥作业。虽然苏军工兵在德军炮击下伤亡很大，但仍坚持架桥。

在"德意志"团3营防守的捷捷列维诺（北）和"元首"团防御的加里宁地域，苏军的频繁活动意味着危机即将到来。天刚放亮，"德意志"团的观察员就发现大量苏军坦克和战斗车辆驶出斯托罗热沃耶树林，来到伊万诺夫斯基移民新村。几分钟后，大约25架苏军战机从东面出现，向团的后方飞去，对"元首"团在加里宁以南的团部进行了猛烈空袭。随后不久，第二波30多架飞机轰炸和扫射了在奥泽罗夫斯基装甲团驻地边上露营的"帝国"装甲侦察营。此次空袭造成了该营一些车辆、重武器和人员损失。苏联空军整个上午都在肆无忌惮地来回扫射，似乎丝毫不受德国空军干扰。

根据德军说法，苏军步兵和坦克试图从加里宁村东500米处一道宽阔平坦的河谷隐蔽集结，然后突然发起进攻。一名眼尖的观察员发现了苏军，接着呼叫炮兵射击，干扰苏军部队的集结。苏军要进攻德军阵地就必须首先翻越高出地面很多的铁路路基，如此一来德军的前沿警戒哨无论如何都可以提前发现。当然，这一切都无法阻止苏军进攻的决心，他们向加里宁的"元首"团1营发起了进攻。帝国师阵地上精心伪装的反坦克炮立刻一齐开火，将数辆T-34坦克打成火球，其余的很快就退了回去。

10时40分，苏军坦克兵再次攻击了捷捷列维诺（北）"德意志"团3营的防御阵地。一群T-34坦克从附近的树林冲出，直奔向西。坦克上搭载的苏军步兵用波波沙冲锋枪疯狂射击。德军则用迫击炮和20毫米高射炮及各种轻武器拦阻，反坦克炮也纷纷开火。坐在坦克上的步兵被迫跳车寻找隐蔽。苏军坦克兵中有一部分碾过德军阵地，进入捷捷列维诺。但没有步兵的保护，只能撤向附近的树林。

帝国师之所以能在没有坦克支援的条件下屡屡击败苏军坦克兵，主要是因为装备有大量的反坦克炮。SS第2装甲军的记录显示，7月9日时该师拥有31门50毫米Pak 38，26辆黄鼠狼Ⅲ型坦克歼击车（18辆搭载75毫米反坦克炮，9辆搭载缴获苏制的76.2毫米反坦克炮），超过了警卫旗队师和髑髅师反坦克炮的总和。

13时25分，苏军大约10辆坦克和数个步兵连再次攻击了涅恰耶夫卡的"元首"团。德军用猛烈准确的炮火给村东开阔地的苏军造成了巨大杀伤。不出意外地，对帝国师阵地的最后一次进攻也被击退了。

下午，前沿的观察哨发现大量T-34涌入捷捷列维诺（北）东北面数公里处斯托罗热沃耶

"帝国"装甲团重装甲连装备的虎式坦克。

附近树林。他们将会在次日对警卫旗队师和帝国师发动进攻。

　　髑髅师当日任务是向北出击，强渡普罗霍罗夫卡以西的普肖尔河。中路的"髑髅"团任务是在普罗霍罗夫卡以西12公里的红十月村强渡普肖尔河。右翼"艾克"团组成一个战斗群，在瓦西里耶夫卡和科兹洛夫卡渡过普肖尔河。"髑髅"装甲团在最西侧掩护两个团的侧翼，防止苏军从西北方向偷袭。

　　渡河之后，髑髅师的任务是拿下北岸的高地。因为普肖尔河北岸要比南岸高很多，是绝佳的防御阵地，如果不能迅速打开突破口，等到苏军在此巩固防线后就难以突破了。尤其北岸2公里左右的226.6高地是整个地段的制高点，苏军从这里可以俯视普肖尔河南岸的战场，从容呼唤炮兵打击德军，因此必须控制这一高地。

　　7月9日上午，髑髅师开始将阵地完全移交给第167步兵师，而装甲兵们则开始为后续的进攻做准备工作。

　　髑髅师做好向北进攻的准备后，师属突击炮营仍归第167步兵师指挥，该营不久就参加了209.5高地附近的战斗。普里斯师长将师部设在了卢奇基（南）以南的小树林中，结果立刻挨了苏军好几发炮弹的轰击，髑髅师怀疑附近有苏军游击队帮忙指引，因此匆忙将师部迁往了另一地点。

　　师属装甲侦察营于清晨06时率先出发。由于雷雨和苏军的空袭的干扰，先头部队花了3个多小时才赶到格列兹诺耶。过了该村，侦察营官兵发现这里地面干燥了许多，于是又向科切托夫卡推进。

　　"髑髅"团1营、"髑髅"装甲炮兵团4营与"髑髅"装甲团2营组成的鲍姆战斗群于10时10

分抵达卢奇基（北）。"髑髅"团剩下两个营则紧随后面，沿着前面车辆碾过的泥浆道路蹒跚前行。到达格列兹诺耶后，"髑髅"团又派出1个摩托车连（15连）前往东北方向的科切托夫卡侦察。该连遭到索洛京卡河附近树林里苏军的猛烈射击，赶紧后撤并报告了敌情。不久，德军战斗机开始出动，掩护地面部队作战。

鲍姆战斗群离开卢奇基后，穿过警卫旗队师和帝国师前一日战斗过的开阔地，直奔韦肖雷。德军一路上都能看到仍在冒着浓烟的苏军坦克的残骸以及阵亡士兵的尸体。髑髅师的坦克到达韦肖雷村外围后，各车车长用望远镜搜索反坦克炮和坦克的踪迹，掷弹兵们则做好了战斗的准备。

"髑髅"团团长奥托·鲍姆。

然而除了零星的炮火以外，鲍姆战斗群没有遇到任何抵抗。鲍姆团长随后向军部报告战斗群的坦克于13时15分到达韦肖雷外围。他接着又派出一支小侦察分队，在苏霍索洛京诺和科切托夫卡之间渡过索洛京卡河，试图与第48装甲军第11装甲师的先头部队建立联系。

与此同时，"髑髅"装甲团2营继续向科切托夫卡以东的224.5高地前进。14时之前不久，侦察分队报告已经和第11装甲师在奥博扬公路附近接上了头。根据侦察报告，此地有苏军装甲部队在活动，因此装甲营只能一边小心前进，一边随时准备战斗。突然，几辆T-34冲了出来，直扑5连韦伯所在的排：

我们停车向俄国人开火，打中了几辆，这些坦克停了下来，然后开始起火，其他坦克仍向我们冲来。一辆敌坦克在我们侧前方不到30米远，它开得如此之快，我差点没法命中。它也停了下来，开始燃起大火，接着炸成了一个巨大的火球。还有两辆T-34冲我们过来，显然是想撞我们的坦克。我用第二发炮弹打瘫了右边的一辆，另一辆迅速改变方向，但也被我们连其他坦克打瘫。奇怪的是，所有敌坦克被我们击中后，很快就会爆炸，接着变成一堆碎片。一辆敌坦克玩了命似的想跑，但我打中后装甲，停了下来，这是我此战的第3个战果。这一辆随后也开始燃烧并爆炸了。

髑髅师的另一名坦克车长罗尔夫·施泰特纳（Rolf Stettner）回忆了当天的遭遇战：

我们排成宽大的楔形队形，沿着一道河谷的底部向一处低矮的高地（224.5高地）前进。一位炮兵观察员坐在装甲车里跟我们一起行动。在我的坦克左边是乌策利诺(Uzelino)的Ⅲ号坦克，右边是我的排长布格舒尔特。越过高地后，我们看到前方是一片开阔地，远处有一条河谷。正前方500米左右出现了几辆T-34坦克。我们向它们开火，乌策利诺首发就把一辆打起了火。我看到右面有几辆T-34坦克也烧了起来。突然，我看到乌策利诺的坦克脱离了战斗队形："这个疯子在干嘛？"我看到乘员们迅速从车体后上方爬出，跳到地面上。

我们四周瞬间变成了人间地狱。左面有高射炮朝我们开火，右面则是反坦克炮。与此同时，俄国坦克从正面向我们扑来。

这时炮手喊了一声："击发器坏了。"我们麻烦大了！耳机中传来连长的声音："全连都有！退到斜坡后。"我不能把乌策利诺的车组弃之不顾，因此朝他们开过去，恰好另一发炮弹打中了他们的坦克。我们迅速将3名负伤的同志抬进坦克。乌策利诺和他的装填手尚能步行逃命。

施泰特纳和他的车组将伤员送到了后方，又修好了击发器重新加入了战斗。此时全营在224.5高地附近刚集结完毕。这时，德军又发现苏军坦克正在高地以南附近集结，准备发动进攻。"髑髅"装甲团2营的威廉·弗洛尔(Wihelm Flohr)连长立刻率部向高速冲击的苏军坦克侧翼发起突袭。施泰特纳这样描述了战斗的情形：

我们向前驶过高地，200米，300米，到400米时，我们突然发现先是20辆，接着30辆乃至更多的敌坦克。我们驶过两辆燃烧的残骸，停下来射击，然后继续前进。

炮弹打在我们的前装甲和炮塔上，我们在掩护下倒车寻找更好的射击位置并继续开火。虎式坦克加入了战斗。我们向前开了几米，先左转再右转，通过这种方式让敌人难以瞄准……战斗持续了数小时，直到最后一批坦克拼命逃窜，试图躲避我方炮火。我们前方留下14辆燃烧的坦克。一辆T-34坦克完好无损地被我们缴获。

这批苏军坦克可能来自坦克第237旅。打退苏军后，"髑髅"装甲团2营继续前往科切托夫卡。装甲兵发现一条小河直通索洛京卡河，沿着河谷可以隐蔽进入科切托夫卡，因此决定利用河谷从北边发起攻击。在河谷击毁了5辆T-34坦克后，弗洛尔的连作为营先头部队穿过河谷，直冲科切托夫卡。当"髑髅"装甲团2营的坦克冲出河谷，出现在村子外时，防御此地的苏军大吃一惊。施泰特纳描述了当时的情景：

在河谷的末端是一条很宽的峡谷，我们看到前面有一条道路通向我们右边的科切托夫卡。俄国坦克和一些其他车辆正穿过狭窄的村子。指挥官的命令是"自由射击！"第一发炮弹就将一辆卡车炸上了天。直接命中！弗洛尔急速向前，把我们都甩在身后。弗洛尔像往常一样在前方指挥全连。当他的坦克冲过去堵住道路时，我也跟在他后面。我们冲进村子，建立了牢固的射击阵地，我们从这里可以看清整个峡谷中苏军卡车和各种车辆正在逃跑。惊慌失措的苏军在峡谷底部逃窜，卡车则向南逃窜。

我们16门坦克主炮一起向敌人的士兵和车辆开火。由于坦克很难越过泥泞的河岸，因此无法实施追击。不过炮兵前进观察员再次上前引导炮兵打击溃散的敌人。

当髑髅师的坦克在科切托夫卡作战时，"髑髅"团2营也迅速穿过普肖尔河南岸3公里左右的格列兹诺耶，直扑普肖尔河。一路上地形平坦，没有任何天然障碍。不久后，髑髅师师属炮兵团在格列兹诺耶村外设立了炮兵阵地，同时派出前进炮兵观察员支援渡河行动。"髑髅"团3营也很快抵达格列兹诺耶，接着又向红十月村进发。但是此时天色已晚，鲍姆团长不敢在敌情、地形不明朗的情况下贸然夜战，因此又将3营撤回格列兹诺耶。这样该团虽然到达了普肖尔河南岸，却由于夜幕降临以及炮兵和航空兵无法提供有力支援而停止进攻。

"艾克"团在"髑髅"团和师属装甲团之后才行动。上午短暂而猛烈的雷雨影响了行军速度。等天放晴后，该团才开始快速前进。苏联空军和炮兵也没给该团在路上造成什么麻烦，等到3个营全部就位后，"艾克"团不等炮兵准备就绪就发起了进攻，先头部队迅速抵近

"堡垒"行动期间，髑髅师装甲团营部的一辆Ⅲ号坦克，注意车体前部三道竖杠的伪装师徽。

普肖尔河以南不到1公里的科兹洛夫卡和瓦西里耶夫卡。

进攻瓦西里耶夫卡的是"艾克"团1营，防守此地的近卫步兵第52师放弃了村子，没费一兵一卒的1营接着于20时50分占领附近的科兹洛夫卡。不过当"艾克"团1营试图渡河时，苏军的抵抗突然增强了，新锐抵达的摩托化步兵第11旅不仅寸土不让，他们身后的炮兵和火箭炮也开始拼命轰击所有渡河口。德军火箭炮部队也立刻予以还击。赫尔伯特·布伦嫩格尔回忆了当时的情形：

突然之间，魔鬼出现在我们身后——该怎么说呢？火箭弹从多个地点带着魔鬼般的尖叫，以惊人的速度蹿上天空。

我向自己的班叫道："卧倒！"然后我扭头朝后。我就看到这么多：火箭弹如同冰雹一般地毯式覆盖了地面！爆炸的冲击波开始主要打在我们左边，然后越来越接近我们的阵地。火箭弹像敲鼓一般猛烈锤击地面，大地在颤抖，我那可怜的小战壕上的沙土都被炸酥了……然后结束了。

无烟火药的臭味飘进我的战壕。每一群掷弹兵都趁着第二波火箭弹来袭前朝空中打白色信号弹："我们在这儿！"

这一意外的误击导致掷弹兵们无心再战。"艾克"团别无选择，只能让掷弹兵们开始休整，等待次日天明前再次发起进攻。

天黑后，"艾克"团的突击队利用夜幕掩护，划着橡皮艇试图渡河侦察，没等到达北岸就被苏军发现了。随后的几轮渡河行动都被炮火打退。苏军早已标定好了射击参数，尽管天色昏暗，仍可以准确命中目标。贝克尔团长意识到无法取胜，于凌晨04时15分叫停进攻。少数几个侥幸到达北岸的也只能退回南岸。更糟糕的是，一场短暂的滂沱大雨将整个地域变成了一片沼泽。

SS第2装甲军命令髑髅师于7月10日12时以两个装甲掷弹兵团在宽大正面上同时发起进攻。得到一个火箭炮营加强的师属炮兵团将全力支援此次进攻。空军也会出动战机攻击苏军在北岸和226.6高地的防御阵地以及整个普肖尔河弯曲部的炮兵阵地和观察哨。第680特种工兵团团部指挥的一支工兵部队奉命在普肖尔河桥头堡架起两座浮桥，以便髑髅师的重武器和弹药补给能够渡河。

虽然髑髅师参加了一些激烈的战斗，但人员损失并不大，只有19人阵亡，69人负伤，5人失踪。到21时05分，坦克相比7月8日20时50分少了5辆Ⅲ号，8辆Ⅳ号，3辆虎式和1辆指挥坦克，考虑到修复数，实际损失应大于上述数字。不过总体而言，由于控制了战场，因此彻底损毁的坦克并不多。

南侧地段

7月9日凌晨时分，第6装甲师以一个装甲营（不含喷火坦克）为核心组建了一个北方攻击群，由师长亲自指挥。两个炮兵营负责提供火力支援。该攻击群的任务是前出到远伊古缅卡至梅利霍沃之间的高地，突破苏军防线，占领梅利霍沃以北的高地以及什利亚霍沃，然后歼灭远伊古缅卡的苏军坦克集群。完成任务后，攻击群将左转90度，向西边的希申诺推进，与顿涅茨河一线的第168步兵师一起合围东岸的苏军近卫步兵第81师，肃清包围圈的任务交给第168步兵师。第7装甲师得到的指示是等待第198步兵师的到来后，将阵地移交给后者。

许纳斯多夫师长正在与师属装甲团团长冯·奥佩尔恩-布罗尼科夫斯基上校商讨战况。

与此同时，南方攻击群的任务是占领并肃清远伊古缅卡，歼灭南面3公里处树林中的苏军。第6装甲师的喷火坦克会在远伊古缅卡村支援他们的行动。

德军的补给卡车与第11装甲团6连和8连合之时被苏军炮兵观察员发现，他们立刻召唤炮兵对德国人进行了狂轰滥炸，反坦克炮也不失时机地开火。导致第11装甲团2营不少坦克被打坏，人员伤亡很大，攻击被迫推迟。奥佩尔恩上校只能留下一个坦克排和第114装甲掷弹兵团2营的两个半履带车连作为后卫，主力前往一处树林集结。

14时左右，德军北方攻击群才在第19装甲师第27装甲团2营协助下对梅利霍沃以北1.5公里左右的230.5高地发动进攻，并于15时报告第3装甲军，他们已经拿下了近卫步兵第280团防守的重要制高点230.3高地。只是当德军试图越过高地继续前进时，立刻遭到了密集的火力打击，只能退回反斜面躲藏。攻击他们的苏军可能是自行火炮第1004团和坦克第148团。

简单休整后，德军再次向西北方的萨贝尼诺进发。此时第168步兵师也从北顿涅茨河岸边缓慢推进。与此同时，第3装甲师的装甲群已经在远伊古缅卡突破苏军防御阵地，随后在希申诺以南的一个集体农庄遭遇苏军坦克。实际上，这批苏军坦克正在有序撤退之中。德军的压迫虽然造成了一些混乱，但总体上由于行动迟缓，只不过和苏军少量后卫交上火而已。

曼施泰因要求肯普夫集群用猛烈的炮火打击苏军从近伊古缅卡向北的退路，防止苏军逃出包围圈。然而，肯普夫集群不仅缺步兵和坦克，按照现在的消耗速度，就连炮弹也只够用4至5天。肯普夫希望可以出动德国空军阻截，但空军此时正忙于支援第4装甲集团军，无法抽调兵力快速支援别尔哥罗德东面，因此肯普夫只能使用自己的炮兵。

由于没有遇到抵抗，第168步兵师终于赶在傍晚之前抵近到近伊古缅卡以西。最后一些可能属于后卫的苏军步兵和坦克在试图突围时遭到德军炮兵打击，最终被歼灭。

当日日终时，北顿涅茨河以东地域终于被德军肃清，然而苏军却赢得了宝贵的时间，拖住了德军的进攻步伐。需要注意的是，近卫第7集团军是在仅有少量坦克支援的情况下，依靠步兵和反坦克炮，就让第3装甲军无法掩护SS第2装甲军的侧翼。突出德军包围圈后的苏军步兵和炮兵经过休整后，依然挡在第3装甲军的前方。

当晚，肯普夫装甲兵上将再次向曼施泰因抱怨空军大部分在第4装甲集团军地段，自己的部队得到的支援却很少。曼施泰因回答说，空军无法立即出现在任何地方，而且已经尽可能提供支援。曼施泰因向前者许诺，南方集团军群会尽力安排空军留下几个"斯图卡"大队支援肯普夫，支援近伊古缅卡地域。当晚，肯普

"堡垒"行动期间，正在经过某个苏军已经弃守的小村的第6装甲师的掷弹兵部队。

夫战役集群询问次日09时能否得到两个"斯图卡"大队的支援。06时40分，空军联络军官回复，别尔哥罗德东北方向的两个"斯图卡"大队可以提供对地支援。

第7装甲师当天主要就是进行休整，进攻任务交给第6和第19装甲师的两个攻击群。此外，从04时开始，第7装甲掷弹兵团将巴特拉茨卡亚林场和米亚索耶多沃以南的大片树林交给第198步兵师第326步兵团的1营和2营防守。只在西面进行了非常积极的侦察行动，以防苏军打乱其换防。第503重装甲营的罗森少尉回忆了当天的情况：

7月9日进行得很平静。我和其他很多人一样睡得很香。第25装甲团掩护师的侧翼。

当天没有任何计划变更。我奉命去向下令让我侦察河谷尽头树林的指挥官报告情况。

在夜间我们听到了坦克的声音。我的两辆虎式坦克在高地上为我提供掩护。我开着自己的坦克，魏格尔上士也驾驶他的坦克配合我。

炮塔舱门被紧紧关闭，坦克做好了战斗准备。坦克前进！我们沿着斜坡边上驶过开阔地，开向距离一个茂密森林边缘400码（约365.8米）的地方。

我们停下来查看情况，什么都没有。我们再次开动引擎，突然看到闪光，下一秒一发炮弹就打了过来。坦克正面被直接命中。空气都在颤抖，我有些晕头转向。我朝猜测的方向发射了一发高爆弹。但是我们又被多次命中，这次是在右侧。我让坦克开回出发位置。两辆虎式都再次被命中。不过这次诱导轮被打坏了。俄国人很清楚这里是虎式坦克的弱点。在后方提供掩护的两辆虎式坦克向森林边缘冲出的两辆苏军自行火炮射击，很快将其干掉。

当天苏联空军出动非常频繁，不停扫射和轰炸第7装甲师后方地域。经过连日激战，该师宣称在7月5日至8日这4天的战斗中击毁和缴获苏军65辆坦克和6辆122毫米自行火炮，有528名苏军官兵被俘或叛变。

第19装甲师的南方攻击群主要任务是彻底肃清近伊古缅卡以及附近树林的苏军，然后向希申诺推进。

此时在远伊古缅卡以北还有第6装甲师第114装甲掷弹兵团1营，但德国人只能望着村子前方的反坦克壕和雷区无可奈何。工兵根本不敢在没有火力掩护的情况下冒险排雷。更要命的是，根据无线电监听得到的情报，苏军将会很快突向211.1高地。

第114装甲掷弹兵团1营立刻向第19装甲师师长施密特中将报告，该营可以拖延苏军进攻时间，但无力打退进攻。施密特师长随后亲自命令第503重装甲营营长卡格内克上尉出动1个连前往211.1高地增援。

卡格内克上尉抽调了1个虎式坦克连前往增援，这个连7月8日时只剩下大约4辆虎式坦克可用。但这4辆虎式坦克在掷弹兵配合下很快占领了211.1高地，稳定了局面。

08时，南方攻击群第442掷弹兵团的一个营攻击了近伊古缅卡西南角，试图消灭最后一股抵抗的苏军。然而苏军在强击机的掩护下发动了一次团级的反冲锋，德军抵挡不住，只能边打边退。到14时，该营被切为数段，只能各自为战、苦苦支撑，人员伤亡很大。团长只能立即请求增援。

第19装甲师此时既没有坦克，也没有多余的步兵，只得调动第19装甲侦察营救援。同时，第19装甲师还向第3装甲军求救："第442掷弹兵团顶不住了。"

第19装甲侦察营试图从南边攻击苏军侧

翼，但在苏军战机的攻击下只能先寻找隐蔽。等到苏军飞机离开后，全营所有半履带车和装甲车火力全开，沿着狭窄的街道攻击苏军阵地。掷弹兵们也开始反击，最后将苏军逐出了村子。

德军当面的苏军第69集团军下属近卫步兵第35军在行动总结中描述了当天的战况：

> 步兵第3营1连余部经过众寡悬殊的战斗后于19时退向安德烈耶夫卡，继续与步兵第2营一起抗击敌人的进攻……近卫炮兵第197团和近卫步兵第282团的指战员们英勇地坚守自己的防线，在极近距离上向敌坦克和步兵射击。炮兵第3营的战士们在被敌坦克和自动枪手包围后，建立了环形防御，先用火炮射击，再用冲锋枪开火，还发动了反冲击。许多炮手在20至30米距离上向坦克开火。他们拒绝放弃自己的火炮，被冲过来的敌坦克履带碾死。

> 近卫步兵第92师所属部队在激烈的战斗中击毁了敌人60辆坦克，自己也损失了大量的人员和装备（仅火炮就损失16门）。在波斯特尼科夫小村的战斗中，英勇的近卫炮兵第197团团长沙波瓦洛夫（Shapovalov）中校和炮兵第3营营长近卫军高级中尉斯莫尔日（S. S. Smorzh）为国捐躯。

总结

当第4装甲集团军在7月8日命令SS第2装甲军转向西面发动进攻的时候，苏军也感觉到坦克第1集团军在奥博扬公路两侧防线有被突破的危险。由于在普罗霍罗夫卡地域有新锐的近卫坦克第5集团军，因此可以放心大胆地将普罗霍罗夫卡—捷捷列维诺地域的坦克第10军和近卫坦克第5军调到右翼增援。

尽管如此，德军第4装甲集团军在7月9日取得的进展仍然不错。各装甲师/装甲掷弹兵师部分完成了既定的任务，控制了坦克第1集团军和近卫第6集团军第二道防御带上的要冲：上佩尼耶、苏霍索洛京诺和格列兹诺耶。尤其SS第2装甲军把索洛京卡河一线的坦克第31军击退，为突向普罗霍罗夫卡创造了有利条件。髑髅师占领了普肖尔河南岸的红十月村，部分占领瓦西里耶夫卡，虽然没能在北岸建立桥头堡，但仍是不错的成就。

第48装甲军虽然未能围歼佩纳河弯曲部的苏军，却攻克了苏军的几个要点，距离苏军第三条防御带只剩下十几公里。只是来自侧翼的威胁让该军无法乘胜前进。

尽管德军能够以精湛的航空兵、装甲兵以及步兵和炮兵的密切协同大量杀伤苏军的有生力量，但迄今为止，仍未能合围营规模以上的苏军。并且作为主力中的主力，第48装甲军表现不仅没有SS第2装甲军抢眼，可用坦克数也下降到了132辆。虽然德军最高统帅部批准了南方集团军群调动预备队第24装甲军的要求，但后者也就147辆坦克，对比苏军新锐的近卫坦克第5集团军，德国人的形势实在不太乐观。

第九章 7月10日：德军突破普肖尔河

7月5日开始，德国中央集团军群和南方集团军群分别在北线和南线各以4个装甲师和9个装甲或装甲掷弹兵师对苏军的中央方面军和沃罗涅日方面军展开了强大的进攻。不过在苏军花费数月精心构筑的防御体系面前，进展乏善可陈，只有警卫旗队师在首日迅速突破苏军主防御带，前出到第二防御带，接着又在次日不仅突破第二防御带，甚至渗透到了第三防御带。帝国师的表现稍逊，但也不错。

北线战场，中央方面军司令罗科索夫斯基大将虽然发动了一次协同糟糕且以失败告终的反击，但迅速调整战术，凭借雄厚的实力挡住了德军第9集团军对第二防御带上的重要支撑点波内里以及对奥利霍瓦特卡和萨莫杜罗夫卡方向上的轮番进攻。

库尔斯克南线形势要复杂得多，沃罗涅日方面军面对的是在德军第4航空队（约1200架飞机，主力为第8航空军，7月1日时可用数量为966架德军战机和90架匈牙利战机）支援下的35万德军部队，配备1508辆坦克和突击炮（7月4日数据，不含坦克歼击车）、1134门身管压制火炮(105毫米和150毫米)和火箭炮。

苏军一线的近卫第6和第7集团军合计不到16万人，坦克和自行火炮只有400辆左右，火炮和火箭炮总数为741门，为他们提供支援的空军第2集团军在7月4日时约有1030架战机。当然，近卫第6和第7集团军共有1079门反坦克炮，其中80%左右为45毫米反坦克炮。仅依靠上述这些力量无法在主防御带和第二防御带上挡住质量和数量均占优势的德军。

依靠战前修筑的防御体系，加上德军失误，瓦图京大将在绝大多数地段上控制住了局势，同时判断出德军的主攻方向——奥博扬，因此立即调动预备队坦克第1集团军前出到佩纳河弯曲部和雅科夫列沃以西地段，以牢固的防御和积极的反击挡住实力最强的第48装甲军。尽管近卫步兵第23军军长的指挥失误导致近卫步兵第51师和近卫坦克第5军防线被警卫旗队师突破，瓦图京仍可以凭借自己的预备队威胁第4装甲集团军两个装甲军的侧翼，不让德军全力向奥博扬和普罗霍罗夫卡方向推进。近卫第7集团军也依托地利和防线死死拖住了肯普夫集团军级支队。

斯大林和华西列夫斯基也在7月7日为沃罗涅日方面军加强了坦克第10军、坦克第2军和空军第17集团军。苏军用4个坦克军对SS第2装甲军发起的反击却以失败告终。第4装甲集团军随后将SS第2装甲军转向西面，协助第48装甲军。7月9日晚，第48装甲军的前锋冲到了新谢洛夫卡以北，但左翼的威胁迫使该军转向西迎战苏军，无法再向北突击。

此时，德军已经变成了强攻，尽管他们突

破了沃罗涅日方面军的两道防御带，深入防线35公里，但苏军仍勉强维持住了防线。只是炮兵损失严重，超过10个反坦克歼击炮兵团损失了全部技术装备，另有至少20个损失过半。斯大林对库尔斯克南线的形势也非常担忧，因此批准了华西列夫斯基元帅转达的瓦图京大将的请求，命令近卫坦克第5集团军（7月5日起加强了坦克第18军）前出到旧奥斯科尔地域。7月8日，近卫第5集团军也转隶给瓦图京。而草原军区也在7月9日改编为草原方面军，准备迎敌。

1943年7月9日的第4装甲集团军纪要指出，虽然上午进展不大，但第48装甲军各师的"积极"行动，好歹没有陷入僵局。只是最精锐的大德意志师装甲部队在苏军雷场中折损大半，第3装甲师在侧翼逡巡不前，仅第11装甲师取得部分进展。需要注意的是，第48装甲军起初坦克数远远超过SS第2装甲军，战果却远远不如后者。虽然苏军向第48装甲军方向投入了强大的坦克第1集团军，但德军两个装甲军指挥和战术的差别也是重要原因之一。

对于苏军来说，现在的形势非常艰难。坦克第1集团军虽然挡住了第48装甲军，近卫第7集团军也死死咬住了肯普夫集团军级支队，却没能用4个坦克军的反击拦住SS第2装甲军。

第52步兵军军长欧根·奥特步兵上将。

在第48装甲军的左翼，第4装甲集团军希望第52步兵军能发动掩护攻势，将苏军从佩纳河弯曲部吸引开来。情报显示，沃罗涅日方面军的第40集团军向第52军右翼投入了一个坦克团的预备队，威胁第52军与第48装甲军的结合部。第4装甲集团军希望该军能在装甲师肃清佩纳河弯曲部时缠住这股苏军。

可是第52步兵军本身实力就非常虚弱，又分散在宽大的战线上，加上没有任何装甲力量。因此该军认为自己无力抽调大量兵力到受威胁的地段。曼施泰因元帅也认为第52步兵军在没有装甲兵、空军支援的情况下不可能完成任务。

此外，纪要还显示SS第2装甲军已经按照命令拿下了科切托夫卡，却由于苏军的顽强抵抗，没有在普肖尔河北岸建立桥头堡。这一说法并不完全准确，实际上，由于与第167步兵师换防时遭到苏军坦克的威胁，髑髅师只能将师属突击炮营留在原地，以备不测。此外，暴雨和泥泞迟滞了部队的行军，装甲群与步兵分别朝不同方向突击，炮兵团花费很长时间才准备就绪，以上种种因素导致向北进攻的髑髅师在强渡普肖尔河时无法得到装甲力量的增援。"髑髅"团没有在白天冒死渡河，只有"艾克"团在消灭科兹洛夫卡的苏军后出动1营进行了试探性进攻，结果遭到友军火箭炮的误炸，进攻停止。

7月9日午夜，曼施泰因元帅与霍特上将进行了无线电交谈。根据这份谈话纪要的内容，曼施泰因认同了霍特对当日战况的看法以及7月10日的作战计划，但他非常担心顿涅茨河东岸存在强大的苏军以及第3装甲军进展的缓慢。因此，曼施泰因希望霍特能抽调一个装甲师协助肯普夫推进。这个要求无论在哪里都是令人非常反感的事情。霍特也不例外，何况还是在他没有预备队的情况下。即便是暂时调动，如果该师在南面深陷苦战，很可能就要不回来了。霍特随后提议等占领普罗霍罗夫卡后，SS第2装甲军再南下攻击近卫第7集团军的后方。这一计划虽然不错，但却无法说服曼施泰因。南方集

亲自在前线观战的德国南方集团军群指挥官曼施泰因元帅。

团军群还是下达了以一个师渡过北顿涅茨河向南攻击的指令。

霍特在接到明确指示后立刻想到了应对的方法。他上报说已经下达了第4装甲集团军的第5号命令，现在已经来不及收回了，不过曼施泰因也没有再坚持自己的决定，如此一来，肯普夫战役集群只能依靠自己的力量追上SS第2装甲军的攻击矛头。

1943年7月9日晚，第4装甲集团军发布了第5号命令：

（1）1943年7月9日，敌军未对装甲集团军东面侧翼发动攻击。在SS第2装甲军和第48装甲军当面，敌向北且战且退，并试图守住佩纳河西岸。向北面拉科沃地段的退却于7月9日下午被阻止。敌人放弃了对第52步兵军西侧翼的攻击。沃斯霍德村被再次占领。敌人新的摩托化部队正从西边的新奥斯科尔和旧奥斯科尔方向赶来。

（2）第4装甲集团军通过向东北发动进攻并合围佩纳河弯曲部敌军，扩大进攻楔子，借此为进一步向东北进攻创造条件。

（3）第167步兵师将接手髑髅师现有防线。

（4）SS第2装甲军将攻击普罗霍罗夫卡西南之敌，迫其向东撤退。占领普罗霍罗夫卡西北面普肖尔河两岸的高地。

（5）第48装甲军在奥博扬方向侧翼得到掩护的同时，歼灭佩纳河西岸的近卫坦克第6军（此处德军情报有误，实际为苏军坦克第6军）。为此应继续采取旨在从新谢洛夫卡朝西南方向包抄敌人的策略。有必要对伊林斯基—希佩地段的普肖尔河采取侦察行动。第167步兵师的三分之一兵力仍将隶属于该地段的装甲集团军部队。预期第167步兵师北面翼侧所急需的预备队将在7月11日抵达。

（6）第52步兵军继续坚守现有阵地，并根据装甲集团军的命令，做好在阿列克谢耶夫卡-扎维多夫卡地段强渡佩纳河的准备。必须在7月10日这一天抓住一切机会实施渡河。

（7）确保现有通信方式的畅通。

（8）集团军指挥部：亚历山德罗夫卡火车站。

从这份命令中可以看出，第4装甲集团军还不知道近卫坦克第5集团军已经抵达了战场。

西侧地段

从7月9日夜至10日凌晨，苏德双方一直在为争夺瑟尔采沃村打得热火朝天。苏军不断以连级兵力发起反击，都被打退。天亮时，苏军突然停止了进攻。德军才渐渐明白这些进攻不过是为了掩护后撤而已。在佩纳河西岸，大量苏军车队正不断向北驶去。根据德军报告，仅仅在瑟尔采沃—上佩尼耶地域就清点出450具苏军战士遗体。此外，德军还抓获不少战俘，其中甚至有一些高级军官。其中一人在审讯时提供了一些有意思的情报。比如，他指出苏军统帅部早就对"堡垒"战役的情况了如指掌，德军会从奥廖尔和别尔哥罗德两个地域发动进攻。

当第3装甲师接到支援大德意志师对258.5高地的进攻命令后，第3装甲师装甲群渡过佩纳河，与大德意志师装甲群一起在243.0和258.5高地一带同苏军坦克进行了激战。德国空军也提供了强力支援。第6装甲团宣称在战斗中打瘫5辆苏军坦克，空军也击毁击伤了不少。截至20时，德军一共击毁了苏军50辆坦克。

第3装甲师的装甲群随后沿着公路从258.5高地向南推进。起初未遇抵抗，但仅仅走了不到1公里，他们就在托尔斯托耶树林遭到苏军反坦克炮的伏击。苏军的阵地位于公路的西侧。由于苏军伪装得很好，德军根本无法锁定其火炮阵地，只能漫无目的地向树林边缘胡乱开火。由于缺乏步兵，装甲群无法突击树林，奉命支援装甲群的师属侦察营也无法在天黑前赶到。装甲群最终只能停了下来，并不时地向树林里开火。

入夜之后，整个战线上只有零星交火，没有大规模的战斗。第3装甲师奉命次日继续出动装甲群支援大德意志师攻击别列佐夫卡。德国空军也会在7月11日07时45分发动攻击。军属和师属炮兵将对托尔斯托耶树林和别列佐夫卡地域进行火力准备，压制苏军的反坦克炮。

大德意志师在天亮以前就收缩到244.8高地以南集结。普肖尔河岸就在东北10公里处，德军没有打算继续推进。第48装甲军决定在7月10日先切断并消灭佩纳河弯曲部的苏军，主要是机械化第3军、坦克第6军、近卫步兵第67和第90师。

为此，大德意志师需向西推进至佩纳河弯曲部中央南北走向的克鲁格利克—别列佐夫卡公路，然后装甲部队转向南，夺取上佩尼耶以西的258.5高地。然而坦克第6军抢在大德意志师赶到258.5高地之前，在西南的托尔斯托耶树林建立了牢固的防御阵地。

按照计划，第11装甲师装甲群应接替大德意志师装甲部队守卫244.8高地。直到天亮，第

11装甲师的部队仍未出现。当大德意志师的装甲部队焦急等待之时，06时，苏军以10至12辆坦克伴随一个步兵营的兵力对高地发动进攻。经过一个小时的战斗，德军击退了苏军，自身也遭受了一些损失。"大德意志"装甲团2营的一辆指挥坦克炮塔被直接命中，炮手阵亡，施特拉赫维茨团长也在战斗中被主炮开火后的后坐力挤伤，肩膀和一条胳膊负伤，只能将指挥权移交给瓦尔特·冯·维特斯海姆（Walter Von Wietersheim）上尉。

等第11装甲师的坦克和半履带车到达后，大德意志师装甲群才开始动身。"大德意志"掷弹兵团1营前往卡林诺夫卡建立阻击阵地，防止苏军攻击大德意志师后方。师属装甲侦察营和突击炮营在克鲁格里克以南的247.0高地

"大德意志"装甲团2营营长瓦尔特·冯·维斯特海姆上尉。

掩护装甲群右翼。12时前，他们到达了卡林诺夫卡所在的河谷边缘。这条河谷向南一直延伸到258.5高地，守卫卡林诺夫卡的是坦克第6军一部，在他们身后还有大约100辆坦克的坦克第10军。

此时，大德意志师的装甲群冒着大雨在奥博扬公路以西5公里处向克鲁格里克公路进攻，一路十分顺利。"大德意志"燧发枪兵团跟在装甲侦察营和突击炮营后方。当装甲群转向西南时，一些苏军坦克从卡林诺夫卡杀出。双方在卡林诺夫卡东北的232.8高地打了几个小时，苏军被迫撤回村子。大德意志师装甲群则继续向258.5高地推进。

当天的倾盆大雨拖慢了大德意志师装甲群

的速度，等到他们来到258.5高地北侧时，又遭到苏军反坦克炮和坦克的射击。15时，装甲群报告已经接近高地，但仍在与苏军激战，而且后者不断有新的坦克部队从北方过来增援。根据德军报告，35至50辆苏军坦克正从卡林诺夫卡南下。大德意志师请求第48装甲军调动第3装甲师发动牵制进攻，吸引苏军坦克。第48装甲军同意了这一请求，第3装甲师一个战斗群迅速从上佩尼耶出发，渡过佩纳河。虽然苏联空军在上佩尼耶—卡林诺夫卡之间空域活动频繁，但受到雷雨天气影响，没有加以拦截。

此时"大德意志"燧发枪兵团也跟上了装甲群。先头营与苏军6辆坦克发生交火。正当大德意志师与苏军激战时，第3装甲师的部队及时赶到，从后方攻击了苏军坦克。苏军最终放弃了258.5高地。20时45分，大德意志师装甲群抵达山顶。由于装甲群随后遭到苏军炮兵和反坦克炮的打击，被迫退回高地以北反斜面建立防御。

大德意志师装甲群当天宣称重创和击毁49辆坦克。根据苏军资料，坦克第6军在7月10日因坦克战和德军空袭总共损失了大约65辆坦克。《苏联总参研究》对此是这样描述的：

7月9日晚，敌人已经察觉到坦克第6军和机械化第3军之间的结合部。德军于夜间在上佩尼耶以北的河谷和果树林集中了包括40辆虎式在内的100辆坦克和摩托化步兵，在7月10日04时继续向243.0高地发动攻势。经过3个小时的战斗，敌人占领了高地，但因遭到坦克第112和第200旅的反突击，无法继续前进。

重新集结后，德军于13时继续攻击，到日终时将坦克第200旅击退；敌一部到达诺韦尼科耶外围，威胁到了坦克第6军和步兵第184师的侧后。

坦克第200和第112旅的个别坦克和摩托化

大德意志师的一个后方维修站，从照片中可以看到这里至少停放了3辆豹式坦克，2辆Ⅲ号坦克和1辆Ⅳ号坦克，地点很可能在别尔哥罗德附近。

步兵集群在别列佐夫卡以北地域被分割包围，他们与敌坦克和步兵坚持战斗到夜幕降临，然后开始在别列佐夫卡地域重新集结。

经过激烈的战斗，坦克第6军损失很大，到7月10日日终时，全军只剩35辆坦克和10门反坦克炮可用。天黑后，军开始收拢在白天战斗时分散的坦克，并建立反坦克防御。

上述记录基本准确，只不过按照惯例对德军坦克，尤其虎式坦克数量的描述多有夸大而已。

当大德意志师和第3装甲师与坦克第6军战斗之时，大德意志师剩下部队仍在卡林诺夫卡地域战斗。当第11装甲师师属侦察营到达后，大德意志师装甲侦察营与突击炮营在卡林诺夫卡会合，然后向西推进，掩护师的右翼。没多久，侦察营和突击炮营遭遇了大约15辆苏军坦克，但被突击炮营击退。德军此后继续向克鲁格里克进攻，进入一条河谷的东面。

在地形掩护下，德军隐蔽接近到距离克鲁格里克1公里以内。不少苏军辎重车仍在该村进进出出，对德军的到来丝毫没有察觉。"大德意志"突击炮营营长弗朗次少校决定在占据射击阵地后发起攻击。他对此回忆道：

黄昏来临，我坚信如果切断公路，克鲁格里克之敌就会乱作一团。我打算用营的另外两个连——1连和2连占领克鲁格里克村。两个连以宽大阵形全速冲向村子。一开始没有任何抵抗。在距离村子300米的时候，我突然看到燃烧的箭状物从克鲁格里克外围朝我们飞奔而来。还没等我搞清楚是什么，在行进的突击炮集群正前方就爆炸开来。我旁边的那辆车——我觉得是1连的瓦赫特迈斯特·布劳纳的座车——开始冒烟。谢天谢地，结果只是每辆突击炮上都

会装备的发烟罐而已。这辆车的车体正面被直接命中，但毫发无伤。

从爆炸和炮弹的威力来看，我们遭到了一辆"斯大林管风琴"的直瞄射击，这是我们在这次战役中首次遇到类似事情。

虽然突击炮营切断了从南方通往克鲁格里克的公路，但由于缺乏步兵，无法占领村子。夜黑后，侦察营和突击炮营开始就地建立防御并过夜。

大德意志师虽然当天取得了一些进展，但代价是改变进攻方向及人员和装备的损失。

第11装甲师当日首要任务是在244.8高地附近掩护奥博扬公路两侧。左翼的第110装甲掷弹兵团在232.8高地附近设防，同时与卡林诺夫卡的大德意志师建立联系。该团计划在上午占领232.8高地，阻止苏军炮兵观察员利用这一制高点。右翼的第111装甲掷弹兵团在244.8高地及以东的树林之间设防。

06时，当大德意志师装甲群等待第11装甲师前来换防时，244.8高地的苏军就以大约1个步兵营和10至12辆坦克发动了一次进攻。大德意志师只能先打退苏军的进攻再说。

与此同时，苏军在卡林诺夫卡攻击了第11装甲师的左翼。此时德军侦察发现232.8高地反斜面上集结了不少苏军坦克，加上后者炮兵和火箭炮的不断打击，因此必须彻底占领这一高地才能消除威胁。

起初，第48装甲军要求第11装甲师必须抢在苏军进一步巩固防御之前拿下高地。但等到第11装甲师报告苏军几乎完全放弃了索洛京卡河西岸地域后，第48装甲军又下令第11装甲师尽快以师属装甲团夺取232.8高地，然后转向右侧，将右翼延伸至普肖尔河。第11装甲师的一个150毫米榴弹炮连负责轰击一座关键的桥梁和

集结待命的第 15 装甲团 2 营的 Ⅲ 号坦克群。

奥博扬公路的一部分，希望可以迟滞从北方赶来的苏军增援部队。

第11装甲侦察营在1个装甲营支援下向232.8高地发动进攻，经过3个小时的战斗，终于将苏军赶下高地。在高地以西，第11装甲师和大德意志师建立了可靠的联系，装甲群开始准备向东边的普肖尔河进发。机动分队经过侦察后发现这一地域的防御极为薄弱，但北岸苏军的活动十分频繁，大量坦克和满载步兵的卡车正在通行。

尽管遭到炮击，但苏军坦克不断抵达244.8高地。显然苏军决心不惜一切代价死守这一支撑点，阻止德军向北突破。下午晚些时候，第11装甲师报告高地上有不下四五十辆坦克，如果没有空军的强力支援，根本无法攻克。

中央地段

接到第4装甲集团军的命令后，SS第2装甲军也制订了自己的作战计划，并于7月9日22时向下属3个装甲掷弹兵师发布了作战命令：

（1）SS第2装甲军当面之敌已经在7月8日被极大削弱，但仍在坦克支援下继续积极地进行防御战斗。最强大的坦克集群位于奥博扬东南。必须防范敌新锐坦克和摩托化预备队到达普罗霍罗夫卡及其以西地域。

（2）SS第2装甲军在调整兵力部署、确保两翼安全后，向东北方的普罗霍罗夫卡—卡尔塔谢夫卡移动5公里处高地一线发动攻击，歼灭此地的敌人。

（3）任务：

SS"DR"师（帝国）右翼留在先前的战线并调整部署，以便"德意志"团可以在"LAH"师之后攻击并掩护其右翼。如果侧翼没有发现敌人更强大的部队，那么应通过建立支撑点的方式占领警戒线。

SS"LAH"师（警卫旗队）经过准备后，

从捷捷列维诺西南地域集中装甲兵沿主要道路向东北发动进攻，并占领普罗霍罗夫卡。

SS "TK" 师（髑髅）于夜间在指定地域建立桥头堡，使坦克渡过普肖尔河，同时向普肖尔河河谷及以北发动进攻，夺取别列戈沃耶及其西北的数个高地。装甲营在不被察觉的情况下进抵普肖尔河以北。需要在索洛京卡河——普肖尔河——奥利相卡河东南岸一线确保左翼的安全。与掩护索洛京卡以北地域不受北翼威胁的第11装甲师保持联系。如果没有更强的敌军部队到来，则通过建立支撑点的方式掩护侧翼。

（4）侦察：在伊万诺夫卡——普拉沃罗季——克拉斯诺耶——亚姆基——波戈列洛夫卡（含其周围）——下古森卡——顿涅茨卡亚谢伊米察河——希米切夫（含）……奥利相卡——紧邻奥利相卡以西的居民点……红十月村。

分界线："DR" 师在右，"LAH" 师在左。分界线为伊万诺夫斯基移民新村以西树林——斯托罗热沃耶——列斯基（"LAH" 师侧翼部队防守）——赫拉莫夫——普里兹纳奇诺耶（"DR" 师防守）。

分界线："LAH" 师在右，"TK" 师在左。分界线为普肖尔河东岸居民点（"TK" 师防守）……至奥利相卡（"TK" 师防守）。

（5）如果天气良好，空军将以战术空中侦察和轰炸机支援 "LAH" 师和 "DR" 师的进攻部队。

（6）第680工兵团团长将领导架桥纵队于黎明前前往卢奇基。架桥纵队营在髑髅师的一个战斗群之后，任务是等待适当时机在河上建立渡口。

（7）军火箭炮团的3个连将加强给髑髅师。这些炮兵连于今晚起身前往卢奇基。军属火箭炮团团长则在帝国师作战队形中行动。

（8）SS第2装甲军应从7月10日06时起控制通往加里宁——卢奇基（及其毗邻的居民点）的公路。

（9）攻击发起时间："LAH" 师为08时；"TK" 师应报告整晚建立桥头堡行动的进展。

（10）通讯手段：电话和无线电。考虑到通讯线路会被切断，使用无线电会更好一些。

（11）军的指挥点仍留在原地。

从表面上来看，德军的计划与最初时一致，仍然要向东北的普罗霍罗夫卡发起突击。

根据计划，警卫旗队师将天明后用全部炮兵炮击苏军阵地，然后于08时，以师属炮兵团（不含装备105毫米炮的第12连，原因为弹药供应不足）和第55火箭炮团（缺1个营）进行5分钟炮火准备，接着出动加强突击炮营、虎式坦克连（4辆虎式）、1个工兵连和师属高炮营5连的SS第2装甲掷弹兵团冲击普罗霍罗夫卡西南的苏军防线，拿下该城，最终抵达城东。左翼，得到一个坦克歼击连加强的师属装甲侦察营在SS第2装甲掷弹兵团突破成功后，从共青团员国营农场以北迂回，穿过十月国营农场，夺取252.4高地后原地设防。"警卫旗队" 装甲团（缺虎式坦克连）在捷捷列维诺（北）——卢奇基（北）（不含这两村庄）之间公路以南待机，准备在加强的SS第2装甲掷弹兵团之后行动。虎式坦克连会在突破苏军防线后回归建制。师属高炮营6连则加入师属炮兵团编制。加强有坦克歼击营（缺1个连）和师属高炮营4连的SS第1装甲掷弹兵团在大马亚奇基以东做好夺取并坚守斯托罗热沃耶、亚姆基和普罗霍罗夫卡以南的准备。

从某种角度来说，由于警卫旗队师在这一天重新开始向普罗霍罗夫卡的推进，因此可以把7月10日看作普罗霍罗夫卡之战的开始。对于该师来说，左翼的髑髅师成败与否尤为重要，

"堡垒"行动期间，SS第2装甲掷弹兵团1营营长汉斯·贝克尔正在与师属突击炮营3连连长莱特林格交谈。

只有占领了普肖尔河北岸的226.6高地，才能消除苏军炮兵对普肖尔河与铁路之间的普罗霍罗夫卡西南走廊的威胁。在这里地形平坦开阔，适合坦克交战，但是却缺少掩蔽物。

此外，德军进攻还取决于空军的支援力度。对于正面攻坚这种最困难的作战方式来说，航空兵和炮兵火力准备的效果好坏几乎决定了战斗的成败。可惜从夜间开始下起了阵阵暴雨，既造成地面泥泞影响了地面部队的行动，也制约了空军的行动。7月10日04时15分，髑髅师报告，所部的渡河行动被对面苏军炮兵永不减弱的强大火力所阻，恐怕12时之前无法组织再次渡河。空军也在10时45分通知SS第2装甲军，由于能见度不良，协助地面部队的空军联络军官们无法很好地引导空中支援。德军前线机场也一塌糊涂，飞机无法起飞。

无奈之下，SS第2装甲军只能下令警卫旗队师推迟到12时发起进攻。由于炮兵也没能按时进入射击阵地，进攻又推迟至12时45分。

经过短促的炮击后，除了在捷捷列维诺（北）随时准备扩展胜利的SPW营外，SS第2装甲掷弹兵团1营和2营发起了进攻。1营在右翼冒着苏军炮火向伊万诺夫斯基移民新村推进，于13时30分到达铁路线。14时45分，当先头连越过铁路逼近村子时，从斯托罗热沃耶树林方向杀出几辆苏军坦克，向德军疾驰而来。SS第1装甲掷弹兵团1营的一名老兵亚当·伦施（Adam Rensch）描述了当时的情形：

突然，我们听到营部方向传来坦克的噪音。第一辆坦克从东面出现，击毁了一辆空的救护车，然后从我们身边驶过……反坦克炮的炮组正将火炮转向俄国坦克。鲁迪·纳德勒（Rudi Nadler）意识到炮组的危险，抄起一枚磁性反坦克雷，从侧面跑到坦克近前，然后将反坦克贴在坦克上，将其引爆起火。

显然下一个坦克的乘员们被起火的坦克搞懵了，停在了第一辆坦克的后面。鲁迪利用它犹豫不决的这个空当，再次用磁性反坦克雷将其击毁。

根据警卫旗队师战史，苏军共有6辆坦克在近战中被掷弹兵击毁。13时40分，加强有一个坦克歼击连的师属装甲侦察营向241.6高地东北发起进攻。SS第2装甲掷弹兵团2营则在左翼向共青团员国营农场推进。该营在穿过国营农场以西的一片小树林后，遭到苏军炮兵的射击。

SS第2装甲掷弹兵团10连的鲁迪·纳德勒。7月10日，纳德勒用磁性反坦克雷击毁了3辆T-34坦克。

从15时开始，SS第2装甲掷弹兵团的两个营开始联手冲击步兵第183师步兵第285团防守的241.6高地。高地四周有反坦克壕和雷场，上前排雷的工兵遭到了轻重火力的集火压制，根本无法开展扫雷工作。掷弹兵们也在反坦克壕前方数百米处被打得抬不起头来。

眼见进攻受挫，第13重装甲连的4辆虎式坦克及时赶了上来。虽然苏军坦克躲在掩体中，只露出炮塔，但只要开火，炮口的闪光和烟尘

1943年7月10日，苏军步兵第183师步兵第285团在反击中夺取了德军的散兵坑，旁边是被打死的德军士兵。

就会暴露自己的位置，虎式坦克则挨个将它们击毁。4辆虎式坦克采取双车配合的战术，当一辆虎式小心前行时，另一辆为其提供掩护，如此交替前进。战斗中，仅连长科林的炮手卡尔-海因茨·"鲍比"瓦姆布伦就宣称击毁9辆坦克和3门76.2毫米反坦克炮。第13重装甲连1排排长许茨在坦克外与另一名车长交谈时被弹片打成重伤，"1311"号随后交给炮手维尔纳·文特指挥。阿图尔·伯恩哈德的"1312"号指挥塔被反坦克炮弹直接命中，伯恩哈德当场阵亡。

消灭和压制住苏军的坦克和火力点后，工兵连匍匐向前，在雷场中清理出通路。接着跳进前面的反坦克壕，在多个地点用炸药包炸塌两壁。4辆虎式坦克挨个通过后，开始引导掷弹兵进攻高地上的苏军阵地。遭到德军虎式坦克和两个装甲掷弹兵营、1个加强装甲侦察营前

后夹击的苏军终于崩溃。18时30分，德军彻底控制高地。天黑后，虽然仍有一些局部的小规模战斗。根据警卫旗队师战史的说法，不少苏军士兵选择了主动投降。

由于天色已晚，德军没有继续进攻，SS第2装甲掷弹兵团右翼部队在铁路拐弯处至241.6高地北坡之间建立防线。师属装甲侦察营防守高地西北。为了防止夜袭，

科林的炮手卡尔-海因茨·"鲍比"瓦姆布伦。

师属装甲工兵营1连埋设了226枚地雷。

警卫旗队师当天有26人阵亡，168人负伤，3人失踪，合计损失197人。关于失踪的3名37毫

米自行高炮乘员的下落，师属装甲炮兵团2连的穆特洛泽（Mutterlose）提供了一些情况：

下午我们才接到报告声称在我们右前方有一辆我方的37毫米自行高炮拐进树林，然后被"伊万"俘获了。我不清楚这门炮的任务是什么，但这份报告让我有些触动，因此深深地烙在脑海中。

时间到了1949年10月，那时我在乌拉尔的阿斯别斯特（位于乌拉尔山脉东麓的斯维尔德洛夫斯克州南部）的俄国战俘营中。当我在一个车间里干活时，一个和善帅气的战俘过来做了自我介绍（可惜我忘了他的姓名）。他听说我也来自警卫旗队师，和往常一样，一番寒暄之后进入正题——你在哪儿被俘的？此人告诉我，他是警卫旗队师一名37毫米高炮的乘员。1943年7月，在库尔斯克之战中，他的火炮冲进了树林，结果遇到埋伏。他们还没来得及反抗就被制服了。听到这里，我感到口干舌燥。当年印入我脑海的那件事情的当事人就站在我面前。

这个故事的悲剧部分：俄国军人抓住他们后，过来挨个问了年龄，然后将他们逐个枪毙。而他因为是最年轻的，所以没被打死，从此走上了一条当俘虏的艰难道路。这是一条前途未卜的漫漫长路。整个炮组中我只遇到一个人，就一个人！

帝国师这天几乎没有发动什么进攻。按计划，"德意志"团3营应于早上在警卫旗队师右侧发动佯攻，而帝国师主力则沿别尔哥德—普罗霍罗夫卡铁路一线设防，等待第167步兵师赶上来与"元首"团换防。

"帝国"装甲团在战线中央后方2公里的奥泽罗夫斯基保养、休整。两天前，该营尚有94辆主力坦克，经过苏霍索洛京诺地域的激战，下降到56辆，其中33辆Ⅲ号，15辆Ⅳ号，1辆虎式和7辆T-34坦克。另外还有7辆指挥坦克。

根据帝国师上交给SS第2装甲军的每日报告，7月9日晚，该师前方苏军活动十分频繁。前沿观察哨侦听到整个前沿有大量车辆在行动，包括坦克发动机的声音，主要集中在北侧的别列尼希诺村附近。这可能是近卫坦克第5军正在将阵地移交给坦克第2军。近卫步兵第93师也替下了近卫坦克第2军，后者退往北方休整。

虽然正在大规模变更部署。但德国人并不知道苏军的真实意图。不过好在"帝国"装甲团就在战线中央后方待命，无论左翼还是右翼遭到攻击，都可以及时支援。

第167步兵师与"元首"团的换防到下午时已经完成了一大半。右翼的第339掷弹兵团在别尔哥罗德城北设防，同时与肯普夫战役集群的第168步兵师建立了联系；中央的第315掷弹兵团在维斯洛耶设防；而左翼的第331掷弹兵团直到入夜后很晚才与"元首"团换防完毕，因此该团的最后一批部队直到次日早上才进入新的阵地。

苏军也察觉到了德军调动，因此不断出动少量坦克试探"元首"团防御地段，由于无意大举进攻，所以没有调动步兵和炮兵进行支援。其他地段，苏军出动连级兵力进行战斗侦察，打乱了德军的正常换防。不过好在苏联空军活动并不频繁，只是攻击了近处卢奇基（南）的德军车辆。

"德意志"团当天遭到两次没有炮火准备的战斗侦察。第一次是在12时，苏军出动一个步兵连，在坦克支援下向加里宁以北发动进攻。苏军特别针对德军团与团以及营与营之间的结合部进行多次试探以便发现弱点，但这次苏军发现德国人严阵以待，短暂交火后就撤回了铁路线以东。

与此同时，苏军6辆T-34坦克在步兵的配合下冲到加里宁外围开阔地，开了几炮后调头就走。"德意志"团3营9连进行一次反击，击溃了一些苏军步兵，然后继续向东进攻，但在铁路沿线遭到苏军重火力的打击。该连报告苏军在高出地面的路基上部署了反坦克炮掩体和隐蔽的机枪火力点。此外，在路基后方应该还有重型迫击炮阵地。

无论如何，苏军的袭扰让"德意志"团无法按计划配合警卫旗队师的进攻。直到15时45分，"德意志"团3营才转入进攻，导致警卫旗队一直在右翼暴露的情况下作战。苏军曾从斯托罗热沃耶树林发起数次反冲击。到当天结束时，3营距离警卫旗队师前沿阵地仍有2公里。

髑髅师是SS第2装甲军当天首先发起进攻的部队，该师任务是在普肖尔河北岸建立稳固的桥头堡，占领制高点226.6高地。师属装甲群再接着向北切断西北-东南走向的卡尔塔谢夫卡—普罗霍罗夫卡公路。

髑髅师计划7月10日清晨以两个装甲掷弹兵团在两个火箭炮营和师属炮兵团掩护下强渡普肖尔河。SS第2装甲军直属的SS第102火箭炮营

营长汉斯-彼得·德·库德雷斯（Dr. Hans-Peter des Coudres）博士也来到师部，以防他的两个火箭炮连再次误击友军。

天明前又下了一场大雨，让路况变得十分糟糕，负责给火箭炮运送弹药的卡车无法及时就位。日出后的晨雾也使视野受

SS第102火箭炮营营长汉斯-彼得·德·库德雷斯博士。

到很大限制，导致前进观察员无法校正火力。

此外，德国空军也坚持认为由于天气不好，无法出动飞机。有意思的是，似乎苏联空军却对此不以为意。科热杜布少尉回忆了当时的情形，他当时奉命掩护轰炸航空兵第1军的Pe-2攻击瓦尔瓦罗夫卡的德军机场。而轰炸航空兵第1军的军长就是著名的苏联英雄伊万·谢苗诺维奇·波尔宾上校：

7月10日早晨，我第一次负责领导一个歼击机小队（4架飞机）为佩特利亚科夫（即Pe-2双发动机轰炸机，绰号"佩什卡"）护航。任务是攻击敌军"容克"（指容克87斯图卡俯冲轰炸机）在别尔哥罗德地域的机场。当我们接近目标地域时，我们看到南方的天空中正在形成昏暗的雷雨云，其中一些正在向地面下降——就要下雷暴了。我们的轰炸机不得不下降至400-500米高度，这让敌人警觉了起来。突然，各个方向射来猛烈的防空炮火。曳光弹朝我们钻来，浓云密布的昏暗天空也被闪光照亮。此时我们已经到达目标位置，Pe-2一股脑地将炸弹全部投下。下方的机场被爆炸激起的烟尘笼罩。一些"容克"试图起飞，但我们的轰炸机和歼击机发起进攻，将其全歼。接着，我们的歼击机扫射了高炮阵地，把它们全部打成了哑巴。我方飞机无一被击落，不过很多都被地面炮火击伤。我自己的拉-5就被打了不少"多余的洞"。

不过，我们没有遇到任何敌方战斗机。他们可能觉得天气状况太恶劣，不宜起飞。波尔宾军的佩特利亚科夫击落正在起飞的"容克"的消息迅速在前线部队中传播开来。

另外，髑髅师从晚上到白天也一直遭到苏军的空袭，"髑髅"团15连被打坏两辆补给卡

轰炸航空兵第1军军长，苏联英雄伊万·谢苗诺维奇·波尔宾上校。

获得过三次苏联英雄的盟军第一空军王牌伊万·尼基托维奇·科热杜布，照片摄于1946年，科热杜布在莫斯科红场上。

车和一门反坦克炮，连长约瑟夫·迈尔（Josef Meyer）和6名士兵阵亡。当天德军战斗机只报告了9个空战战果，这也印证了德国空军当天活动并不积极。

尽管如此，髑髅师仍决定发动进攻，同时希望跟他们一起进攻的警卫旗队师能帮忙分摊一些苏军的火力。只有少数德军战机短暂飞临战场上空，因为地面引导军官根本看不清楚对面河岸后方的状况，也就无法指挥空军进行支援。

由于被高高的河岸挡住了视线，炮兵只能漫无目的地进行面积射。前进观察员只能听见炮弹落地的回响，却什么也看不见。身在南面的格列兹诺耶的"髑髅"装甲炮兵团4营营长弗里德里希·梅塞勒（Friedrich Messerle）的评价是这样的："我们几乎没有任何观察能力，无法有效射击敌人，压根儿就看不见俄国人。"

当"艾克"团1营的先头连接近河岸时，苏军的炮弹纷纷落下，机枪也不断进行火力压制。掷弹兵只能趴到泥泞的地面上寻找掩护，迫击炮和机枪组则拼命压制苏军步兵火力。先头连在连长带领下冒着枪林弹雨将橡皮艇扔到水中，拼命划船过河。好在普肖尔河并不宽，

德军很快就到了对岸，然后寻找掩护。但是1营在北岸的部队仍然被苏军轻重火力压制得抬不起头。没有对手的苏联空军也肆无忌惮地疯狂扫射。13时，"艾克"团报告在科兹洛夫卡一带遇到激烈的抵抗。

在"髑髅"团地段，形势也好不到哪里去，该团必须先攻克红十月村才能前出到河岸。有那么一阵子，雨势减弱了一些，斯图卡战机也提供了一些支援。"髑髅"团3营和2营同时向红十月村的外围防线发起了突击。3营还配属了一个工兵连，用于抢在苏军炸桥前拆除炸药包。

在斯图卡战机的强力支援下，德军顺利突入村子，经过激烈的逐屋巷战，终于推进到村子西北角。德军随后发现普肖尔河上的小桥并未被炸毁，3营立刻派出1个工兵排清除爆炸物。这个工兵排冒着枪林弹雨冲上小桥，拼命切断看到的所有电线，再把炸药包扔进河里。工兵排接着冲过桥打算在北岸建立桥头堡。他们前进了大约100米，遭到附近堑壕中苏军的射击。工兵们被打得四散寻找掩护。排长亲自带领手下冲锋，奋力夺取了一段堑壕，然后向两侧突击。不过他们的子弹和手榴弹很快就打光了，只能就地死守。少数掷弹兵摸进他们的阵地，送来了一些子弹和手榴弹。由于苏军不断用炮火打击南岸，德军无法提供更多支援。这一小群德军只能盼着苏军发起反击之前能得到增援。

与此同时，"髑髅"团2营有几条橡皮艇冲到了对岸，但也在河边被苏军炮火压制住。苏联战机从树梢高度呼啸着掠过，不断轰炸和扫射这一小片桥头堡。起初渡河成功时，2营曾喜不自胜地向团部报告了自己的进展，没多久就灰溜溜地撤回了南岸，以免全军覆没。

就在髑髅师以为当天无法建立稳固的桥头

1943年7月10日，"髑髅"团在坦克和突击炮的支援下开始强攻普肖尔河北岸。

堡时，下午突然云开雾散。阳光驱散了笼罩在苏军阵地上的大雾。德军前进观察员兴奋地报告他们可以清楚地看到目标。德军炮兵立刻对北岸的苏军阵地进行了炮击。德国空军也告诉SS第2装甲军可以提供对地支援。

在髑髅师全部炮兵和火箭炮的压制下，射向南岸的苏军炮火逐渐减弱。德国空军也消灭了不少苏军火力点。在科兹洛夫卡西北的普罗霍罗夫卡村（并非普罗霍罗夫卡城），"艾克"团1营乘火力减弱，占领了小村。工兵和掷弹兵们也开始拼命划船渡河。第一个连很快就爬上对岸，然后寻找掩护，组织防御。剩下的连队也紧随其后，冒着轻武器火力到达北岸。掷弹兵们在机枪掩护下向苏军堑壕投掷手榴弹，然后不等烟尘散尽就跳了进去，用工兵铲和轻武器与苏军展开肉搏。最后在喷火器的支援下，德军终于消灭了苏军。工兵立即用轻便架桥器材搭建浮桥，以便1营余部能够快速过河。

"艾克"团3营也在1营西侧成功渡河，前出到226.6高地。3营10连付出了很大代价才冲进苏军阵地，连长和两名排长在战斗中负了重伤，被送下火线救治。10连剩下的人一直坚守阵地，直到3营主力赶上来，消灭了战壕里剩余的苏军。21时15分，"艾克"团报告226.6高地以南已被控制，桥头堡的纵深扩大到近800米。3营在稍事休整后，又重整旗鼓继续攻击226.6高地。

"髑髅"团前方，"斯图卡"也开始轰炸苏军阵地。2营在炮兵、火箭炮和空中掩护下再次划橡皮艇强渡普肖尔河。由于这次成功压制住了苏军炮兵，渡河行动十分顺利。冲到北岸的掷弹兵逐渐将苏军步兵逼退。"髑髅"团3营从小桥迅速过河。到了夜间，"髑髅"团在北岸占领了稳固的桥头堡并与右翼的"艾克"团建立了联系。

在红十月村以南数公里，髑髅师的装甲群一部也从格列兹诺耶沿公路赶来。配属给髑髅师的第680特种工兵团团部按计划应当在普肖尔河上架起两座桥梁，其中至少有一座承重60

库尔斯克战场上"髑髅"装甲团1营的坦克纵队，近处可以看到"233"和"232"号。

吨，可以允许虎式坦克通过浮桥。但是工兵团离开格列兹诺耶后就遭到苏军炮兵的打击，被迫跑到一道深谷中躲避，直到7月11日才开始架桥作业。

　　虽然髑髅师成功在北岸建立桥头堡，可付出的代价也非常大。从7月9日20时至10日20时，共有77人阵亡，292人负伤，5人失踪，合计损失374人。这是整个"堡垒"战役期间，髑髅师单日阵亡人数最多的一天，损失人数也超过了4日至9日的任何一天。尤其是那些身先士卒的连、排级指挥人员的损失特别高，"艾克"团有8名排长和连长战死或重伤。

　　由于一整天没参加什么战斗，髑髅师的装甲力量非但没有减少，反而因不少坦克被修复而有所上升，到21时截止，共有48辆Ⅲ号，28辆Ⅳ号和两辆虎式。另外突击炮营还有21辆突击炮。坦克歼击营也有16门牵引式Pak 40反坦克炮和11辆"黄鼠狼"式坦克歼击车。虽然髑髅

师的坦克数辆要比警卫旗队师多一些，但其绝大部分是Ⅲ号坦克，不像后者主力几乎全部是Ⅳ号坦克。

南侧地段

　　从进攻一开始，第3装甲军地段上的战况就让曼施泰因很不放心。从7月10日上午的报告看来，第3装甲军的进展十分很慢，也没有任何改善的迹象。曼施泰因现在十分怀疑第3装甲军能否突向普罗霍罗夫卡。为此，他指示参谋长要求肯普夫准备一份形势总结，而且他会在7月11日亲自前往肯普夫的指挥部听取详尽的战况报告。

　　7月10日上午，第198步兵师部队从战役集群相对平静的右翼撤出，准备替下此时相对较强的第7装甲师，使其可以全力向北进攻。此时，第7装甲师装备有43辆Ⅲ号和Ⅳ号坦克，而

第19装甲师则只有12辆。第6装甲师的数字略有争议，根据《库尔斯克数据分析》，该师在10日上午有13辆Ⅲ号、7辆Ⅳ号和2辆指挥坦克，但该师战史指出第11装甲团装备有5辆Ⅱ号、17辆长管Ⅲ号、5辆短管Ⅲ号、10辆Ⅳ号、2辆指挥坦克和4辆缴获的T-34坦克，主力坦克共有36辆。

第7装甲师的两个装甲掷弹兵团仍然在米亚索耶多沃以西，尤其树林一带与苏军进行了一整天的激烈交火。

当天，第6装甲师的任务是在第19装甲师装甲群的支援下，歼灭北顿涅茨河东岸尚未突围的苏军。

第3装甲军在此前的战斗中损失了大量作战人员，尤其是第19装甲师。第74装甲掷弹兵团的"突击力量"只剩了85人，还不如一个满编的步兵连。第73装甲掷弹兵团也不过只有250名作战人员而已。肯普夫希望上级能增援一个新的装甲师，以便换下损失惨重的第19装甲师。

上午，苏军抢在第6装甲师进攻之前向梅利霍沃地域发起突袭。对230.3高地进行了猛烈的炮火准备后，苏军坦克和步兵一举打垮了德军的防御，拿下高地，残存德军被迫后撤。在什利亚霍沃，苏军也悄悄集结了不少坦克和步兵，然后迅速突破德军防线，切断了梅利霍沃—舍伊诺公路。由于关键的支撑点被突破，第6装甲师的防线几乎破裂，师属装甲团面临被合围的危险。

为了避免这场灾难，第11装甲团立刻发起反击，击毁了在梅利霍沃以西203.3高地附近的几辆苏军坦克，迫使剩下的坦克和步兵撤退。接着翁赖因战斗群在坦克支援下又拿下了北边的什利亚霍沃。

在第7装甲师地段，17时过后不久，第78装甲炮兵团进入新的射击阵地，然后于18时开始

这张照片显示了站在自己座车上的第19装甲师师长古斯塔夫·施密特中将，这辆半履带指挥车在德国灰的车身喷涂了一些沙色条纹。

轰击北方可能隐藏苏军的树林。第198步兵师的第326掷弹兵团也向树林发起进攻。第25装甲团也在装甲掷弹兵营的掩护下开始前进，以期在开阔地接敌。德国空军则提供了空中支援。

经过两个小时的战斗，第326掷弹兵团打垮了苏军的防御。第7装甲师的装甲掷弹兵们也占领了树林边缘的苏军堑壕。德军右翼此时遭到了苏军的反击，虽然局势最终稳定了下来，但也无力继续推进。第25装甲团随后命令2营前往米亚索耶多沃以北1.5公里左右的高地建立防御。当天，第198步兵师的另一个掷弹兵团终于也赶了上来，开始与第7装甲师换防。

第19装甲师当天出动第73装甲掷弹兵团在第442掷弹兵团支援下，经过激烈巷战攻占了近

第27装甲团的一辆Ⅳ号坦克，照片摄于勒扎维茨外围。

伊古缅卡，随后第442掷弹兵团又回归了第168步兵师编制。

当天，第19装甲侦察营深入苏军防线，进行了敌后侦察。通过侦察，第19装甲师获悉基谢列沃和沙霍沃两地均有苏军重兵防守。比贝尔施泰因战斗群则经过三次冲锋占领了远近伊古缅卡之间的波斯特尼科沃和安德烈耶夫斯基两个村子。

第19装甲师在《1943年7月5日至18日作战行动总结》中这样评价其9日、10日的战斗情况：

可用兵力根本不够。在越过一道反坦克壕和密集的雷区，并克服了数量占优之敌的抵抗后，我们才占领近伊古缅卡。波斯特尼科沃和希申诺地域的庞大雷场以及装甲掷弹兵团的数量不足（约400人，并有额外的兵器和团部连）

使韦斯特霍芬战斗群无法在7月9日占领希申诺。敌人千方百计夺取希申诺东面的高地。两个俄军近卫步兵师（第92和第81）在这里作战。

敌人发觉了别尔哥罗德东北地域有对其造成合围的威胁，因此在7月10日前的夜晚将部队沿顿涅茨河河谷向北收缩，其间抛弃了大量武器弹药和军用给养。目的是集结所有败退的和新调来的部队守住基谢列沃和勒扎维茨地域的顿涅茨河渡河点，也就是说要守住上奥利尚涅茨—萨贝尼诺地域。

根据敌人调往基谢列沃—勒扎维茨的兵力判断，我军沿顿涅茨河的推进令敌尤为不安。敌人并未将顿涅茨河与党卫军装甲军之间的所有部队撤出。为此，他必须守住受威胁的渡河点。无论如何，敌人必须防止从东南沿顿涅茨河进攻的第3装甲军与党卫军装甲军的部队会合，因为这将导致其在顿涅茨河作战的各师被合围。

俄国人千方百计调整部署，以守住基谢列沃—211.5高地—奥利尚涅茨一线。他们投入了近卫步兵第81和第73师余部、步兵第375师一部、近卫步兵第89师、步兵第107师的两个团、步兵第305师的一个团、近卫步兵第92师余部、（近卫坦克第2军的近卫）摩托化步兵第4旅，考虑到党卫军装甲军的存在，还派出了一个配备112支反坦克枪的反坦克枪营。而第19装甲师的两个装甲掷弹兵战斗群，总共只有400把刺刀（指一线作战的步兵）、一个虚弱的侦察营和17辆可用的坦克。

20时45分，南方集团军群的参谋长再次要求肯普夫呈报形势总结以及报告能否顺利继续进攻。一个小时后，南方集团军群提醒肯普夫，曼施泰因将于次日上午前往其指挥部听取报告。又过了一段时间后，肯普夫才通过无线电做出答复，他指出第6和第7装甲师虽然遭到削弱，尚可一战。而第19装甲师则非常虚弱了。另外，战役集群西翼的苏军或死或逃，但从抓到的俘虏以及缴获的军事物资极为有限来看，绝大部分苏军逃出了包围圈。当然，德军不知道的是，由于苏军无心在次要地段投入强大预备队，因此将这些刚刚突出重围的部队又放在了第3装甲军前面。

根据肯普夫战役集群的空中和地面侦察，苏军大量预备队正从北方赶来，但不清楚他们目的是反击肯普夫战役集群还是第4装甲集团军。另外根据肯普夫战役集群7月10日22时20分的报告，位于集群东侧翼的苏军11个半步兵师中，已经有2个被歼灭，3个被重创，1个被严重削弱。报告同时声称击毁和重创苏军170辆坦克。

第3装甲军右翼的第7装甲师奉命于7月11日肃清米亚索耶多沃和加里宁纳之间的树林，并守住阵地。军主要任务是在中央地段以第6装甲师向东沿别尔哥罗德—科罗恰公路行进一段，然后转向北，沿拉祖姆纳亚河西岸推进。德军必须占领科明捷尔恩村的桥梁，防止苏军在此渡河，打击第6装甲师的侧后。为了掩护第3装甲军的左翼，第19装甲师应在第168步兵师的配合下占领萨贝尼诺村的桥梁，而近卫步兵第92师的师部就设在村内。夺取该村后，德军继续向北推进15公里，在勒扎维茨渡过北顿涅茨河后，就可以切断坦克第2军和近卫坦克第2军的补给线，威胁帝国师正面苏军反击部队的侧翼，而且也可以配合SS第2装甲军从南边攻击普罗霍罗夫卡。

这个想法相当不错，但考虑到第3装甲军现有实力，如果不补充坦克和步兵，加强航空兵的支援，就根本无法实现，而整个南方集团军群能投入的预备队也就是第24装甲军和一些步兵营而已。

总结

第4装甲集团军继续坚持自己歼灭佩纳河弯曲部苏军的计划，没有听从南方集团军群抽调兵力支援第3装甲军的建议。曼施泰因曾命令第167步兵师"渡过顿涅茨河追击逃窜的敌军"。霍特认为如果对面苏军真的已经"落花流水"的话，那么一个步兵师足以完成任务，第3装甲军应该可以处理好自己地段上的事情。霍特坚持认为最好的方法是让自己的部队继续向普罗霍罗夫卡突击，然后打击第3装甲军正面苏军的后方。

霍特还谈到了第24装甲军。他希望所属的装甲师能够加强给自己，这样SS第2装甲军就无需转向南，而是全力向奥博扬进攻，而新锐的装甲师可以用来帮助第3装甲军。

7月9日，德国第1装甲集团军通知第24装甲军，第23装甲师和"维京"师准备动身前往哈尔科夫。起初，肯普夫得到通知，这些部队将在自己的地段下车。7月10日，这两个师却得到在哈尔科夫以北下车的命令。7月12日11时20分，这两个师又奉命在别尔哥罗德以西集结。曼施泰因元帅看来还是想将这两个师投入到第4装甲集团军地段，然而德军在南线的这唯一的预备队最终还是没有投入战斗。

7月11日，第4装甲集团军发布的命令非常简洁。SS第2装甲军应继续占领普肖尔河两岸的高地。第48装甲军应歼灭别列佐夫卡地域的苏军坦克部队，如此才能有继续向北进攻的可能性。即使多花几天时间也是可以接受的。

尽管SS第2装甲军的正面和右翼已经集结了数百辆苏军坦克，但第4装甲集团军对此毫不知情。瓦图京大将此时感觉南线的转折点已经到来，可以准备反击了。

1943年7月10日，沃罗涅日方面军军事委员赫鲁晓夫正在向斯大林报告近卫坦克第5集团军已经抵达普罗霍罗夫卡地域。坐在他旁边的是方面军装甲机械化兵司令什捷夫涅夫中将。什捷夫涅夫右手站立者依次为近卫坦克第5集团军司令罗特米斯特罗夫和沃罗涅日方面军副司令阿帕纳先科大将。

第十章　7月11日：风暴前夜

此时,原本实力最为强劲的第48装甲军可用坦克和突击炮数已经折损过半,基本停止向北推进,转入防御。至7月10日晚或11日凌晨,大德意志师的192辆豹式坦克只有33辆可以继续战斗(另有资料说为10辆),其他坦克和突击炮(不计喷火坦克和多用为侦察的Ⅱ号坦克)数量应该在70辆左右。第3装甲师只有34辆坦克和突击炮,第11装甲师只有63辆坦克和突击炮(另有5辆喷火坦克)。肯普夫的第3装甲军仍在科罗恰方向缓慢前进。SS第2装甲军的髑髅师则突破了近卫步兵第52师防御的普肖尔河河岸,建立了稳固的桥头堡,师左翼部队也在科切托夫卡与第11装甲师建立了联系。这让德国人颇感欣慰。SS第2装甲军将奉命继续向普肖尔河北岸和普罗霍罗夫卡进攻。

根据7月10日晚的第4装甲集团军纪要来看,霍特上将对于战况仍然还算满意。虽然整个集团军人员和武器装备的损失也不小,但总算是在不断推进,因此可以回收被毁坏的坦克加以修复。相反,苏军不仅在战斗中大量有生力量阵亡或被俘,而且由于不断后撤,无法回收遗弃在战场上的哪怕没有受到任何毁伤的坦克和自行火炮。

为了加强普罗霍罗夫卡方向防御,苏军步兵第183师的步兵第227团进入斯托罗热沃耶—维诺格拉多夫卡—日莫洛斯特诺耶一线,掩护普罗霍罗夫卡以南防线。步兵第277团团长萨日诺夫(V. E. Sazhinov)少校回忆了7月10日下午接受命令后的情况:

时间紧急,为了赶在天明前到达指定位置,我们必须实施强行军。全团竭尽全力执行命令。尽管如此,等我们接近步兵第285团地段时,天已经放亮了,但好在那天早晨有大雾,还下起了小雨。11日早晨05时,步兵第227团结束了萨日诺耶—沙霍沃—普洛塔—新谢洛夫卡的28至30公里的夜间强行军,在五一国营农场或是(十月)国营农场的斯大林斯科耶分场地域,横跨别尔哥罗德—普罗霍罗夫卡铁路线的地方占领了防御阵地,右侧是一片树林,再远处是公路。

为了支援我团,师部组建了一个强大的团级炮兵群,下辖两个喀秋莎火箭炮营、师属炮兵团和两个集团军级120毫米迫击炮部队。师属炮兵团团长萨多夫尼科夫(Sadovnikov)少校被任命为炮兵群的指挥员。他是一个谦虚、聪明和杰出的炮兵。还没等我们团到达,炮兵群就已经占领了预定射击阵地,周围地形也试射完毕。他们的火力非常强大。此外,我团本身的火炮和迫击炮也很齐全,另有一些反坦克炮。

苏军最高统帅部调拨的两个近卫集团军已

经基本就位，不过仍需要一天的时间来准备反击，所以必须挡住SS第2装甲军至少一天。根据沃罗涅日方面军的命令，近卫第5集团军近卫步兵第33军的两个步兵团迅速前出到普肖尔河北岸和普罗霍罗夫卡建立防御。其中近卫步兵第95师防守普肖尔河弯曲部的韦肖雷—波列扎耶夫一线，迎击髑髅师；近卫空降兵第9师防御普罗霍罗夫卡西南的瓦西里耶夫卡—普列列斯特诺耶—亚姆基一线，迎战警卫旗队师。

西侧地段

08时，第3装甲师开始进攻别列佐夫卡。德军很快发现村中苏军没有任何撤退的意图。虽然有情报说后者已经开始从村子西面退出佩纳河弯曲部，但消息没有得到证实。第394装甲掷弹兵团利用临时搭起的桥梁迅速渡过别列佐夫卡东面的一条小河，准备对村子发动进攻。经过激战，11时10分，德军占领了别列佐夫卡村东。苏军撤到村子中央。与此同时，第3装甲师的坦克试图迂回到村子后方，但在东北边被洼地中的苏军反坦克炮拦住了去路。第6装甲团将其击败后又越过一片很小的雷区，然后转向南边，将村西开阔地的苏军步兵击溃。

第3装甲掷弹兵团继续攻击据守在村西的苏军。但遭到顽强抵抗。苏军战士不打光最后一枪一弹绝不后退一步。连大德意志师的装甲团和炮兵也不得不协助进攻村子和打击退却中的苏军步兵。到午后（估计14时以后）肃清村子时，德军共清点出500具苏军战士遗体，另外俘虏1700人。

下午，第3装甲师开始准备接替大德意志师防守的（第48装甲军）左翼防线。第332步兵师则进驻别列佐夫卡，让大德意志师可以继续向北进发。

根据7月11日的报告，到日终时，第3装甲师实力为13辆Ⅲ号和17辆Ⅳ号坦克，以及2辆突击炮，另有18门75毫米反坦克炮和3门苏制76.2毫米反坦克炮。不过，第3装甲师还得到了一个重型迫击炮连作为增援。

清晨07时45分，大德意志师提前派出一支小队试图查明预定目标258.5高地是否有雷场或反坦克壕等障碍物。这支小队刚来到别列佐夫卡以北2公里的237.6高地，德国空军的战机就已经出现并开始轰炸此地。在航空兵和炮兵的掩护下，工兵连立刻开始扫雷作业。

08时，主攻开始。高地上的硝烟尚未散尽，"大德意志"师装甲群就发动了进攻。第48装甲军记录显示此时大德意志师拥有30辆Ⅲ号和Ⅳ号坦克、30辆豹式坦克，而《库尔斯克数据分析》根据档案材料认为7月11日02时该师共有8辆Ⅲ号、36辆Ⅳ号、33辆豹式和10辆虎式坦克。无论如何，维修连的人员至少在一个晚上的时间就抢修好了十几辆坦克。

大德意志师当日首要任务是夺取位于258.5高地以南7公里处和卢汉尼诺以西的243.8高地。让人沮丧的是，大雨再次让路面变得几乎无法通行。大德意志师装甲群在"大德意志"燧发枪兵团的1个营支援下经过数个小时苦战才拿下243.8高地。然后推进至237.6高地以南1公里处的雷场。等工兵开辟出道路后，装甲群的坦克才继续推进到别列佐夫卡以北不到2公里处。正从村子向北退却的苏军步兵和车辆遭到大德意志师装甲群的射击。

从别列佐夫卡西边发起进攻的装甲群又遭遇了雷场。在工兵排完雷后，德军坦克冒着别列佐夫卡和西边高地的火力继续进攻。部分退却的苏军步兵在托尔斯托耶树林边缘占领新的防御阵地，拼命射击德军后勤车队。德军还发现258.5高地以西的树林里有不少苏军坦克、伪装良好的反坦克炮和步兵。经过战斗侦察还发现别列佐夫卡以西的防御工事十分完备。村子北边也有步兵防守。沿着公路进攻的德军必须先扫清公路两侧的树林，但此时大德意志师主力已经陷入苦战，无法抽身，第48装甲军只能下令第3装甲师抽调部队支援大德意志师装甲群的进攻，"大德意志"燧发枪兵团负责掩护公路一线。如此一来，德军也没有足够的兵力用来封堵苏军从别列佐夫卡以西和西北方向的退路了。

中午左右，大德意志师装甲群在第3装甲师的掷弹兵的掩护下抵达别列佐夫卡，从西边发起进攻，豹式坦克则从南边迂回。与此同时，第394和第3装甲掷弹兵团在瑟尔采沃强渡佩纳河，从东边沿宽大正面逼近别列佐夫卡。11时，别列佐夫卡以东被占领。第6装甲团从东边攻入，占领了村子东北角。部分苏军从西和西北方向撤出了小村，还有一部分苏军继续在村

中拼死抵抗。德军虽然把村中的苏军全部分割包围，但仍必须通过逐屋的巷战才能消灭这些抵抗者。"大德意志"装甲团在留下部分豹式坦克协助肃清小村后，其余的部队则继续向南推进。

下午晚些时候，大德意志师完成了夺取243.8高地的任务。工兵们接着清除高地以南的一处雷场。远处佩纳河北岸拉科沃的枪声已经清晰可闻。德军第332步兵师对该村的首次冲锋就被苏军击退。大德意志师由于无法抽调兵力援助，只能决定派出少量士兵试图从更西边绕过雷区。17时，第332步兵师成功强渡佩纳河，与大德意志师装甲群在243.8高地以南建立联系。由于苏军仍然死守在别列佐夫卡西半部分，争夺河岸的也就没有停止。德军的报告中指出，苏军步兵的伤亡非常大，别列佐夫卡以南的公路和河谷中遍布尸体和遗弃的装备。根据红军总参谋部编写的《战争经验研究材料汇

"堡垒"行动期间，配属给大德意志师的第39装甲团团部的"R02"号坦克，是德克尔团长副官的座车。

编》第11部的说法，坦克第6军到7月10日日终时就只剩下35辆坦克和10门反坦克炮可以投入战斗。根据第48装甲军7月11日的报告，德军在上佩尼耶—别列佐夫卡地域就打死1371人，俘虏或主动投降的有4800人，击毁或缴获173辆坦克，击落、击伤20架飞机，摧毁和缴获94门反坦克炮和火炮。

大德意志师当天的战斗总体而言还算顺利，但仍存在几个问题。首先，克鲁格利克—别列佐夫卡公路两侧的托尔斯托耶树林仍然牢牢控制在苏军手中。在公路上通行的德军车辆不断遭到射击。其次，根据侦察营和突击炮营的报告，在克鲁格里克—诺文科耶（Noven'koe）地域，苏军坦克和车辆活动十分频繁，这两个营不断遭到苏军坦克攻击。"大德意志"装甲掷弹兵团仅仅夺取了卡林诺夫卡的南半部分，苏军还在不断抽调援军加强该村的部队。"大德意志"燧发枪兵团沿公路

一线布防，由于敌情不明，无法确定是否可以肃清公路两侧之敌。

大德意志师接下来应当结束别列佐夫卡—托尔斯托耶树林地域的战斗，然后在新谢洛夫卡以北集结，于次日清晨在公路两侧向北进攻。首要任务就是将苏军坦克第10军逼退到普肖尔河以北。第3装甲师将在结束别列佐夫卡地域的战斗后接手卡林诺夫卡，掩护装甲军长达20公里的西侧翼。实际上由于军属炮兵单位主要用于支援大德意志师，第3装甲师的进攻只能于次日17时发动，德军并不知道苏军坦克第10军已经不在北面，而是和近卫坦克第5军一起机动到了西边。作为苏军反击计划的一部分，瓦图京大将将会利用这两个坦克军和两个步兵师从西方向德军发起突击。

第11装甲师的面前是244.8高地，高地上的苏军可以居高临下射击进攻的德军，而德军面前是一片开阔地，没有任何掩护。德军知道在

第11装甲师的一个两人机枪组，副射手正在享用早餐或者午餐，边上是被击毁的苏军 T-34 坦克。

没有空中支援下贸然攻击坚固设防的制高点会付出重大伤亡。如果从奥博扬公路以东绕过苏军支撑点会避免付出高昂的代价。因此,第11装甲师下令第15装甲团以少量坦克沿奥博扬公路佯攻244.8高地,主力在第111装甲掷弹兵团的支援下包抄苏军后方。泥泞的道路让德军再次无法按时抵达预定集结地域,第11装甲师只能将攻击时间推迟到13时。

05时,苏军步兵和几辆坦克冲下244.8高地南坡向德军发起反击。他们遭到了大德意志师和第11装甲师的坦克的两面夹击,损伤了3辆T-34坦克,剩下的坦克和步兵开始向北撤退。10时,苏军步兵攻击了右翼的第111装甲掷弹兵团2营。师属突击炮虽然赶来增援,但由于道路泥泞,运送弹药的车辆跟不上来,突击炮很快就打光了所剩无几的炮弹,只能后退补充炮弹了。失去突击炮支援的第111装甲掷弹兵团2营的掷弹兵很快被苏军赶出阵地。

当天,苏军一个指挥组在撤退时误入第11装甲师阵地。大吃一惊的德军坦克开火将其消灭。这些苏联军官中就有坦克第10军的副军长,他宁可战死也不愿做俘虏。从缴获的文件中可以看出,坦克第10军正威胁到第48装甲军的西侧翼。此外,命令文件表明该军决心对上佩尼耶方向发动进攻。

13时,对244.8高地的进攻终于开始。由于云层很低,加上有大雾,空军和炮兵无法提供有效的支援。进攻的德军在苏军准确的反坦克和炮兵火力面前被打得四散躲藏。德军坦克只前进了很短的距离就被迫停止进攻。

在此视察的第48装甲军参谋长梅伦廷认为该师指挥和参谋人员事先没有经过充分的准备,炮兵的火力支援组织的也很差。提出批评后,梅伦廷指示第11装甲师师属装甲团在炮兵团支援下再发起第二次进攻。第11装甲师师部

的参谋人员并不认同梅伦廷的看法,他们强调没有"斯图卡"的充分支援,进攻必败无疑。第11装甲师还是希望向东进攻,占领239.6高地和附近的梅洛沃耶树林。那里的苏军力量较弱,而且梅洛沃耶树林还可以作为东渡普肖尔河的跳板。

19时,第11装甲师以两个装甲掷弹兵团、装甲团主力和第11突击炮营组成一个战斗群,在夜色掩护下冲到奥尔洛夫卡村(Orlovka)西南的山脊,此处距离普肖尔河只有不到5公里。第111装甲掷弹兵团抵达了索洛京卡河和科切托夫卡的泥泞地带。到了村子以后,前沿观察员通过望远镜眺望东北方和普肖尔河两岸。德军发现苏军摩托化步兵、牵引重武器的卡车和不下"50辆坦克"渡河后向西驶去。空中侦察也发现苏军坦克和车辆纵队沿北边的道路向西南行军。这些车辆可能隶属于近卫坦克第5军,他们任务是机动到第48装甲军左翼⋯⋯

中央地段

警卫旗队师当天任务是继续突向普罗霍罗夫卡。7月11日拂晓前,天气十分凉爽,普肖尔河—普罗霍罗夫卡地域部分地方下起了大雨,地面再次变得泥泞不堪。雨过之后,浓雾弥漫,空气也潮湿起来。该师随后开始在捷捷列维诺(北)村外集结,准备再次冲击普罗霍罗夫卡。

捷捷列维诺(北)以北5公里就是普肖尔河,河岸向东北延伸,沿途经过瓦西里耶夫卡、米哈伊洛夫卡、普列列斯特诺耶、彼得罗夫卡和别列戈沃耶等村庄。而从伊万诺夫斯基移民新村开始,别尔哥罗德—普罗霍罗夫卡铁路由南北走向急转为向东北方向延伸。在移民新村以北是共青团员国营农场,此时已经被德

军占领。沿着铁路线一直向普罗霍罗夫卡，途中会经过241.6高地和252.2高地，其中252.2高地西南有一道反坦克壕。在铁路路基和普肖尔河南岸之间形成的"普罗霍罗夫卡走廊"中间，横亘着许多河谷和林带，在靠近普罗霍罗夫卡城区地方就是十月国营农场，那里的房屋已经被改造成了防御堡垒。这一切都为防御方提供了绝佳的掩蔽场所。

库尔斯克战场上的警卫旗队师士兵，可以说1943年夏天的时候，德军普通官兵的士气相当高昂，坚信自己可以取得胜利。

普罗霍罗夫卡走廊的战场并不适合坦克集群对攻战，无论对于苏军还是德军来说都更适合防御。理论上来讲，德军无法展开太多兵力，只能以警卫旗队一个师从这里发动进攻，帝国师最多只能在铁路线和斯托罗热沃耶树林以南发动辅助攻势。苏军本可以像坦克第1集团军一样用掘壕固守的办法，在步兵、炮兵和航空兵的支援下抵御SS第2装甲军的进攻，结果苏军最终却选择了反击。当然，双方仍然各自需要一天的时间来调整部署。

根据警卫旗队师制订的计划，SS第2装甲掷弹兵团将在铁路路基左侧向252.2高地和十月国营农场推进。SS第2装甲掷弹兵团1营与师属工兵营1连一起正面强攻252.2高地。工兵除了要负责在高地前方的雷区中开辟通路，以喷火器和炸药支援步兵作战外，还得为后续坦克扫清

障碍。SS第2装甲掷弹兵团2营会在师属突击炮营和虎式坦克连的支援下，从高地西北发动主攻。

SS第1装甲掷弹兵团负责消灭盘踞在斯托罗热沃耶树林中的苏军。警卫旗队师右翼的帝国师部队一直被苏军牵制，无法协助攻击斯托罗热沃耶树林。此外，SS第2装甲军也希望帝国师的装甲群能够先休整两天，再全力突向普罗霍罗夫卡。因此，警卫旗队师的右翼实际并不安全。

警卫旗队师的装甲群继续在捷捷列维诺待命。等到步兵和虎式坦克打开足够宽的突破口并突入足够的纵深后，再投入战斗，发展胜利。空军也会提供支援，不过恶劣的天气可能会对德军进攻造成影响。师属装甲炮兵团和第55火箭炮团会尽力压制普列列斯特诺耶和彼得罗夫卡地域的苏军炮兵阵地。

在警卫旗队师前方的是近卫步兵第287团以及近卫空降兵第9师。守在第二道防线上的近卫空降兵第9师约有9018人，76门反坦克炮，近卫步兵第33军还给该师加强了反坦克歼击炮兵第301团。全师分为两个梯队，第一梯队为近卫空降兵第26团，他们守在十月国营农场西南侧至卢托沃（普罗霍罗夫卡西南角）。该团的第一梯队3营防守十月国营农场，2营防守252.2高地至亚姆基，第二梯队为1营和一个76毫米炮兵营，布置在十月国营农场以北。近卫空降兵第9师第二梯队的近卫空降兵第23团防守普罗霍罗夫卡以北至卡尔塔谢夫卡公路和252.4高地，近卫空降兵第28团则直接守卫车站的西南方向。从普列列斯特诺耶—十月国营农场—卢托沃之间约7公里宽的地段上，苏军共有约100门火炮（其中约半数为76毫米和122毫米炮）、不下170门迫击炮。

由于大雨造成的地面泥泞，SS第2装甲掷弹

近卫步兵第95师近卫步兵第287团团长索洛维约夫中校。

近卫空降兵第9师师长亚历山大·米哈伊洛维奇·萨宗诺夫上校。

近卫空降兵第9师近卫空降兵第26团团长卡什佩尔斯基上校。

兵团并未及时赶到进攻出发阵地。空军也报告无法在大雨停止前起飞。警卫旗队师只能把攻击时间推迟到07时，同时命令炮兵改变射击任务，以零星炮火轰击普肖尔河北岸苏军炮兵，主力在252.2高地及其附近进行火力准备。07时开始，SS第2装甲掷弹兵团的1营和2营开始向前推进。但苏军立刻发现了他们的动向。根据警卫旗队师战史记录，08时25分，普列列斯特诺耶、彼得罗夫卡和252.4高地的苏军炮兵猛烈轰击了德军的左翼，处于开阔地的掷弹兵只能四散隐蔽。

眼看此次进攻就要失败，天气突然放晴了。警卫旗队师立即要求空军赶在天气变坏之前出动俯冲轰炸机攻击252.2高地。空军答复将在一个小时内出动。

SS第2装甲掷弹兵团的掷弹兵们和空军前进观察员用彩色烟雾弹和曳光弹为"斯图卡"指示目标。德军的空中支援获得了很好的

效果。"警卫旗队"装甲炮兵团和第55火箭炮团也轰击了高地和北岸的苏军炮兵阵地，将其死死压制。步兵第183师7月11日13时的9号作战总结就描述了德军空袭的状况：

07时，在斯托罗热沃耶和（十月）国营农场的斯大林斯科耶分场地域，敌人20至25架Ju 88轰炸机在一小队战斗机护航下进行了一轮轰炸。该地域整个上午和下午早些时候不断遭到10至13架Ju 88轰炸机的袭击。到13时，敌机总共出动了250个架次。

SS第2装甲掷弹兵团1营在击退苏军步兵第227团的右翼部队后，开始攻击据守在252.2高地上的苏军近卫空降兵第26团2营。

至10时，1营和2营到达高地前方。雷场再次拦住了德军的去路。"工兵向前！"在掷弹兵的火力掩护下，工兵们匍匐前进，开始在雷区中作业。待通路打开后，掷弹兵们又冒着枪林弹雨，穿过铁丝网，来到反坦克壕前。工兵们再次用炸药包炸塌两壁，为后续部队扫清了障碍。

当SS第2装甲掷弹兵团1营在高地正面苦战时，2营在虎式坦克和突击炮的支援下冒着苏军猛烈的炮火冲到了252.2高地西北侧。苏军的反

"堡垒"行动期间，在半履带车上指挥战斗的SS第2装甲掷弹兵团团长胡戈·克拉斯（左），旁边是他的副官约瑟夫·（尤普）·迪芬塔尔。

坦克枪和45毫米反坦克炮根本无法击穿虎式坦克。经过数个小时的激战，德军在近卫步兵第287团2营的防线上撕开了一个小口子。不过由于反坦克壕挡住了装甲部队的去路，警卫旗队师无法继续向前。1辆"胡蜂"式自行火炮的车长赫尔穆特·弗兰克（Hellmuth Franke）描述了当时的战况：

反坦克壕只有少数几个通道。工兵还在忙着作业。我们都挤在其中一个通道处，结果到处乱哄哄的，甚至由于大家都挤在非常狭窄的地方，连无线电通讯都受到了干扰。因此，一开始各车长只能各忙各的。俄国炮兵完全抓住了这个机会，T-34坦克也发动了一次反击。放眼望去，到处都是坦克、坦克，更多的坦克。而我们就在自己小小的"胡蜂"之中……我通过喉部送话器对驾驶员喊道："开出来，利索点！""赶紧离开这倒霉的壕沟。"开了100米后，"停车！"我们停了下来，一辆T-34坦克就在我们面前仅30米距离。我的炮手已经瞄准了它。"开火！"战场上又多了一具坦克残骸。

一声震耳欲聋的爆炸打断了我们的欢呼。我们的炮管挨了一发。炮手死了，装填手负伤。炮长和我被从"胡蜂"敞开的顶棚掀了出去。

与此同时，SS第2装甲掷弹兵团和随行的工兵们也利用磁性反坦克雷和集束手榴弹还击。SS第2装甲掷弹兵团3营的埃里希·舍贝尔（Erich Schöbel）描述了高地的战斗：

这时，维利·博特（Willi Bott）带领的我们的半履带车的车门被反坦克枪击穿。博特被打死，肺都被撕成了碎片。我们赶紧跳下半履带车。我的胸部受到擦伤，流了很多血。我通过

无线电向连长古尔（11连连长）报告，得到的答复是"如果你还能开回来，那就用装甲运兵车载着博特和伤员回到后方"。我按照命令去做了，然后来到了救护站。

派普的SPW营伤亡率很高，尤其军官和士官。11连连长保罗·古尔腿部被弹片打伤。12连连长格奥尔格·普罗伊斯伤势更为严重，被送到哈尔科夫的野战医院动手术去了。派普的行政官赫伯特·莫尔特（Herbert Molt）骑摩托车去前线时被打死。营军医罗伯特·布吕斯特勒（Robert Brüstle）博士在给伤员动手术时被弹片打伤，但布吕斯特勒没有离开救护站，而是打上绷带后继续与医疗分队一起救治全营的伤员。

步兵第227团萨日诺夫少校回忆了252.2高地以南的战况：

SS第2装甲掷弹兵团3营12连连长格奥尔格·普罗伊斯。

大约是在敌人第5次冲锋时（我记不太清了），那时已是下午，敌人向卡坦采夫（Katantsev）高级中尉的步兵第2营防守的我团左翼造成了很大的压力。敌人7辆坦克和冲锋枪手突破了5连（也许是4连）的防线，但他们又被乌赫纳列夫（Ukhnalev）少尉的反坦克歼击炮兵挡住了去路。炮兵以不动拦阻射击构筑了铜墙铁壁。我军后方调来的一个连的冲锋枪手发起了一次反击。乌赫纳列夫少尉在这次战斗中堪称勇敢无畏的楷模。他跳上一辆敌坦克，向打开的舱门内扔进两颗手榴弹，然后纵身跃下。还没等他跑远就爆炸了。敌坦克兵被手榴弹和车内弹药

殉爆炸死，但乌赫纳列夫也身负重伤。敌冲锋枪手和突击分队被2营的火力和冲锋枪手连的反冲击消灭，这一地段的态势得到恢复。

虽然我们没有抓到俘虏，但敌人在这一狭窄地段遗弃了50具尸体。其中绝大部分敌人的士兵证都显示他们隶属于"帝国"装甲（掷弹兵）师，只有少量士兵证显示他们来自"阿道夫·希特勒"装甲（掷弹兵）师。现在我们明白了"帝国"和"阿道夫·希特勒"装甲（掷弹兵）师均出现在我团防线正面。这一结论后来得到战俘供词和其他文件的证实。

在252.2高地以北战斗的亚历山大·瓦西里耶维奇·谢利亚宁（A. V. Selianin）军士长回忆了战况：

（近卫空降兵第26团步兵）第3营营长、近卫军少校鲍里斯金（D. I. Boriskin）命我即刻移交信号排的指挥权，并指挥步兵第9连一个排的冲锋枪手。不等我正式接手这个排，鲍里斯金就告诉我，他打算让我的排加入团的前沿警戒，并带我到团长卡什佩尔斯基中校处受领任务。

接到命令后，我们回到营里。鲍里斯金开始从9连挑选人手，为我组建一个排。他对这些人非常了解，能亲口喊出那些经验丰富而可靠的士兵和军士的名字。我的排加强了两支反坦克枪、一挺马克西姆重机枪和一挺轻机枪。我手下总共有32人。

鲍里斯金给我们下达命令：

"同志们！你们的职责是实施战斗警戒，你们的任务是防止德国侦察兵从我方防御前沿渗透过去。牢记第227号命令。一步不许后退！没有命令不得后退！"

我们进入阵地。我将一支反坦克枪和马克西姆重机枪布置在右翼，另一支反坦克枪和轻机枪布置在左翼。而在中央则是冲锋枪手和排里自己的轻机枪。他们在营指挥所与我会合。晚上非常平静。在远处，明亮的火箭弹呼啸着直冲夜空，远处还有炮兵射击的声音。黎明时分，我们已经完全进入掩体，又仔细伪装了阵地。

7月11日那个明媚晴朗的早晨到来了，阵地前方视线良好，一览无余。

7时（我戴了手表），我发现大约40名德国冲锋枪手正缓步前行。显然这是一支侦察分队。他们正朝我方走来，由于灌木的遮掩，没有发现我们。我决定不暴露自己的位置，而是将敌人放得更近一些，用伏击消灭他们。我下令做好战斗准备，并向营长报告了情况。随着德国人不断靠近，鲍里斯金甚至连卡什佩尔斯基都多次问我为何还不开火。但我一直等到德国人越过遮挡我方阵地的灌木丛后才高声喊道："射击！"

德国人立即还击并发起冲锋。没有一个德国人掉头逃跑或投降。德国人被彻底消灭。我将这些情况报告了营长。

09时30分，我看到第二队连级规模的德国冲锋枪手慢慢前进，但这次是在我的右翼400至500米处。敌人正向我们营的右翼前进。我立刻通知了营长。德国人刚接近我们的堑壕，我就命令马克西姆重机枪开火。德国人赶紧卧倒。在被机枪压制住后，他们被我方的炮兵和迫击炮兵横扫一空。整支敌军部队又被歼灭了。在这次战斗中，德国人第一次用火炮和迫击炮向我方阵地射击，但都打偏了。我给营长打了个电话，报告了战斗的结果。

10时30分，我发现德国坦克和数辆搭载步兵的装甲运兵车向我们驶来，后面还跟着一列冲锋枪手。敌人的坦克分成两个集群。一个集群在我们左侧，有多达10辆坦克，向十月国营农场前进；第二个集群有不下10辆坦克，在我们右翼向我营与右翼友军结合部前进。我将观察的情况向营长作了汇报。德军坦克的进攻得到了炮兵和迫击炮的配合。德军飞机出现在我们头顶，不断以集群为单位轮番轰炸我方防御前沿。我们可以清楚地看到炸弹从敌机上释放出来，向我营的堑壕方向飞去，也飞向十月国营农场的职工住宅。但他们没有轰炸我们。我方炮兵和迫击炮向德国坦克和摩托化步兵开火。左侧集群有两辆坦克被打瘫，右侧集群有4辆被打瘫，另有数量装甲运兵车也被打坏。我们也向敌坦克和步兵射击。我得到报告说右翼的坦克猎杀小组用反坦克枪击毁了一辆坦克。德国人撤退了，我们仍在原阵地上。

在这之后，德国人派出另一支侦察分队，约有一个排的冲锋枪手。这次德国人是小跑前进，并尽可能利用掩蔽。他们现在直扑我的阵地。我向营长报告了情况，并请求迫击炮用齐射打击德国人，这样不至于暴露我方位置。迫击炮手们瞄准了目标，炸死不少德国人，但其余人仍然不屈不挠地继续前进，最终被我机枪和冲锋枪火力在离堑壕不到40米的距离上歼灭。我将战斗结果报告了营长。他询问我方损失情况，我报告说无一伤亡。他向我表示了祝贺，然后告诉我，其他几个连遭到252.2高地方向的炮火攻击和空袭，损失惨重。

12时15分，在工兵开拓出道路后，"警卫旗队"装甲团的先头坦克越过SS第2装甲掷弹兵团1营阵地与SPW营一起在空军的支援下向前发起进攻。

1943年7月11日，在普罗霍罗夫卡西南252.2高地防御的近卫空降兵第9师近卫空降兵第26团的反坦克枪手。

13时，位于252.2高地东南亚姆基的苏军坦克第2军军部向第69集团军司令请求空军和近卫坦克第2军提供支援。己方空军没来，德国空军倒是对十月国营农场和252.2高地进行了狂轰滥炸。

15时左右，经过7个多小时的战斗，警卫旗队师终于在空军支援下击退了苏军近卫空降兵第26团3营和2营，占领了十月国营农场和252.2高地。战斗中，一架"斯图卡"准确地击中了派普SPW营的一辆半履带车，车内的士兵全被炸飞。

16时10分。派普上报师部，尽管仍需要一些收尾战斗，但高地已经被己方控制。残余的苏军步兵通过交通壕退却或逃向斯托罗热沃耶树林。

第13重装甲连连长科林在战斗中负伤，根据相关资料，科林和连里的全部4辆可用虎式坦克在10-11日期间总共击毁了24辆T-34坦克，28门反坦克炮和6门火炮。根据警卫旗队战史记载，该连在7月11日总共击毁7辆苏军坦克，其他战果则未单独列出。

在7月11日的战斗中负伤的虎式重坦克连连长科林。

不到一个小时后，普肖尔河河谷和铁路路基之间的普肖尔河走廊爆发了激烈的战斗。白天，髑髅师将苏军坦克第99旅一部逐出了瓦西里耶夫卡。当他们在村子以南重新集结时，又遭遇了"警卫旗队"装甲侦察营和自行反坦克炮。双方的远距离对射一直持续到夜幕降临。

7月11日结束时，警卫旗队师虽然成功拿下了关键的252.2高地，但由于苏军的反击，未能

继续扩大战果。此外由于侧翼两翼暴露，只能停止进攻。

苏军方面，近卫空降兵第9师的两个营在友邻部队的配合下，经过一天苦战，被迫放弃关键的十月国营农场和252.2高地。由于面对的德军十分强大，这样的结果并不意外，但也暴露出该师在组织反坦克防御中的失策。由于近卫空降兵第9师是匆忙被调往普罗霍罗夫卡救火，萨佐诺夫师长无法遵照近卫第5集团军司令扎多夫的指示，让师属炮兵与步兵同时到达阵地。而师部也未能仔细研究战况，使得瓦卢耶夫（V. K. Valuev）上校的近卫空降炮兵第7团无法以恰当的部署来迎敌。只有炮兵第3营布置在一线抗击德军坦克，2营和独立近卫反坦克歼击炮兵第10营则远远地布置在252.4高地东北的库斯特。更糟的是，3营得到的命令居然不是阻击德军坦克，而是瞄准铁路路基，准备射击德军可能出现的装甲列车。而且这个营的位置在252.2高地的反斜面上。当正面的步兵被德军进攻的时候，他们什么都看不见，只有等到德军越过高地顶部后，他们才能开火。

帝国师当天主要任务是将防线移交给第167步兵师，因此并未进行大规模的进攻行动。从加里宁向南一线的"元首"团阵地在上午换防。向北一直到斯托罗热沃耶是"德意志"团的阵地。"元首"团替下了"德意志"团部分阵地，使其可以抽调力量向普罗霍罗夫卡进攻。第167步兵师部队进入新的阵地后奉命准备在7月12日向北顿涅茨河进攻，支援东岸的第3装甲军。第339掷弹兵团在后方第238坦克歼击营掩护下进入新阵地。侦察表明，苏军坦克正在该团东边的树林中集结。

第315掷弹兵团占领先前第627工兵营等防守的彼得罗夫斯基地域。与此同时，第331掷弹兵团在右翼设防，与肯普夫集群的第168步兵师

在别尔哥罗德城北建立了联系。上午过半的时候，第167步兵师已经替下了"元首"团大部分部队，全团的官兵们纷纷上车向北行军。

这里值得一提的是，7月11日对"帝国"装甲团的虎式坦克连来说是一个非常黑暗的日子。上午10时左右，赫尔伯特·齐默尔曼连长在指挥部队抵御苏军从斯托罗热沃耶西南和南方的高地发起的进攻时，手臂负伤不得不退出了战场。来自"帝国"装甲团团部连的卡尔-海茵茨·洛伦茨（Karl-Heinz Lorenz）成为8连代理连长。

齐默尔曼负伤的过程其实比较尴尬。据他的司机加林纳特（Gallinat）后来回忆，连长竟然丢掉耳机和喉部通话器，开着自己的指挥车在各个车组之间来回传达命令，要知道这个时候是没有哪个车长愿意冒险打开自己舱门的，就这样齐默尔曼中弹了。

根据沃尔夫冈·施耐德的著述记载，8连在

2个小时内总共击毁了10辆坦克，但代理连长洛伦茨却在12时阵亡，他的座车被一发炮弹击中了右侧车体，这也是8连在"堡垒"行动期间第一辆全毁的虎式坦克。洛伦茨的司机鲁道夫·维斯特尔（Rudolf Wüster）随后抢出了他的尸体。

第8虎式重坦克连的代理连长卡尔-海因茨·洛伦茨。

为了鼓舞士气，洛伦茨走在了队伍的最前面，第一个通过河堤。他随后下令其他坦克也跟着渡河发起进攻。但8连的官兵们担心这会将脆弱的侧面装甲暴露给苏军，都不愿从这里过河。讨论了半天，各坦克车长只能服从命令过河。就在这个时候，其中一辆虎式坦克主炮炮

"堡垒"行动中被击毁的"S01"号坦克，也就是帝国师装甲团重装甲连连长的座车。

管被击中，只能留在了后面。结果只剩下一辆虎式坦克可用了，等它过河支援洛伦茨时已经来不及了。

因为此事，"帝国"装甲团团长赖岑施泰因严厉指责了重装甲连的渎职和车长们的怯懦。洛伦茨是赖岑施泰因的爱将已经不是什么秘密了，并且团长之所以委派洛伦茨担任重装甲连的代理连长就是为了帮助他获得骑士铁十字勋章。这也解释了为什么洛伦茨刚刚上任就这么"勇猛"的原因，该事件导致了该连在相当长的一段时间内没有获得任何表彰和嘉奖。

1排排长菲利普·泰斯接替阵亡的洛伦茨成为重装甲连代理连长。"帝国"装甲团1营的一名排长海茵茨·滕斯菲尔德（Heinz Tensfeld）则接替了泰斯的位置。而到7月15日，泰斯连长就在战斗中被苏军反坦克炮击中指挥塔阵亡了，连里的赖宁豪斯临危受命成为重装甲连新的代理连长。

下午，"元首"团陆陆续续抵达新阵地。15时，苏军从捷捷列维诺（北）以东的狭窄山谷中出发，扑向了正从斯托罗热沃耶以北经过的警卫旗队师SS第1装甲掷弹兵团的右翼。

"帝国"突击炮营营长瓦尔特·克尼普。

"德意志"团2营立刻发起反击。一开始十分顺利，但掷弹兵接着就在斯托罗热沃耶以北几处高地遭遇了防御的苏军步兵和坦克。全营无法继续前进，但苏军的反击也被打退。战斗一直持续到夜幕降临后一段时间才停止。

在两个装甲掷弹兵团的后方，"帝国"装甲团和师属突击炮营在集结地域休整，后者还有27辆突击炮可用。但"帝国"装甲团只剩下34辆III号、18辆IV号、1辆虎式和8辆T-34坦克，共计61辆坦克可用。此外，帝国师还有30门牵引式50毫米反坦克炮，16门牵引式75毫米反坦克炮以及12辆"黄鼠狼"式坦克歼击车。

7月10日夜至11日清晨，骷髅师在普肖尔河北岸的桥头堡还算平静。该师原本计划尽早安排装甲群过河，但是由于泥泞的地形和苏军炮火迟滞，第680特种工兵指挥部所属的架桥分队仍未按时到达指定位置，仅靠师属工兵器材无法架设可以通行虎式坦克的桥梁。这样，当北岸的掷弹兵们在苦战之时，骷髅师的装甲群只能在南岸继续等待。

黎明前不久，骷髅上报军部，预计无法在09时前架好桥梁，另外，骷髅师的炮弹储备也不够一天的用量。德军在托马罗夫卡倒是储备了大约1000发105毫米炮弹，但要送达格列兹诺耶的炮兵团阵地尚需时间。

05时20分，苏军以大约一个加强连的兵力对"骷髅"团2营发起战斗侦察。该营位于桥头堡最西侧，防守着克柳奇（Kliuchi）西北800米处的一座旧兵营。

经过几个小时的战斗，苏军开始撤退。接着他们又出动5辆坦克支援了一次营级规模的反击。骷髅师的炮兵和1个火箭炮营联手打退了在开阔地上反击的苏军。"骷髅"团2营随即发动反突击，试图拿下兵营。10时30分，"骷髅"团2营完成了夺取旧兵营的任务。

与此同时，由于桥梁未能到位，骷髅师再次上报他们无法按照原定计划于09时发起进攻。此时后方已经乱成了一锅粥，各种车辆陷在泥泞中无法前行。工兵连用树干等在泥地里铺路。一些坦克也帮忙将运载架桥器材的车辆拖出泥泞。

7月11日，髑髅师开始强渡普肖尔河，而该师装甲群的主力也全部集结在北岸。

苏军也发现了这一情况，立刻出动空军和炮兵进行了攻击。髑髅师的高炮营提供了有效的防空火力，让后方车辆损失不大。

在渡口以东不远处，"艾克"团1营在普肖尔河南岸瓦西里耶夫卡村附近设防。该营的任务是防止苏军切断渡口。前一天，德军发现苏军步兵和坦克进入该村，显然有意攻击渡口。而此处的髑髅师部队并未与警卫旗队师左翼建立联系，两个师之间存在着一个将近3公里宽的缺口。虽然"警卫旗队"装甲侦察营再次巡弋，但他们显然无法挡住苏军坦克部队对缺口的攻击。

髑髅师虽然意识到了这一点，但却抽不出兵力增援。"髑髅"团2营和3营在左翼设防，"艾克"团3营在北岸的226.6高

"艾克"团2营营长库尔特·劳纳。

地附近，"艾克"团2营也在北岸。髑髅师只能下令"髑髅"装甲炮兵团3营和火箭炮营一部支援"艾克"团1营。此外，髑髅师还将一些88毫米高炮放在1营阵地的后方，用于加强该营反坦克力量。炮兵前进观察员也找到了可以观察村子和俯视河谷的哨点。

"艾克"团1营营长弗里茨·克内赫莱因。

14时，德军两个火箭炮连开始向瓦西里耶夫卡射击。炮兵观察员接着引导火箭炮火向东面的道路和安德烈耶夫卡村（Andreevka）延伸，防止苏军进入村子。"髑髅"装甲炮兵团3营也向村子以东开火。

当炮火向东转移后，"艾克"团1营向瓦西里耶夫发起进攻。该营的一名班长布伦嫩格尔回忆了当时的情形：

大约中午时分，天上浓云密布，预示着又要下雨。克内赫莱因营长的传令兵给我们送来命令，要求我们准备进攻。显然坦克干不了的事就得让掷弹兵们去做。一想到我们即将在俄国人眼皮底下越过没什么遮蔽物的长坡，我就不寒而栗。我对手下发布了指示。我不理解为什么由营部传令兵而不是连长或排长过来明确指出任务和进攻目标。接着传来做好进攻准备的喊声……

迫击炮的炮管在我们后方开始"咳嗽"，然后传来轻型步兵炮的"嘭嘭"声，炮弹嗖嗖地越过我们头顶飞向敌人。现在随时都会传来进攻命令。我看到营长本人就在我们身后不远。他是那么镇定自若，不慌不乱的稳步向前，也不寻找隐蔽。

"好了，小伙子们，怎么样？记住，动作越快，损失越小。"

……

这该死的长坡……我没看过这座普肖尔河前方村庄的地图，而从我所在的位置也无法查明前方的地名。

我向手下说："好吧，起来跟着我快跑！然后如果能到达树林，赶紧钻进去。"

在冒着敌人火力前进时，我不经意向我们后面看去，发现克内赫莱因营长就泰然自若地站在那，一只手在衣扣中间插进外套，仿佛他就是拿破仑一样！

15时25分，"艾克"团1营报告抵达瓦西里耶夫卡村外，突击小组正准备发起进攻。德军的火箭弹也开始向村内房屋射击，试图通过引燃房屋将苏军赶出去。布伦嫩格尔来到一片小树林，与全营渐行渐远。在后面的战斗中，他的两处旧伤创口破裂，血流不止。

我们不能蹲在这里。放眼向高地望去，我们看不到任何动静。如果继续留在这里，随着进攻的继续，我们会与大部队分割开。如果我们从现在的位置向交火方向进攻的话就会立即被敌人发现。

我的副手接替操作右翼的第二挺机枪，位置保证在我可视范围内，并且能听到我的命令。我把握着推进的方向和速度。卡普（Karp）和他的机枪组跟我在一起。我们穿过灌木丛……地面吸饱了雨水，滑溜溜地，到处是积满了水的水沟和堑壕。

我带着冲锋枪前进，而卡普脖子上挂着100发弹链，随时准备用MG42开火。

敌人要么撤退了，要么是因为我们蹑手蹑脚地没被发觉。我们缓慢前行，在不被发觉的情况下慢慢前进……前方又是一片林中空地，我停下来查看地形。见鬼！我们还没到达村子边上。我透过望远镜看到教堂的塔尖从树梢露出……如果我是俄国人，我会在可以监视这片空地的教堂屋顶上安排一名狙击手……这时一发子弹擦过头顶打穿了我的左臂。这发子弹是瞄准我的脑袋的！我躲在一大丛灌木后面仔细凝视教堂的塔顶，热血淌进了我的袜子里……我们知道狙击手的位置，等候他再次将步枪探出窗户，我指示卡普到身边来。

我告诉他："朝教堂的窗户射击。距离200米。慢慢来，瞄准点。"

机枪子弹准确地穿过窗户，在塔内乱飞。看来打中我的那颗子弹是那个俄国狙击手的最后一枪。

苏军装备了T-34和少量KV-1坦克的坦克第99旅向"艾克"团1营发起了反击。苏军坦克进入村子，将德军压迫到瓦西里耶夫卡村西的几栋房屋中。此时，火箭炮营的前进观察员再次

1943 年 7 月 11 日，髑髅师在瓦西里耶夫卡村内击毁的苏军坦克第 99 旅的 KV-1 坦克。

在库尔斯克战场上被击毁的髑髅师装甲团 1 连的 "115" 号 Ⅲ 号坦克。

引导炮火轰击小村。"髑髅"装甲炮兵团3营的150毫米炮也开始对村子中央开火。苏军的反击虽然被压制住，但他们仍然在断壁残垣中继续射击德军。

在得知"艾克"团1营无法独力拿下村子后，髑髅师下令"髑髅"装甲团1营向瓦西里耶夫卡的苏军坦克发起反击。16时，"髑髅"装甲团1营从以西边1公里处渡口赶到小村外围。40分钟后，"髑髅"装甲团1营向师部报告，他们已经把苏军坦克赶出了瓦西里耶夫卡。本打算在村子南面重整的苏军坦克又遇上了"警卫旗队"装甲侦察营，不过德军轻装甲车辆不是坦克对手，德军只能边打边撤，双方的交火持续到天黑。

虽然"艾克"团1营占领了瓦西里耶夫卡村的西半边，但却无法从苏军步兵手中夺取东半边。空中侦察报告前面的安德烈耶夫卡村中有大量苏军步兵，而且援军正源源不断地从东、北两个方向赶来。为了防止苏军集结并发起攻击，德军炮兵和火箭炮转而猛轰安德烈耶夫卡，迫使部分苏军人员和坦克撤出村子。

16时52分，SS第2装甲军得知髑髅师已经在普肖尔河上架好了桥。其中一座承重60吨，可以通行虎式坦克。不过此时天已经快要黑了，髑髅师不可能冒险发动夜间进攻。对比第48装甲军和SS第2装甲军这几日的作战情况可以发现，德军装甲兵可以在坦克遭遇战中相对轻松地击败苏军坦克兵，但遇到掘壕固守的坦克和反坦克炮则必须仰赖重型坦克、空军和炮兵预先扫清障碍。

由于普肖尔河桥梁附近有500米宽的泥泞地，所有车辆的机动都遇到了很大的麻烦，即使是坦克也不例外。尽管髑髅师拼尽全力让少量坦克于7月11日到达了北岸，但却无法运过去足够的弹药和油料，因此髑髅师只能上报军

部，进攻推迟到7月12日。

当天是髑髅师在整个战役中损失最大的一天，全师阵亡75人，负伤355人，合计430人。就这样也只是稳固了南岸的右翼防线而已，未能扩大北岸的桥头堡阵地。根据德军的说法，泥泞的地形造成了很大的麻烦。好在由于装甲部队主力未参加大规模战斗，加上损坏的车辆陆续被修复，髑髅师到7月11日20时35分已经是SS第2装甲军乃至整个第4装甲集团军中坦克数最多的一个装甲师，有54辆III号、30辆IV号、10辆虎式坦克以及21辆突击炮。

7月11日24时前，髑髅师接到了SS第2装甲军的命令。全师将于次日清晨开始从桥头堡向北出击，装甲群在空军配合下攻击卡尔塔谢夫卡—普罗霍罗夫卡公路。这样就切断了苏军后方交通线，然后转向东南，从侧后攻击普罗霍罗夫卡。在完成这一主要任务后，髑髅师将桥头堡向西拓展，肃清韦肖雷和奥利相卡河谷的苏军。

南侧地段

第3装甲军现在一共只有116辆坦克，但曼施泰因元帅仍指示该军以两个装甲师的力量不惜一切代价冲击苏军第69集团军，突向普罗霍罗夫卡，只要第3装甲军与SS第2装甲军会师，就能合围大量苏军。

第6装甲师下属第11装甲团2营还有17辆III号和IV号坦克可用。该营奉命向奥利霍瓦特卡发起快速进攻。而第503重装甲营分散的3个连也回归建制，准备支援此次进攻。第503重装甲营此时还有19辆虎式坦克可用。

由于大雨，第3装甲军只能将攻击时间向后延迟。第503重装甲营的虎式坦克负责为其他部队开路，他们消灭了不少苏军反坦克炮。第11

装甲师将师属装甲群分成了两路，第11装甲团8连攻击苏军炮兵据守的高地，其余的坦克与第503装甲营一起向奥利相卡推进。8连起先被一片雷区挡住了去路，在成功绕开后又遭到了苏军坦克第148团从220和230.3高地的射击，不过8连再次成功从230.3高地绕了过去。第11装甲团剩下的坦克则冲进了奥利霍瓦特卡，给苏军造成了极大的混乱。

第11装甲团8连在附近树林中短暂休整之后，继续向东北方进攻。经过苦战之后，突破了苏军步兵第305师防线。而第11装甲团7连也与第503重装甲营一起联手拿下了奥利霍瓦特卡。这让德国人自己都大感意外。实际上，同德军交战的苏军第69集团军防线已经拉得很长，一直从帝国师、北顿涅茨河三角弯曲部延伸到第3装甲军前面，兵力早已捉襟见肘。近卫第7集团军防线上的缺口被近卫步兵第35军（后

来归第69集团军建制）堵上后，这个军就一直在肯普夫集群右翼的几个步兵师前面防守。苏军没有多少坦克，也无法发起反击，切断第3装甲军的补给线。对于德军第3装甲军来说，形势已经得到了一定的改善。

第6装甲师的装甲群试图攻击223.3高地时，遭到了喀秋莎火箭炮的射击。德军觉得正面强攻毫无意义，于是转而攻击旁边的兹纳缅卡。轻松得手后向东前进大约2.5公里到达了上奥利尚卡。第503重装甲营营也突破了苏军步兵第107师的防线，成功冲到了卡扎奇耶。

下午晚些时候，第3装甲军的3个师终于在希申诺—霍赫洛沃—基谢列沃（Kiselev）—舍伊诺（Sheino）—米亚索耶多沃一线突破了第69集团军下属近卫步兵第35军的近卫步兵第96师和步兵第305师的防线。19时，第6装甲师在空中支援下突破了近卫步兵第92师和独立坦克第

1943年7月11日，苏军步兵第305师的反坦克歼击炮兵正在赶赴突破口。

96旅防线，将其击溃，随后一路猛攻，装甲群和第4装甲掷弹兵团快速拿下了苏军第69集团军第二防御地带上的卡扎奇耶。德军宣称击毁和缴获苏军19辆坦克、32门反坦克炮等大量重武器。

见此情景，第6装甲师师长许纳斯多夫少将决定乘胜追击，第11装甲团团长奥佩尔恩-布罗尼科夫斯基上校则提出了一个大胆的夜袭方案。许纳斯多夫对此十分满意，批准了他的计划。于是奥佩尔恩-布罗尼科夫斯基以第11装甲团2营的两个装甲连、乘坐半履带车的第114装甲掷弹兵团2营以及第503重装甲营的几辆虎式坦克一起组成一个战斗群，由弗朗茨·贝克尔少校指挥的先遣队以两辆缴获的T-34坦克为先导，利用夜色摸过苏军第69集团军防线，一路瞒过苏军哨卡，直扑勒扎韦茨西北的位于北顿涅茨河上的伦金卡（Rydinka）大桥……

当天，第7装甲师和第19装甲师的任务是掩护第6装甲师的进攻。第7装甲师一整天都在调整部署，补充弹药给养。在该师右翼，苏军近卫步兵第35军在炮兵掩护下从上午09时到深夜对第198步兵师防线发动了多次步兵进攻，双方甚至展开了肉搏，但都被德军击退。战斗中，一些德军步兵放弃了阵地，向后方逃跑，军官们不得不枪毙逃兵来制止溃逃。晚上，第198步兵师告知第7装甲师，他们正在遭受苏军的猛攻。第7装甲师立刻下令第25装甲团前往增援。第25装甲团在行至米亚索耶多沃以北树林时，遭到苏军反坦克歼击炮兵第31旅的伏击，坦克接连中弹。根据第25装甲团2营长的说法，他们发现了有进入战壕的坦克。实际上这里并没有苏军坦克部队，只是临时加强过来的少数几辆而已。

为了节省弹药，师属装甲炮兵团仅进行了一轮弹幕射击，不过还是摧毁了苏军战壕里的部分坦克，剩下的很快就撤退了。战至晚上，第7装甲师只控制了米亚索耶多沃以北树林的一半。

加强了第429掷弹兵团（隶属第168步兵师，用来掩护左翼防线）的第19装甲师在白天

1943年7月11日黎明，第198步兵师下属第305掷弹兵团的掷弹兵在师属第235工兵营2个连的伴随下进入第7装甲师防区格涅拉洛夫卡小镇以东的树林中集结并准备参加战斗。

也沿着与第6装甲师平行的路线向北发起进攻。德军计划是在强大的火力准备后拿下基谢列沃。第74装甲掷弹兵团和第442掷弹兵团从东面发起进攻，第19装甲侦察营则迂回至西南方发起进攻。第73装甲掷弹兵团（实际战斗人员不足200人）、一些坦克和一个工兵连组成的霍斯特战斗群从北面发起进攻，该战斗群还得到一个坦克歼击连和第19装甲炮兵团2营的105毫米榴弹炮的支援。11时30分开始，德军推进了大约5公里就被基谢列沃前的雷场拦住去路。为了尽快和第3装甲师的装甲群会合，霍斯特战斗群在空军、坦克以及炮兵的支援下强行发起进攻。21时，德军占领了基谢列沃。霍斯特战斗群本打算继续夺取拥有渡过北顿涅茨河桥梁的萨贝尼诺，但在苏军的凶猛反扑下打消了念头。

当基谢列沃激战正酣时，德军第429掷弹兵团也突破了苏军防线，渡过北顿涅茨河，在彼得罗巴甫洛夫卡与苏军近卫步兵第89师交火。在西南方，第417掷弹兵团也在白地村（Belomestnaya）突破近卫步兵第89师的防线，占领了该村和190.5与211.6高地。

这一天第3装甲军进展很大，最重要的行动将在深夜至次日清晨发生，贝克尔少校的这次夜袭将会严重打乱瓦图京的反击计划。

总结

在当天的会谈纪要中，德军指挥官们并没有提到苏军大规模坦克兵团正从东方逼近，也没有做出相应的对策。集团军的关注的焦点仍然在西面。对于第4装甲集团军来说，SS第2装甲军地段仍然是次要方向。在苏联坦克第10军副军长身边缴获的文件更让德国人相信，必须扫清第48装甲军左翼的威胁，然后才能让该军

放心大胆地向北进攻。实际上，第4装甲集团军甚至认为苏军将两个坦克军调到西面反而对其有利。

会谈纪要的第一页记载如下：

不过，装甲集团军明白，由于敌人新的兵团的出现。渡过普肖尔河和之后向库尔斯克方向的进攻必须推迟。另一方面，应当说，从全局来看，敌人迅速将更多预备队投入到普肖尔河以南对其来说无望的战斗中，而不是巩固普肖尔河北岸的防御，这是十分有利的。

此时，苏军坦克第1集团军已经被严重削弱，德军在别列佐夫卡—258.5高地清点出1365具苏军士兵遗体。此前攻击第4装甲集团军右翼的苏军坦克被SS第2装甲军击退，此时也不会是什么较大的威胁。在开阔地进行坦克战要比攻击坚固设防的河岸轻松得多，更何况普肖尔河南岸到处都是泥泞地。

第4装甲集团军希望右翼的SS第2装甲军能够积极行动，大量消耗北岸的苏军。而第48装甲军则继续歼灭佩纳河弯曲部的苏军，无需着急转向北方。

如果德军情报部门察觉到了近卫坦克第5集团军的话，无论南方集团军群和第4装甲集团军都不会对这样庞大的一支苏军坦克兵团只字不提。两人的会谈并未涉及将部队主力转向东方迎敌。

1943年的苏军已经有完全有能力在隐蔽的情况下将一支庞大的装甲单位机动到德军的眼皮底下。最后的决战也即将到来……

第十一章 7月12日：钢铁的碰撞

苏军战略预备队开赴普罗霍罗夫卡地域

战前苏军最高统帅部大本营误以为德军对库尔斯克突出部的钳形攻势重点会放在北方的奥廖尔—库尔斯克方向，从而着重加强了中央方面军。曾在库尔斯克会战期间担任布良斯克方面军第3集团军某通信营营长的苏联军事历史博士科尔图诺夫上校给出的数据见下表，兵力数据很多是根据师的数量估算的：

番号	人数	火炮和迫击炮	坦克和自行火炮
中央方面军			
第48集团军	84000	1454	178
第13集团军	114000	2934	270
第70集团军	96000	1658	125
第65集团军	100000	1837	124
第60集团军	96000	1376	67
坦克第2集团军	37000	338	456
方面军预备队	184575	1128	387
总计	711575	11076	1785
作战兵力	510983	10725	1607
沃罗涅日方面军			
第38集团军	60000	1168	150
第40集团军	77000	1636	237
近卫第6集团军	79700	1682	155

番号	人数	火炮和迫击炮	坦克和自行火炮
近卫第7集团军	76800	1573	246
第69集团军	52000	889	
坦克第1集团军	40000	419	646
近卫步兵第35军	35000	620	
方面军预备队	204591	579	265
总计	625591	8718	1704
作战兵力	466236	8584	1699

由此可见，中央方面军各集团军的兵力比沃罗涅日方面军的集团军要雄厚得多。战后罗科索夫斯基曾在回忆录中说道：

就这样，中央方面军的部队完成了任务，他们以顽强的抵抗消耗了敌人的力量，打破了它的进攻计划。德国法西斯以8个步兵师、6个坦克师和1个摩托化师从奥廖尔方向进攻的北方军队集群，在3500门大炮和1000多架飞机的支援下，也未能突破我军防御，与自己在库尔斯克南方正面突击的南方集群迎面会合。

我们左邻的沃罗涅日方面军也挡住了敌人。敌人在这里只楔入了35公里。大本营建立的预备队帮了瓦图京的大忙。沃罗涅日方面军经常从草原军区得到部队加强。7月9日，草原军区改成草原方面军，随后它就转入进攻，把敌人打回了原来的阵地。

对于瓦图京大将来说，德军发起进攻后，他准确判断出了南线德国人的主攻方向，同时投入了全部预备队封堵缺口。沃罗涅日方面军此后更是依靠现有兵力苦苦支撑，防线始终没有完全破裂。德军第48装甲军被挡住，第3装甲军也远远落在后面，只有SS第2装甲军突破最远，所属的髑髅师已经在普肖尔河北岸建立了桥头堡阵地，警卫旗队师也逼近了普罗霍罗夫卡近郊。因此，沃罗涅日方面急需大本营预备队的支援。

苏军大本营尽管在战前判断失误，战斗打响后却反应迅速。早在7月6日晚，斯大林和华西列夫斯基就已经根据瓦图京和赫鲁晓夫的请求，开始尽可能地帮助沃罗涅日方面军。陆续调动坦克第10军、坦克第2军、空军第17集团军等赶赴战场支援。此外，还调动了草原军区的近卫第5集团军和近卫坦克第5集团军这两支新锐力量。

1943年7月，近卫坦克第5集团军司令罗特米斯特罗夫坦克兵中将（左）正在与近卫第5集团军司令扎多夫中将商讨战局。

近卫坦克第5集团军司令罗特米斯特罗夫回忆了7月6日他生日那天的情况：

次日（7月6日），草原方面军司令科涅夫上将（此时实际上仍为草原军区，10日起改编为草原方面军）飞到我的司令部和我会谈。他向我通报了战况的更多细节：

"敌人最强大的突击是从别尔哥罗德地域向库尔斯克方向。"伊万·斯捷潘诺维奇说道，"最高统帅部大本营已经决定将近卫坦克第5集团军和近卫第5集团军转隶沃罗涅日方面军。你要在这里迅速集结。"司令用红色铅笔标注出旧奥斯科尔西南的一片地域。

科涅夫飞走一小时后，斯大林打来电话：

"你接到将你的集团军转隶沃罗涅日方面军的训令了吗？"他问道。

"没有，伊万诺夫同志（斯大林的化名），但斯捷佩内（可能是科涅夫或草原军区参谋长扎哈罗夫的化名）通知我了。"

"你觉得如何实施机动？"

"靠我们自己的力量。"

"但费多连科同志（指时任苏军装甲坦克和机械化兵司令的雅科夫·尼古拉耶维奇·费多连科上将）说坦克远距离机动会出现故障，因此建议通过铁路运输。"

装甲坦克和机械化司令雅科夫·尼古拉耶维奇·费多连科装甲坦克兵上将。

"这样不行，伊万诺夫同志。敌人的空军会通过轰炸摧毁列车或铁路桥，这样我们就无法迅速将整个集团军收拢。此外，如果遭遇敌坦克，单独搭乘卡车前往集结地域的步兵会被轻易消灭。"

"你打算只在晚上行军吗？"

"不。夜晚只有七个小时，如果我只在夜暗时分机动，那么白天我就得将坦克纵队开进树林，到晚上再把它们开出来。而在行军途中，这样的树林是很少的。"

"你有何建议？"

"我请求允许集团军昼夜行军……"

"但你刚才还说敌人会在昼间进行轰炸。"斯大林打断了我。

"是的，这是有可能的。因此我请求您向空军下达训令，要求其为我集团军提供可靠的空中掩护。"

"很好，"最高统帅同意了，"对你集团军行军的空中掩护会得到执行。将你部开始行军的消息通知草原方面军和沃罗涅日方面军司令。"

他祝我一切顺利后挂断了电话。

我们立即粗略勾画出集团军的行军路线。在行军过程中，我们决心整个纵队宽度为30至35公里，各军沿三条路线行动。两个坦克军（坦克第29和第18军）在第一梯队，近卫机械化第5"济莫夫尼基"军、其他战斗单位以及集团军的尾巴在第二梯队。

7月6日是我的生日。自然地，我希望和战友们一起度过。之前我已经向各军指挥所发出邀请，请指挥集团军的野战军官和将军们来参加同志式的晚餐。虽然情况有变，但我仍决定不取消邀请，同时利用这一机会向指挥员们发布行军的初步指示。

等到进来后，他们没有看到节日般丰盛的餐桌，而是惊讶地看到站在作战地图后面的我！我告诉他们集团军就要启程，并下达了命令。最后讨论完所有有关行军的问题后，我得到一瓶缴获的香槟作为礼物。战友们祝我生日快乐，并致以衷心的祝愿。随后，指挥员们回到各自的指挥部，执行刚领受的指示。

就这样，加强有坦克第18军的近卫坦克第5集团军（下辖近卫机械化第5军和坦克第29军）

近卫坦克第5集团军参谋长弗拉基米尔·尼古拉耶维奇·巴斯卡科夫少将（左）与作战参谋 F. M. 别洛泽罗夫上校。

准备向普罗霍罗夫卡出发。

坦克第29军

1943年2月，坦克第29军组建于纳罗-福明斯克（Naro-Fominsk）。同年3月，坦克第29军进入近卫坦克第5集团军编制。该军主要下辖4支部队：

坦克第29军军长伊万·费多罗维奇·基里琴科坦克兵少将。

坦克第25旅

1943年2月28日，坦克第25旅编入坦克第29军。33岁的尼古拉·康斯坦丁诺维奇·沃洛金（N. K. Volodin）上校于1942年9月8日至1943年9月28日之间担任该旅旅长。旅参谋长是米哈

坦克第25旅旅长尼古拉·康斯坦丁诺维奇·沃洛金上校在7月12日的战斗中负伤。

伊尔·费多罗维奇·马什科夫（M. F. Mashkov）少校。

坦克第31旅

1941年9月组建，起初番号为独立坦克第1旅，11月2日改称坦克第31旅，旅长是斯捷潘·费多罗维奇·莫伊谢耶夫（S. F. Moiseev）上校。1943年1月22日，莫斯科州红普列斯尼亚的工人向该旅捐赠了一批坦克，因此这批坦克的炮塔上都用白色油漆写

坦克第31旅旅长斯捷潘·费多罗维奇·莫伊谢耶夫上校。

着"莫斯科"。1943年3月7日，坦克第31旅加入坦克第29军编制。

坦克第32旅

该旅于1941年10月以坦克第32团为基础组建。1943年3月12日编入坦克第29军。全部装备T-34中型坦克。该旅曾先后接收过莫斯科集体农庄工人和乌拉尔的工人们捐款购买的坦克。旅长是阿列克谢·阿列克谢耶维奇·利涅夫上校。

坦克第32旅旅长阿列克谢·阿列克谢耶维奇·利涅夫上校。

摩托化步兵第53旅

1942年11月组建，当时番号为机械化第53旅。1943年2月28日

加入坦克第29军，旅长是利佩切夫（N. P. Lipichev）中校。

此外，坦克第29军还下辖摩托车第75团、迫击炮兵第271团、自行火炮第1446团、高射炮兵第366团、近卫迫击炮兵第76团（喀秋莎火箭炮）、装甲汽车第38营和独立通信兵第363营等部队和分队。

摩托化步兵第53旅旅长利佩切夫中校。

近卫机械化第5"济莫夫尼基"军

1942年11月26日组建，起初番号为机械化第6军，参加了斯大林格勒城下的反攻。1943年1月9日解放济莫夫尼基，荣获近卫和"济莫夫尼基"称号，番号改为近卫机械化第5军。1943年2月底加入近卫坦克第5集团军编制。该军军长是鲍里斯·米哈伊洛维奇·斯克沃尔措夫（B. M. Skvortsov）少将，参谋长是伊万·瓦西里耶维奇·沙巴罗夫（I. V. Shabarov）少将。

近卫机械化第5"济莫夫尼基"军军长鲍里斯·米哈伊洛维奇·斯克沃尔措夫少将。

近卫机械化第5军参谋长沙巴罗夫上校（后升为少将）。

近卫机械化第5军近卫机械化第10旅旅长伊万·鲍里索维奇·米哈伊洛夫上校。

近卫机械化第5军近卫机械化第11旅旅长格里先科上校。

近卫机械化第5军近卫机械化第12旅旅长鲍里先科上校。

近卫机械化第10旅

前身为机械化第51旅，组建于1942年9月。旅长为米哈伊洛夫（I. B. Mikhailov）。

近卫机械化第11旅

前身为机械化第54旅，组建于1942年9月。旅长为格里先科（N. V. Grishchenko）上校。

近卫机械化第12旅

前身为机械化第55旅。旅长格里戈里·雅克夫列维奇·鲍里先科（G. Ia. Borisenko）上校在诺门罕事件中担任侦察营长，因战功卓著而于1939年11月17日荣膺"苏联英雄"称号。

近卫坦克第24旅

旅长卡尔波夫（V. P. Karpov）中校。

此外，该军还下辖迫击炮兵第285团、独立近卫迫击炮兵第409营（火箭炮）、自行火炮第

1447团和近卫反坦克歼击炮兵第104团等部队。

坦克第18军

当德军发动"堡垒"攻势时，近卫坦克第5集团军仍然缺编一个坦克军，因此科涅夫上将于7月5日将直属的坦克第18军转隶给了该集团军。坦克第18军此前一直在西南方面军和南方面军的波波夫集群中战斗，1943年3月23日转入后方休整。该军军长是鲍里斯·谢尔盖耶维奇·巴哈罗夫（B. S. Bakharov）坦克兵少将。到1943年7月5日时，该军主要编有以下部队：

坦克第170旅

1942年2月15日组建。成员主要来自喀山坦克学校和戈罗霍韦茨克（Gorokhovetsk）的装甲兵训练场。起初有两个坦克营混装T-34以及玛蒂尔达和瓦伦丁坦克。该旅旅长是瓦西里·德米特里

近卫坦克第24旅旅长瓦连京·彼得罗维奇·卡尔波夫中校。

坦克第18军军长鲍里斯·谢尔盖耶维奇·巴哈罗夫坦克兵少将。

坦克第170旅旅长瓦西里·德米特里耶维奇·塔拉索夫中校。

耶维奇·塔拉索夫（V. D. Tarasov）中校。

坦克第181旅

1942年6月19日组建，该旅旅长是维亚切斯拉夫·阿列克谢耶维奇·普济列夫（V. A. Puzyrev）中校。

坦克第110旅

该旅旅长是伊万·米哈伊洛维奇·科列斯尼科夫（I. M. Kolesnikov）上校，另外也有一种说法认为在1943年5月15日至11月30日期间担任旅长的是米哈伊尔·格里戈里耶维奇·赫留平（M. G. Khliupin）中校。

摩托化步兵第32旅

该旅组建于1942年5月5日至6月24日。旅长米哈伊尔·叶梅利亚诺维奇·赫瓦托夫（M. E. Khvatov）上校曾在1943年初身负重伤，从2月10日至6月28日期间由斯图科夫（I. A. Stukov）中校代理旅长一职。由于在档案文件中将6月28日误记为7月28日，因此很多资料误以为赫瓦托夫在普罗霍罗夫卡之战中并非该旅旅长。

摩托化步兵第32旅旅长米哈伊尔·叶梅利亚诺维奇·赫瓦托夫上校。

7月6日23时30分，近卫坦克第5集团军领受草原军区司令部的书面命令后，立即着手实施230至280公里的远距离行军。苏军坦克装甲部队此前从未尝试过这样的大兵团远距离机动。部队首先要渡过奥斯科尔河，前出到旧奥斯科尔以南地域。

罗特米斯特罗夫坦克兵中将面临两个主要问题：首先是防备德军侦察和空袭。因为仅坦克第29军的行军纵队就有15公里长，不过这一问题在空军的帮助下得到了解决。其次是技术故障。装甲坦克和机械化兵司令费多连科会派出专家协助罗特米斯特罗夫分析和解决故障。近卫坦克第5集团军出色地组织了行军，第一梯队的坦克第29军于7月7日20时30分到达指定区域。随后经过一天休整，于次日再次行军100公里，7月9日晚前出到普罗霍罗夫卡东北。完成全程近350至400公里的行军后，部队依然几乎齐装满员，且未被德军发觉。根据7月10日中午12时的报告，坦克第29军的220多辆坦克在第一阶段150公里行军中只有13辆出现较大故障，表现出色。而近卫机械化第5军则较差，到7月10日16时，下属3个旅只剩下62辆坦克处于良好状态。到7月11日晚，整个集团军721辆坦克和自行火炮中有227辆落在后方或需要维修，不过有超过一半的坦克和自行火炮在7月12日战斗打响前修好。近卫坦克第5集团军一名老兵曾回忆了行军过程的困难：

……而在行军中则更糟糕，必须保持车速和间距，不断观察路况。你前面有坦克，后面也有坦克。尘土飞扬，必须一直集中精神观察，这样才能让你即使在糟糕的能见度下，也不会撞上前车或被后车追尾。拉了一整天的驾驶杆之后，我连胳膊都抬不起来，腰也直不起来，满脑子一直都是轰鸣声。

7月11日，近卫坦克第5集团军又得到了近卫坦克第2军和坦克第2军的加强，这样实力就达到了惊人的4个坦克军和1个机械化军。

同时从草原军区转入沃罗涅日方面军的还有近卫第5集团军。7月8日，草原军区司令科涅

近卫步兵第32军军长亚历山大·伊里奇·罗季姆采夫少将。

近卫步兵第13师师长格列布·弗拉季米罗维奇·巴克拉诺夫上校。

夫上将乘飞机来到该集团军司令扎多夫的指挥所，亲自传达了大本营的命令，要求其转隶沃罗涅日方面军，并于7月11日上午前出到普肖尔河一线占领防御阵地。该集团军下辖近卫步兵第32和第33军。其中近卫步兵第32军的军长就是在斯大林格勒战役中表现出色的亚历山大·伊里奇·罗季姆采夫（A. I. Rodimtsev）少将。近卫步兵第32军还下辖他的老部队——近卫步兵第13师。

此外，为了以防万一，苏军大本营还下令第27集团军在库尔斯克地域占领阵地，第53集团军于7月12日上午在布尼诺—索尔恩采沃—涅恰耶沃之间的谢伊姆河一线占领防御。两个集团军在7月1日时分别约有70000人和65000人。

瓦图京的反击计划

7月9日时，德军已经突破沃罗涅日方面军最主要的前两道防御带，但自身也已经筋疲力尽。负责掩护和支援各装甲军的德军步兵也跟不上装甲部队的步伐。不过，苏军确实挡住了德军最强大的第48装甲军，只有SS第2装甲军在普肖尔河北岸取得了一定的战果，并且可以连

同南方的第3装甲军对利波维顿涅茨河和北顿涅茨河三角地带中的步兵第48军构成合围之势。消除这一威胁，也是瓦图京大将需要考虑的重点。

瓦图京的计划是组建两个突击集团：

最强大的突击集团包括第69集团军的1个步兵军、近卫第5集团军的2个步兵军和近卫坦克第5集团军的4个坦克军和1个机械化军，他们将在新罗济（Novo Lozy）—别列尼希诺车站—普罗霍罗夫卡车站—波列扎耶夫—维肖雷—科切托夫卡（不含）从普肖尔河弯曲部至普罗霍罗夫卡西南一线向德军SS第2装甲军发起正面反击。

第二个突击集团包括近卫第6集团军的两个步兵军、两个坦克军和机械化第3军的几个旅，他们将从梅洛沃耶（Melovoe）—诺韦尼科耶（Noven'koe）—克鲁格利克—卡林诺夫卡（不含）—244.8高地一线向德军第48装甲军发动攻击。

此外近卫第7集团军的步兵第49军也

步兵第48军军长济诺维·扎哈罗维奇·罗戈兹内少将。

第69集团军司令瓦西里·德米特里耶维奇·克留琼金中将。

第69集团军副司令尼古拉·伊万诺维奇·特鲁凡诺夫中将。

将对德军肯普夫战役集群右后方的209.6高地——格列米亚奇（Gremiachii，科连河西岸）发动牵制攻击。

从这一方案看来，苏军似乎想包围和歼灭整个德军第4装甲集团军。当然，苏军此时也已经占据了兵力优势。根据方面军情报部门的报告，在瓦西里耶夫卡—别列尼希诺车站一线，德军共有约250辆坦克，而仅近卫坦克第5集团军就有951辆坦克和自行火炮，其中826辆可以投入战斗，约3.3:1的比例。

然而，即使有兵力、兵器的优势，也必须经过充分周密的准备才能在战场上发挥作用。沃罗涅日方面军恰恰在这里出了问题。瓦图京是在7月10日定下7月12日反击决心的。罗特米斯特罗夫回忆了在方面军司令部接受指示的情况：

7月10日，近卫坦克第5集团军转隶沃罗涅日方面军。我立刻被召往位于奥博扬的方面军指挥所，去见司令瓦图京大将。负责协调沃罗涅日方面军和西南方面军行动的大本营代表华西列夫斯基元帅以及方面军参谋长伊万诺夫中将也在那里。他们对我的到来表示热烈欢迎，然后向我详细通报了沃罗涅日方面军当面的态势。

方面军司令让我离地图近一些，用铅笔指着普罗霍罗夫卡地域说："在从奥博扬突向库尔斯克的企图失败后，希特勒分子决定将主攻方向向东偏移，沿铁路线攻击普罗霍罗夫卡。那里集结的是SS第2装甲军的部队，他们会在第48装甲军和肯普夫集群的坦克兵团支援下沿普罗霍罗夫卡方向进攻。"

瓦图京看了一眼华西列夫斯基，然后看着我继续说道："因此，帕维尔·阿列克谢耶维奇，我们已经决定用你的坦克近卫军——近卫坦克第5集团军对敌人的党卫军坦克师发动反击，给你另外加强两个坦克军。"

"顺便说一下，"华西列夫斯基说道，"德军坦克师装备了新型的虎式坦克和费迪南自行火炮。卡图科夫的坦克第1集团军在其火力下损失很大。你们对这些装备有所了解吗？你觉得应该如何对付它们？"

"我们知道，元帅同志。我们曾从草原方面军司令部得到有关的战术技术信息。我们也想出了与它们战斗的方法。"

"有意思！"瓦图京插了进来，对我点了点头，说，"请继续说下去。"

"事实上，虎式和费迪南不仅有强大的前装甲，还有威力巨大的远程直射火力：88毫米炮。考虑到比我们装备76毫米炮的坦克先进，要想取胜就只有利用T-34优越的机动性打近战，从侧面射击德国重型机器的装甲。"

"就好比海战中跳到敌人船上进行肉搏战。"方面军司令说道，然后他继续谈起即将到来的反击，坦克第1、近卫第5、第6和第7集团军都会参加。

瓦图京担心德国坦克会冲向奥博扬。当我主动提出用部分预备队来保护他的指挥所时，他感到又惊又喜。我立刻在车上通过无线电联系到了特鲁凡诺夫（近卫坦克第5集团军副司令），并下达了命令。不到两个小时，先遣支队就在方面军司令的指挥所前的一条小河前设防，并与奇斯佳科夫将军的近卫第6集团军建立了联系。

那天下午我带着命令回到了指挥所。命令要求集团军在7月12日上午与坦克第1和近卫第5集团军一道发动决定性的攻势，消灭普罗霍罗夫卡西南之敌，到日终时前出到红杜布罗瓦—雅科夫列沃一线。

当晚，瓦图京和方面军军事委员赫鲁晓夫来到近卫坦克第5集团军的指挥所，召集所有军长和政治副军长，详细通报了方面军的态势和敌情，下达了作战命令。根据集团军副作战处长多库金（I. A. Dokukin）中校的回忆，瓦图京这样结束了自己的发言：

"出发线必须不惜一切代价守住。我们会从那里发起进攻。不要指望会顺风顺水。记住你们前方是强大的、积极主动的和士气高昂的对手。你们必须通过顽强果敢的行动和灵活的策略才能取胜。"方面军司令看着面前展开的地图，然后凝视在座的每一位："我重复一遍：出发线必须守住！"

与此同时，近卫第5集团军也在7月10日晚至次日凌晨接到了反击命令。也就是说，反击部队只有大约一昼夜的时间进行准备。

关于部队开始突击的位置，一开始瓦图京选定的是从普肖尔河弯曲部向雅科夫列沃突击。但这里地面泥泞，缺乏渡河口，而且髑髅师已经在此建立桥头堡。这一方案很快作废。

从地图上看，理论上说从沙霍沃—雅科夫列沃方向打击SS第2装甲军的侧后也是不错的选择，此处防守的是德军第167步兵师，可以相对轻松地突破德军防线，从而切断整个SS第2装甲军的补给线。问题在于这里高出地势的铁路路基和附近埋设的地雷会严重影响坦克的机动，翻越路基时的坦克会成为反坦克炮的活靶子。将这里作为主攻方向显然过于冒险，因此司令罗特米斯特罗夫只将坦克第2军布置在这里发动辅助攻势。

现在只剩下普罗霍罗夫卡西南、普肖尔河与斯托罗热沃耶树林之间的地形最适合展开坦

别尔哥罗德—普罗霍罗夫卡铁路路基的照片。翻越铁路路基进攻，无论对苏德哪一方来说，都是需要慎重考虑的，因为翻越铁路路基时不但装甲部队需要减速，还率先把脆弱的底盘暴露在敌军炮口前面。

克大兵团突击，这里有平坦的十月国营农场和共青团员国营农场，还有252.2高地可为部队提供掩护。因此罗特米斯特罗夫坦克兵中将选择这里发动主攻，瓦图京批准了他的建议。

罗特米斯特罗夫明白自己有近三分之一的坦克是无法与德军中型和重型坦克交手的T-70轻型坦克，因此命令第一梯队各坦克旅（3个坦克营）抽出1个营的T-34坦克加入到第一梯队，而将1个T-70坦克营放到第二梯队，此外还给坦克第29军（第一梯队）加强了1个自行火炮团。这样坦克第18和第29军的共计348辆坦克和20辆自行火炮将在普肖尔河南岸的普列列斯特诺耶—十月国营农场—252.2高地—斯托罗热沃耶树林之间宽约7公里（两个军分别为3公里和4公里）的地段上发起进攻，每公里将近50辆坦克。由于十月国营农场以北有一道近2公里长的河谷，所以最初整个攻击正面就只有5.5至6公里。近卫机械化第5军的225辆坦克和自行火炮会在第二梯队投入战斗。

沃罗涅日方面军给近卫坦克第5集团军加强了装备11辆SU-152的自行火炮第1529团，但该团的后勤分队在伦金卡（Rydinka）被德军切断。因此7月12日18时才赶到普罗霍罗夫卡地域，错过了当天最激烈的战斗。此外，为近卫坦克第5集团军提供火力支援的远战炮兵群包括：

近卫大威力炮兵第522团，装备12门203毫米重炮。

近卫炮兵第1148团，装备18门152毫米榴弹炮。

加农炮兵第142团，装备18门122毫米炮。

加农炮兵第93团，装备18门122毫米炮。

方面军的近卫迫击炮兵第16和第80团的48辆BM-13喀秋莎火箭炮（可用数为41）也负责提供支援。

但是由于时间不够，近卫坦克第5集团军的进攻准备并不充分。罗特米斯特罗夫回忆说：

由于方面军部队在7月11日略微后撤，部分正进入射击阵地的火炮被敌坦克摧毁，近卫坦克第5集团军反击的炮兵支援条件恶化了。

为了预先阻止敌人在普罗霍罗夫卡以西的进攻，在没有足够时间让炮兵集结的情况下，我将进攻7月12日08时30分的炮火准备由30分钟缩减到15分钟。

我们当时很清楚在这种情况下炮火准备不会取得很多战果。但是鉴于敌人已经在沃罗涅日方面军防线的多个地段取得了一定的胜利，我们需要赶紧开始进攻，以便从敌人手中夺回普罗霍罗夫卡方向的主动权。

……此外，需要说明的是，由于时间不足，几乎没有进行炮兵的侦察。炮兵是和各军坦克和摩托化步兵旅一起前进的。这造成了进攻开始时战斗队形中几乎没有炮兵观察所。

第69集团军代理参谋长普罗塔斯上校。

为反击部队提供空中支援的是歼击航空兵第5军和强击航空兵第1军等部。由于地空识别困难和协调不良，空军的伊尔-2强击机经常误伤己方地面部队。7月9日时，第69集团军代理参谋长普罗塔斯上校曾请求空军第2集团军提供空中支援。接踵而来的60架伊尔-2毫不留情地将位于瓦西里耶夫卡、共青团员国营农场和241.6高地的步兵第183师两个团阵地炸了个稀烂。

正当苏军忙着准备7月12日的反击时，两起突发事件打乱了他们的计划。

风云突变

第一件事情发生在7月11日白天。这一天，警卫旗队师的派普（SPW）营在坦克支援下经过激烈战斗拿下了近卫坦克第5集团军的预定出发线十月国营农场和252.2高地。到晚上，德军甚至逼近了普罗霍罗夫卡。罗特米斯特罗夫回忆了当时的情况：

1943年7月12日，普罗霍罗夫卡地域，近卫坦克第5集团军司令罗特米斯特罗夫在研究作战形势图，左侧为方面军军事委员赫鲁晓夫。

7月11日19时许，华西列夫斯基元帅造访我的指挥所。我报告了集团军的战斗队形和给各军及配属炮兵的分配的任务。他批准了我的决定，并说斯大林和他谈过话，命令他在战斗过程中亲自协调近卫坦克第5和近卫第5集团军的行动，并提供必要的帮助。斯大林命令方面军司令瓦图京留在奥博扬的指挥所中。方面军参谋长伊万诺夫中将则前往科罗恰方向。

此时仍有足够的光照，元帅提议检查一下我为坦克第29和第18军选定的出发阵地。我们一路从普罗霍罗夫卡开向别列尼希诺，快速前进的威利斯吉普在坑洼的地面上不停颠簸……

道路穿过一片宽阔的正逐渐变黄的麦田，

再往前就是斯托罗热沃耶村旁边的树林。

"那儿，沿着树林北缘就是坦克第29军的出发阵地。坦克第18军会在其右翼进攻。"我向华西列夫斯基说道。

他凝视着远方，聆听着不断增大的隆隆战斗声。可以通过航空炸弹和炮弹爆炸激起的烟尘来判断出我军诸兵种合成集团军的战线。在2公里远的右侧可以看到共青团员国营农场的生产房屋。

突然华西列夫斯基命令停车。汽车开下道路，在道旁一片尘土覆盖的灌木丛中来了个急刹车。我们打开车门，向旁边走了几步。坦克发动机的轰鸣声清晰可辨。一辆坦克出现在我们的视野中。

亚历山大·米哈伊洛维奇立即带着恼怒的口吻对我说："将军！怎么搞的？难道没有预先告诉你不能让敌人得知我们的坦克到了吗？这还是大白天在敌人的眼皮底下……"

我拿起望远镜看去。确实有几十辆坦克排成战斗队形，一边前进，以便用短管炮射击。他们正越过原野，碾过熟透的庄稼。

"哦，元帅同志，那些不是我们的坦克，他们是德国人……"

"这么说来，敌人已经突破了某个地方。他们想抢在我们之前占领普罗霍罗夫卡。"

"我们不能坐视不管。"我向华西列夫斯基说，然后通过无线电命令基里琴科立即派两个坦克旅迎击德国坦克，阻止其前进。

回到指挥所后，我们得知德国人对我军几乎所有集团军都发动了积极的进攻。

这样局势突然变得复杂化了。我们先前选定的出发阵地已经落入希特勒分子之手。

由于出发线被占领，部队的进攻计划必须进行相应的调整。

第二件事情发生在7月11日深夜和12日凌晨之间。原本相对安全的北顿涅茨河以南地段局势也发生了变化。德军第3装甲军发起了一次大胆的夜袭。

7月11日这天，整个第3装甲军取得了不错的战果。到晚上，第6装甲师第11装甲团团长奥佩尔恩上校提出一个大胆的夜袭方案。师长瓦尔特·冯·许纳斯多夫对此十分满意，批准了他的计划。于是奥佩尔恩以第11装甲团2营的2个装甲连、乘坐半履带车的第114装甲掷弹兵团2营以及第503重装甲营的几辆虎式坦克一起组成一个战斗群，由贝克少校指挥的先遣队以2辆缴获的T-34坦克为先导，利用夜色摸过苏军第69集团军防线，一路瞒过苏军哨卡，直扑勒扎韦茨西北的位于北顿涅茨河上的伦金卡大桥。

按照迪迪埃·洛迪厄（Didier Lodieu）所著的《库尔斯克战役中的第3装甲军》一书的说法，德军队形从前至后依次为2辆T-34、第11装甲团2营7连、第114装甲掷弹兵团2营7连、第11装甲团2营8连、第114装甲掷弹兵团2营余部（内克瑙尔上尉的SPW营）和虎式坦克。当晚没有月光，因此开始德军行动十分顺利。在库拉科夫卡（Kurakovka），他们曾遇到苏军一队卡车。耐心等待对方过去后，德军继续前进。就在勒扎韦茨城外，一辆T-34在道路中央抛锚。贝克少校换了一辆IV号坦克打头。就在此时，他们和22辆俄国坦克擦肩而过。突然，其中6、7辆苏军坦克离开行军纵队，开始掉头向回开。贝克少校立即下令部队按原计划继续挺进，自己那辆只装了一门假炮的指挥车则横挡在路中央。然后他趁苏军不知所措之际与措贝尔（Zobel）少尉用磁性反坦克雷炸毁了4辆苏军坦克，余者被随后赶到的战斗群主力消灭。不过，苏军却得到了警报，在德军抵达伦金卡大桥时拉响了炸药包。令人讶异的是，一声巨响

之后，这座大桥居然基本上完好无损，德军工兵很快将其修复。随后赶到的第114装甲掷弹兵团1营大喜过望，不等2（SPW）营赶到，就冲过大桥，在河对岸建立了防御。

第6装甲师第114装甲掷弹兵团1营营长埃里希·厄克尔（Erich Oeckel）上尉，1943年7月13日，厄克尔在勒扎韦茨桥头堡的战斗中阵亡。

但是时任近卫步兵第89师教导营副营长的博耶夫（M. G. Boev）在自己1998年的回忆录中却给出了另外一种说法。7月11日19时，德军轰炸了近卫步兵第89师在基谢列沃的指挥所，造成3人牺牲，6人负伤。师长谢留金（M. P. Seriugin）决定将师部转移到新奥斯科奇诺耶（Novo-Oskochnoe）地域。这个举动非常奇怪，因为新奥斯科奇诺耶位于近卫步兵第81师的防区。博耶夫回忆了7月11日晚至次日清晨的情况：

7月11日晚特别黑。全营已经离开前沿阵地。尽管当时情况还是比较危险的，但我们觉得不会出什么意外。里亚布采夫（教导营上尉营长）和我走在队列的前面，仔细盯着伸手不见五指的黑暗，并注意周围的动静。

一名传令兵拍马赶来，送来了师长的命令："快步走！"

就在传令兵走后，前方传来发动机的轰鸣。营长仔细听了一下："是坦克。问题在于，谁的坦克？"

他立刻命令参谋长向师长报告这一情况，并命令队列先头连连长派出侦察分队。

参谋长很快跑回来报告："师长说在库拉科夫卡只可能有我们的坦克。"

尽管如此，我们还是瞪大双眼向看清前方究竟是谁。在前方50米，出现了一辆车的模糊轮廓。这是一辆我们的"34"。先头坦克舱盖大开，缓慢小心地朝我们驶来。一个脑袋从炮塔舱门中探出来。"走右边！"我们听到从这辆坦克中传出纯正的俄语。这肯定是我们的了。我们立刻放下心来，继续与坦克相向前进。我们漫不经心地看着第一辆、第二辆和第三辆"34"从旁边经过。

突然——

"德国人！"

所有人都扭头朝两步远的地方看去，这些坦克的侧面上涂有白色的十字。在这电光石火之间，我的脑海中立即闪出一个念头：法西斯分子肯定是将苏维埃祖国的俄罗斯叛徒——弗拉索夫分子——放在了车队前方。

营长立刻跳到公路一侧："全营进入战斗！扔手榴弹！"

营长的号令被淹没在履带的咔咔声和手榴弹的爆炸声中。"口袋炮兵"朝法西斯分子的坦克投去，冲锋枪哒哒响起，德军坦克手纷纷关上了舱盖。

全营迅速由行军队形转为战斗队形，在公路一侧占领阵地并继续投掷手榴弹。

……等到破晓时分，敌坦克上涂绘的猛兽和白色十字已经清晰可见。其中一些坦克和装甲半履带车停下来向学员们防御阵地射击。一些已经开远。敌摩托化步兵也下车战斗，敌坦克纵队的主力绕过损毁的车辆，继续向勒扎韦茨前进。

根据1943年7月21日瓦图京下达的命令，这一描述应当是真实可信的：

近卫步兵第89师师长谢留金上校没有与友邻部队和军部建立通讯联络，因此无法及时了解形势，错误地决定自动放弃近卫步兵第267团防守的北顿涅茨河沿岸的加里宁——基谢列沃一线。

敌人趁近卫步兵第267团撤退之机，占领了原先该团防守的树林，然后又占领了戈斯季谢沃。结果导致另一个师接受的战斗命令无法执行。

得知敌坦克出现在上奥利尚涅茨后，谢留金上校放弃了对师所属部队的指挥，带领教导营前往卡扎奇耶，打算在那里建立新的指挥所。在向卡扎奇耶方向前进过程中，谢留金遭遇敌坦克，被迫退向勒扎韦茨地域。在那里，他再次遭遇敌坦克，被迫后退。由于与师失去了联系，在整整14小时内他都没有对其下达任何指示。

另外根据独立坦克第96旅的说法，其坦克第331营的6辆T-34和几名反坦克炮手在离开基谢列沃后也在勒扎韦茨地域遇到了两股德军坦克纵队。共计约40辆坦克。在夜战中全营击毁敌人9辆装甲车辆。战斗结束后，该营于7月12日凌晨04时到达亚历山德罗夫卡建立防御。

这样看来，弗朗茨·贝克博士的日记和苏方的回忆和文件并无太大矛盾。当然双方似乎都有些水分。不过逃出生天后的谢留金甚至在给步兵第48军军长的报告中说自己遭遇了德军的"300辆坦克"，这当然是在掩饰自己的失职。

由于第6装甲师的大胆行动和近卫步兵第89师的失误，在普罗霍罗夫卡遥远的南面出现了新的危机。第69集团军锄奸处长斯托罗伊洛夫（Stroilov）上校在7月17日报告了自己的拦截分队在7月12日至17日之间的工作：

近卫步兵第89师师长谢留金上校与下属团长们侦察戈斯季谢沃地域的地形情况，照片摄于7月13日。

为了完成拦截集团军所属兵团部队指挥参谋人员和士兵——即擅离战场者的任务，第69集团军反间谍部锄奸处从其独立连中抽调人员组建了7支拦截分队，每队7人，由2名工作人员带领。

……在7月12日一天内就拦截了2842人……从1943年7月12日05时开始大批从战场后撤的指战员……到同日16时基本上都被拦下，工作到此彻底结束。

德军的偷袭让瓦图京大惊失色，何况仓促之中也无从得知德军到底有多少坦克，于是他下令罗特米斯特罗夫把近卫机械化第5军的两个机械化旅、近卫坦克第2军的一个坦克旅和一些炮兵等独立部队调往南线，迎击突入战线的德军。这样就大大削弱了近卫坦克第5集团军的突击力量。罗特米斯特罗夫也在波多利希（Podol'khi）西面的243.8高地和242.7高地地区配置了近卫反坦克歼击炮兵第104团和自行火炮第1447团的8门76毫米炮、11门45毫米炮、7辆SU-122和4辆SU-76以备不测，而集团军副司

令特鲁凡诺夫指挥的集群（辖独立近卫摩托车第1团，近卫坦克第53旅，反坦克歼击炮兵第689团，以及榴弹炮兵第678团的1个连）在彼得罗夫卡集结，掩护集团军左翼。另外他还调整了反击方案，决定在7月12日上午08时先进行30分钟的炮火准备，08时30分发起冲击，直扑红杜布罗瓦（Krasnaia Dubrova）——254.5高地——雅科夫列沃一线，攻击命令："钢铁。"

SS第2装甲军的计划

7月11日晚，第4装甲集团军发布了第6号命令。这份文件首先总结了两个装甲军各师的形势，然后分配了任务。霍特上将决心扩大东面的进攻楔子，将奥博扬以南苏军向东赶过普肖尔河。命令指出，消灭普罗霍罗夫卡西、南两个方向的苏军是继续突向普罗霍罗夫卡的先决条件。第48装甲军应建立稳固的左翼，同时将坦克第10军向东逼退至普肖尔河对岸。在歼灭左翼苏军以及SS第2装甲军渡过普肖尔河后，第48装甲军应向东北进攻，准备强渡普肖尔河。但第4装甲集团军无论会谈纪要、作战命令还是空军侦察报告都没有提到苏军战略预备队的到来。

7月11日22时50分，SS第2装甲军发布了次日命令：

SS第2装甲军应粉碎普罗霍罗夫卡以南之

敌，为穿过普罗霍罗夫卡继续推进创造先决条件。各师任务如下：

髑髅师以装甲部队于黎明从桥头堡出击，占领东南方向的高地，首要任务是前出到普罗霍罗夫卡—卡尔塔谢夫卡公路。其他部队则肃清普肖尔河河谷沿线村庄之敌，确保警卫旗队师左翼安全。

警卫旗队师守住左翼战线同时，右翼占领斯托罗热沃耶及以北的树林、斯大林斯克国营农场（Stalinsk，即十月国营农场的斯大林斯科耶分场）和亚姆基（Iamki），将前沿阵地从斯托罗热沃耶—亚姆基向东推进2公里，与铁路沿线的252.2高地建立联系。待髑髅师肃清左翼普肖尔河沿岸之敌后，该师应与髑髅师一部一起占领252.4高地和普罗霍罗夫卡。

帝国师守住已经占领的右翼阵地，拿下维诺格拉多夫卡（Vinogradovka）和伊万诺夫卡（Ivanovka）。在警卫旗队师右翼占领斯托罗热沃耶及其北面树林后，将兵力集结到斯托罗热沃耶和维诺格拉多夫卡北面高地一带，卷击伊万诺夫卡—维诺格拉多夫卡一线之敌，在伊万诺夫卡—普拉沃罗季西南高地—斯托罗热沃耶东面2公里处高地一线停止进攻。

7月11日傍晚，SS第2装甲军共有294辆坦克和突击炮可用。左翼的髑髅师最强，拥有122辆坦克，包括10辆虎式坦克。右翼的帝国师有95辆。中央的警卫旗队师最弱，只有77辆，其中虎式坦克4辆。SS第2装甲军可用坦克情况见下表。

虽然SS第2装甲军制定了两翼突击，前后夹击的计划，但苏军也同样做好了进攻的准备。7月9日至10日，豪塞尔军长根据上级通报判断苏军已经调来了预备队，但是由于空军在7月11日

部队	Pz II	Pz III 50/L42	Pz III 50/L60	Pz III 75mm	Pz IV L24	Pz IV L43 或 L48	Pz VI 虎式	T-34	StuG	指挥坦克	合计
SS第2装甲军											
警卫旗队师	4	–	5	–		47	4	–	10	7	77
帝国师	–	–	34	–		18	1	8	27	7	95
髑髅师		54			4	26	10		21	7	122
合计	4		93	4		91	15		58	21	294
第3装甲军											
第6装甲师	2	2	11	?	–	6	–	–	–	2	23?
第7装甲师	–		24	2	1	9	–	–	–	3	39
第19装甲师	–		7	4	–	3	–	–	–	1	15
第503重装甲营	–		–		–		23	–	–		23
第228突击炮营	–		–						19		19
合计	2	2	42	13	1	18	23		19	6	126?

备注：SS第2装甲军数字为7月11日20时35分的记录情况，第6装甲师和第503重装甲营为早晨时的数字，第7和第19装甲师以及第228突击炮营为7月12日早晨的数字。这里需要注意的是晚上坦克数往往是一天最低值，尚有很多坦克在修，而早晨坦克数通常较高。

并未发现苏军坦克和步兵集群行军和集结，因此作战计划中没有针对坦克预备队反击的应对计划。

普肖尔河南岸与斯托罗热沃耶之间的中央主战场

7月11日，据守在252.2高地上的派普的（SPW）营已经是整个SS第2装甲军突向普罗霍罗夫卡地域最远的一支箭头了。不过，由于东西两翼完全暴露，警卫旗队师并没有得到继续进攻的命令。

在警卫旗队师左翼，距离最近的是"艾克"团1营，该团守在252.2高地后方约5公里的瓦西里耶夫卡，与派普的部队没有建立任何直接联系。这样就导致师左翼出现了一个缺口，警卫旗队师只能下令"警卫旗队"装甲侦察营前出掩护，只是他们不可能挡住坦克集团的冲锋。

"警卫旗队"装甲侦察营营长古斯塔夫·克尼特尔。

师右翼是SS第1装甲掷弹兵团，他们在252.2高地以东和铁路线的另一侧至斯托罗热沃耶树林以东之间构筑了防御工事，距离他们最近的帝国师部队在南方的4公里外。因此，守在252.2高地上的只有派普的SPW营。为了应付苏军可能发动的反击，除了在高地反斜面上原苏军堑壕和掩体内构筑了防线外，派普还在山顶建立了观察哨，同时又在东面山坡建立了数个前沿观察哨。"警卫旗队"装甲团6连就驻守在反坦克壕的另一侧，高地西边的反斜面上。整个7月11日夜间，警卫旗队师和帝国师的一线官兵都听到了东面普罗霍罗夫卡方向传来的坦克引擎传来的巨大轰鸣声。不需要任何情报就已经清楚，苏军要在天亮后发动进攻了。

SS第2装甲掷弹兵团3营营长约阿希姆·派普在自己的指挥车上。

7月12日凌晨左右，近卫坦克第5集团军的政工人员们进行了战前动员和交流，坦克第29军坦克第31旅的政治部主任波沃洛茨基（Povolotsky）上校在报告中写道：

1943年7月12日01时，我们齐装满员集结在出发线，只有机械师兼驾驶员谢尔宾（Shcherbin）驾驶的坦克第277营营长座车（T-34）因故障未能参加。

在出发前，乘员们讨论了军事誓言、他们对大本营训令的理解、隐藏的破坏分子、复仇时刻的到来、其他战线的形势以及坦克兵在战斗中的行动。提交了入党申请书。7人申请入党，9人申请加入共青团。政治觉悟和士气都很高。在出发线，官兵们饱餐了热饭。

根据05时15分罗特米斯特罗夫司令的指示，出发线在普列列斯特诺耶—斯托罗热沃耶—小亚布洛诺沃。

近卫坦克第5集团军在中央战线的战斗队形如下：

左路的坦克第29军在十月国营农场—亚姆基—萨任斯基深谷（亚姆基以南1.5公里）一线展开进攻。第一梯队的坦克第32旅（63辆坦克）作为全军先导；坦克第25旅（69辆坦克）在左翼；第二梯队为坦克第31旅（67辆坦克），另有自行火炮第1446团（20辆自行火炮）支援坦克第32旅。右路的坦克第18军在十月国营农场和普肖尔河之间进攻，第一梯队坦克第181旅（44辆坦克）负责沿普肖尔河穿过之前主动放弃的安德烈耶夫卡和瓦西里耶夫卡（预期在两地不会遇到激烈抵抗）突击；坦克第170旅（39辆坦克）得到独立近卫重型坦克第36团（19辆"丘吉尔"坦克）的支援，第二梯队为摩托化步兵第32旅和一个炮兵群（下辖12门76毫米反坦克炮），第三梯队为坦克第110旅（38辆坦克）。近卫第5集团军所属近卫空降兵第9师以及近卫步兵第42师的两个团负责扫清252.2高地和沿河村镇的残余德军，巩固坦克第32、第170、第181旅的胜利。这样，两个坦克军在第一攻击梯队就部署了4个坦克旅和1个坦克团（共计234辆坦克）用于进攻约7公里宽的正面。后续梯队拥有105辆坦克，他们将和步兵、炮兵一起随时准备加强第一梯队突击力量或补充其损失。

黎明时分，罗特米斯特罗夫坦克兵中将带着作战处的参谋们赶到了普罗霍罗夫卡西南一片果园里的坦克第29军指挥所。苏军的反击即将开始。

7月12日清晨，数个低空飞行的伊尔-2强击机中队从晨雾中钻出，轰炸并扫射了SS第2装甲军的炮兵阵地、活动的步兵和坦克。除此之外，还有部分飞机深入德军防线，扫射后方公路上所有移动的目标，炮兵也开始发起猛烈的炮击。有经验的德军老兵立刻意识到这是进攻的前奏，因此各前沿观察哨迅速把观察到的（东面的）情况汇报给了营部。

无论是派普的SPW营，还是"警卫旗队"装甲团都认为要等到髑髅师包抄普罗霍罗夫卡以西后，他们才会投入进攻，而这最快也得是下午了。因此，装甲部队和掷弹兵都没有集结并进入一线阵地。SS第2装甲掷弹兵团的另外两个营仍在252.2高地以西的十月国营农场后方，靠近铁路线一侧。在他们的身后是"警卫旗

在普罗霍罗夫卡附近作战的苏军自行火炮第1446团的一辆SU-122自行火炮。

队"装甲团2营的5连和7连，只有6连离派普的营最近。第13重装甲连的4辆则担任预备队，由魏特曼统一指挥。

06时左右，苏军以步兵（可能是空降兵）和少量坦克对警卫旗队师阵地进行了试探性进攻。一个半小时之后，髑髅师炮兵观察员通报在彼得罗夫卡以东3公里处发现苏军集群坦克和步兵。德国空军出动斯图卡战机轰炸了苏军可能集结的地点，对后者造成一些损失。08时整，苏军炮兵先行进了一轮喀秋莎火箭炮齐射，接着开始进行炮火准备。08时22分，髑髅师的观察员又在瓦西里耶夫卡以东1公里发现苏军两个步兵团和大约40辆坦克。

08时30分，普罗霍罗夫卡西南阵地上的近卫迫击炮兵第76团的喀秋莎结束了最后一轮齐射。爆炸声散去后，战场上沉寂了一小会。罗特米斯特罗夫坦克兵中将立即命令无线电员康斯坦丁诺夫（V. P. Konstantinov）发出信号："钢铁，钢铁，钢铁！"

09时15分，警卫旗队师的前沿观察哨发现成群结队的苏军（坦克第18和第29军）的坦克涌了过来。约有40辆坦克扑向斯托罗热沃耶树林东北角，另有约35辆坦克冲向252.2高地。此外，还有约40辆坦克扑向了国营十月农场。眼见由40至50辆T-34和T-70坦克组成的钢铁集群向己方阵地呼啸而来，他们立即打出紫色信号弹——敌军坦克来袭！

近卫坦克第5集团军的下属各坦克旅在瓦里西耶夫卡至斯托罗热沃耶树林之间狭窄的战线上发动的猛攻。"警卫旗队"装甲团2营此时正分散在战线后方，离252.2高地最近的是6连。全连此时还有7辆坦克可用，他们即将遭遇坦克第32和第31旅的进攻。实际上，当苏军坦克冲向252.2高地时，6连里还有一些官兵没有睡醒，剩下的也大多在半睡半醒之间。因为大家都知道，就算进攻也得等到下午髑髅师取得进展。所以就连睡在坦克下面的小里宾特洛甫连长也是被传令兵摇醒的，后者告诉他立刻去营部报道。

此时，"警卫旗队"装甲团2营营长马丁·格罗斯已经从前哨那得知了大量坦克出现在普罗霍罗夫卡的消息，他觉得有必要提醒一下最靠前的6连。当里宾特洛甫抵达营部时，格罗斯从他的指挥坦克里探出头来，向里宾特洛

1943 年 7 月，在普罗霍罗夫卡地区集结的一支苏军 T-34 坦克纵队。

甫解释了一下当前的情况，并让他密切关注当前的局势："听着，里宾特洛甫，根据步兵的报告，俄国人的坦克正在集结，具体情况不详。马上与步兵取得联系，并做好战斗准备。"听到这一模糊的安排后，里宾特洛甫并不高兴，原本他的连是应该担任预备队休息的。他随后骑上一辆摩托车去找步兵部队了解情况，却一无所获。等他停下摩托车，徒步返回营地后，里宾特洛甫发现情况不对了：

当我返回阵地时，我发现到处都是敌人的炮击，机枪的子弹在我们周围乱飞，天空中布满了敌机。

此时，6连官兵正在忙碌地做着战备工作，去掉坦克的伪装，炮手和装填手则在规整弹药。里宾特洛甫随后走到了自己的坦克边，从他的装填手海因茨·陶特曼（Heinz Trautmann）手中接过了一杯热咖啡。陶特曼是1943年3月，哈尔科夫反击战刚结束后不久调过来的。里宾特洛甫的炮手是库尔特·霍佩（Kurt Hoppe），他在大战中活了下来，但到1945年底，霍佩在与伤病和各种并发症斗争整整一年后，死在了病床上。里宾特洛甫的驾驶员是瓦尔特·许勒尔

（Walter Schueler），据许多幸存下来的6连老兵回忆，许勒尔是全营最棒的驾驶员。哈里·贝格尔（Harry Berger）是里宾特洛甫的机电员，他在后来的日托米尔之战中阵亡。

"警卫旗队"装甲团6连连长鲁道夫·冯·里宾特洛甫。

里宾特洛甫接着回忆道：

一排紫色的烟雾弹升起，这意味着："坦克警报！"整个山坡上到处都是相同的信号弹，这些代表着危险的紫色烟雾在右边远处的铁路路堤上也出现了。

……在高地远处的山谷中，俄国人的装甲部队汹涌而出。我立刻丢掉杯子、饭盒，大喊道："都启动！跟着我！"然后我又对着排长马尔肖（Malchow）喊道："我们在山坡上列队，你带你的排去左边，我带领剩下的人卡住中间和右边，你别突太前，向后缩一点，我们好互相掩护。"

与此同时，我发现我刚离开的装甲掷弹兵营的营部连连长从烟尘中钻了出来，骑着他的摩托车冲下山坡，一边用拳头在空中挥舞，这意味着："立刻准备战斗！"

我通过无线电下令全连坦克进入前方的山坡集结，我们准备在这里迎击敌军……当我们开下（敌军）一侧的山坡时，第一辆T-34坦克出现了，他们正试图包抄我们的左翼。

此时，守在252.2高地上的派普3营的14连连长埃尔哈德·居尔斯回忆道：

我们连夜夺取了高地（252.2）并且把俄国人赶了出去。我们现在蹲在他们挖掘的战壕和散兵坑里……上午07时（应为德国时间），俄国人发动了进攻。当时，我们正在阵地上酣睡，无数俄国坦克搭载着步兵在飞机的掩护下就这么扑了过来。

起先，里宾特洛甫的注意力被穿过国营十月农场以北的普肖尔河走廊的苏军坦克纵队吸引住了，这些坦克距离6连大约1000米左右。他立刻下令全连开始射击，IV号坦克G型的长75炮即使在如此距离上也可以击穿T-34坦克的侧面装

1943 年 7 月 12 日，坦克第 29 军在普罗霍罗夫卡西南制砖厂附近的出发阵地上。

甲。就在这时，坦克第29军坦克第32旅搭载着近卫空降兵第9师的伞兵抵达了252.2高地和国营十月农场，该旅是于08时40分至45分左右从砖厂出发的。站在车长指挥塔上的宾特洛甫这才发现数十辆坦克出现在了他的正前方。他接着回忆道：

当我们等待看看有没有新的敌军坦克出现时，我习惯性地探出头四下望了望，结果我被随后看到的情景震得一句话说不出来，在我们前方150至200米的矮坡上出现了15辆坦克，接着是30辆，40辆，最后实在是太多了，根本没数不过来。这些T-34坦克搭载着步兵全速向我们冲了过来。

当我打出第一发炮弹时，1辆T-34坦克烧了起

来，距离我们最多55到70米……我们根本没时间建立防御阵地了。我们所能做的只有不停地开火。在这种距离上根本不用瞄准，只是不知道什么时候我们自己也被干掉了！

6连的另一名老兵京特·施勒尔（Gunther Schroer）也回忆了坦克第32旅发动第一波冲击的情景：

那一天我到现在都记得非常清楚。当天的坦克战中，我们连一共有7辆坦克，有4辆被击中，2辆完全烧毁。第一辆被击中的是乌尔里希·帕普克（Ullrich Papke）车长的"626"号，接着是连长右侧的"616"号中弹起火……乌里（乌尔里希的简称）·帕普克和他的车组没能逃出来，而到今天，除了知晓驾驶员京特·施密特（Gunther Schmidt）的名字外，其他车组的名字都不得而知了。

"堡垒"行动期间，在库尔斯克战场上的警卫旗队师装甲团6连的"626"号坦克。

"618"号的驾驶员汉斯·瓦尔默巴赫（Hans Warmebach）回忆了第2辆被苏军击中的坦克的命运：

遗憾的是，我对12日的战斗已经记不得什么东西了，也许跟我身上持续了7年的病痛有关。但有一件在最初的战斗中发生的事情我记得非常清楚，我们被从山谷中冲出的一群T-34坦克攻击……我们邻近的坦克被击中了，那辆坦克的驾驶员是霍尔斯特·路德维希（Horst Ludwig），我们一直开火掩护他从燃烧的坦克里逃出来。我自己的手也在战斗中被弹片划伤，当然这点伤根本不值一提。

"615"号的车长瓦尔特·马尔肖将自己的座车开进射击阵地后，成功干掉了两辆苏军坦克，但随后就被击中了。马尔肖的装填手瓦尔特·克特尔（Walter Kettl）回忆道：

在252.2高地附近作战的6连"618"号坦克。

当我们在最左边，马尔肖车长正全神贯注地盯着从左边山谷中驶出T-34坦克，当他数到第17辆时，不经意向右一瞥，惊得呆住了。难以置信的庞大数量的T-34坦克从树林里全速冲了过来，并且朝我们开火，我们也还以反击。这时，一辆T-34坦克全速冲了过来，试图在同我们擦肩而过的时候击中我们。突然，我们的坦克剧烈地倾斜起来，把我们全挤到了坦克的一侧，电子设备损坏了，发动机也停止运作，战斗室内到处都是浓烟。我们的发动机挨了好几发，我们靠着手电筒又继续打了几发，直到车内根本无法呼吸。

当马尔肖和他的车组跳车逃往后方安全地带的时候，越来越多的坦克第31旅的坦克从山坡上冲了下来，在狂奔数百米后，猛然发现面前又出现一道反坦克壕沟，可全速前进的领头坦克已经来不及刹车，直接跌了进去。只有少部分T-34坦克意识到了问题，开始紧急刹车或者急打方向盘，反而加重了混乱。因为其余的坦克正源源不断地冲过来，停车或者打横只会被后面的车顶进去。派普SPW营的约翰内斯·布罗伊尔（Johannes Brauer）回忆了这些T-34坦克直接冲进反坦克壕的情景：

我们瞬间就遭到了无数T-34坦克的四面围攻，它们甚至多到经常自己就互相撞了起来……一些刚刚翻过山脊的T-34坦克看都不看就全速冲下了山坡，然后一头栽进我们集结地之后的反坦克壕之中。

坦克第32旅的凶猛攻击因为反坦克壕意外迟滞了一下，但后续的坦克很快发现了一处单车可过的缺口，苏军立刻穿过该处继续向西进攻。里宾特洛甫的坦克也在这股坦克洪流中一

"615" 号车长，1 排排长瓦尔特·马尔肖。

边近距离射击，一边向后机动。派普SPW营一些勇敢的掷弹兵也拿起手头的武器奋力阻止T-34坦克的推进。这些冲上252.2高地的坦克属于瓦库连科上尉指挥的坦克第2营的两个连，他们很快就冲垮了德军，摧毁了大约20辆半履带车。德军有一些半履带车甚至向T-34坦克发起自杀性撞击，但很快就被引爆。在这地狱般的战场上，就连派普营长自己和他的副官维尔纳·沃尔夫都不得不拿起武器为活命而战。派普用一捆集束手榴弹炸停了1辆T-34坦克，沃尔夫则端着MG42重机枪在他一侧扫射那些坐在坦克后装甲板上的苏军步兵。第13连连长万特在战斗中负伤，这是他一周内第二次负伤，沃尔夫随后接替了连长一职。

SS第1装甲掷弹兵团长阿尔贝特·弗赖描述了他看到的252.2高地之战的情况：

我看见有的半履带车试图从侧面撞击那些厚重的俄国坦克……对我来说，这是我们每个人为了胜利和生存而顽强不屈的表现。

派普的副官维尔纳·沃尔夫。

此外，坦克第32旅还攻击了驻守在十月国营农场的SS第2装甲掷弹兵团2营。警卫旗队师部署在十月国营农场和252.2高地后方的5辆III号和40辆IV号（排除6连）以及16门75毫米反坦克炮将苏军死死拦住。苏军坦克第32旅的一名机枪手兼无线电员萨韦利·巴谢（S. Baase）中士回忆道：

我记得我们从位于砖厂地域的一道很浅低洼处的出发阵地出发后，翻过一个小山包，从那里看到前方一马平川，覆盖着熟透的小麦或大麦。左侧是一条铁路和一座人工林。右侧远处是一些房子，我得知那里就是十月国营农场。很快炮弹在附近炸开，前方出现了闪光、坦克和烟尘。尽管我们的坦克不在第一线，但也用主炮向迎面而来的密集坦克和单个目标射击。双方距离迅速拉近。很快我军和德国的坦克都被击中起火。我还记得我们向一辆虎式坦克射击，但炮弹打在其厚重的装甲上弹开了，直到别人先打断了它的履带，又给它侧面来了一发。但是敌坦克并没被打爆，其乘员打开舱盖弃车，然后被我们用机枪打死。双方战斗队形胶着在了一起……

巴谢中士应该是把IV号坦克错看成了虎式。负责支援坦克第32旅的近卫空降兵第9师近卫空降兵第23团1营1连1排的福米切夫（I. M. Fomichev）中尉也回忆了当时的情景：

7月12日清晨，我们在没有炮火支援的情况下转入进攻。我的排和我在铁路右侧前进。两架"梅塞施密特"从敌人方向朝我团战斗队形飞来，扫射一番后消失在远方。我们出现在一片开阔地，德国人立即用炮火覆盖……

过了一会儿（我没有戴表），我看到我们的一批坦克穿过团的位置。我做好了跟进的准备，但"前进"的口令却没有传来。第二波坦克再次穿过，还是没听到命令。等到第三波

1943 年 7 月，苏军一支搭载着步兵的 T-34 坦克纵队，应该属于近卫坦克第 5 集团军一部。

搭载冲锋枪手的坦克穿过后，我们才听到"前进"的命令。

后来我听说在坦克进攻前，对敌阵地进行了炮火准备和近卫迫击炮（喀秋莎）齐射。但我既没看到也没听到。也许被敌人炮击我方的声音淹没了。

我和我的排在坦克后方跑步前进。我们到达一条战壕并跳了进去。在一个碉堡的入口，我看到了一名高级中尉的遗体，他的制服已经被烧掉大半，只剩下衣领和肩章上的三颗星星。他倒在一支反坦克枪上。我朝碉堡内看了看，发现一些波波莎冲锋枪的弹鼓，就拿了一些，里面装得满满的。

我们继续前进。由于烟尘弥漫，我们看不清左右两侧的友军……我们按照在学校里教授的那样，在坦克车体后方躲避敌人火力。我和全排一起行动，在一辆被打瘫的坦克后寻找掩蔽。我抬头观察四周，看到了坦克上的十字。我意识到我和我的排陷入了坦克战。这是在铁路线和十月国营农场之间发生的事情。

我们继续前进，进入另一道战壕。当我跳进去时差点撞上一个德国人。他的手已经举了起来。因为这是平生第一次看见活的德国人，我登时有点懵了。我们排的一个人就在我之后跳进战壕，他喊道："中尉，朝他开枪啊，你看什么呢！"就在此时，旁边的一辆已经起火的坦克炸了起来，这个德国人哆嗦了一下扭头去看。我一紧张扣动扳机，一个长点射将子弹打进了他的后脑勺。

在堑壕前面，我遇到了一名肩部负伤的上校。他自称是我们的副师长格拉切夫，他命令我护送他去最近的救护站。路上，"梅塞施密特"三次用机枪俯冲扫射我们。在第三次遇袭时，敌机飞得如此之低，以至于我都受不了了。我用冲锋枪对其射击，当然造成不了什么

伤害。格拉切夫上校因为失血过多，对周围发生的一切有些无动于衷，重重地靠在我身上。我艰难地支撑着他。

我们越过252.2高地附近的铁路线，发现闯进了第26团的进攻中。

这里，在铁路左侧，我们发现一群士兵趴在地上，没有军官指挥他们。这时候，格拉切夫跟我说他可以自己撑到救护站，然后命令我接手指挥这些士兵，带领他们前进。士兵们执行了我的命令，开始前进。刚穿过一片麦田进入开阔地时，我就看到一些士兵落在了后面。很显然他们不想跟着一名不熟悉的指挥员。

到达曾遇上上校的战壕后，我首先看见一名高级中尉，他说他是机枪连连长。他手下有9挺马克西姆重机枪。我决定巩固机枪连的防御阵地。在战壕里我还遇到了专业军校的同学——格拉西缅科少尉。我们交换了看法。德国人正从两翼包抄我们的阵地。连长决定穿过麦田后撤。我和我的排一起撤退。在后撤途中，我的传令兵、列兵奥金措夫负伤。子弹从后面打进了他的肩膀。我们穿过麦田后撤，在第一次经过的战壕一线掘壕设防。

SPW营以及6连的顽强抵抗，再加上意外的反坦克壕事件，坦克第32旅在最初的攻击中就

这张照片显示了战斗间隙，派普在火线向手下一名勇敢作战的掷弹兵授予二级铁十字勋章。

折损了近一半坦克，无法完全突破德军防线。从09时45分左右，坦克第31旅开始加入战斗。

到了这个时候，里宾特洛甫和他的坦克仍奇迹般地活在高地上，不过早就淹没在苏军的坦克洪流之中。里宾特洛甫此时早已放弃了逃跑的想法，决定战斗到最后：

在我的某个潜意识中，我意识到想要逃生是不可能了。在这种绝望的形势下，我们能做的只能是看好眼前的东西。因此，我们在不到30米的距离上又干掉了第3辆T-34坦克，接着是第4辆……但我们如果静止不动，迟早被俄国人发现和击毁。我们唯一的逃生希望就是退到山坡后面，在那里总比暴露在开阔地好。

按常理来说，面对两个坦克旅的进攻，仅有7辆Ⅳ号坦克的6连早就该灰飞烟灭了，但里宾特洛甫和另外2辆连里的坦克仍奇迹般地活着，这不得不说德国人的运气、训练有素以及苏军的装备（通讯）劣势和缺乏训练了。里宾特洛甫接着回忆道：

我简直不敢相信还没人朝我们开火。所有专家都因此确认当时俄国人车内没有车长，只有炮手在指挥坦克，因此他只能看到炮管所指方向的东西，否则我们早就该死了。

就在还差一点点就可以退到反斜面的时候，一辆坦克在距离他们30米远的地方停了

下来，苏军终于发现了里宾特洛甫的坦克，因此缓慢地将炮塔转了过来。此时，炮手刚刚将一发炮弹交到装填手手上，还来不及装弹，里宾特洛甫赶紧通过喉部送话器对驾驶员大声喊道："向前开！快！"老练的驾驶员许勒尔立刻将车向前开动，跟那辆T-34坦克错开了5米的距离。苏军坦克也拼命地转动炮口试图瞄准他们，但T-34的机动性明显比不上Ⅳ号坦克，里宾特洛甫在绕到这辆T-34坦克身后10米处停了下来，然后一炮轰飞了它的炮塔，爆炸的碎片差点砸到Ⅳ号坦克的主炮。

与此同时，铁路以南斯托罗热沃耶树林地段，SS第1装甲掷弹兵团也遭到了苏军的攻击。坦克第25旅将全部T-34坦克集中到坦克第362营中，形成攻击矛头，自行火炮第1446团负责（该团原定掩护坦克第32旅）在侧后提供支援；坦克第25营（T-70坦克）在坦克第362营左侧稍微靠后的位置向前推进；摩托化步兵第25营紧随其后，部分步兵搭乘着坦克一起冲锋。坦克第25旅的任务是穿过斯托罗热沃耶树

SS第1装甲掷弹兵团团长阿尔贝特·弗赖（右1）正在一处反坦克壕内给他的突击部队分配任务。

林向伊万诺夫斯基移民新村和捷捷列维诺发起突击，日终时必须前出到别尔哥罗德—奥博扬公路上的克拉温皮斯基耶德沃雷（Krapivenskie Dvory）。

苏军宣称在08时的炮击中打坏了不少德军坦克，另有10辆退往252.2高地以南的谷地和卢托沃、亚姆基村。但当坦克第25旅投入进攻时，还是遭到了"警卫旗队"坦克歼击营的伏击。该营的"黄鼠狼"式坦克歼击车数量不明，但至少3连有1个排的5辆"黄鼠狼"Ⅲ型坦克歼击车在库尔特·萨梅特莱特（Kurt Sametreiter）指挥下投入战斗。该排的胡伯特·诺伊恩策特（Hubert Neunzert）回忆了当时的战况：

04时（莫斯科时间06时），一位骑摩托车的传令兵给我们送来了新的命令。我们的任务是防御斯大林斯克集体农庄（斯大林斯科耶分场）。我们应当特别注意右侧树林方向和铁路路基方向。没过多久，我们就发现25辆到30辆T-34坦克从右翼6至7公里远处直扑帝国师战线。他们距离我们太远，但是炮兵瞄准了敌人，敌人在通过我们右翼时并不是没有受到一点损失。接着就是一阵沉寂。但到了8时（莫斯科时间上午10时），突然不可思议的一幕出现了。"斯大林管风琴"不断尖啸着，像雨点一般砸向我们的阵地，炮弹和迫击炮弹也夹杂其中。总而言之，看起来这是一次正经进攻前的火力准备，总共持续了大约一个半小时。一架深入俄军防线的德国侦察机用机翼给我们发信号，然后投下一个信筒，并打出两发紫色烟幕弹。这个意思是有敌军坦克。在铁路路基左面也能看到紫色信号弹，因此那里肯定也有坦克。与此同时敌人停止了射击，然后从路基左侧高地上出现了3辆、5辆、10辆坦克——但是现在数这

个有什么用呢？一辆接一辆的T-34坦克一边猛烈开火一边全速扑向我方步兵阵地的中央。我们5辆车看到第一辆坦克出现就立即开火了，没过几秒，这两辆T-34坦克就笼罩在黑烟当中。有时我们不得不放过一些目标，因为掷弹兵们已经跳了上去，与搭载在坦克上的俄国步兵展开了肉搏战。

突然，40到50辆T-34坦克从右侧朝我们驶来。我们只能调转炮口向它们射击。其中3辆坦克突然越过盆地朝集体农庄驶去，占领了通向那里的公路。我没机会对它们开炮。右边的一辆坦克歼击车的装填机构卡住了，看样子也修不好。因此我们只能穿过农场的建筑物转移阵地。我朝第一辆T-34开火时几乎没怎么瞄准。炮弹是打了出去，但弹壳却卡住了。我再次躲在房屋之间，等故障排除后，一辆T-34坦克又出现在我们正前方，我的副炮手扯开嗓子喊道："炮膛里是最后一发弹！"声音如此之大，以至于不用耳麦也能听到。这可到了紧要关头！我将炮口对准冲过来的T-34坦克，距离大概只有150米，可是悲剧再次发生，支撑机构塌了，炮管指到了天上。我用高低机把75毫米炮管降下来，再次瞄准T-34坦克的炮塔并开火。打中了！对面舱盖打开，两个人跳了出来。一个人原地不动，另一人跳到房子之间道路的另一侧。

在我方掷弹兵的支援下，经过和俄国步兵及弃车的坦克手一阵对射之后，我们全速驶出先前的隐蔽处，朝燃烧的T-34坦克之间的树林驶去。得到三四个波次步兵支援的俄国坦克进攻就这样被打退了。

在大约1500米宽的地段上，到处是燃烧的坦克残骸，此外还有12门火炮（可能是自行火炮）也在冒烟。据推断敌人在进攻中投入了120辆坦克，但实际上应该还要多，有谁数过呢？

"警卫旗队"坦克歼击营3连某排排长库尔特·萨梅特莱特。

萨梅特莱特因此战中的优异表现而获得了骑士铁十字勋章。由于没有炮火掩护，苏军坦克尽管高速冲击，但还没摸到树林的边就蒙受了巨大的损失，参战的32辆T-34中有26辆被打瘫，所有SU-76和SU-122自行火炮都被击毁。坦克第25旅的坦克也损失惨重。残部被迫撤回己方步兵阵地之后建立防御。坦克第25旅把残存的坦克合并成一个营，由坦克第25营营长切克拉诺夫（Chekranov）指挥。

战斗中苏军坦克兵在战斗中表现出了大无畏的勇气。坦克连长米什琴科（N. A. Mishchenko）座车中弹起火，乘员们齐心合力扑灭了大火，打开舱盖透气，然后继续战斗。不过在撤退时他们落在了后面，不幸被德国人包围。乘员们在打光炮弹后又用机枪射击，4天后他们成功返回己方战线。库巴耶夫斯基（V. M. Kubaevsky）中尉的自行火炮在接近树林时也中弹起火，全体乘员奋力撞向一辆德国坦克，最后弹药殉爆，集体牺牲。叶林中尉的自行火炮的履带和诱导轮被打坏，他立刻下令释放烟幕，自己下车抢修。德国人发现了他的举动，用迫击炮朝他射击。叶林虽然被弹片打伤，但还是修好了自

己的座车，撤了回去。到了这时，德军与苏军在斯托罗热沃耶树林的首轮激战才暂时告一段落。

09时30分，在252.2高地附近的坦克第32旅坦克第2营以两个连的火力掩护坦克第1营营长伊万诺夫（P. S. Ivanov）少校的15辆T-34坦克越过铁路路基。他们在一排树木的掩盖下，全速绕过了最危险的地段——德军的反坦克炮和炮兵所在的242.5和241.6高地，直插德军纵深5公里处的共青团员国营农场南侧，紧随其后的是摩托化步兵第53旅的一些分队。但这种局部突破并未完全破坏德军在十月国营农场的防御。而且德军随后发动反击，切断了伊万诺夫营和摩托化步兵第53旅的后路，接着又出动轰炸机和炮兵对共青团员国营农场进行了狂轰滥炸。据该旅幸存老兵回忆，德国人简直把该农场从地球表面抹掉了。尽管如此，苏军利用德国人放弃的工事精心构筑了环形防御，坦克也开进掩体。坦克第32旅得知伊万诺夫等被围的消息后立即派坦克第2营按原路前去接应。结果在半路遇到德军埋伏，一辆坦克被打爆，另一辆被打断履带。坦克第2营靠着释放烟雾弹才撤

正在冲击德军防线的苏军近卫坦克第5集团军的坦克。

了回去。

与此同时，坦克第32旅其余部队也遭到德军反坦克炮的密集射击，短时间内损失了不少坦克。利涅夫旅长见状立即和第二梯队坦克第31旅两个营一起前往第一梯队组织进攻。上午10时刚过，当坦克第31旅也加入进攻时，德国空军多达150架Me110和Ju87轰炸机出现在天空，俯冲扫射和轰炸了苏军坦克和步兵，造成了很大的伤亡。而苏军战斗机却很少，根本无法保护地面部队。伊尔-2强击机更是直到13时才出击。很难想象这样一次精心筹划、具有决定意义的反攻居然得不到空军的强力支援，而苏军炮兵也未能有效清除德军反坦克火力点，仅靠坦克和步兵冲击德军预有防御阵地，就如同德军前几天在苏军防线上一样，只能是头破血流。时任坦克第29军副军长的叶戈罗夫（A. V. Egorov）上校回忆了坦克第32旅的战斗：

法西斯的航空兵再次出现在头顶，火炮的火力也加强了。德军炮弹在我军坦克前方爆炸，溅起大片泥土。我向按下通话器的开关，但延迟了一会儿。在颠簸中可以清楚地听到乘员们的行动。"三点钟，目标——火炮，杀爆弹，装填……快、快！""机枪手，瞄准步兵。好样的，瓦尼亚，就这样干！驾驶员，加点油……"营长的指示通过电波传出。此外他还要求各连连长报告进展。连长们作了汇报。

"伊万诺夫，缩短距离！瓦库连科，加速！全体都有，全体都有，狠狠地

坦克第29军坦克第32旅坦克第1营营长伊万诺夫少校。

打！"利涅夫的吼声传进了我的听筒。

在252.2高地上，里宾特洛甫的车组仍在边打边退，苏军坦克也已经突到了山坡的反斜面上，装填手陶特曼随后告诉了他一个不好的消息，穿甲弹快没了。里宾特洛甫做了一个非常大胆的决定，他下令许勒尔开着坦克跟在正冲下反斜面的苏军坦克队伍后面一起前进，然后祈祷没人能够发现他们。就在这时，"警卫旗队"装甲团2营剩下的2个Ⅳ号坦克连（5连、7连）赶到了，他们开始在反坦克壕的远端狙击乱糟糟的苏军坦克队伍，为了防止被眼花的队友干掉，里宾特洛甫的机电员赶紧通过无线电呼叫："所有电台注意，我是Kunibert（代号）！我们夹在俄国坦克中间！别朝我们开火！"里宾特洛甫事后回忆和评价了当时的局势：

整个战场都笼罩在硝烟和沙尘之中，在浓烟之外还有新的俄国坦克不断的涌入，他们不断地被我们的坦克（5、7连）打靶。你实在难以想象战场上到处的坦克和车辆的残骸是多么的混乱，但毫无疑问的是这给了我们绝佳的掩护，因为俄国人到现在都没发现我们。

把俄国人困住的反坦克壕清楚地标注在每一份我们缴获的俄国地图上……这极大地挫伤了俄国人的进攻气焰。一些T-34坦克试图从左边绕过去并逃离高地山坡反斜面上的屠杀，于是他们开始翻越一侧的铁路路基。这真是难以相信的场景，我的坦克就躲在一辆被击毁的俄国坦克残骸后面，向这些T-34坦克打出了最后几发穿甲弹……这简直太简单了，因为这些坦克乱糟糟地挤成一团，把侧面全部暴露了给我……到处都是燃烧的T-34坦克残骸，死掉或负伤的俄国人……

当打掉最后一辆
T-34坦克的时候，里宾
特洛甫终于找机会穿过
了反坦克壕。当他们加
速前进的时候，一发苏
军的坦克炮弹刚好打中
了炮手观察孔，巨大的
冲击力直接把瞄准镜
砸在了炮手脸上。装
填手此前已经在炮膛里
塞了一发炮弹，但也无
法开火了。里宾特洛甫

1943年7月15日，里宾特洛甫在获得骑士铁十字勋章后与车组的合影。

只能下令返回后方，许勒尔成功地利用残骸和
浓烟的掩护脱离了战场。在返回后方的路上，
里宾特洛甫发现了一名叫做沃尔夫冈·皮里茨
（Wolfgang Pilz）的医护兵，他立刻请皮里茨
骑着摩托车去"警卫旗队"装甲团2营的营部，
通知他们把刚刚修好的"604"号坦克开过来，
再带上一名新的炮手。皮里茨顺利地完成了任
务，正当里宾特洛甫爬上新的坦克准备再次返
回252.2的高地时，营部
的参谋匆匆忙忙跑了过
来，通知他立刻去向营
长格罗斯报道。

不久后，里宾特
洛甫看到了他剩下的连
队，除了他的座车之外
一共还剩下2辆坦克，
损失了4辆坦克，其中2
辆完全烧毁，马尔肖的
座车也没了，另外一辆
炮膛卡死失去战斗力。
不过无论怎么说，6连
在252.2高地的战斗中

做出了"卓越"的贡献，马尔肖的"615"号宣
称击毁了7辆坦克，其中有5辆是他的坦克失去
行动力后击毁的。里宾特洛甫连长的"605"号
则宣称单车击毁了14辆苏军坦克，他也因此获
得了骑士铁十字勋章。除了6连宣称的21辆战果
外，5连和7连也各自宣称击破了12辆和6辆。最
重要的是，"警卫旗队"装甲2营的这3个连
与死战不退的掷弹兵一起给苏军造成了极大的

"堡垒"行动期间，"警卫旗队"装甲团5连装备的Ⅳ号坦克。

混乱，迫使苏军停止进攻。

"警卫旗队"装甲团7连的海因里希·布尔克（Heinrich Burk）描述了他的战斗：

1943年7月12日，坦克大战的那一天，我又一次坐某辆Ⅳ号。在打瘫4、5辆T-34坦克后，一辆T-34坦克把我们干掉了。炮弹掀掉了传动舱盖，制动器失灵了。驾驶员和无线电员被弹片击中，负了轻伤。我的"堡垒"战役就这样结束了。

该连另一名装甲兵威廉·勒斯（Wilhelm Roes）也回忆了当时的战况：

我们7连出现在原先的前卫部队面前……他们几乎被打垮了，俄国坦克正在追赶他们。因此我们担心会打到友军的坦克。我们的装甲半履带车损失最大。它们的装甲很薄。里面坐满了步兵和工兵。只要一发炮弹就能将其打着火。我们亲眼看到几辆燃烧的半履带车。这一切持续了3、4个小时。T-34坦克犯了一个大错，这让我觉得他没有受过训练，他们接近了反坦克壕。在俄方一侧的深度是4.5米，我方一侧只有1.2米。他们就这样全速飞进反坦克壕，然后轰的一声栽了进去。

我们的坦克可受不了这种场面，履带根本承受不住这样的冲击。但T-34坦克继续前进。我的坦克曾在诺曼底掉进一个坑里。我很清楚滋味如何，你这辈子都不会想再来一遭。我觉得他们（苏军坦克兵）也是一样。等到他们冲出反坦克壕，首先露出的是炮管，接着就是部分暴露的底部装甲，这对我方来说就太轻松了，这就是他们为何损失惨重的原因。当然我说的只是我连和通过无线电听到的情况。

这种情况持续了一段时间，然后就被烟幕挡住了视线。顺便一说，当一辆T-34坦克弹药殉爆时，它的炮塔也会被炸飞，升起巨大的烟圈，就像抽烟时吹出来的一样。（T-34）就是这样……俄国人打得很勇敢，但协同很差。按理说，凭借这么多的坦克，他们本可以轻松打垮我们。但这种事情却没有发生。

252.2高地激战正酣时，国营十月农场前方也发生了激战。在农场前方准备进攻的是右翼的坦克第18军，由于前方有深沟隔断，巴哈罗夫军长只得让第一梯队的坦克第170和第181旅同时移动到左翼，然后一前一后发起进攻。这样一来，他们就被地形向南挤压到坦克第29军一侧，也攻击了十月国营农场。如果没有这一障碍，坦克第18军面对的仅仅是"警卫旗队"装甲侦察营。苏军坦克还以为步兵在炮火支援下已经突破了德军防线，结果在十月国营农场遭到了德军反坦克炮和坦克（SS第2装甲掷弹兵团和"警卫旗队"装甲团）的"热烈欢迎"，这让不少苏军坦克兵破口大骂。

髑髅师"艾克"团团长贝克尔描述了坦克第18军开始进攻时的情况：

我在设于一栋房子屋顶的观察哨上，通过望远镜观察我军的行动。师的所有坦克都按照计划部署完毕，正在出发，他们对进攻的胜利充满信心。这时我注意到地平线上出现了烟尘。很难分辨出是谁弄出来的，它们渐渐变大，很快俄国坦克就出现在烟尘之中。"俄国人已经调来了预备队。"我对参谋长说，这时我明白（我们的）攻势就要失败，我们已经输掉了库尔斯克会战。

中午左右，坦克第25旅（实际上主要是坦克第25营的T-70）在坦克第169旅的火力掩护

"艾克"团团长赫尔穆特·贝克尔。

下，从斯托罗热沃耶以南迂回，发起第二次进攻，试图再次冲向伊万诺夫斯基移民新村，然而他们半路再次遭到堵截，激战一个小时后被迫后撤。至此，坦克第25旅当天的战斗基本结束，他们参战的69辆坦克中有50辆被打瘫，1门迫击炮和1门45毫米反坦克炮被击毁。该旅报告击毁德军3辆坦克（其中1辆为重型坦克），2辆自行火炮，3门反坦克炮，2门迫击炮和一座燃料仓库。

此时中央战场打头的坦克第170旅仍未冲出十月国营农场，却已经损失了60%的坦克，旅长塔拉索夫中校车毁人亡，1营营长伊萨耶夫上尉伤重而死，攻势也被迫停滞了下来。

在先头各营损失惨重，进展有限的情况下，坦克第18军只能向上级请示是否后撤，以及能否调派空军支援。罗特米斯特罗夫司令回复："基里琴科（坦克第29军）损失更大，但他在坚持进攻；你也必须进攻，你的任务不变——进攻。"

髑髅师的参谋长巴尔杜尔·凯勒（中）正在与师属坦克歼击营营长阿明·格鲁纳特（右）交谈。

没多久，罗特米斯特罗夫也许是觉得不放心，又派参谋长巴斯卡科夫赶到坦克第18军监督。巴哈罗夫军长只能继续执行命令，并调整了部署，他将坦克第181旅和独立近卫突破重型坦克第36团放在中央；担任预备队的坦克第110旅负责掩护右翼，防止德军髑髅师再次渡过普肖尔河攻击；同时以坦克第170旅掩护左翼。

13时左右，坦克第110旅开始从普列列斯特诺耶出发，但该旅遭到了德国空军的猛烈袭击，损失很大。普肖尔河北岸形势此时也发生突变，髑髅师的装甲群突破了近卫步兵第52师防线，碾过准备进攻的近卫步兵第95师近卫步兵第284团战斗队形，突然出现在波列扎耶夫（Polezhaev）附近的河岸上。按照扎穆林的说法，13时，包括虎式坦克在内的13辆坦克占据有利地形，从侧面偷袭了坦克第110旅先头2营和摩托化步兵第32旅2营，苏军瞬间被打得晕头转向。

坦克第170旅残部与坦克第181旅以及近卫步兵第42师、近卫空降兵第9师一起，配合坦克第29军终于在13时后突破了德军在十月国营农场的防御。但"警卫旗队"装甲炮兵团已经在农场后方的241.6高地建立了防御。14时，坦克第29军在十月国营农场以南的进攻已经彻底失败：252.2高地

近卫步兵42师近卫步兵第136团团长什库诺夫中校。

近卫步兵第95师近卫步兵第284团团长纳卡伊泽上校。

近卫步兵42师师长博布罗夫少将。

西南的"警卫旗队"装甲团和掷弹兵打退了苏军对高地的进攻。坦克第29军在两个半小时左右的战斗中就已经损失了一半以上的坦克和自行火炮，几乎失去了战斗能力。导致坦克第18军只能孤军奋战。

1943年7月12日，威施师长（中）与参谋长莱曼（右）在他的前进指挥部，于246.1高地上指挥战斗，在威施另一侧的是弗赖团长。

坦克第170旅与近卫空降兵第23团一起越过米哈伊洛夫卡至铁路之间的道路，继续冲向共青团员国营农场。坦克第181旅与摩托化步兵第32旅则冲向安德烈耶夫卡，支援从12时开始就在此作战却无任何进展的独立近卫突破重型坦克第36团和近卫步兵第127团。

14时30分左右，SS第2装甲军推测坦克第18军可能会占领博戈罗季茨科耶（Bogoroditskoe）处的普肖尔河桥，于是下令髑髅师在火炮和火箭炮的掩护下顶住苏军前锋，警卫旗队师则奉命发起坦克反击。

夺取安德烈耶夫卡后，苏军于16时冲进瓦西里耶夫卡，在村中心的教堂周围，他们遭到了"艾克"团直属反坦克连和4辆坦克的伏击。苏军继续强攻，卢帕欣（Lupakhin）中尉的"丘吉尔"坦克中弹起火，但全体成员依然坚持射击，直到被德军击穿正面装甲并打坏主炮后才弃车。波霍莫夫（Pokhomov）中尉座车侧面被击穿，但全体成员都奇迹般地活了下来，并且没人重伤。

为了便于指挥，警卫旗队师前进指挥部就设在246.1的高地上。当天下午晚些时候，师参谋长莱曼看到小股苏军坦克（可能是坦克第170旅）突破了师属侦察营的虚弱防线，突入炮兵阵地，但很快被炮兵直瞄射击和掷弹兵歼

灭。"警卫旗队"装甲炮兵团8连的穆特洛泽（Mutterlose）回忆了当时的战斗：

一辆T-34再一次露出了炮塔。这辆坦克行动相当缓慢，车上搭载的俄国士兵的身影清晰地显露出来。接着，后面二三十米处，出现第二辆，第三辆，第四辆。乘员们可能觉得我们这两门150毫米炮不敢首先开火，区区两门火炮怎么能面对灵活机动的坦克。搭乘在坦克上的俄国步兵也没用冲锋枪向我们开火。T-34坦克很快接近了树林边缘。我觉得我听到了普罗茨（Protz）清晰的命令。与此同时，两门炮的沉闷轰鸣声回荡开来。真是难以置信。俄国坦克仍然继续行进。没有一辆坦克被炸到或被击中。一个都没打到，甚至连皮都没擦到，就连士兵们都还坐在坦克上，只不过趴低身子而已。这样，实际上我们这两门炮已经输了。命运再次跟我们作对。还没等装填完毕再次开火，所有敌人坦克都将炮口调转过来，用高爆弹不停地朝我们的阵地开火。炮弹飞向了每一个散兵坑，弹片从我们的掩蔽处顶上飞过。突然射击停止了。周围没有指挥官的喊叫，没有命令，没有哭喊，也没有呻吟，什么都没有。我们跳出自己的掩体，接着被眼前的一幕吓坏

了。死神在这里获得了大丰收。8个人被打死，尸体被撕扯得不成样子，两名炮手被炸成碎片，无法辨认。所有活着都炮手都身负重伤。一名无线电员和我们这两名电话员是邻近阵地中仅有的没受伤的人。用不着多说什么，我们开始履行对同志们的责任，帮助那些生还者，用防雨布盖住那些已经永远无法谈笑的阵亡同志。简而言之，我们炮兵阵地的悲剧落幕了。

"警卫旗队"装甲侦察营防线被突破后，坦克第181旅以及搭载着摩托化步兵第32旅部分步兵的坦克第31旅的几辆坦克从安德烈耶夫卡附近的河谷冲出，从侧后试图包抄241.6高地。警卫旗队师随即下令师属装甲团增援。"警卫旗队"装甲团（2营）此前早已投入战斗，只剩下第13重装甲连的4辆虎式坦克仍在待命。接到舍恩贝格尔团长命令后，魏特曼带领虎式坦克以战斗队形前出迎敌。不久后，他发现不

"堡垒"行动期间，"警卫旗队"装甲团团长格奥尔格·舍恩贝格尔（右2）正在与他的部下召开战前会议。坐在中间低头看地图的是2营营长马丁·格罗斯，站在格罗斯左侧面对镜头，手持望远镜者是6连连长冯·里宾特洛甫。

下100辆苏军各式坦克（实际上推断不超过40辆）迅速逼近："注意，敌坦克大部队从正前方逼近。很多坦克！停车射击！距离1800米时开火！"炮手们选定了自己的目标。苏军坦克驶进一片洼地，再次出现已经只有1000米距离了。虎式坦克纷纷开火，苏军损失了几辆，但仍急速驶来，试图打近战。苏军坦克在距离800米时开始行进间射击，只是没有任何准头可言。

此次近战中，坦克第181旅2营营长斯克里普金上尉座车被击中起火，他本人身负重伤，被车组成员救了出去。驾驶员尼古拉耶夫（A. S. Nikolaev）见格奥尔格·勒奇的虎式坦克开近，为了掩护战友，决心驾车撞过去。魏特曼发现后，立即通过无线电向勒奇大叫道："小心，敌人过来啦！"

"见鬼！见鬼！"勒奇下令继续向前开，以防对方的浓烟阻碍自己视线。炮手赶紧打了一发穿甲弹，但打在T-34炮塔一侧弹飞了。这时T-34坦克猛然撞了上来。"砰"一声巨响，撞上了虎式坦克，接着烈焰笼罩了虎式。勒奇车组一时给吓傻了。

"勒奇，倒车，倒车！"魏特曼通过无线电喊道。虎式坦克在倒退了5米后，T-34坦克发生了殉爆，尼古拉耶夫壮烈牺牲。魏特曼等人的虎式坦克且战且退，最后和"警卫旗队"装甲团2营余部会合。苏军也被迫后撤。坦克第170旅剩下的不超过16辆坦克则可能趁着旅其他部队和德军炮兵正面死磕之机冲到了伊万诺夫斯基移民新村。这样，巴哈罗夫的坦克第18军几乎完全撕开了警卫旗队师的防线，逼近后者与帝国师防线的结合部，但是这些部队实力过于虚弱，也不见得有多少步兵与其配合作战，面对帝国师德意志团的防线，根本无法继续进攻，因此就此退了回去。

第13虎式重坦克连的虎式坦克，照片最前的为"1311"号，应为瓦尔德马·许茨的座车。摄于进攻初期。

此时，坦克第32旅坦克坦克第1营的15辆坦克以及摩托化步兵已经同占据数量优势的德军战斗了数个小时。坦克第170旅的残部也在不远处，如果该旅向这15辆孤军奋战的坦克靠拢，也许可以将他们解救出来。但是这两支集群兵力在苦战之后实力已经大大缩水，坦克第170旅包括旅长在内的大批指挥员也在战斗中负伤或阵亡，坦克第18和第29军之间又未进行有效地沟通和协调，因此两个集群即未合兵一处，也没得到上级的炮火支援，无法迅速巩固战果。相比之下，SS第2装甲军却与下属3个师都建立了可靠的无线电联络，总是可以及时把握瞬息万变的战场动态。因此他可以在苏军占优势之际立即从帝国师和警卫旗队师中调集装甲部队对苏军两个集群发起反击。

在德军的反击下，坦克第32旅坦克第1营的15辆坦克全部被击毁，营长伊万诺夫也在战斗中阵亡。6天后，友军在伊万诺夫营长被烧毁的座车附近找到了他的遗体，将他安葬在他战斗过的农场中。摩托化步兵第53旅残部最后逃向了亚姆基东南方向。坦克第170旅等残部于18时退回瓦西里耶夫卡—米哈伊洛夫卡—普列列特斯诺耶一线建立了环形防御。

截至18时，坦克第18军从出发位置向前推进了7公里，突入德军防线约5公里，这是近卫坦克第5集团军所属部队当日在普罗霍罗夫卡西南方向取得的最好战果。巴哈罗夫军长见部下损失惨重，只得下令部队19时至19时30分时转入防御。此时，帝国师的左翼部队在打退坦克第25旅后，开始转而攻击苏军防线，似乎试图突向普拉沃罗特（Pravorot）。近卫坦克第5集团军当即下令：坦克第2军自19时30分起以两个坦克旅在摩托化步兵支援下从别列尼希诺地域向伊万诺夫斯基移民新村和共青团员国营农场方向攻击帝国师右翼；坦克第18军也在同一时间相向出击，与坦克第2军会合。坦克第18军军长显然没有执行这一命令。

实际上坦克第18军已经竭尽全力，仍无力完全占领瓦西里耶夫卡，从而在侧翼安全的情况下顺利转向南方与坦克第2军一起攻向伊万诺夫斯基移民新村。这让近卫坦克第5集团军司令部大为光火。尽管坦克第18军损失相对较小，战果更大，但集团军军事委员会上报的普罗霍罗夫卡战况报告中却几乎没有提及坦克第18军及其军长，倒是损失更大、几无进展的坦克第29军被反复提及。

19时左右，警卫旗队师所在的中央战场上的激战终于平静了下来。全体官兵也经历了地狱般的一天，从252.2高地到国营十月农场，再到斯托罗热沃耶树林，他们遭到了至少4个坦克旅的猛攻，靠着掷弹兵顽强的斗志，装甲兵优秀的作战技巧以及苏军的失误，警卫旗队师守住了防线，挫败了近卫坦克第5集团军的反攻。警卫旗队师是在整个库尔斯克南线之战中表现最优异的部队。"警卫旗队"装甲团7连连长蒂曼也在一封家信中描述了他对当天战斗的印象：

……接着就是一段非常艰苦的战斗，其中有对四周各个方向的疯狂防御战斗，我们常常一整天都得不到补充。俄国人试图从东、北两个方向以大量坦克切断我们的装甲楔子。不分白天黑夜的出动。有一天打了四场战斗，都被我们被击退。雨夜里，我带着剩下的一半坦克（其中一些是被拖回来的）返回了攻击出发点。我从没经历过这样的战争，在一场战斗中，敌人的坦克数是我们的10倍。这是一场激烈战斗。我们的团在这一天击毁了敌人62辆坦克。第一个接敌的我连击毁了20辆。到今天，我们也不过总共击毁了43辆而已。但是我们连损失了一辆坦克。全连如同结义兄弟一般。我们的团结精神和士气能够将大树连根拔起。我的坦克被击中一次。我及时跳车，但机电员负了伤。现在我的坦克，我那可信赖的"705"号被送到了修理厂。给你写信之后不久又要开始新的战斗。我们在一处高地后方停止了前进。在另一边，步兵和炮兵正在热火朝天地战斗。

我们四周是辽阔的草原，有隐蔽的干河床纵横其中。在下雨的同时还有风吹过，太阳偶尔会短暂地露一小脸。战斗正离我们远去。不一会儿，我们就得越过步兵战线，突入敌方纵深。

7月13日，坦克第18军也粗略地总结了7月12日的战斗：

1.敌人在1943年7月12日经过顽强防御后放弃了……十月国营农场、共青团员国营农场……随后发动了坦克的正面反突击，试图利用虎式坦克和自行火炮从科兹洛夫卡至波列扎耶夫方向迂回（我军）。

2.在执行当日任务——前出到别尔哥罗德公路——的过程中，坦克第18军在217.9至241.6高地一线意外地遭遇到了敌精心构筑的坚固防御，包括已进入掩体的坦克和突击炮。

在遭受惨重损失后，我军顶着巨大的困难继续向预定线推进，但由于前面提到的情况，已经无法完成任务。

根据我的第68号命令，我军所属部队在占领地域转入防御：

摩托化步兵第32营、坦克旅先遣支队和近卫（重型）坦克第36团在瓦西里耶夫卡村中心——米哈伊洛夫卡——普列列斯特诺耶。

坦克第181旅在彼得罗夫卡地域。

坦克第110旅在彼得罗夫卡（不含）至别列戈沃耶地域。

命令炮兵阻止敌步兵和坦克向东越过以下两条线：

a.瓦西里耶夫卡——共青团员国营农场

b.普肖尔河（西北）

另阻止敌坦克沿维肖雷——波列扎耶夫——伏罗希洛夫斯基国营农场之间道路的机动。

高射炮兵第1694团主要射击阵地部署在别

列戈沃耶一带，掩护我军防线不受敌空中打击。

根据粗略信息，我军损失了20%的步兵和30%的坦克。

在这天的战斗中，我军损失了8名中级指挥员和参谋人员：

1. 坦克第170旅旅长塔拉索夫中校阵亡；
2. 坦克第170旅1营长伊萨耶夫上尉重伤；
3. 军部的工程兵中校别洛夫中校阵亡；
4. 坦克第181旅1营长加里比扬少校负伤；
5. 坦克第181旅2营长斯克里普金上尉负伤；
6. 坦克第181旅副旅长格里戈良茨负伤；
7. 军作战处长马尔季罗索夫负伤；
8. 工兵第414营营长负伤；
9. 坦克损失：25辆T-34，15辆T-70，15辆"丘吉尔"坦克。敌军损失尚待查明。

7月12日，近卫坦克第5集团军所属坦克第18和第29两个军各投入了149和219辆坦克和自行火炮（共计368辆），占集团军全部参战车

辆数的54.8%。白天结束时，两个军分别有84辆和172辆坦克和自行火炮失去战斗力，损失率为56.4%和78.5%，其中烧毁数分别为35和103辆。坦克第18军推进了7公里，但无力继续进攻。坦克第29军受阻于252.2高地反斜面后的反坦克壕，此后只

坦克第181旅2营长斯克里普金和他的女儿加莉亚的合影。

能原地与德军对射。两个坦克军突入警卫旗队师后方的部队几乎被全歼，极少数幸存人员撤回己方战线。日终时，双方战线大体为彼得罗夫卡（坦克第18军占）—普列列斯特诺耶（坦克第18军占）—安德烈耶夫卡（"警卫旗队"装甲侦察营占）—米哈伊洛夫卡（坦克第18军占）——瓦西里耶夫卡（坦克第18军占）—十月国营农场（可能是苏军占据建筑物，德军

"我准备好过夜啦！"SS第1装甲掷弹兵团11连阵地上的一名掷弹兵的散兵坑，照片摄于1943年7月12日。

占据西南方）—252.2高地（可能苏德各占一半）—斯托罗热沃耶树林和斯托罗热沃耶村（SS第1装甲掷弹兵团占）。

德军当天在中央地段投入了警卫旗队师的97辆坦克、突击炮和坦克歼击车（其中7辆指挥坦克，20辆"黄鼠狼"式坦克歼击车），帝国师没有参加该地的交战，髑髅师在普肖尔河南岸大概投入了约20辆坦克和突击炮，如果加上隔河开炮的13辆坦克，这样德军坦克、突击炮和坦克歼击车总数就达到了130辆，约占SS第2装甲军装甲实力的三分之一。

在普肖尔河南岸到斯托罗热沃耶树林之间的中央战场上，当日最大规模的坦克交战是警卫旗队师师属装甲团2营不超过47辆IV号坦克与坦克第29军第32旅的48辆坦克、坦克第31旅的67辆坦克之间在252.2高地附近的交战，双方合计162辆坦克。

可以称得上遭遇战的是德军第13重装甲连的4辆虎式坦克与坦克第181旅一部，可能还有坦克第31旅几辆搭载着摩托化步兵第32旅步兵的坦克之间的战斗，双方合计约44辆坦克。

近卫坦克第5集团军司令部将惨重的损失归因为以下几点：

1.战斗开始时和进行过程中缺乏必要的炮兵（特别是榴弹炮兵）和空中支援（方面军未提供空中掩护），集团军所属反坦克歼击炮兵第10旅被调离，重型自行火炮第1529团（装备SU-152自行火炮）也未能参战。

2.（由于德军在7月11日的推进导致的）各军出发线的变化使得炮兵无法按原计划展开。

3.敌人在战斗中使用了虎式坦克和IV号H坦克（某些苏军文件中对德军加装侧裙板的IV号坦克的称呼，其实仍然是IV号坦克G型）。

4.各军参谋人员未能通力合作，军长不能迅

速调动兵力兵器来巩固已经夺取的地方和发展胜利。例如共青团员国营农场曾5次易手，两个军的部队均无法守住此地。

5.中高级指挥机关，包括旅长在内，都缺乏训练，（参谋指挥）作业十分拙劣。据观察，指挥员们不知道该如何下达合适的命令，也不明白该如何向下级解释命令。结果，坦克乘员们更了解集团军的任务，而不是自己的排或连的任务。因此，在与营长和旅长失去联络后，他们的行动就会受到严重影响。在7月12日的普罗霍罗夫卡之战中，这一问题表现得格外突出。

6.坦克第18军军长巴哈罗夫没有能力正确判断形势并作出反应。

7.T-34坦克的火炮无法在600米以上距离击毁敌中型和重型坦克，而敌人甚至可以在1200米到1500米损毁我军坦克。部队在接近敌人的阶段就遭受了损失。

坦克第18军军长巴哈罗夫在总结时分析道：

1.敌航空兵行动积极，而我军缺乏空中掩护；

2.出发阵地和各旅展开线的选择不恰当；

3.我军直往前冲，侧翼未得到友邻坦克第29军的掩护，一直处于被半包围的状态，无法发展胜利。

坦克第29军军长基里琴科认为：

1.早晨的炮火准备并未压制住敌防线上的火力配系；

2.凭借精心组织的密布反坦克兵器的防线，敌人有能力阻止我军，打瘫我们的坦克，然后

"堡垒"行动期间，在252.2高地附近的派普和他的SPW营官兵，左2是他的副官沃尔夫。

组织预备队发起反击；

3.在冲击十月国营农场时，近卫第5集团军某些步兵师的炮兵指挥部不愿意以火力支援我们的坦克手。

斯托罗热沃耶南面的南翼战场

7月11日夜对相对比较平静，除了雷电、暴雨和短时强风，地面也变得非常潮湿。帝国师此时由北向南态势如下："德意志"团2营驻守在斯托罗热沃耶森林南端与伊万诺夫斯基移民新村之间，距离守在森林西北部的警卫旗队师约4公里，双方没有联系。"德意志"团1营驻扎在伊万诺夫斯基移民新村与亚斯纳亚波利亚纳之间，此处也是"德意志"团与"元首"团防线结合部。"元首"团1营驻守在亚斯纳亚波利亚纳及其南边的加里宁之间，"元首"团2营则守在加里宁与捷捷列维诺之间，"帝国"装甲团驻扎在奥泽罗夫斯基，因为从这里可以随时支援两个团的防线。"帝国"坦克歼击营则被加强给了"元首"团，部署在加里宁附近。"元首"团的防线再往南就是第167步兵师的防区。

帝国师次日的任务是在警卫旗队师完全控制斯托罗热沃耶树林，进军普罗霍罗夫卡后再发起进攻。在师左（北）翼，"德意志"团将首先攻击斯托罗热沃耶树林以东的苏军，待该营打开突破口后，集结在奥泽罗夫斯基的"帝国"装甲团装甲群立即从缺口进入夺取维诺格拉多夫卡，然后向南直扑伊万诺夫卡，最后再包抄盘踞在正面中央的苏军部队。不过这个计划未能实施，因为近卫坦克第2军抢先发起了进攻。

根据近卫坦克第5集团军命令，近卫坦克第2军将在第二条重要的攻击轴心上与坦克第29军协同作战。按照计划，坦克第29军将在上午10时粉碎德军在十月国营农场和亚姆基的防线，将警卫旗队师切成数段，并冲到共青团员国营农场，然后转向南方。10时至11时之间，近卫坦克第2军将沿着亚斯纳亚波利亚纳—加里宁—奥泽罗夫斯基—索巴切夫斯基

"元首"团的团长西尔维斯特·施塔德勒。

（Sobachevskii）一线进攻，同时分出部分兵力协同坦克第29军一部包围在斯托罗热沃耶与亚姆基之间的德军。随后于17时将左翼扩展至雅科夫列沃地区。

实际上，紧挨坦克第29军左翼的是坦克第2军。该军是近卫坦克第5集团军麾下最弱的部队，原隶属于西南方面军，7月8日下午赶到沃罗涅日方面军地段参加反击，7月11日又承受了警卫旗队师的猛攻，战损严重，到7月12日早晨时可用坦克数仅有52辆。考虑到这一点，罗特米斯特罗夫下令坦克第2军用全部力量支援坦克第18和第29军越过自己阵地发起的进攻，如果友军进展顺利，则冲上去增强突击力量，扩大

战果，届时该部将前出到苏霍索罗季诺地域掩护集团军右翼。

按照进攻计划，近卫坦克第2军随后以反坦克歼击炮兵第1500团掩护近卫坦克第25旅从维诺格拉多夫卡村出发沿亚斯纳亚波利亚纳—奥泽罗夫斯基方向进攻。左翼的近卫坦克第4旅向加里宁发起冲击。在近卫坦克第4旅左后方的近卫摩托化步兵第4旅将沿索巴切夫斯基—卢奇基西北方向进攻。右翼部队则与近卫坦克第26旅一起跟在近卫坦克第25旅之后从维诺格拉多夫卡以东的树林中冲出，协同坦克第29军合围斯托罗热沃耶和亚姆基地域的德军。

7月11日夜间到次日凌晨，摩托化工兵第51营和各旅的工兵分队努力在铁路路基一线扫

近卫坦克第 2 军近卫摩步第 4 旅旅长萨夫琴科上校。

雷，为部队开辟出了几条通路。7月12日上午07时40分，近卫坦克第2军报告德军肯普夫战役集群已经突破了第69集团军防线：

致瓦图京、什捷夫涅夫、罗特米斯特罗夫。6辆德军坦克已经在伦金卡地域渡过北顿涅茨河。渡河后，桥梁被我工兵破坏。敌人正在此地建立渡河点。近卫坦克第26旅已被派去歼灭渡河完毕的敌坦克，并阻止其在伦金卡地域建立渡河点。

如此一来，近卫坦克第2军就只剩下96辆坦克，很难完成突向雅科夫列沃这样一个艰巨的任务，但箭已上弦。11时15分，在短促的炮火准备后，近卫坦克第2军发起了进攻。近卫坦

克第25旅率先杀入帝国师两个装甲掷弹兵团结合部的亚斯纳亚波利亚纳村，德军部署在共青团员国营农场和伊万诺夫斯基移民新村附近的火箭炮立刻开始轰击苏军坦克。与此同时，20架德军飞机也轰炸了该

近卫坦克第 2 军近卫坦克第 26 旅旅长涅斯捷罗夫上校。

旅的战斗队形。眼见无法直接突入亚斯纳亚波利亚纳，近卫坦克第25旅下令1营钻入亚斯纳亚波利亚纳村以南的树林，歼灭树林边缘的德军炮兵。12时，1营的坦克就顺利冲进树林，并且花了不到30分钟就控制了树林区域，但他们无法继续前进，因为帝国师已经在这个方向上建立起了坚固的反坦克防线。

眼见无法突破，1营立即派出格拉日丹金少尉的坦克排前出侦察，寻找德军防线漏洞。格拉日丹金少尉带领手下一边开炮一边全速前进，竟然一路冲到了亚斯纳亚波利亚纳西南的奥泽罗夫斯基。格拉日丹金少尉随后在这里发现了惊人数量的德军（SS第2装甲团集结地），他立刻命人回去将这一情况报告营长，自己则留在村中继续战斗，最后格拉日丹金车组全体阵亡，但这一最重要的情报被传达到了旅部。

此时，在帝国师防线北端的斯托罗热沃耶树林，"德意志"团2营遭到了坦克第29军下属坦克第25旅的攻击，该旅是越过驻扎在斯托罗热沃耶的坦克第169旅向德军发动进攻的。坦克第169旅在当日18时的作战总结中记录了这一事件：

7月12日上午，敌人没有进行积极的活动，只是对营的战斗队形实施了猛烈的迫击炮射

向德军发起进攻的苏军近卫坦克第 2 军。

击。与此同时，敌人在斯托罗热沃耶西北和伊万诺夫斯基移民新村以东的两处树林中集结了冲锋枪手。到1943年7月12日07时30分，多达1个团的步兵和3个连的坦克（含10辆虎式）已经集结到旅的正面。

10时30分，敌人用一个摩托化步兵营的兵力从斯托罗热沃耶以西的铁路道口方向攻击了坦克第169旅，并控制了斯托罗热沃耶以西树林的西南边缘。

11时30分，旅属部队经过艰苦的防御，打退敌人两次冲锋，牢牢守住了斯托罗热沃耶。

12时……坦克第29军的坦克第25旅越过各营战斗队形发起进攻；我旅为其提供了火力支援，但坦克第25旅在斯托罗热沃耶以西1公里处遭遇敌人强大的抵抗。敌人还投入了虎式坦克。13时该部向东方的斯托罗热沃耶退却。敌人打退坦克第25旅的进攻后，前出到斯托罗热沃耶村西一线。

根据奥托·维丁格的《帝国师战史》第4卷，无论是"德意志"团1营还是2营都没有在上午10时至11时30分之间发动进攻，推测可能是警卫旗队师的SS第1装甲掷弹兵团，但无法得到该师官方战史的证实。此外，无论是帝国师还是警卫旗队师在斯托罗热沃耶森林都没有一辆坦克。如前所述，"帝国"装甲团的主力全部集中在奥泽罗夫斯基，并且当日无一辆虎式坦克可用。而"警卫旗队"装甲团虚弱的3个IV号坦克连，除了里宾特洛甫的6连在252.2高地的反斜面上外，其余都在后方，第13重装甲连也仅有4辆虎式坦克可用。

这里值得一提的是，当坦克第18军和坦克第29军上午开始并肩冲击战场中央的警卫旗队师防线时，此前被警卫旗队师打得七零八落的坦克第2军乘机把残部收拢到了普罗霍罗夫卡以南，坦克第169旅挖掘了坦克掩体后，同步兵第183师步兵第285团一部以及摩托化步兵2营（摩托化步兵第58旅）一起防守斯托罗热沃耶。摩托化步兵第58旅另外两个营在亚姆基和普罗霍罗夫卡南侧占领了防御阵地。坦克第

99旅（仅剩下19辆坦克）摆脱了德军的围追堵截，逃回普拉沃罗特。坦克第26旅则在格鲁什基(Grushki)休整。

不管怎么样，"德意志"团2营不但击退了坦克第25旅，甚至还追在它们的身后冲到了斯托罗热沃耶，只是随后被苏军步兵第183师的步兵第285团挡住。

步兵第183师师长亚历山大·斯捷潘诺维奇·科斯季岑少将。

14时，近卫坦克第25旅继续向亚斯纳亚波利亚纳发起了攻击。根据德军记录，大约70辆坦克在步兵的伴随下翻越铁路路基，碾过"元首"团1营的前沿警戒哨逼近小村。1营的掷弹兵们立刻用MG42和迫击炮攻击苏军步兵或者迫使他们跳车，切断其步坦协同。

几乎同一时间（14时05分），近卫坦克第4旅的40辆坦克从别列尼希诺出发，攻击了"元首"团2营在加里宁以北和亚斯纳亚波利亚纳小村南端的（左翼）阵地。守在这一段的是赫尔曼·克瑙夫（Hermann Knaul）的掷弹兵排，克瑙夫是帝国师的老兵，1938年就加入了"元首"团。他在放坦克通过自己的阵地后，带领手下死死地把后面的苏军步兵挡住了，苏军最终丢下一地尸体后退了回去。此外，近卫坦克第4旅还有10辆坦克攻了更南边的"元首"团2营右翼，有几辆坦克成功冲到了加里宁附近，其中两辆T-34坦克冲散了后勤队伍，还碾碎了2个连的野战厨房，附近掷弹兵们纷纷拿起磁性反坦克雷冲了上去，最终让这两辆T-34坦克失去了行动力。

库尔特·阿姆拉赫尔（Kurt Amlacher）是"元首"团团部连下属反坦克排的一个装填手。7月12日当天，他和他的反坦克排就在加里宁。当苏军坦克突破"元首"团防线后，攻击了他所在的排。阿姆拉赫尔在他的炮长和炮手都战死的情况下，单人干掉了6个机枪组和一门反坦克炮，至少杀死了36个人，打伤则更多。最终，损失惨重的苏军步兵退了回去。施塔德勒团长后来特地为他获得金质德意志十字勋章做了推荐。

与此同时，近卫摩托化步兵第4旅也于14时抵达奥泽罗夫斯基—索巴切夫斯基一线，他们遭到德军迫击炮的轰击，被迫停止前进。德军第167步兵师（当日）的一份记录显示如下：

库尔特·阿姆拉赫尔，1943年11月15日他获得了铜质以及银质近战章。

　　敌军于12时30分（莫斯科时间14时30分）在大量坦克的支持下从加里宁东南发起了进攻。这次进攻很快在帝国师的坦克歼击营（也有资料显示是突击炮营）协助下被击退。总共击毁了敌军8辆坦克。在卢奇基东北，敌军至少出动了一个团的兵力发起进攻，并且达成了小股突破，但最终被我部在炮兵支援下通过反击打退。在卢奇基东南也发生了类似的情况。

根据第167步兵师所处位置，这份报告中所提到的坦克和步兵很可能就是近卫坦克第4旅和近卫摩托化步兵第4旅。根据德军记录，大约有30辆坦克从加里宁两侧突入"元首"团防线，直扑奥泽罗夫斯基。而此时，"帝国"装甲团2营已经在奥泽罗夫斯基以东做好了战斗准备。德军一举击毁了21辆苏军坦克，汉斯·门内尔（Hans Mennel）单车（Ⅳ号坦克）就击毁了其中6辆，这一事情还被记录在了当天SS第2装甲军向第4装甲集团军递交的日报上。实际上近卫坦克第4旅当天也确实损失了22辆坦克，其中8辆烧毁。考虑到该旅同时攻击了"帝国"装甲团2营、"帝国"坦克歼击营和"元首"团2营三支部队，所以装甲团击毁数字可能有所夸大。

14时50分，近卫坦克第2军军长上报近卫坦克第5集团军，声称根据近卫坦克第25旅提供的情况，德军大约有15辆坦克以及一个营的步兵已经占领了斯托罗热沃耶。另有15辆坦克在步兵的伴随下正从捷捷列维诺向维诺格拉多夫卡移动。10分钟后，近卫坦克第2军再次上报："……根据近卫坦克第25旅旅长提供的最新情报，故军大约有6辆坦克和摩托化步兵占领了斯托罗热沃耶，另有15辆坦克在1个营的摩托化步兵伴随下从伊万诺夫斯基移民新村向维诺格拉多夫卡移动。此外，敌军还有1个步兵营在坦克伴随下从捷捷列维诺向维诺格拉多夫卡移动。

近卫坦克第5集团军开始攻击第167步兵师的防线。

（我们）右翼的友军——坦克第2军没有任何动向并且损失巨大，我的右翼暴露了。"

挡住近卫坦克第2军的攻势后，帝国师决定发起反击。14时55分，北翼的"德意志"团2营开始在飞机和坦克的支援下向斯托罗热沃耶方向发起反击。不到一个小时，"德意志"团2营就报告，他们消灭了斯托罗热沃耶以及树林南边的守军（这批苏军应为斯捷潘诺夫的坦克第169旅及其配属部队，他们冒着德军的炮火往东北方夺路而逃，主力于18时撤回己方战线，少数人在村中抵死奋战到晚上20时），同时分出部分兵力控制了维诺格拉多夫卡北郊，这就对位于伊万诺夫卡的近卫坦克第2军的炮兵部队产生了威胁，甚至就连东北不远处近卫坦克第2军的司令部都不安全了。

当天的帝国师日志记录如下：

敌坦克和步兵全天向师属防线发动了全线猛攻，都被我部击退。我部通过反击消灭了第167步兵师左翼（靠近"元首"团2营右翼）局部突入之敌，并且仍在与敌作战之中。

15时05分（莫斯科时间17时05分），"德意志团"2营开始攻击斯托罗热沃耶北部并向北突击。2架"伊尔-2"被击落。在写本报告时，（"德意志"团2营）仍未与敌发生大规模交火。我部预计敌人将出动新锐坦克攻击斯托罗热沃耶—加里宁一线。（师属）突击炮营和各高炮连还没有任何报告。补充：16时（莫斯科时间18时），（我部）夺取斯托罗热沃耶，重新与"警卫旗队"师建立联系。

敌不断加强兵力攻击第167步兵师防线，我部与该师的联系已经建立了很长时间。敌空军活动微乎其微……

这份日志的结尾处提到不断加强兵力攻击第167步兵师防线的应该是近卫步兵第93师，该师当天冲击了第167步兵师在捷捷列维诺和索申科夫之间的阵地，在斯莫罗季诺东北打开了一个缺口，另一部在索申科夫方向一直冲到顿涅茨河畔，在东岸建立了防御。德军随即发起反击，消灭了斯莫罗季诺附近的苏军，同时投入第627工兵营监视苏军，防止他们向彼得罗夫卡渗透。

此外，夺取斯托罗热沃耶以及向维诺格拉多夫卡推进只是帝国师反击的第一步。当"德意志"团一部抵达维诺格拉多夫卡郊外时，大约40架德军战机向加里宁一线的近卫坦克第4旅和近卫摩托化步兵第4旅发起了攻击。与此同时，"德意志"团主力也在"帝国"装甲团部分坦克掩护下继续沿着斯托罗热沃耶发起攻击，力图夺取普拉沃罗特。就在帝国师发起反击的同时，警卫旗队师也攻击了亚姆基的步兵第183师的步兵第285团，他们以14辆坦克和两个连的兵力包抄3营的侧翼，最终迫使步兵第285团退往普拉沃罗特。

近卫步兵第93师弗拉季米尔·瓦西里耶维奇·季霍米罗夫少将。

在德军展开反击后不久，苏军侦察兵俘虏了德军第167步兵师第339掷弹兵团的一名下级军官。根据他的交代得知德军正从其他地段调集部队过来，这名下级军官应该没有说实话，或者说吹牛了，但苏军信以为真，加上对右翼（斯托罗热沃耶—维诺格拉多夫卡）暴露的担忧（原定掩护全军右翼的近卫坦克第26旅正在南方与肯普夫战役集群作战），近卫坦克第2军随后下令近卫坦克第25旅停止进攻，后撤至维诺格拉多夫卡东南的果林，掩护全军右翼，阻止德军进一步突破。17时，布雷金下令撤出战斗。该部原打算直线后撤，但路上发现德军炮兵已经在维诺格拉多夫卡抢占有利地形。碰壁之后的布雷金只能从南边绕了个大圈才返回了维诺格拉多夫卡以东的树林。

18时左右，"元首"团1营和2营仍在与近卫坦克第4旅和摩托化步兵第4旅在加里宁一线激战，当"德意志"团从斯托罗热沃耶发起反击时，近卫坦克第4旅就已经奉命撤回之前的攻击出发线，别列尼希诺火车站至伊万诺夫卡。掩护近卫坦克第4旅撤退并担任后卫的是近卫摩托化步兵第4旅，他们两个小时后才开始撤退，"元首"团见状，试图在坦克支援下咬住苏军，但被后者击退。德军在反击之前，还出动了飞机轰炸了摩托化步兵第4旅。没多久，姗姗来迟的伊尔-2强击机又"帮助"德军轰炸了近卫摩托化步兵第4旅的后卫部队。这两次攻击总共导致该旅272人伤亡，其中仅摩托化步兵1营就伤亡141人。

20时，由于在昼间的战斗中损失惨重，德军又不断发动反击，侧翼也无法得到友军的支援，丧失主动权的近卫坦克第2军被迫停止进攻，转入防御。近卫坦克第2军最终放弃了费尽全力占领的阵地，撤回到之前的出发线。该军参战的94辆坦克中损失了54辆，战斗减员533人，其中162人阵亡或失踪。

近卫坦克第2军与坦克第2军未能协同一致地发起进攻是苏军反击失败的重要原因之一。

在加里宁地域同苏军战斗的第167步兵师步兵。

时以一个旅屏护斯托罗热沃耶方向，主力集结于伊万诺夫卡，向捷捷列维诺方向发起进攻，为坦克第29和第18军的进攻创造有利条件。

坦克第2军作战部署如下：

以坦克第169旅掩护向伊万诺夫卡的运动。坦克第26、第99旅和摩托化步兵第58旅组成的主力部队和已经集结于伊万诺夫卡的配属部队一起冲击捷捷列维诺方向上的敌军。

例如直到13时10分，步兵第183师才接到步兵第48军的命令，令其攻击加里宁—奥泽罗夫斯基—232.0高地一带。步兵第183师由于无法与近卫坦克第2军协同，没有取得任何进展。

当天下午，近卫坦克第5集团军司令罗特米斯特罗夫坦克兵中将得知斯托罗热沃耶和维诺格拉多夫卡失守后大吃一惊，他立即明白德军试图从南边突向普罗霍罗夫卡，罗特米斯特罗夫认为如果普肖尔河弯曲部的髑髅师继续顺利进攻的话，那么普罗霍罗夫卡西南的近卫坦克第5集团军主力就有被合围的危险。另外德军还可以选择转向南翼与肯普夫战役集群的第3装甲军一起合围第69集团军的步兵第48军。17时，罗特米斯特罗夫亲自赶到坦克第2军指挥所，命令该军于晚上20

19时20分，战斗打响，由于苏军准备不够充分，兵力薄弱，仓促从行进间发动进攻，因此没有取得什么进展，在付出很大损失后于21时30分左右转入防御。其中仅坦克第99旅就被打瘫7辆T-34和1辆T-70。帝国师师长也决定次日

对斯托罗热沃耶和亚斯纳亚波利亚纳村地域发起进攻的苏军坦克第2军。

视情况再选择防御或进攻。

如此一来，苏德双方均停止了战斗行动，准备次日再战。普罗霍罗夫卡南面完全平静了下来。

当日最大规模的坦克战应该是14时30分，近卫坦克第2军的近卫坦克第25旅与帝国师师属装甲团之间的战斗，双方分别有47辆和61辆坦克。苏军上午曾遭到空袭和炮击，肯定有一些损失。当然，"帝国"装甲团也无法完全投入了战斗。此外，"帝国"装甲团还击退了近卫坦克第4旅约29辆坦克的进攻。"帝国"坦克歼击营的12辆"黄鼠狼"坦克歼击车（3辆装备75毫米Pak40反坦克炮，9辆装备苏制76.2毫米的Pak36（r）反坦克炮）也在加里宁地域与近卫坦克第4旅的另外18辆坦克交火。"帝国"突击炮营是否参战不详，但可能性很大。综上可见，每一次坦克战的规模在30-100辆之间。

苏军在进攻发起前的工兵作业十分完美，在越过铁路路基时未遇到任何阻碍，步兵和坦克兵作战时也非常勇敢顽强，但由于不同的军之间没有协调动作，导致无法形成合力，最终被各个击破。而德军的反坦克防线距离铁路路基在1200米左右，很难在苏军跨越路基这一最脆弱的时候加以狙杀，不过德军快速的反应弥补了这一点，加上地空密切协同，最终挫败了苏军的进攻。

"元首"团团长施塔德勒还提供了一份有趣的报告，他说他发现一队大约50辆苏军坦克排成长长的纵队，在进入一片洼地后，转而向"元首"团的阵地直扑

过来。与此同时，"帝国"装甲团9连也越过一道山脊向这支苏军坦克纵队的侧翼冲了过去，9连全部装备从哈尔科夫城东拖拉机厂缴获的T-34坦克。他们一上战场就"大显神威"。在装甲兵的操纵下，这些缴获的T-34坦克发挥了巨大战斗力。苏军坦克在短时间内就全部被击毁和打爆起火。由于苏军T-34坦克通常都在车体后部携带了备用油箱，因此成了德军装甲兵优先的瞄准点，一旦中弹，坦克很容易爆炸。此外，苏军坦克纵队通常只有首车装备指挥电台，因此只要击毁头车，后面的坦克很容易群龙无首，任人宰割。

"堡垒"战役期间，第4装甲集团军指挥官霍特上将（右2）访问了SS第2装甲军驻地，陪同他的是保罗·豪塞尔军长（左1）以及"元首"团团长施塔德勒（左2）。

库尔斯克战场上的"帝国"装甲团3（坦克歼击）营9连的T-34坦克。

如前所述，攻击"元首"团的是近卫坦克第25旅和近卫坦克第4旅。这两个旅（各拥有47辆坦克）都没有被全歼。推测施塔德勒团长看到的是近卫坦克第4旅，因为该旅攻击了加里宁一线。根据近卫坦克第4旅上报的损失（8辆烧毁、14辆被击伤），因此不可能是施塔德勒"看"到的那样，被"帝国"装甲团9连全部击毁。

最后值得一提的是，德军第4装甲集团军指挥官霍特在当天特地视察了"元首"团。根据团长施塔德勒的回忆，霍特在视察了"元首"团团部并听取了他的战况汇报后，对全团的战绩和士气非常满意。曼施泰因元帅也在得知战况后发来了贺电："我向SS'元首'装甲掷弹兵团在该团团长卓越领导下在加里宁东北的坦克战中的杰出表现表示特别嘉奖和慰问。为了表彰他们的英勇，我特批150枚二级和100枚一级铁十字勋章以示嘉奖。"

髑髅师（北方战场）

普肖尔河弯曲部的局势比较复杂，7月11日，SS第2装甲军不仅在普罗霍罗夫卡以南攻击了近卫第5集团军所属近卫空降兵第9师，夺取了该集团军预定的出发阵地，又在普肖尔河夺取了一块桥头堡。近卫第5集团军一线部队已经与髑髅师发生激烈交火，只是由于大雨导致地面无法通行，双方的战斗才停顿下来。

7月11日傍晚，接到沃罗涅日方面军的反击命令后，近卫第5集团军决定把主力集中到左翼，以近卫步兵第33军的近卫空降兵第9师和近卫步兵第42师跟随近卫坦克第5集团军之后在普肖尔河和斯托罗热沃耶之间发起进攻。右翼的近卫步兵第52（隶属近卫第6集团军，临时配属给近卫第5集团军）、第95、第97师则进攻普肖

尔河弯曲部的髑髅师装甲群以及科切托夫卡地域的第11装甲师。近卫第5集团军的主要任务是消灭德军在克柳奇的桥头堡，歼灭髑髅师在普肖尔河北岸的战斗群。近卫空降兵第6师作为预备队集结在中奥利相卡—243.5高地—奥斯特连基一线。攻击发起时间与近卫坦克第5集团军一致：08时30分。

下达命令后，苏军很快调整了部署，做好了战斗准备。对于近卫第5集团军来说，最大的问题就是没有多少坦克，集团军下属装备185辆坦克和自行火炮的坦克第10军早在7月8日就转隶给坦克第1集团军。

近卫步兵第33军军长约瑟夫·伊万诺维奇·波波夫少将。

配备13辆SU-76和SU-122的自行火炮第1440团已经是近卫第5集团军的最强装甲力量了，只是该团弹药不足，无法参加7月12日的战斗。只有原属近卫第6集团军的近卫步兵第52师加强有独立坦克第245团4连的几辆坦克。

苏军在普肖尔河弯曲部的防御分为两个梯队。近卫步兵第52师在第一梯队（原师长涅克拉索夫上校在7月6日的战斗中负伤，由参谋长潘秋霍夫临时接任），师左翼的近卫步兵第151团防守着自克柳奇以北500米处的一座高地向西到普肖尔河之间的阵地，在维肖雷这道防线后面。中央的近卫步兵第155团负责据守226.6高地，面向西南方展开防御。右翼为近卫步兵第153团，负责226.6高地东南方至波列扎耶夫之间的河岸地带。该师到7月11日15时只有3380人。坦克第10军的摩托化步兵第11旅也在226.6高地布防，该旅在7月6日时就只有1444名官兵。从7月9日傍晚到12日20时，该旅已经顶住了髑髅

师的至少18次冲锋，人员损失惨重。战斗力最强的部队当属第二梯队的近卫步兵第95师，该

近卫步兵第52师参谋长兼代理师长潘秋霍夫中校。

坦克第10军军长瓦西里·格拉西莫维奇·布尔科夫中将。

近卫步兵第95师代理师长利亚霍夫上校。

师在7月10日有8781名官兵，而且在7月11日的战斗中损失很小。该师下属的近卫步兵第290团和近卫步兵第284团在近卫步兵第52师后方展开。

德军当然不会被动挨打，髑髅师接到的命令是："（7月12日）务必尽快发起攻击，待天刚破晓即在坦克支援下向东北推进，首要任务是前出至卡尔塔谢夫卡—普罗霍罗夫卡公路。其次必须从西南方向夺取普肖尔河河谷……随后攻克维肖雷及其东面的深谷……早晨，空军会掩护你部。黎明时炮兵校射机将飞临前线……清除普肖尔河的侧翼威胁后，警卫旗队师将和髑髅师一起拿下普罗霍罗夫卡和252.4高地。"

7月11日夜间，在普肖尔河南岸，坦克第99旅依然扼守在瓦西里耶夫卡

村东端。髑髅师认为苏军绝对不会放过这个机会，次日可能会派坦克部队从这里突破己方的右翼，切断桥头堡甚至整个髑髅师与友军的联系。为了避免这一危险，髑髅师将一些突击炮和坦克加强给了正在瓦西里耶夫卡战斗的"艾克"团。

7月12日06时，"髑髅"装甲团攻击了近卫步兵第52师左翼的近卫步兵第155团，苏军立刻用包括喀秋莎火箭炮在内的炮火进行了还击。与此同时，得到虎式坦克支援的"髑髅"团也在克柳奇以北和东北攻击了近卫步兵第151团防线。根据近卫步兵第52师作战摘要，05时25分，髑髅师发动了两次冲击。一次是以18辆坦克在步兵掩护下进攻维肖雷的近卫步兵第151团。另一次是15分钟后，以15辆坦克伴随步兵攻击了226.6高地的近卫步兵第155团。

近卫步兵第52师师长潘秋霍夫中校此时就处在一个比较尴尬的境地，他已经接到了进攻的命令，部队正忙着与近卫步兵第95师部队换防，准备投入进攻。可是他一线的两个团已经在堑壕内被德军缠住了，作为预备队的近卫步兵第153团也正在

近卫步兵第52师近卫步兵第155团团长奇斯佳科夫中校。

强渡普肖尔河，准备在南岸发起进攻。这样他手头根本没有兵力对付突入的髑髅师。而且近卫步兵第95师也被迫仓促投入防御。更要命的是，该师的近卫步兵第290团团长扎亚尔内（F. M. Zaiarny）居然装病，擅离职守，跑回了后方。当近卫步兵第290和第284团的参谋长在08时前往师部领受当日任务时，战斗实际已经打

了将近两个小时了。

经过两个半小时的激烈战斗，髑髅师才将苏军击退，随后开始在226.6高地、波列扎耶夫和维肖雷三个方向上发展进攻。在维肖雷外围，"髑髅"装甲团遭到了近卫步兵第52师下属近卫炮兵第124团1营的集火打击，随行的掷弹兵也被近卫步兵第290团1营、3营和第108惩戒连拼死拦住，只能暂时后撤。近卫步兵第155团也同时抽调人员发起反击，堵住了缺口。

根据德军记录，苏军随后出动一个步兵营在炮兵和空军的支援下，向"髑髅"团在维肖雷以南的防线发起了反击。苏军此次进攻决心很大，几乎突破了髑髅师的防线。"髑髅"装甲团1营（尽管该营原先的任务是等待渡河）立刻奉命增援，该营向西反击后驱散了围攻"髑髅"团2营的苏军步兵。"髑髅"装甲团1营随后在"髑髅"团2营掷弹兵的伴随下向克柳奇以西的军营方向发起了反击。

苏军此时正忙着加强这座军营，并且在房屋之间部署了不少反坦克炮。当"髑髅"装甲团1营的坦克扑向军营时，苏军的反坦克炮在伏击阵地上突然集体开火。反坦克步枪的子弹也下雨般地打在德军坦克装甲上。由于没有预料到苏军竟然这么快就把反坦克武器抬了上来，"髑髅"装甲团1营的坦克全部是在开阔地上遭到伏击的。一些坦克瞬间被打瘫，甚至包括1营营长迈尔德斯的指挥坦克。迈尔德斯跳出了烧成火球的坦克，然后把他的车组和其他被打瘫的坦克车组人员集中起来，组成步兵战斗群跟掷弹兵一起作战。09时15分，德军终于攻占了军营。不久后，髑髅师在南岸的一些部队从军营南边的桥梁渡河，全部抵达普肖尔河北岸。"髑髅"装甲团则准备向北突击，然后从彼得罗夫卡渡河。

德军先发制人，瞬间打乱了苏军的反击部

署。苏军官兵顽强抵抗，顶住了德军的进攻。随后双方再次调整部署，准备一较高下。

髑髅师在攻击受挫后并没有急于再次发动进攻，而是打算集中兵力夺取226.6高地。如果能拿下这个制高点就可以俯瞰周边战场。此时髑髅师已经和右翼的警卫旗队师建立了联系，鉴于警卫旗队也面临着复杂的形势，髑髅师决定继续等待战机。

在前线指挥战斗的3位髑髅师军官，"髑髅"团2营营长霍伊斯勒（左），师属装甲团团长格奥尔格·博赫曼（中）以及"髑髅"团团长卡尔·乌尔里希。

09时05分，髑髅师的前沿观察哨报告，他们发现彼得罗夫卡以东3公里有大批步兵集结。40分钟后，他们又发现两个团的苏军步兵和大约40辆坦克正驶向米哈伊洛夫卡及其东南的高地。

上午晚些时候，苏军炮兵开始狂轰滥炸德军阵地。伊尔-2强击机以及战斗轰炸机也与髑髅师的防空部队交上了火。这些20毫米和37毫米的高射炮甚至逼得装甲厚实的伊尔-2强击机不得不改变航线甚至放弃既定目标。由于"髑髅"第3高炮营的出色表现，苏联空军未能炸毁普肖尔河上的桥梁。

11时左右，普肖尔河弯曲部以西，孤独地守在髑髅师左翼与第11装甲师结合部的"髑髑髅"装甲侦察营在科切托夫卡遭到苏军一个步兵营的攻击。根据德军报告，苏军不断投入步兵和坦克。"髑髅"装甲炮兵团和火箭炮营在前进炮兵观察员的引导下，拼命轰击这股从道路北边出现的苏军队伍，并试图迟滞苏军援军的步伐。

苏军进攻受挫后，准备发动第二次冲击，但侧翼被"髑髅"装甲侦察营偷袭，被迫撤退。在普肖尔河弯曲部内，"髑髅"装甲团1营拿下军营后在一座小木桥以南与2营汇合，等待进一步的命令。

11时过后，髑髅师发现警卫旗队师已经顶住了苏军的坦克集群冲锋，因此决定立刻进攻226.6高地。11时30分，"髑髅"装甲团开始冲击226.6高地，经过20分钟战斗，坦克突破了近卫步兵第155团防线，冲上山顶。苏军步兵虽然拦不住坦克，但是他们把后面协同进攻的德军掷弹兵挡住了。"髑髅"装甲团的坦克立刻调转车头对苏军进行火力压制，高地终于落入德军之手。"髑髅"装甲团接着又向北直扑236.7高地，那里是近卫步兵第95师炮兵指挥部所在地，而且近卫第5集团军司令扎多夫从一大早开始就在这里指挥战斗。扎多夫中将于是火速命令近卫空降兵第6师将部队在下奥利尚卡—奥斯特连基一线展开防御，该师的近卫空降炮兵第8团部署在236.7高地，近卫反坦克歼击炮兵第5营两个炮兵连在山顶展开。另以山坡上的近卫炮兵第233团打退德军进攻。

13时，髑髅师的坦克和掷弹兵拿下了近卫步兵第290、第284团在克柳奇以北和226.6高地北坡，将苏军击退了300至800米。此时苏军的形势十分危急，有的部队已经消耗掉了80%的弹药，尤其炮兵更是没剩多少。更要命的是，根据近卫步兵第95师战报，当天已方空军又两次热情地"帮助"德国人轰炸了自己的步兵和炮

近卫步兵第95师近卫炮兵第233团的军官们正在计算射击参数。

兵……

226.6高地的战斗其实没有结束，摩托化步兵第11旅的炮兵虽然损失惨重，一些战士不幸被围，但仍在拼死抵抗。不过，血肉终究敌不过钢铁，残存炮兵在友军火力掩护下退了回去。事后摩托化步兵第11旅政委科夫列夫少校愤怒地指责了左翼近卫步兵第151团（近卫步兵第52师）和右翼近卫步兵第156团（近卫步兵第95师）由于"缺乏坚定不移的精神"导致自己部队两翼暴露，陷入完全被围或半包围的不利态势。

差不多同一时间，13时左右，德军在坦克掩护下试图渡过普肖尔河，攻击坦克第18军的后方。根据苏军记录，包括虎式坦克在内的13辆德军坦克在波列扎耶夫附近将河对岸正在行军、毫无防备的坦克第110旅先头2营和摩托化

步兵第32旅2营打得人仰马翻，但德国人终究还是没能渡过河到对岸。

15时，普罗霍罗夫卡西南坦克第18和第29军主力的进攻已经基本瓦解，髑髅师于是发动了一次更强大的进攻，装甲群主力计划突向东北方的235.3高地，接着就可以切断卡尔塔谢夫卡—普罗霍罗夫卡公路。另以部分兵力攻击236.7高地。

苏军在236.7高地上驻有独立近卫反坦克歼击炮兵第103团。但德军出现在235.3高地南坡和波列扎耶夫以北时，苏军这才发觉大事不妙，一天中最危险的时刻到来了，如果德军在这里达成突破，就可以右转过河，迂回到坦克第18军后方。此时近卫步兵第52师的防线已经土崩瓦解，残存官兵只能各自为战，拦在德军前面的只有近卫炮兵第233团和近卫步兵第284团。

由于近卫步兵第284团在之前的战斗中损失惨重，现在又是仓促利用地形建立防御，因此防线并不连贯，存在太多缺口。从行进间展开的近卫炮兵第233团只能堵在这些缺口上，全力打击德军坦克。髑髅师立刻发现了这一漏洞，他们冲进缺乏步兵掩护的苏军炮兵阵地，然后大肆屠杀。近卫炮兵第233团8连的炮手全部牺牲，9连也多人阵亡，位于炮兵观察所的团长列温少校也不幸阵亡。

16时，当波列扎耶夫、236.7和235.3高地激战正酣时，近卫步兵第33军决心以炮兵发起反击。18时10分，近卫步兵第95和第52师奉命开始以炮兵歼灭维肖雷—波列扎耶夫—226.6高地—克柳奇地域的德军坦克。待德国人撤退时，近卫步兵第42师在安德烈耶夫卡和米哈伊洛夫卡以10门火炮从普肖尔河东岸向西射击，近卫步兵第97师在伊林斯基地域以10门火炮从西北向东南方向射击。

17时30分时，"髑髅"装甲团的装甲兵和随行的掷弹兵已经精疲力竭，虽然已经逼近卡尔塔谢夫卡—普罗霍罗夫卡公路，但所有作战人员已经极度疲劳，弹药和油料也出现了不足。于是战斗群停止了前进。所以苏军可能取消了预定的炮兵反击。虽然18时之后髑髅师又发动了几次进攻，但已经无法继续突破。双方的战线终于稳定下来。苏军付出了沉重的代价，仅近卫步兵第284团就有200人阵亡。

近卫第5集团军地段的战斗让沃罗涅日方面军极为担忧，方面军随后抽调近卫机械化第5军协助近卫第5集团军发起反击，歼灭普肖尔河弯曲部的德军。

事后罗特米斯特罗夫声称，正是因为自己的近卫坦克第24旅和近卫机械化第10旅"迅速赶赴任务地域，与突破防线的希特勒分子的坦克发生了坚决的遭遇战斗，才最终稳定了近卫坦克第5集团军和近卫第5集团军结合部的局势，敌人被迫后退并转入防御"。这显然不符合事实，根据近卫机械化第5军的报告："7月12日这两个旅没有实施任何战斗行动，也没有遭到损失。"另外，近卫机械化第10旅下属的近卫坦克第51团也证实自己当晚没有参加战斗。

20时至21时，双方的战斗完全平息下来。髑髅师和近卫第5集团军当日均未能达成预定的目标，近卫第5集团军甚至没法按计划实施反击。当日在普肖尔河弯曲部主要发生的是德军掷弹兵、装甲兵与苏军步兵、炮兵之间的攻防战。由于德军装甲群在夜间转入防御，苏军也没有贸然发起攻击，因此并未发生坦克战。

沃罗涅日方面军之所以没有在近卫第5集团军地段加强坦克部队，主要是因为德军之前在南线突入纵深达35公里，迫使方面军将手头所有支援步兵的坦克团、旅都投入了其他地段的战斗，原近卫第5集团军直属的坦克第10军早已被调走。由于缺乏弹药，该集团军仅有的13辆自行火炮也未能参战。如果集团军能有几十辆坦克作为预备队的话，也许战况会发生新的变化。

战斗中苏军在火箭炮运用上也颇有亮点，他们甚至在800至1000米距离上以直瞄射击的方式对付突然出现的德军坦克，造成对方不小的损失。德军的火箭炮总体表现则比不上喀秋莎火箭炮。

7月13日凌晨1时，近卫第5集团军军事委员会总结了12日的战斗：

> 分析集团军7月11日和12日的战斗，军事委员会认为许多兵团和部队的指挥员对接合部缺乏关注。结果敌人常常可以摸出接合部的位置，利用我军缺乏协调的弱点，成功突入我军防线或遏制住我军的进攻部队。我要提醒近卫步兵第32和第33军的指挥员们，你们要为接合部承担起责任来……在接合部后方必须部署部分预备队，并加强以反坦克炮兵、工兵，埋设反坦克雷……

南侧地段的战斗

7月11日夜，第6装甲师通过奇袭夺取了北顿涅茨河上的伦金卡桥，在河对岸建立了一块小小的桥头堡的同时，德军第168步兵师也拿下了苏军放弃的戈斯季谢沃，渡过北顿涅茨河，位于该河西岸的苏军步兵第48军出现了两翼被合围的危险。22时45分，步兵第48军急令预备队步兵第375师火速派1个步兵营带上两门反坦克炮赶到伦金卡，防止德军进一步突向沙霍沃。斯大林得知德军突破的消息也命令草原方面军以1个集团军、2个机械化军于7月13日集结到南面，准备消灭突入的德军。

在援军抵达之前，沃罗涅日方面军只能依靠自己手头的力量顶住德军。方面军随后命令近卫坦克第5集团军部分兵力南下，协助第69集团军击退肯普夫战役集群。近卫坦克第5集团军副司令特鲁凡诺夫少将随后亲自带领近卫坦克第26旅（近卫坦克第2军）近卫机械化第11和第12旅（近卫机械化第5军）以及一些步兵部队前去支援第69集团军。特鲁凡诺夫这个集群还得到了独立近卫坦克第53团和独立近卫摩托车第1团的加强。如此一来，特鲁凡诺夫集群就拥有157辆坦克（包括39辆轻型坦克）和15辆装甲汽车以及21门中口径高射炮和28门反坦克炮（45毫米和76毫米）。这就不可避免地削弱了近卫坦克第5集团军在主攻方向上的突击力量，而且这些部队都四散在战场各处，特鲁凡诺夫少将无奈之下只能将他们分批投入战斗。更糟的是，这个集群名义上由特鲁凡诺夫指挥，但他却没有一个参谋部来指挥战斗，所属部队仍接受原上级的命令，这就导致了混乱和效率低下。

7月12日，对肯普夫战役集群的第3装甲军来说，他们的主要任务就是扩大勒扎韦茨/伦金卡桥头堡（北顿涅茨河的西岸），突向普罗霍罗夫卡，与SS第2装甲军取得联系。第7装甲师任务相对轻松，他们只需等第19装甲师打开突破口后，再跟随其后打通与SS第2装甲军的联系。因此，第7装甲师与第198步兵师换防后，穿过梅利霍沃抵达了预定出发地卡扎奇耶，不过该师还是在亚斯特列博沃留了一个装甲连和一个炮兵单位以防万一。

特鲁凡诺夫集群的出现威胁到了第3装甲军的既定计划，因此第7装甲师奉命在投入进攻之前必须尽快与第6装甲师会和（增援）。此时，守在伦金卡桥头堡的主力就是第11装甲团的7连和8连，第6装甲侦察营则掩护着守军在

第6装甲师下属第6装甲侦察营营长弗雷德里希·昆廷少校，有的资料认为"堡垒"行动期间昆廷的军衔是上尉。

第228突击炮营营长威廉·冯·马拉肖夫斯基上尉。

什利亚霍沃耶的侧翼，同时等待第7装甲师赶来。等与第7装甲师换防后，侦察营再返回加里宁纳（Kalinina）。

苏军当然不会坐等德军援兵赶到才发起进攻，第11装甲团在此期间已经打退了多次近卫机械化第11旅的进攻，击毁了3辆T-34坦克。第6装甲师认为桥头堡外围防守力量太弱，因此下令第228突击炮营立刻增援第6装甲侦察营。

在第19装甲师相对落后的左翼，第3装甲军集中军属全部炮兵、第52火箭炮团和一些斯图卡轰炸机进行了支援。09时45分，第19装甲师第27装甲团、第74装甲掷弹兵团一个营和第73装甲掷弹兵团在师属装甲炮兵团的支援下开始攻击萨贝尼诺。第19装甲炮兵团的一名炮兵回忆了当时的情况：

坦克进入一片延伸至萨贝尼诺的原野。俄国坦克突然出现了，我方一辆坦克被击中，但乘员把它开了回来。坐在坦克上的掷弹兵们赶紧下车，冲向村子里的菜园。当他们到达最近的房屋时，出现了一大群俄国人，我军被迫撤退。由于能见度差，我们无法用火炮提供支援。

德军还是压制住了苏军炮兵，第74装甲掷弹兵团不到10分钟就拿下了苏军阵地，第73装甲掷弹兵团也占领了东北方向的克里夫措沃和斯特列利尼科夫。

12时过后，苏德两方空军都出现在了战场上空。近卫机械化第11旅遭到己方空军的两次空袭。德军第6装甲师也好不到哪里去，他们也遭到了德国空军的误炸，死伤了不少。

16时15分，第19装甲师成功突入河西的伦金卡桥头堡，从第6装甲师手中接过了阵地。第6装甲师则转移到东面待命。第19装甲师随后向西边的沙霍沃和西南的肖洛科沃突击，试图突破近卫步兵第81师和近卫坦克第26旅的防线，扩大勒扎韦茨桥头堡，并建立新的肖洛科沃桥头堡。但德军在坚强防御前一筹莫展，只能退了回去。

13时，特鲁凡诺夫集群的近卫机械化第12旅所属的近卫坦克第55团(19辆T-34和16辆T-70坦克)与摩托化步兵1营也在勒扎韦茨东北的红旗村率先投入战斗。德军第19装甲师部队利用222.1高地，居高临下挡住了苏军。日终时，苏军在得到自行火炮第1447团的支援后终于夺取了高地。近卫机械化第11旅也在15时25分攻占了勒扎韦茨以北的希佩（Shipy）。19时，苏军基本控制了伦金卡，第19装甲师无法从这里继续前进，但仍在西岸占据了一小块阵地。

不久后，德军的巡逻队发现，苏军有25辆坦克在步兵的伴随下正在进入未被占领的亚历山德罗夫卡。这些坦克很可能属于独立坦克第96旅。当这些坦克出现在第3装甲军的东（右）翼时，已经从桥头堡撤出的第6装甲师立刻对他们进行了反击。同一时刻，第7装甲师正缓慢地在勒扎韦茨以南集结。

第 6 装甲师第 11 装甲团 2 营 8 连装备的喷火坦克，注意坦克侧裙板上的伪装师徽。2 营总共装备了 13 辆这种喷火坦克，虽然其射程仅有 60 码，但支援步兵作战时非常有效。

第 6 装甲师第 11 装甲团 2 营 7 连的 IV 号坦克，维修人员正在对它进行战地抢修。

17时30分左右，第6装甲师开始从北边不远处的245.1高地向亚历山德罗夫卡发起反击。与此同时，独立近卫坦克第53团也在团长库尔诺索夫（N. A. Kurnosov）少校带领下发起反击。苏德坦克部队在苏军伊尔-2强击机的密切"支援"下前后夹击了据守在亚历山德罗夫卡的近卫步兵第92师和独立坦克第96旅的阵地，夹在中间的苏军被打得欲哭无泪。总参派驻这里的索科洛夫（Sokolov）中校和近卫步兵第35军炮兵司令费了九牛二虎之力才让事先未得到战况通报的库尔索诺夫意识到自己的错误。独立近卫坦克第53团这才调转枪口与德军交上了火。没多久，该团又接到撤退的命令。在近卫步兵第35军所属炮兵的掩护下，全团才安全后撤。

19时，独立近卫坦克第53团又发动了第二次反击，很快遭到第6装甲师坦克的猛烈打击，损失11辆坦克后被迫转入防御。德军随后的反击也同样被苏军反坦克兵所阻，双方此后均停止了进攻。深夜后，第19装甲师准备在第7装甲师的一个战斗群加入后，扩大北顿涅茨河西岸的桥头堡阵地。总体而言，德军整整一天始终无法突破苏军防线，也不能与SS第2装甲军会合。

近卫第7集团军的步兵第49军直到进攻前夜才得到任务命令，部队在仓促进入出发阵地时就被德军发现，然后遭到德军火箭炮的密集打击，因此该军当日只向前推进了2至3公里。

特鲁凡诺夫集群当日投入157辆坦克和10辆自行火炮，损失数应该在28辆以

近卫步兵第92师师长特鲁宁上校。

上。德军第3装甲军共有126辆坦克和突击炮，损失可能在17辆左右。由于苏军没有形成统一的指挥机构，又是仓促赶来填补战线缺口，因此无法完成上级赋予的任务，只是拼命挡住了德军的推进。虽然肯

近卫坦克第5集团军副司令特鲁凡诺夫少将。

普夫战役集群没能突入普罗霍罗夫卡，并与SS第2装甲军建立联系，但第3装甲军的第6装甲师夺取伦金卡桥头堡以及第19装甲师的后续进攻让苏军不得不抽调部队南下增援，客观上削弱了近卫坦克第5集团军在普罗霍罗夫卡方向上的突击力量，间接缓解了警卫旗队师乃至整个SS第2装甲军的压力。

从"堡垒"行动开展至今，苏军就一直死死拖住肯普夫战役集群，导致肯普夫始终无法跟上SS第2装甲军的推进，并且侧翼始终暴露在反击的威胁之下。

左翼战场（第48装甲军）

当天的早些时候，第48装甲军奉命以加强的左翼兵力将苏军从普肖尔河以南赶往东面。在进抵沃兹涅先诺夫卡（在索洛京卡河东岸，此处距离7月11日的大德意志师阵地以北约10公里）后，再转向东北，准备突击普肖尔河。与此同时，SS第2装甲军也会继续冲击和削弱北岸的苏军部队。第48装甲军此时的防线从西南一直延伸到东北方，最西南（西翼）的是第332步兵师，中间是第3装甲师和大德意志师，最右边的则是第11装甲师。

这一进攻计划并没有实现，因为苏军提前

发动了反击。根据沃罗涅日方面军计划，近卫第6集团军和坦克第1集团军将在第48装甲军地段发动进攻。近卫第6集团军的近卫步兵第22军以近卫步兵第90师和从第40集团军转隶的步兵第184和219师在军长伊比扬斯基少将指挥下，从恰帕耶夫—新城—克鲁格利克一线沿瑟尔采沃—雅科夫列沃方向发动主要突击。近卫步兵第23军以近卫步兵第67师、步兵第204和309师从克鲁格利克—马林诺沃耶树林一线穿过上佩尼耶，向波克罗夫卡突击。近卫步兵第71师负责掩护近卫步兵第22军的右翼，近卫步兵第51师在与近卫第5集团军部队换防后转入集团军预备队。进攻部队在雅科夫列沃地域与近卫第5集团军和近卫坦克第5集团军会师后，开始围歼德军第48装甲军和SS第2装甲军。

近卫步兵第71师师长西瓦科夫上校。

7月11日13时，近卫第6集团军司令奇斯佳科夫亲自给近卫步兵第23军军长及步兵第204、第219和第184师的师长下达了反击命令。奇斯佳科夫还与上述军、师长一起在240.8高地侦察了战场。当天结束时，奇斯佳科夫却接到通知，步兵第204和309师仍然归坦克第1集团军指挥。此外第40集团军司令莫斯卡连科中将也请求不要将步兵第184和219师转隶给友军。7月12日凌晨，瓦图京大将否决了莫斯卡连科的要求，只是这两个师到04时才动身出发。至于坦克第1集团军，根据卡图科夫中将的回忆，7月10日，瓦图京大将是这样对他说的：

我不会给你重大的任务，让你对德军防御进行深远突破，即使你只前进一公里左右也足够好了。主要的是吸引德军，防止他们自由调动预备队，（必须）阻止敌人加强在普罗霍罗夫卡的力量。

7月10日夜间，沃罗涅日方面军分配了反击任务。坦克第1集团军应以4个坦克军、1个机械化军和2个步兵师在加强炮兵的支援下，在克鲁格利克—244.8高地—奥利霍瓦特卡地段阻止德军继续向北推进。与此同时，近卫坦克第5军和坦克第10军转移到集团军右翼，增援近卫第6集团军的突击集团（近卫步兵第22军），并向东南方进攻。不过其中近卫坦克第5军只有16辆T-34、9辆T-70和5辆"丘吉尔"坦克。坦克第10军虽然有120多辆坦克和自行火炮，但得到的任务居然是突入德军纵深15公里。坦克第1集团军司令卡图科夫解释了原因：

在给克拉夫琴科和布尔科夫的命令中，我们并没有将进攻的纵深限定到区区一二公里。相反，我们希望他们更深入地突入法西斯分子的防线。这是有意为之，完全考虑的是精神因素。毕竟如果你告诉人们他们的任务有限、只是牵制敌人，那么他们就不会像对待全纵深突破敌防御那样积极地去工作。

7月12日天刚亮，第48装甲军西翼，沿着克鲁格利克—别列佐夫卡（Beresowka）公路一线，第3装甲师的第394装甲掷弹兵团刚刚与第332步兵师完成换防后，在向北行军过程中突然遭到苏军的弹幕轰炸，许多车辆被直接命中，炮击随后又持续了一段时间。上午10时，炮击还未完全结束，近卫坦克第5军就率先在步兵第184师一个团的支援下向恰帕耶夫方向进攻。该军全部坦克均编入近卫坦克第21和第22旅中。

库尔斯克战役期间，赶赴前线作战的苏军炮兵部队。

在第一梯队主攻的是近卫坦克第21旅，他们得到了反坦克歼击炮兵第222团和近卫迫击炮兵第36团的喀秋莎火箭炮的支援，近卫坦克第22旅负责掩护进攻部队左翼的安全。苏军在克服己方和德军布设的雷区后，逼近了恰帕耶夫。德军第332步兵师部分防线被苏军切碎，同第3装甲师失去了联系。意识到这一危险后，第48装甲军下令第332步兵师不惜一切代价守住防线，务必等到大德意志师发起反击。

德国空军也快速出动，掩护地面的守军。在德军空袭中，近卫坦克第21旅有4辆T-34和2辆"丘吉尔"坦克被击毁。步兵第184师主力随后赶到，他们在击溃了德军第332步兵师一个营后，夺取了恰帕耶夫，但在随后进攻拉科沃（Rakovo）时遭到德军炮火拦阻，无法继续推进。坦克第1集团军只能下令停止前进，只实施佯攻吸引德军注意。近卫坦克第5军的30辆坦克中损失了8辆T-34、5辆T-70和3辆"丘吉尔"坦克。

德军第332步兵师随后在大德意志师的支援下，又恢复了托尔斯托耶树林南端至佩纳河的旧防线。

与此同时，大德意志师的装甲群正按照计划离开别列佐夫卡，沿着克鲁格利克—别列佐夫卡的公路向北发起突击。大德意志师师属侦察营和"大德意志"燧发枪兵团也在与第3装甲师的一部换防后，向北机动。就在此时，坦克第10军和步兵第219师对第48装甲军的左翼靠中央方向发起了反击。

第3装甲师下属的第3装甲侦察营的官兵刚刚进入大德意志师留下的阵地，就被由西向东发起进攻的坦克第10军下属坦克第178旅的T-34坦克和搭载的步兵碾了过去，全营被迫后撤至"大德意志"装甲掷弹兵团1营和2营据守的卡林诺夫卡。只是这里也不安全，近卫第6集团军的步兵第204师与坦克第1集团军的独立坦克第86旅也乘机从北面向该地发了突击。经过激战，"大德意志"装甲掷弹兵团2营被迫放弃阵地，退至小村西侧。随后，2营营长贝特克（Bethke）少校不顾身上两处负伤，带领部下发动决死反击。让人意外的是，他们竟然成功了，"大德意志"装甲掷弹兵团2营夺回了阵地，但也付出了巨大的代价，7连在战斗中全体阵亡，死亡名单上还包括"大德意志"装甲掷弹兵团团长的副官。

坦克第178旅旅长马特维·库济米奇·沙波什尼科夫上校。

同一时刻，坦克第10军的坦克第183旅的T-34坦克先遣队也沿着与坦克第178旅平行的路线向东抵达了托尔斯托耶树林（东部）边缘。15时，坦克第186旅在部分自行火炮的支援下穿过托尔斯托耶树林北边向东夺取了第3装甲师据守的258.5高地。德军第48装甲军在这个方向上根本没有足够的力量挡住苏军，如果让后者突到了上佩尼耶，第48装甲军就会被切为两段。

第3装甲师的第394装甲掷弹兵团2营和一个坦克歼击营随即奉命在上佩尼耶以西掘壕固守，挡住坦克第186旅的进攻。德军守在最前面的一个连很快被苏军坦克突破，但2营剩下的掷弹兵却顽强守住了阵地。掷弹兵们拿着反坦克雷与T-34坦克展开了近战。损失了5辆坦克后，坦克第186旅稍稍后撤并开始重整队形。利用这段时间，第394装甲掷弹兵团另一个营以及第6装甲团2营剩下的坦克也先后赶到。德军的反击一下冲散了正在重整的坦克第186旅，迫使后者退入附近树林重新集结。

尽管挡住了苏军的首轮进攻，并且暂时保住了全军的补给线安全，第48装甲军仍认为虚弱的第3装甲师根本应付不了西（左）翼的危机，他立刻下令大德意志的装甲群停止北进，立刻转向并反击托尔斯托耶树林—258.5高地一线的苏军。接到这一命令时，大德意志装甲群正在新谢洛夫卡补充油料和弹药。装甲群所属

坦克第10军的坦克在步兵伴随下投入进攻。

的德克尔战斗群（第39装甲团）首要任务就是在"大德意志"突击炮营的支援下夺回258.5高地，高地北边不远处有一个重要的交叉路口，同时控制着由北向南的克鲁格利克—别列佐夫卡公路以及向东通往上佩尼耶的公路。第48装甲军试图在苏军部队与第3装甲师纠缠时，用大德意志师的装甲群和突击炮营从北面狠狠打击苏军侧翼。

在第48装甲军右翼，第11装甲师也是准备天亮后发起进攻，但苏军同样先动手了，一个步兵营首先对第11装甲师的右翼发起了数次佯攻。08时，苏军又出动一个步兵团（很可能属于近卫步兵第97师）沿着奥博扬公路两侧向第11装甲师的中央防线发起了主攻。一小队连夜渗透进德军防线的苏军步兵也乘机从隐藏的小树林里冲出，向第111装甲掷弹兵团2营发起突袭。2营不少掷弹兵显然被吓到了，竟然放弃了阵地跑了。第11装甲师的防线中央于是露出了一个危险的缺口，师属装甲团紧急投入反击，帮助第111装甲掷弹兵团稳住了防线。在得到坦克的支援后，2营的掷弹兵们又转身夺回了阵地，封闭了缺口。不过，第11装甲师与驻守在科切托夫卡的髑髅师却失去了联络。

下午的晚些时候，第48装甲军放弃了原先的进攻计划，全力应对苏军反击。第11装甲师接到的命令是原地坚守，但是该师希望能够后撤至一段更短、更适合防守的路段上。军部同意了其请求，并且承诺额外加强给他一个炮兵营和一个重型迫击炮营。第11装甲师随后开始后撤并尝试恢复与髑髅师的联系。但是苏军再次出动由小股步兵和坦克组成的战斗小组反复袭扰第11装甲师的右翼（与髑髅师的结合部），这种袭击持续了整个下午，这让已经疲惫不堪的第11装甲师官兵头疼不已。

16时，曼施泰因元帅亲自赶到了第48装甲军军部。7月12日当天的大部分时间，曼施泰因都在和豪塞尔一起观察普罗霍罗夫卡以西的战斗，他对SS第2装甲军和第48装甲军地段的战况都不是非常满意。SS第2装甲军的进攻被近卫坦克第5集团军抢了先机，第48装甲军被迫放弃数个阵地并转入防御，这才勉强挡住了苏军的进攻。

到了这个时候，苏军也渐渐停止了进攻，坦克第10军止步于托尔斯托耶树林。坦克第1集团军担心德军会向北进攻，因此在16时调集机械化第3军近卫坦克第1和坦克第49、第92旅的60辆坦克组成的戈列洛夫集群前往步兵第204师

步兵第204师师长克萨维里·米哈伊洛维奇·拜达克上校。

地段，同时下令坦克第31军的两个旅支援步兵第309师。

大德意志师装甲群则在第3装甲师残存的少数坦克配合下集结在卡林诺夫卡，准备向南夺回258.5高地。一旦突入苏军防线，装甲群立刻继续向南直抵佩那河，威胁近卫坦克第5军的后方。第48装甲军希望这一行动能够缓解第332步兵师和第3装甲师的压力。当然，这也成了第48装甲军在整个"堡垒"行动中最后的任务。

尾声

7月12日，对于苏军来说，普罗霍罗夫卡方向上的德军不仅牢牢守住了战线，并且仍保持了相当的战斗力，而自己却损失惨重。沃罗涅日方面军司令瓦图京大将再一次感到手头兵力不足，因此请求斯大林再增援一个坦克军、一

个机械化军和一个强击航空兵师。然而斯大林派来的确是朱可夫，显然他觉得之前给沃罗涅日方面军调了那么多部队却没能挡住德国人，瓦图京恐怕是靠不住了。

朱可夫和瓦图京、华西列夫斯基和科涅夫等人会面后居然做出了继续进行反突击的决定。多年以后，朱可夫还在回忆录中说目的是"便于紧跟退却的敌人之后夺取原先他们在别尔哥罗德地域占领的防御"。只是苏军根本没有用来反击的力量，近卫坦克第5集团军已经被打瘫，其他诸兵种合成兵团损失也很大。瓦图京判断当面德军下一步可能要合围北顿涅茨河和利波维顿涅茨河之间突出部的第69集团军部队，另外普肖尔河北岸的麻烦也必须解决掉。因此他下令近卫第5集团军在一个坦克旅和一个机械化旅的支援下歼灭普肖尔河北岸德军；第69集团军和特鲁凡诺夫集群歼灭突入肖洛科沃、勒扎韦茨和伦金卡地域的德军第3装甲军部队；以近卫第6集团军和坦克第1集团军继续通过反击缠住第48装甲军，消耗德军装甲力量；近卫坦克第5集团军则利用上午进行休整，待下午再转入进攻。

经过7月12日惨烈厮杀，苏德双方开始利用晚上时间抢修坦克，准备次日再战。经过一夜紧张的劳作，近卫坦克第5集团军可用坦克和自行火炮数恢复到了339辆，SS第2装甲军的坦克和突击炮也恢复到了251辆。苏军损失更大的原因在于他们的坦克大多数被彻底击毁，而德军在控制战场后却可以回收受损的坦克。

对于库尔斯克南线的德军将领来说，虽然12日当天异常紧张，但结果却太让人意外。1943年的苏军看起来似乎和1941年一样笨拙，如此强大的战略预备队近卫坦克第5集团军竟然被打得几乎失去战斗力，战场上到处是苏军坦克的残骸。德国人觉得胜利似乎在向他们招手。

7月12日晚，南方集团军群决定投入预备队（第24装甲军）继续进攻。SS第2装甲军也接到了的命令："我（装甲集团）军在7月13日继续通过战斗扩大侧翼，同时需要保住全线已经占领的阵地。SS第2装甲军的任务是立即集中兵力于普肖尔河北岸，然后继续对普罗霍罗夫卡地域的（苏军）坦克部队进行包抄，以期实现合围。只有顺利完成合围后方可继续向北和从别列尼希诺附近向东进攻。"

SS第2装甲军计划以髑髅师加强的装甲群继续向东北进攻，占领普肖尔河北岸至别列戈沃耶—卡尔塔谢夫卡公路之间的高地，然后与警卫旗队师左翼部队一道歼灭彼得罗夫卡以东和西南的苏军。警卫旗队师余部坚守中央和右翼阵地，等髑髅师在东北方向得手后再投入进攻。帝国师继续防御，同时将战线拉平。帝国师还需将突击炮单位临时转隶第167步兵师，支援该师的反击。

德军此前试图利用第3装甲军和SS第2装甲军一起围歼苏军第69集团军的计划也被打破。因为德军在普肖尔河桥头堡等地进展很小，甚至在多个地段被逼退。南方集团军群两翼，特别是南翼的肯普夫战役集群，被苏军死死咬住，SS第2装甲军几乎是孤军深入，非常危险。

7月10日，美英盟军在欧洲的软腹部西西里岛成功登陆，面对意大利盟友随时可能退出轴心的危险，希特勒在后方如坐针毡。7月12日，在库尔斯克突出部北线，苏军西方面军、布良斯克方面军发动了代号为"库图佐夫"的攻势，北线德军现在面临更大的麻烦，南线德军也遇到了苏军凶狠的反击，"堡垒"行动看起来已经很难成功了。德国人不知道的是，更南边的西南方面军也会在几天内发动反攻，而且沃罗涅日方面军身后的草原方面军还有齐装满员的数个集团军严阵以待，德国人仅仅靠投入第24装甲军是绝不可能取得胜利的。

7月13日，希特勒向克卢格和曼施泰因宣布因盟军登陆西西里，"堡垒"行动必须停止，但同意曼施泰因的意见，允许其继续战斗，消耗苏军预备队，以便为防御创造有利条件，行动代号为"罗兰"。

7月13日10时，近卫步兵第33军在普肖尔河北岸发起进攻，目标是拿下波列扎耶夫和226.6高地。鉴于苏军来势凶猛，加上昨夜的大雨让后方补给线一片泥泞，髑髅师果断放弃部分前沿阵地，依托226.6高地进行防守。苏军又出动近卫步兵第95师直扑高地，经过一个多小时激战，把髑髅师一个营的掷弹兵从高地赶了下去。几分钟后，髑髅师派出SPW营增援，结果再次被苏军炮兵打了个灰头土脸，损毁8辆半履带车，苏军宣称打坏7辆坦克。德军又投入一个突击炮连，还是没能夺回阵地。12时，髑髅师装甲营终于赶到，他们和掷弹兵一起花了半个

小时重新占领了226.6高地。苏军右翼沿河谷突向维肖雷后的近卫步兵第97师遇到德军顽强抵抗，始终无法取得任何进展。左翼的近卫步兵第42师顺利拿下波列扎耶夫，接着参加了226.6高地以南的战斗。战斗中髑髅师6辆坦克突破他们的防线，试图扑向普罗霍罗夫卡—卡尔塔谢夫卡公路，但被该师预备队打退。

面对髑髅师坦克的冲击，近卫步兵第95师只能且战且退。17时，近卫步兵第95师再次发起反击，部分部队突破了髑髅师防线，但激战3个多小时后被全部歼灭。当天晚上，原本支援近卫步兵第95师的近卫坦克第24团和自行火炮第1446团被撤走，这样该师在没有坦克掩护和火炮弹药不足的条件下连续4天反复冲击226.6高地，有时苏军还采取夜间突袭的办法，虽然效果不错，但次日天亮后就被装甲兵、航空兵和炮兵掩护下的德军掷弹兵打退，双方为控制这一制高点都付出了很大的代价。

普肖尔河北岸的苏军部队极度缺乏炮弹，

髑髅师的一名军官正在察看战场上被击毁的苏军 T-34 坦克。

例如7月14日，近卫步兵第95师只有119发122毫米榴弹炮弹，76毫米野战炮和120毫米迫击炮炮弹不到弹药基数的一半，45毫米炮只有0.7个弹药基数，况且该师还是在没有坦克支援的情况下对抗髑髅师这种装甲师。7月16日，朱可夫亲临近卫第5集团军司令部，在单独交谈时，朱可夫批评扎多夫居然在没有坦克兵和炮兵支援、又极度缺乏弹药的情况下就投入进攻，最后说："要是方面军司令部没能及时为集团军提供一切必要的帮助，你就必须坚定不移地向方面军司令要支援，万不得已可以直接向大本营申请。"但扎多夫似乎从来没有考虑过这个事情。

在瓦西里耶夫卡—十月国营农场—亚姆基—斯托罗热沃耶东北之间的中央战场上，苏军将近卫第5集团军和第69集团军的步兵放在第一梯队设防，而将近卫坦克第5集团军4个坦克军的剩余坦克放在二线，此外近卫空降兵第9师的近卫空降兵第26团构筑了第三道防线。在斯托罗热沃耶—别列尼希诺—列斯基一线则以近卫坦克第2军的几个坦克营和近卫坦克第5军的近卫摩托化步兵第6旅在一线设防，以两个步兵团防御第二阵地。7月13日03时35分，由于担心德军突入普拉沃罗特，近卫坦克第5集团军下令坦克第2军于08时发起进攻，拿下斯托罗热沃耶，然后转入防御。这道命令直到06时40分才到达坦克第2军指挥部，等再传达到各旅已经是08时过后的事情了。因此坦克第2军实际攻击发起时间延迟到了10时30分，摩托化步兵旅第58旅更是直到14时才赶到。各坦克旅没有任何炮兵支援，又不等步兵跟上即草率发起冲击。帝国师"元首"团不仅利用地形布置了炮兵支援阵地，还利用前一晚在阵地前布设了雷区，再次让这些苏军坦克兵在坚固防线前撞得头破血流。

在警卫旗队师地段上，德军声称天亮时就遭到苏联空军的狂轰滥炸，同时苏军两个步兵连实施了战斗侦察。12时，"警卫旗队"装甲团和SPW营从252.2高地出发，准备越过前方的一道山脊猛攻普罗霍罗夫卡以西近卫空降兵第9师防守的高地。但装甲群的39辆坦克和指挥坦克刚翻过山头就遭到苏军反坦克炮兵和T-34坦克的猛烈抵抗，德军装甲兵最终退回了出发阵地。

与此同时，"警卫旗队"装甲侦察营也抵近米哈伊洛夫卡外围，并等待髑髅师前来增援。但是北岸的髑髅师正在与近卫第5集团军作战，根本无法过河增援，因此孤军深入的侦察营在下午时也只能撤了回去。

13时15分，SS第2装甲军接到命令，在髑髅师打退苏军冲锋后，全军将主攻方向转移到帝国师地段上，突破苏军防御后拿下普拉沃罗特西南的制高点，为占领该地创造有利条件。目的应该是利用和第3装甲军一起发动的钳形攻势，包围北顿涅茨河和利波维顿涅茨河三角地带中的苏军步兵第48军。

帝国师希望空军能够先进行空中侦察，再派出斯图卡战机进行近距离空中支援，但空军却回复说，因为天气恶劣，跑道泥泞，侦察机和俯冲轰炸机都无法起飞。问题是，帝国师的阵地已经给苏联空军炸了一个上午了。帝国师只能下令"德意志"团从伊万诺夫斯基移民新村以南的树林向别列尼希诺以北发起进攻，"元首"团则攻击维诺格拉多夫卡以西的几处苏军据守的高地，进攻发起时间是16时30分。

16时，苏军却抢先发起进攻。近卫坦克第5集团军所属的4个坦克军在18至20公里宽的地段共投入了154辆坦克和自行火炮，不过其中94辆是轻型的T-70坦克。在他们前面的帝国师和警卫旗队师却有133辆坦克和44辆突击炮（7月13日

18时的数据）。德军很轻松地就打退了苏军多次冲锋。由于髑髅师未能按照预想渡河攻击，因此警卫旗队师没有转入反击，帝国师倒是在天黑前夺取了伊万诺夫卡到维诺格拉多夫卡之间的谷地。由于夜幕降临，德军不敢冒险，于是停止了前进。沃罗涅日方面军的这次进攻实际上就是为了牵制SS第2装甲军部队，使其无法继续北进或者参与合围第69集团军的步兵第48军。

南翼的德军第3装甲军也在尽力扩大勒扎韦茨桥头堡，7月12日深夜，第19装甲师拿下了沙霍沃以东2公里的一处高地。次日清晨，得到坦克支援的苏军沿北顿涅茨河两岸从北边发起进攻，夺回了伦金卡桥。第19装甲师的第74装甲掷弹兵团团部与部队的联系被切断，只得狼狈不堪地泅水游到东岸，第74装甲掷弹兵团2个营则暂时与第73装甲掷弹兵团合并成一个战斗群，由团长霍斯特少校指挥。霍斯特少校认为战斗群完全有能力打退苏军，因此全力向沙霍

沃突击。霍斯特战斗群很快在坦克的支援下打退了从东、北两个方向上发起进攻的苏军，师属侦察营一部也夺取了伦金卡桥，并在坦克支援下肃清了周边的苏军。当晚肖洛科沃的苏军可能感到自己有被合围的危险，因此试图向北突围。当他们打到霍斯特左翼时，遭到德军19装甲师第27装甲团1营部分坦克的拦截，最后被击退。

这一天，第6和第7装甲师也在拼命攻击阿夫杰耶夫卡、红旗村、希佩和亚历山德罗夫卡等地，但遭到苏军坦克和反坦克炮的打击，没有取得任何进展。苏军第69集团军和特鲁凡诺夫集群牢牢控制着防线。不过苏军也付出了不小的代价，仅仅近卫机械化第11旅就损失了414人，反坦克歼击炮兵第532团4连全体阵亡。

7月13日夜，为了阻止德军通过勒扎韦茨和维波尔佐夫卡突向阿夫杰耶夫卡和沙霍沃，沃罗涅日方面军命令第69集团军和近卫坦克第5集团军联手歼灭此地德军。方面军特地为此加强

1943年7月13日，帝国师在伊万诺夫卡地区击毁的苏军T-34坦克残骸。

了南翼的步兵第48军。该军得到了不少炮兵的支援，反坦克歼击炮兵第48团在普洛塔地域建立防御；加农炮兵第27旅以两个122毫米炮兵营部署在沙霍沃—维波尔佐夫卡一线，主力布置在基列耶夫—波克罗夫卡一线；而反坦克歼击炮兵第32旅在利沃夫—基列耶夫—格涅兹季洛夫卡—卢托沃建立反坦克支撑点。此外东面的近卫步兵第35军也得到了一个反坦克歼击炮兵旅、一个火箭炮兵团和一个火箭炮兵营的加强。

7月14日06时左右，帝国师和第167步兵师从三个方向对步兵第48军进行了围攻。"德意志"团从伊万诺夫斯基移民新村和亚斯纳亚波利亚纳—加里宁地域分别向维诺格拉多夫卡和别列尼希诺冲击，第167步兵师则从索巴切夫斯基进攻伊万诺夫卡和列斯基，目的是控制普拉沃罗特以南的河流。

几乎同一时刻，近卫坦克第4旅刚把别列尼希诺的阵地移交给摩托化步兵第4旅，并留下坦克第2营协防，坦克第1营和摩托化步兵营则计划赶赴维诺格拉多夫卡西南换下近卫坦克第25旅。当部队正以行军队形离开村子时，"元首"团发起了突袭，苏军从最初的慌乱恢复后立刻同德军展开了激烈的巷战。13时30分，帝国师报告控制了大半个村子。14时45分，前来增援的师属装甲团和"元首"团一起把苏军赶出了别列尼希诺。德军声称击毁12辆苏军坦克，苏军自己上报的损失数是9辆。从维诺格拉多夫卡附近赶来的另一股德军试图堵住苏军的退路，但未能成功。

截至20时，帝国师终于艰难打退近卫坦克第2军和步兵第83师的进攻，然后打算继续冲向普拉沃罗特。

普肖尔河北岸，从7月13日深夜到14日清晨，苏军炮兵不断地轰击髑髅师阵地。德军炮兵也对苏军可能的集结点还以颜色。7月14日

上午，炮火准备结束后，苏军步兵立即开始对整战线进行班组级别的战斗侦察。14时30分，"髑髅"团3营报告苏军一个步兵团悄悄摸到维肖雷以南，随后在徐进弹幕掩护下发动猛攻。德军前进炮兵观察员引导炮兵和火箭炮不断向苏军战斗队形倾泻弹雨，20毫米高射炮也不断开火射击。苏军被迫退了回去。此后，德军不停采取"侦察—发现目标—空中和炮兵打击"的战术，给苏军造成了很大的杀伤。近卫第5集团军再也无力将髑髅师的桥头堡铲除，只能以炮兵和航空兵进行反击。不过，德军在经历了9天的惨烈搏杀后，也已经是强弩之末了。SS第2装甲军军长豪塞尔不止一次发现部队在占领新的阵地后，士兵们甚至连最浅的散兵坑都不挖，倒头便睡。由于天气炎热，许多士兵连头盔都不戴，因而在苏军炮击中遭到很多无谓的伤亡。SS第2装甲军只能再次强调各部队必须严守条令。比这更糟的是，德军已经没有任何后备兵力用来补充损失了。

当天清晨，警卫旗队师并未发起攻击。侦察兵报告对面苏军彻夜挖掘战壕、巩固工事，防线上加强了不少坦克和反坦克炮。上午，双方只进行了小规模的战斗侦察。中午时分，苏军经过短暂炮火准备后以坦克掩护两个连的步兵冲击了髑髅师和警卫旗队师接合部，但被德军炮火打退。下午晚些时候，德军通过空中和地面侦察发现苏军在米哈伊洛夫卡附近集结，目的还是切断髑髅师和警卫旗队师的联系。"警卫旗队"装甲炮兵团和火箭炮营立即对苏军集结地域实施了炮轰。20时50分，警卫旗队师通过无线电与帝国师联系后得知该师冲到了234.9高地，距离通向普拉沃罗特的公路（南北走向）还有4公里，因此警卫旗队师装甲群没有投入进攻。

在南翼，清晨04时，德军第167步兵师在

坦克支援下也攻击了苏军步兵第183师和第375师接合部。晚上，德军拿下了伊万诺夫卡和列斯基，逼至小亚布洛诺沃。更南面的第19装甲师经过一天的苦战夺取了伦金卡东北1公里的希佩，其他部队也打退了特鲁凡诺夫集群的反击，攻克了苏军在亚历山德罗夫卡的据点。这天晚上，第3装甲军再次进攻，于24时左右占领了沙霍沃，接着派出坦克冲向列斯基，终于与SS第2装甲军建立了联系。

苏军统帅部十分清楚这意味着什么，因此立即命令步兵第48军后撤。毕竟德军形成的包围圈远远谈不上严密。7月15日，步兵第48军在友军协助下，终于退至后方，重新建立防御。第69集团军随后打退了德军的所有进攻，到日终时将战线稳定下来，德军试图围歼该集团军的计划彻底失败了。

7月16日至17日，德军取消"罗兰"行动，逐渐撤回别尔哥罗德地域。不久，警卫旗队师留下部分装备，全员赶赴意大利休整和震慑摇摆不定的意大利人。7月17日日终时，近卫坦克第5集团军和第69集团军逼退德军后卫，收复了斯托罗热沃耶，共青团员国营农场以及西特诺耶树林。至此，普罗霍罗夫卡之战完全结束，而雄心勃勃的"堡垒"行动也终于以失败告终。

7月18日，坦克第18和第29军再次投入战斗，但也只前进了4至5公里。同一天，草原方面军开始投入进攻。7月20日，沃罗涅日方面军也转入进攻。到7月23日结束时，苏军不但完全收复了所有失去的阵地。而且还拉开了第一次夏季攻势的序幕。

7月12日，苏军在库尔斯克北线发动"库图佐夫"战役。到8月18日时解放奥廖尔，清除了奥廖尔突出部。8月3日，沃罗涅日方面军和草原方面军发动"鲁缅采夫"战役，两天后解

放别尔哥罗德。8月28日解放了哈尔科夫，结束了苏德双方对此地的反复拉锯。8月7日，西方面军和加里宁方面军发动"苏沃洛夫"战役，经过艰难的战斗，于9月底解放斯摩棱斯克。8月16日开始，西南方面军和南方面军杀进顿巴斯。德军一路实行"焦土政策"，一面向第聂伯河败退。苏军则开始了马不停蹄的追击。德军再也无力在东线组织起像样的攻势，纳粹德国的丧钟已经敲响……

总结

7月12日，沃罗涅日方面军发起的大规模反击不仅没能歼灭突入防御的南线德军，反而蒙受了惨重的伤亡，苏军最强大的装甲预备队——近卫坦克第5集团军居然损失了一半以上的坦克和自行火炮。

严格说来，在普罗霍罗夫卡以南和西南发生的激烈战斗称不上遭遇战，并且也未发生太多纯坦克战，更没有上千辆坦克集中在狭窄地段战斗的壮观场面。不过参与普罗霍罗夫卡西南、普肖尔河北岸、斯托罗热沃耶以南以及北顿涅茨河沿岸的近卫坦克第5集团军、SS第2装甲军和第3装甲军的坦克装甲车辆确实也达到了约1084辆（部分德军部队未统计坦克歼击车数），其中普罗霍罗夫卡西南主战场的数量为498辆（其中确认有4辆虎式，髑髅师的虎式可能参与了对普肖尔河南岸的远程射击），没有豹式坦克参战。数量也远远没有达到罗特米斯特罗夫宣称的1500辆（其中德军100辆虎式）。战斗本质上是双方装甲兵、步兵、炮兵、航空兵的立体合成攻防战，而不仅仅是坦克遭遇战。

由于德军在每日晚间的报告中只记录当时的可用坦克数，因此无法具体确定损毁情况，

只能通过每日晚间可用数的差异来推断。而且由于德军维修人员的出色努力，很多坦克都可以在夜间修复，这给确定损失增加了难度。

按照德国历史学家卡尔·海因茨-弗里泽尔（Karl Heinz-Frieser）对联邦德国档案馆的大量材料进行分析后认为，SS第2装甲军在7月12日有5辆坦克无法修复，即除籍（指遗失在战场上无法回收、彻底被击毁或经过300小时维修后仍无法修复）。另有42辆坦克和12辆突击炮需要长期维修。而在德国人的术语中，长期维修就意味着前线无法修好，必须送回后方修理。

而德国另一位历史学家约阿希姆·恩格尔曼（Joachim Engelmann）引用了曼施泰因元帅的报告，指出到7月13日，SS第2装甲军还有167辆坦克和64辆突击炮可用。换言之，该军在7月12日的战斗中损失了63辆坦克和突击炮。另外曼施泰因还指出第48装甲军只剩149辆坦克和40辆突击炮。

帝国师7月12日晚的坦克和突击炮数相比7月11日晚增加了9辆。同期髑髅师坦克和突击炮数只下降了1辆。警卫旗队师方面缺少7月12日的报告，而7月13日相比11日少了16辆Ⅳ号、1辆虎式坦克，合计17辆。由于当天并未发生太激烈的战斗，加上直到16日晚，该师的Ⅳ号坦克数才回升到42辆，因此可以认为损伤较重。

SS第2装甲军的3个师合计损失至少63辆坦克和突击炮。考虑到7月13日晚该军的坦克和突击炮数相比11日晚下降了43辆，直到7月16日晚才恢复到292辆，可以得知而其中绝大部分都是1至2天内无法修复的，但无需送到后方维修。虽然德军损失了一些坦克，但基本上可以通过维修之前的战损车辆来进行补充。

考虑到髑髅师在普肖尔河南北两岸坦克和突击炮数相差不多，而21辆在南岸的突击炮损失极少，假设在北岸损失了70%，即32辆，那么南岸损失可能为14辆。警卫旗队师损失了17辆，那么德军在普罗霍罗夫卡西南参战的约110辆坦克和突击炮中，被击毁和严重毁伤的共有约31辆，占到全部63辆中的近一半。

苏军方面，普罗霍罗夫卡西南主要战场上，近卫坦克第5集团军所属坦克第18和第29两个军各投入了149和219辆坦克和自行火炮，共计368辆，占到集团军全部参战车辆数的54.8%。到白天结束时，分别有84辆和172辆坦克和自行火炮失去战斗力，损失率为56.4%和78.5%，其中烧毁数分别为35和103辆。

综上可以得出以下结论，苏军的坦克、自行火炮与德军坦克、突击炮、坦克歼击车数量之比约为2.8:1，苏军坦克、自行火炮与德军坦克、突击炮彻底损失之比约为4.5:1。双方战果最好的部队分别为坦克第18军和警卫旗队师，最差的分别为坦克第29军和髑髅师。

在人员损失方面，SS第2装甲军的警卫旗队、帝国以及髑髅三个师分别损失279人、243人、316人，另军直属人员损失4人，合计总损失842人，其中阵亡149人，失踪33人，合计不可归队减员182人。而从7月12日至18日，全军总共损失了3908人，其中不可归队减员758人。

肯普夫战役集群在7月12日至18日之间损失了4343人，考虑到第3装甲师地段战斗最为激烈，推断其损失应当在2000人左右。这样德军损失约在6000人左右，距离近卫坦克第5集团军宣称的歼敌15620人、击毁坦克552辆（含23辆虎式）相去甚远。

相对地，苏军的损失要大得多。近卫坦克第5集团军当日不可归队减员1505人，总损失3563人，从7月12日至18日共损失9945人，其中2845人阵亡，2046人负伤，合计不可归队减员4891人。近卫第5集团军从9日至17日合计损失了16118人，其中2677人阵亡，约4900人失踪。

根据《打碎神话——普罗霍罗夫卡之战》的作者扎穆林的推算，加上第69集团军和其他部队，参加整个普罗霍罗夫卡之战的苏军可能损失了不下42000人，其中半数为不可恢复减员。

这样算来，苏德双方的人员总损失比大约为7:1，不可恢复减员比可能超过10:1。无论从哪个角度来看，德军都获得了无可置疑的战术胜利。

对于德军装甲师来说，7月12日是非常困难的一天，但也大获全胜，因为他们成功打退了苏联优势坦克集群的反击。第4装甲集团军的作战日志的说法是"全胜，因为不仅打退了苏军的进攻，而且SS第2装甲军还在这一天占领了更多土地"。

为什么会出现这样一种结果呢？首先，预定7月12日发起反击的苏军是在7月10日下午至次日凌晨之间领受战斗任务的。他们只有一昼夜的时间来勘察地形、侦察敌情、制定方案、分派任务、开赴集结地。7月11日，德军突然攻占了他们的预定出发阵地又迫使后者作出调整。

沃罗涅日方面军在筹划和组织反击过程中存在重大失误。制订的战役计划过于简单，没有向参战各集团军提供必要的敌情信息，也没有很好地组织炮兵和航空兵掩护。根据沃罗涅日方面军参谋长伊万诺夫将军的回忆，7月6日，斯大林命令华西列夫斯基元帅前往近卫第5集团军和近卫坦克第5集团军，赫鲁晓夫前往近卫第6集团军，阿帕纳先科将军去近卫第7集团军。如此一来，方面军司令部只剩瓦图京大将一人，尽管他是参谋出身，但仍然无法独自一人短时间内制订出周密完整的计划。而且瓦图京似乎更寄希望于新锐预备队，尤其近卫坦克第5集团军以强大实力压垮德军。实际上，苏军参加反击的各部队和兵种由于缺乏协同，相当

于各自为战，相互间没有任何配合。

在诸兵种合同作战中，成功的进攻行动不仅需要预先在敌人的薄弱点集结起优势的兵力兵器，还要了解敌情，周密地制订作战计划，在战场上要保持不间断的通信联络，诸兵种、友邻之间保持密切协同，以便随机应变。而实际上，战斗打响前苏军对前方德军情况并不了解。众所周知，战前侦察是否到位关乎军队的生死存亡和战斗的成败。7月9日之前，南线苏军通过捕捉"舌头"和前沿观察发现德军两翼开始构筑防御工事，而中央的突击集群却得到了补充人员，瓦图京虽然正确地判断出德军将向普罗霍罗夫卡方向继续进攻，但也误以为德国人已经精疲力竭。相反自己手中却有近卫坦克第5集团军这样强大的预备队，按理说取胜不是难事。另外，由于前线总是传来德军装备有大量虎式、费迪南式重型战车的消息，使罗特米斯特罗夫坦克兵中将采取了坦克肉搏的错误战术。以第二次世界大战时的技术背景，坦克在高速运动中开火是毫无准头可言的。

苏军反击准备也十分仓促。瓦图京的命令是在7月10日夜间下达的，在方面军司令部的罗特米斯特罗夫立即领受了任务开始准备，而其他集团军则是在次日中午到夜间才接到命令，等到他们制订好作战计划并层层下发以后，留给部队的准备时间只有短短的几个小时，这也导致坦克第29军居然没有发现之前友军在252.2高地后方挖掘的反坦克壕。虽然这道反坦克壕本身并未给苏军造成太大伤害，但由此造成的混乱却给德军提供了不少可乘之机。另外，苏军炮兵也没有来得及与参加反击的坦克兵约定如何协同。

很多人认为普罗霍罗夫卡之战中苏军损失惨重的原因在于瓦图京，但是这样一个动用最高统帅部预备队的大规模行动不可能不得到大

本营代表华西列夫斯基乃至斯大林的批准。由于此时在北线，罗科索夫斯基大将已经完全控制了局面。斯大林对南线的局势显得特别担忧和不耐烦。他根本不去考虑南北战线敌我兵力的对比和地形差异，一味追究方面军司令本人的责任。即使是朱可夫也很难违抗斯大林的命令，更何况是瓦图京呢？在当时的情况下，即使是华西列夫斯基可能也无法说服斯大林，显然他也觉得有些愧疚，因此在回忆录中对库尔斯克会战的防御阶段提的很少。不过责任并不在于华西列夫斯基本人，公正地说，1944年6月之前的大本营代表更多起到督促指导作用，并没有指挥权限，过多插手会引起指挥员们的反感。此外，罗特米斯特罗夫坦克兵中将本身也曾在斯大林格勒城下表现出色，提出了"坦克肉搏"这样一个看似合理战术，只是他显然低估了苏德装甲兵在坦克质量和人员素质上的差异。

德军方面，SS第2装甲军制订的进攻计划凑巧就打在了苏军的防线弱点上。髑髅师攻击的普肖尔河弯曲部，没有一辆坦克，而在苏军坦克集群冲击的普罗霍罗夫卡西南方向上，警卫旗队师却在7月11日晚抵达普罗霍罗夫卡城郊后收缩部队建立了坚固的反坦克防御。而且正常情况下，一个德军装甲掷弹兵师装备有58门身管压制火炮、54门迫击炮、101门反坦克炮和63门高射炮，而一个苏军坦克军却只有24门身管压制火炮、52门迫击炮、12门反坦克炮和20门高射炮。实际上，苏军在普罗霍罗夫卡西南方向上拥有的身管压制火炮和反坦克炮不超过170门，而警卫旗队师虽然只有16门牵引75毫米反坦克炮（7月11日傍晚时数据，当晚可能有部分火炮修好），但有其他火炮作为补充，因此在十月国营农场附近将坦克第18军主力拖住了很长一段时间。

罗特米斯特罗夫也没能恰当地指挥战斗。当坦克第18军主力在十月国营农场遭到德军炮击，损失惨重被迫请求后撤之时，罗特米斯特罗夫并没有组织炮兵压制德军，反而一味要求坦克第18军继续进攻。苏军另外两支先遣队突入警卫旗队师后方后也没有组织他们合兵一处，最后导致两支部队被分别消灭。

炮兵方面，战后近卫坦克第5集团军认为：

1.炮火准备前没有侦察敌情；无法完全侦知敌火力点的位置；未及时得到航空侦察情报，与航空兵没有建立通信。最后一点使得我军无法充分利用远战炮兵群从远程打击敌坦克，打乱其指挥和控制。

2.与之前部署于该地段的炮兵部队指挥部之间没有建立通讯。集团军和军一级炮兵司令也没有炮兵侦察和通信器材，导致通讯状况进一步恶化。

3.……炮兵部队准备就绪后未能及时上报集团军和军指挥机关。由于缺乏联络，与友邻没有协同，而师炮兵指挥员常常忽视这一点。例如近卫步兵第42师炮兵指挥员霍洛德内……拒绝与坦克第29军炮兵指挥员协同动作和交换情报……

……集团军的进攻开始前进行了短暂的炮火准备，加强的炮兵和军炮兵也参与了射击。加强的炮兵由沃罗涅日方面军炮兵司令部指挥，虽然他们主要为近卫坦克第5集团军服务，但是没有与集团军司令部或炮兵指挥部建立通信联络。

炮兵射击计划没有根据情报实施，因此效果很差。此外，（进攻发起前的）昼间准备时间过短，来不及选定合适的观察所，结果现有的观察所无法在进攻过程中标定已暴露的敌（炮兵）阵地。（7月11日晚间抵达的炮兵部队显然只能利用7月12日08时前短暂的两三个小时选定观察所，加上其他事务，苏军炮兵确实来不及进行周密的准备。）

……实际上采取的是面积射击；在一个方向上集中的炮兵数量不足；射击很频繁，但没有经过协调。而敌人在7月12日却成功组织了他们的射击，特别是在其进攻的主要地段上……

敌人在十月国营农场东南1公里处的果林附近、十月国营农场、斯大林斯科耶农场西南树林、斯托罗热沃耶和共青团员国营农场的火力尤其猛烈。

事后，瓦图京总结出了以下几点注意事项：

1.必须有效利用炮兵。在瞬息万变的战场上，炮兵总是落在步兵和坦克兵后方，以后要杜绝这一现象。要集中炮兵和迫击炮协同步兵压制敌人的抵抗；

2.尽量避免正面冲击，而采取迂回包抄的方式；

3.注意更好地组织炮火支援。

早在1942年10月16日颁布的《国防人民委员部第325号命令》就批评了坦克兵作战中的几个缺点：

……

2.在没有足够炮火支援的情况下投入坦克进攻敌防御，冲击开始前的炮火不足以压制敌防御前沿的反坦克手段……在冲向敌防线的途中，坦克兵遭到敌反坦克武器和炮兵的射击，损失很大。坦克兵和炮兵指挥员不能通过合理利用地形地物采取行动，也没有规定请求和取消炮兵射击任务的信号。负责支援坦克冲击的炮兵指挥员在很远的地方指挥炮兵射击，没有使用装备无线电的坦克作为炮兵移动前进观察所。

3.坦克手未侦察一线地形、未研究敌阵地纵深地形、不仔细分析敌火力配系即仓促将坦克投入战斗。坦克指挥员没有时间组织坦克冲击，没有向坦克手说明任务，结果对敌人和地形一无所知，进攻并不坚决……坦克在战场上没有采取策略，不会利用地形隐蔽接敌，出其不意地打击侧翼或后方，绝大多数情况下都是迎头冲击敌人。

……

5.坦克兵的作战行动没有得到应有的空中掩护、航空侦察或引导。航空兵通常不掩护坦克兵团进入敌防御纵深，空军的战斗行动没有配合坦克的冲击。

6.对战场上坦克的指挥和控制组织得十分差劲。没有充分使用无线电作为控制手段。位于指挥所的坦克旅长和军长脱离了下属作战部队，不观察坦克的战斗行动，对战斗进程毫无影响力。在战斗队形最前方的连长和营长无法观察其他坦克，不能指导所属分队的战斗，从而沦为了普通的坦克车长。而部队在没有任何指导的情况下在战场上陷入混乱，遭受了不必要的损失。

……

实际上，苏军各部队和分队指挥员以及普通坦克手不仅一如既往作战顽强，而且也尽可能采取各种策略来完成上级分派的任务。例如坦克第29军的坦克第32旅先遣支队就利用铁路路基的掩护大胆向敌后穿插，坦克第170旅也利用坦克搭载冲锋枪手迂回到敌后拿下十月国营农场。考虑到苏军一线部队没有时间实施周密的战前侦察，只能在激烈交火中临时做出决断，可以说1943年的苏军坦克兵的灵活性已经得到了相当大的提高。在敌情不明、准备仓促、协同不良的不利条件下，近卫坦克第5集团军的坦克部队能逼退SS第2装甲军，甚至多次插入德军后方纵深，可见苏军部分坦克兵已经完全可以和最优秀的德国装甲兵相抗衡。

从双方损失数字来看，德军取得了战术胜利，却未能达成目标。苏军只是将德军挡住而已，却损失了大量可以巩固防御或发动攻势的力量，尤其坦克预备队。那么为何德军会放弃已经取得的战果，反而后撤了，换言之，苏军怎么就获得了库尔斯克会战防御阶段的胜利了呢？

按照西方的传统观点，希特勒放弃"堡垒"攻势的全部原因就在于盟军在西西里登陆。考虑到德军损失轻微，这个说法听上去比苏方宣传的德军因损失惨重而失败的说法合理得多。那么德军的损失究竟如何？

从7月5日至11日，德国北线第9集团军损失了22201人，中央方面军损失33897人。而7月5日至23日，南线德军损失36008人，对面苏军损失143950人。表面上看德军损失轻微得多。而且南线德军和苏军损失率分别为10.3%和18.6%。但是问题在于德军的损失大部分在其骨干作战兵力上。假设损失人员的70%为占总兵力约三分之一的作战兵力，那么损失18275人的第4装甲集团军的作战人员的损失率立即上升到34%。这个损失就非常可怕了。

南方集团军群最初有1424辆坦克和突击炮，到7月18日只剩下689辆。曼施泰因只有一个装备约181辆坦克的装甲军可以调动，而为了突向奥博扬和库尔斯克，他不仅要击败现在当面的苏军沃罗涅日方面军，还要攻击已经占领预定防御阵地的苏军两个诸兵种合成集团军，以德军现有力量根本无法做到。

苏军虽然取得了库尔斯克会战的胜利，但即便总是将"不惜一切代价"挂在嘴边上的斯大林也被近卫坦克第5集团军的损失惊呆了。他立即命令华西列夫斯基报告此事，同时指派政治局候补委员马林科夫牵头组织一个委员会，审查近卫坦克第5集团军损失惨重的原因。罗特米斯特罗夫甚至面临被送上军事法庭的危险。

华西列夫斯基当然不会见死不救，他在报告中不仅将作战时间延长到了两天，而且压缩了损失数字："在两天的战斗中，罗特米斯特罗夫的坦克第29军和第18军被击毁或暂时失去作战能力的坦克分别达60%和30%。机械化第5军损失不大……"而马林科夫的委员会听信了沃罗涅日方面军和近卫坦克第5集团军军事委员会的意见，居然将战果最大的坦克第18军军长巴哈罗夫解职，而表扬了打得一塌糊涂的基里琴科。斯大林最后也没有再提此事。

实际上此战中，由于瓦图京和罗特米斯特罗夫在战役计划和组织上的仓促和不足，导致部队白白损失了大量技术装备和人员。在普肖尔河北岸和勒扎韦茨附近，近卫第5集团军、第69集团军和特鲁凡诺夫集群的步兵、坦克兵和炮兵死死咬住了德国人，让德军始终无法取得很大进展，尤其在普肖尔河北岸的近卫第5集团军的步兵和炮兵是在没有或只有少量坦克支援下与髑髅师作战，没有让德军渡河攻击普罗霍罗夫卡。正是侧翼部队拖住了德军，才保证了南线防御战役的成功。当然这一切并不妨碍罗特米斯特罗夫战后大肆吹嘘自己的坦克集团军在库尔斯克南线战斗中的"决定性作用"。

库尔斯克会战后，根据此战的经验，尤其是普罗霍罗夫卡之战的教训，苏军开始逐渐生产和换装提升了火力、防护力并加装无线电收发机的T-34/85、IS-1和IS-2等坦克。苏军指挥员也意识到进攻并不是高呼"乌拉"那么简单，在以后的战斗中，他们将逐渐学会战争的艺术。而对德国人来说，此后节节败退，一直到1945年3月，才在匈牙利巴拉顿湖附近发动了东线最后一次战略攻势，参战的仍然是精锐的SS 第1"阿道夫·希特勒警卫旗队"装甲师、SS 第2"帝国"装甲师、SS 第9"霍亨施陶芬"装甲师、SS 第12"希特勒青年团"装甲师，后期卷入战斗的还有SS 第3"髑髅"装甲师、SS 第5"维京"装甲师，但除了"阿道夫·希特勒警卫旗队"师在攻势中突破最远外，其他部队几乎都在原地打转，此后更是一路败退，第三帝国也最终走向灭亡。

主要参考书目

David M. Glantz & Jonathon House, When Titans Clashed: How the Red Army Stopped Hitler, University of Kansas Press, 1995.

David M. Glantz & Jonathon House, The Battle of Kursk. University Press of Kansas, 2004 [1999].

David M. Glantz & Harold Orenstein, The Battle for Kursk 1943: The Soviet General Staff Study, Taylor & Francis (Frank Cass), 1999.

Mark Healy, Zitadelle: The German Offensive Against the Kursk Salient 4–17 July 1943, History Press, 2008.

Steven H. Newton, Kursk: The German View: Eyewitness Reports of Operation Citadel by the German Commanders, Da Capo Press, 2002.

George M. Nipe, Blood, Steel, and Myth: The II.SS-Panzer-Korps and the Road to Prochorowka., RZM (distributor), 2010.

George M. Nipe, Decision in the Ukraine: German Panzer Operations on the Eastern Front, Summer 1943, Stackpole Books, 2012.

Valeriy Zamulin, Demolishing the Myth: The Tank Battle at Prokhorovka, Kursk, July 1943: An Operational Narrative, Helion & Company, 2011.

Niklas Zetterling & Anders Frankson, Kursk 1943: A Statistical Analysis. Cass Series on the Soviet (Russian) Study of War, Taylor & Francis (Frank Cass), 2000.

Silvester Stadler, Die Offensive gegen Kursk 1943: II. SS-Panzerkorps als Stosskeil im Grosskampf, Osnabruck, 1980.

Martin Nevshemal, Objective Ponyri! The Defeat of XXXXI. Panzerkorps at Ponyri Train Station, Leaping Horseman Books, 2015.

Helmut Spaeter, The History of the Panzerkorps Grossdeutschland Vol. 2, Fedorowicz (J.J.), 2000.

Christopher A. Lawrence, Kursk: The Battle of Prokhorovka, Aberdeen Books, 2015.

Otto Weidinger, Das Reich III 1941-1943, Fedorowicz (J.J.), 2002.

Rudolf Lehmann, The Leibstandarte III (Vol 3), Fedorowicz (J.J.), 1990.

Didier Lodieu, III Pz Korps at Kursk, Histoire and Collections, 2007.

Karl Ullrich, Like a Cliff in the Ocean: A History of the 3rd SS-Panzer-Division Totenkopf, Fedorowicz (J.J.), 2003.

彩色地图集

库尔斯克南线局部地形图（上左）

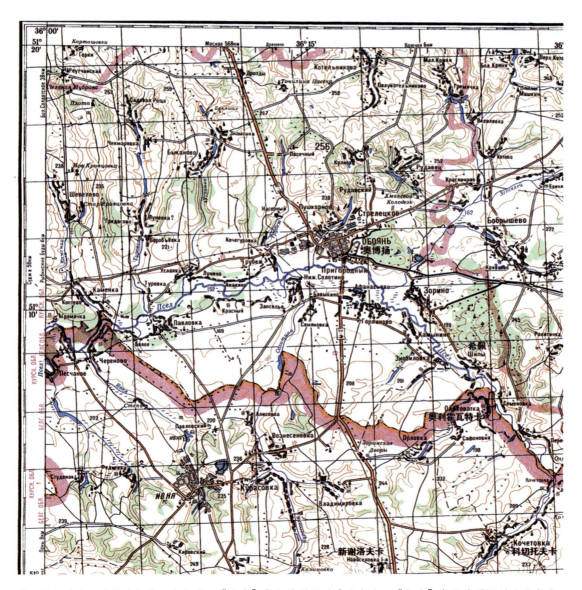

注：原图过大，现将其分为四个部分，"上左"表示为原图的左上部分，"上右"表示为原图的右上部分，余皆类推。

库尔斯克南线局部地形图（上右）

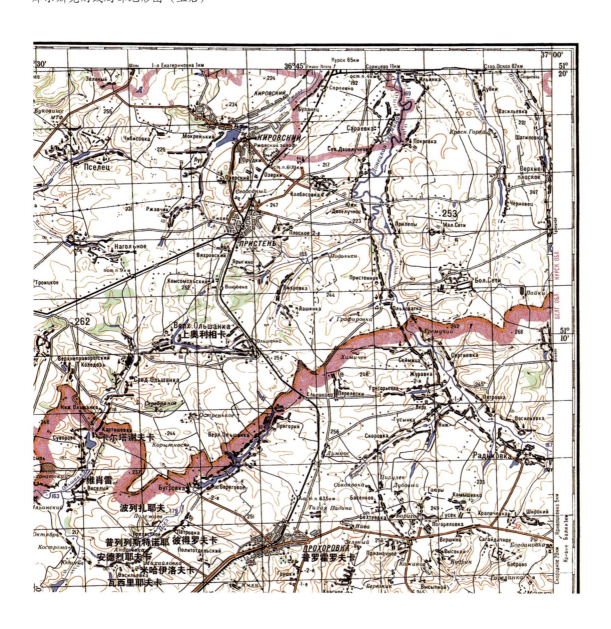

库尔斯克南线局部地形图（下左）

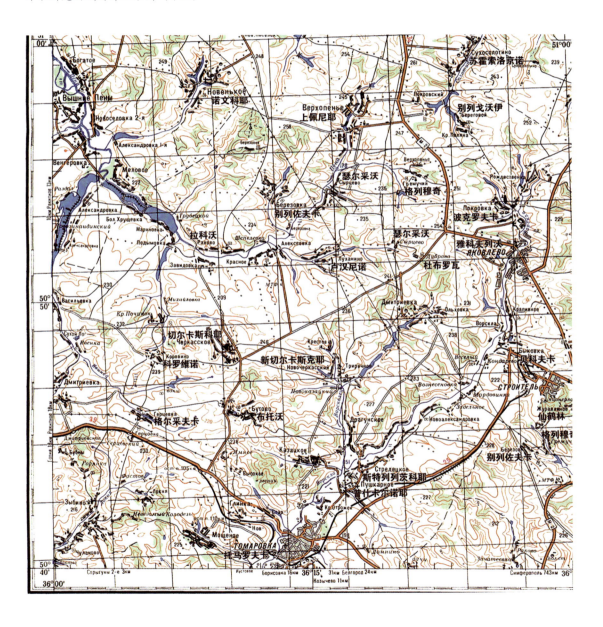

库尔斯克南线局部地形图（下右）

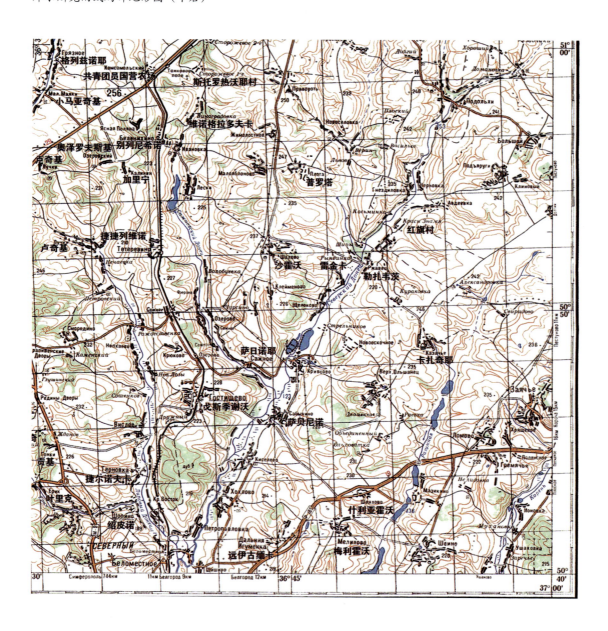

1943 年 4 月 15 日 OKH 6 号命令决心图（参见第一章）

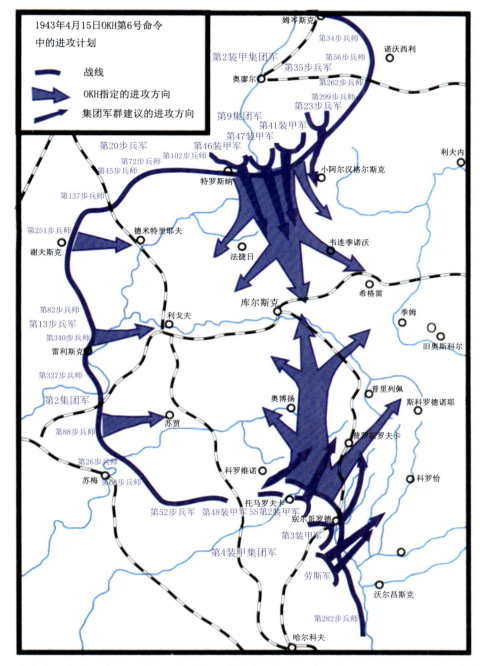

1943年4月15日OKH第6号命令
中的进攻计划

战线
OKH指定的进攻方向
集团军群建议的进攻方向

姆岑斯克
第34步兵师　诺沃西利
第56步兵师
第2装甲集团军　第35步兵军
奥廖尔　第262步兵师
第9集团军　第299步兵师　第23步兵军
第41装甲军
第47装甲军
第20步兵军　第46装甲军
第72步兵师　第102步兵师　小阿尔汉格尔斯克
第45步兵师
利夫内
第137步兵师
特罗斯纳
第251步兵师　德米特里耶夫
谢夫斯克　韦连季诺沃
法捷日
库尔斯克　希格雷
利戈夫　季姆
第82步兵师
第13步兵军
第340步兵师　旧奥斯科尔
雷利斯克
第327步兵师
第2集团军　奥博扬　普里列佩
斯科罗德诺耶
第88步兵师　苏贾
普罗霍罗夫卡
第26步兵师　科罗恰
苏梅　第68步兵师　科罗维诺
托马罗夫卡
第52步兵军　第48装甲军 SS第2装甲军　别尔哥罗德
第3装甲军
第4装甲集团军
劳斯军
沃尔昌斯克
第282步兵师
哈尔科夫

注: 由于彩色地图中空间有限, 为了保持其卷面的简洁, 便于阅读, 彩图里使用了一些术语的简称, 举
例如下:
简称: 近6集, 全称: 近卫第6集团军; 简称: 近步90师, 全称: 近卫步兵第90师; 简称: 迫287团, 全称:
迫击炮兵第287团; 简称: 坦10军, 全称: 坦克第10军; 简称: 摩步6旅, 全称: 近卫摩托化步兵第6
旅; 简称: 机1旅, 全称: 机械化第1旅; 等等。余皆类推。

1943 年 7 月 5 日 SS 第 2 装甲军地段（参见第四章）

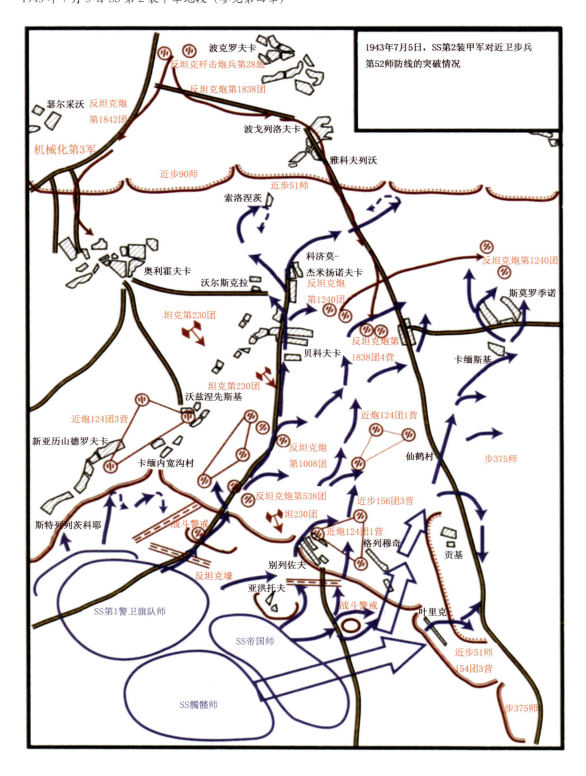

1943年7月5日，SS第2装甲军对近卫步兵第52师防线的突破情况

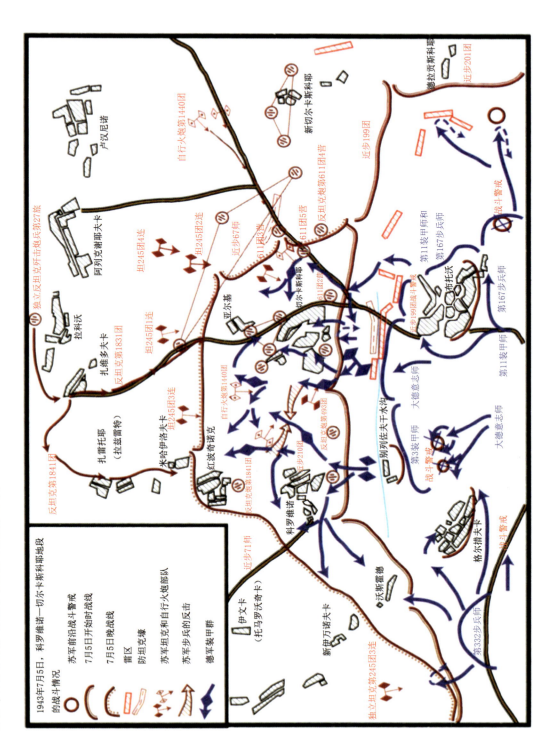

1943 年 7 月 5 日第 48 装甲军地段（参见第四章）

1943 年 7 月 6 日 SS 第 2 装甲军地段（参见第五章）

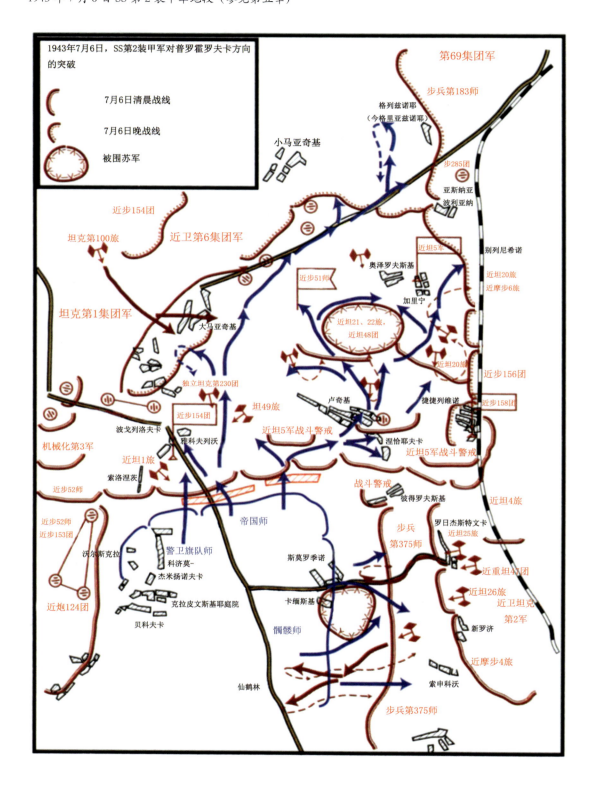

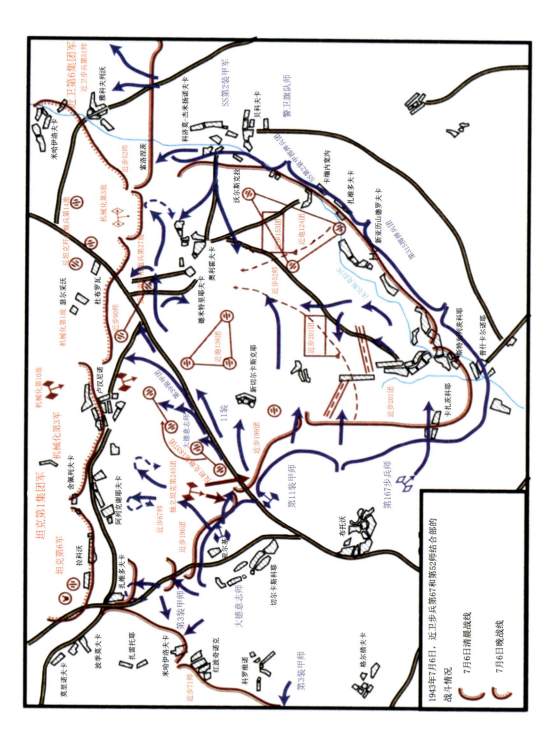

1943 年 7 月 6 日第 48 装甲军地段（参见第五章）

1943年7月6日，近卫步兵第67和第52师结合部的

战斗情况

7月6日清晨战线

7月6日晚战线

1943 年 7 月 7 日第 48 装甲军与 SS 第 2 装甲军左翼和中央地段（参见第六章）

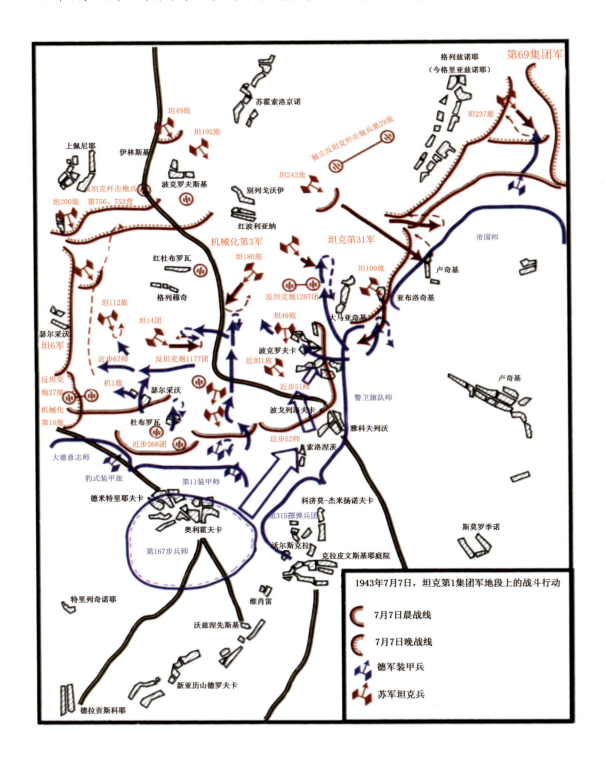

格列兹诺耶
（今格里亚兹诺耶）

第69集团军

坦237旅

苏霍索洛京诺

坦49旅

坦192旅

上佩尼耶

伊林斯基

独立反坦克歼击炮兵第29旅

波克罗夫斯基

坦200旅   反坦克歼击炮兵   第756、753营

坦242旅

别列戈沃伊

红波利亚纳

机械化第3军   坦180旅

坦克第31军

帝国师

红杜布罗瓦

坦100旅

卢奇基

坦112旅

格列穆奇

反坦克炮1207团

亚布洛奇基

瑟尔采沃   坦6军   坦14团

坦49旅

大马亚奇基

卢奇基

反坦克炮27旅   机1旅

反坦克炮1177团   近步67师

近步1旅   波克罗夫卡

机械化   第10旅   瑟尔采沃

近步51师

波戈列洛夫卡

杜布罗瓦   近步268团

雅科夫列沃

近步52师   索洛涅茨

大德意志师

豹式装甲旅   第11装甲师

科济莫-杰米扬诺夫卡

德米特里耶夫卡

第315掷弹兵团

斯莫罗季诺

奥利霍夫卡

沃尔斯克拉

第167步兵师

克拉皮文斯基耶庭院

特里列奇诺耶   维肖雷

1943年7月7日，坦克第1集团军地段上的战斗行动

沃兹涅先斯基

⊃ 7月7日晨战线

⊃⊃ 7月7日晚战线

新亚历山德罗夫卡

德军装甲兵

苏军坦克兵

德拉贡斯科耶

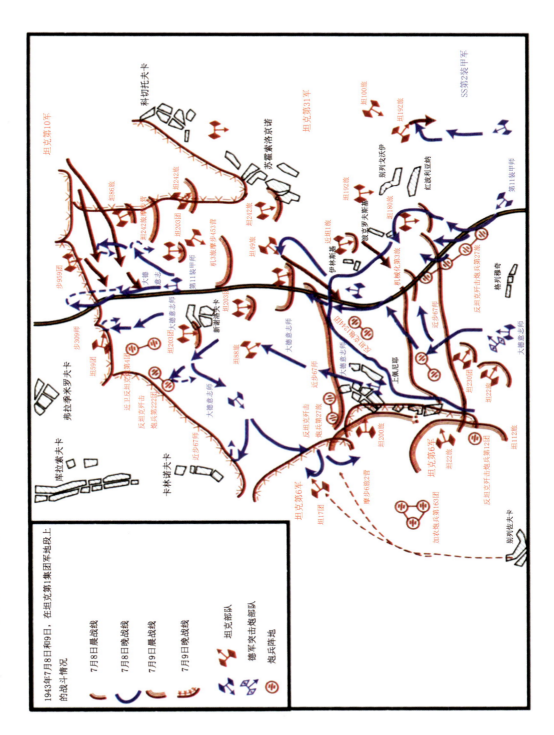

1943 年 7 月 8-9 日第 48 装甲军地段（参见第七、八章）

1943年7月8日SS第2装甲军地段（参见第七章）

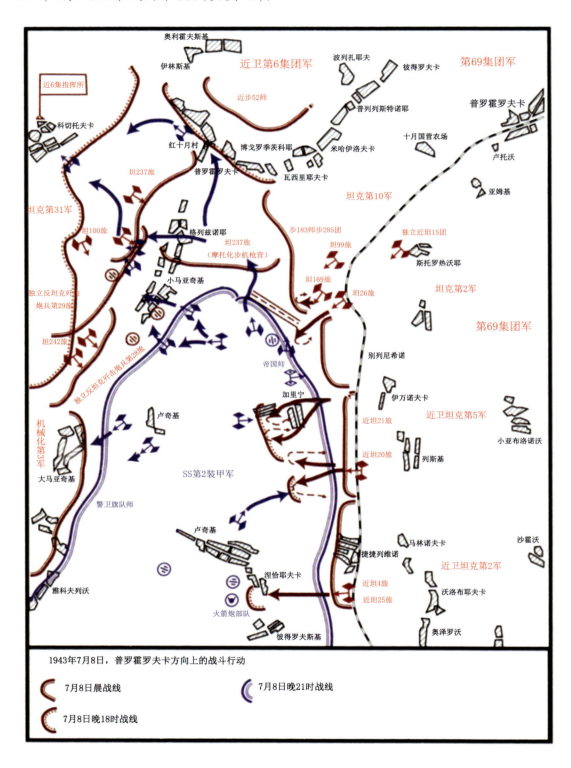

奥利霍夫斯基

伊林斯基

近卫第6集团军

波列扎耶夫

彼得罗夫卡

第69集团军

近6集指挥所

近步52师

普罗霍罗夫卡

科切托夫卡

普列列斯特诺耶

米哈伊洛夫卡

十月国营农场

红十月村

卢托沃

坦237旅

博戈罗季茨科耶

坦克第10军

亚姆基

普罗霍罗夫卡

瓦西里耶夫卡

坦克第31军

坦100旅

格列兹诺耶

坦237旅
（摩托化步机枪营）

步183师步285团

独立近坦15团

坦99旅

斯托罗热沃耶

坦克第2军

独立反坦克歼击
炮兵第29旅

小马亚奇基

坦169旅

第69集团军

坦242旅

坦26旅

独立反坦克歼击炮兵第28旅

别列尼希诺

帝国师

伊万诺夫卡

近卫坦克第5军

加里宁

卢奇基

近坦21旅

小亚布洛诺沃

机械化第3军

SS第2装甲军

近坦20旅

列斯基

大马亚奇基

警卫旗队师

卢奇基

捷捷列维诺

马林诺夫卡

沙霍沃

近坦4旅

近卫坦克第2军

雅科夫列沃

涅恰耶夫卡

近坦25旅

沃洛布耶夫卡

火箭炮部队

奥泽罗沃

彼得罗夫斯基

1943年7月8日，普罗霍罗夫卡方向上的战斗行动

7月8日晨战线

7月8日晚21时战线

7月8日晚18时战线

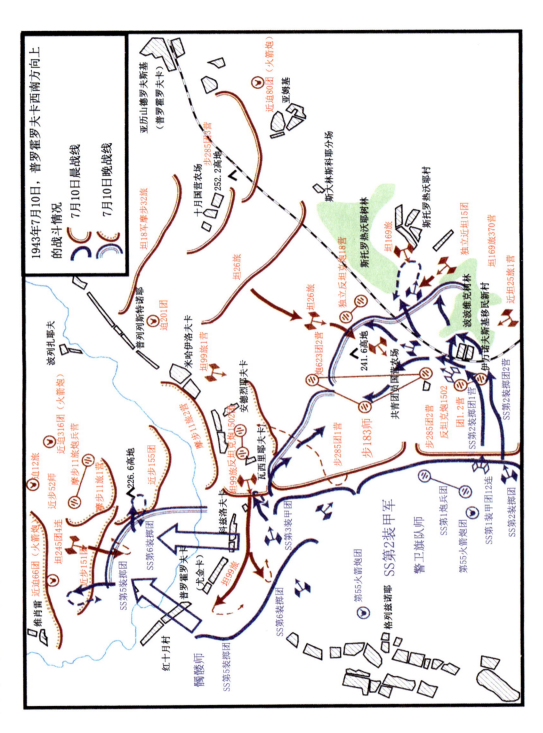

1943 年 7 月 10 日 SS 第 2 装甲军地段（参见第九章）

1943 年 7 月 10 日第 48 装甲军地段（参见第九章）

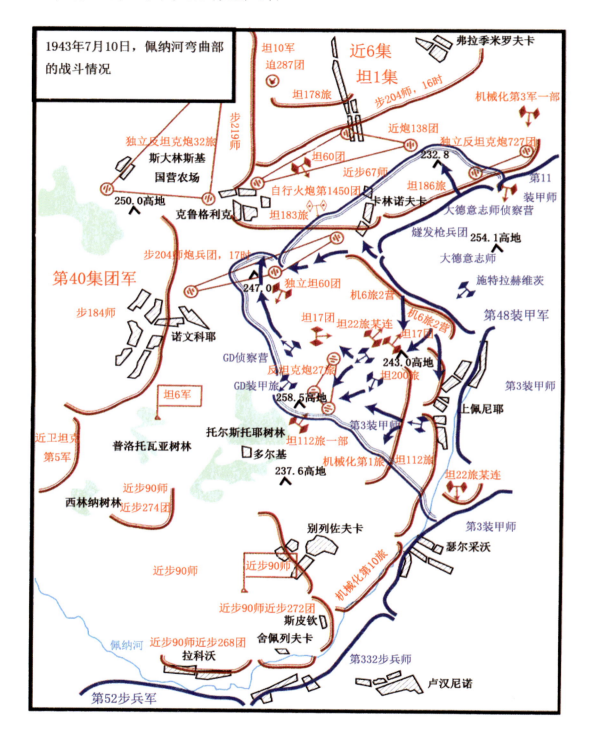

1943 年 7 月 11 日 SS 第 2 装甲军地段（参见第十章）

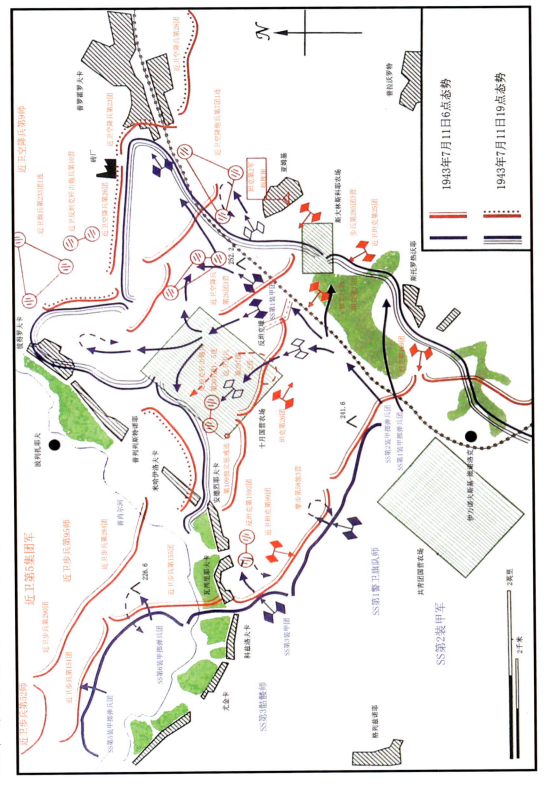

近卫步兵第 52 师　近卫第 5 集团军　近卫步兵第 95 师　近卫空降兵第 9 师

普罗霍罗夫卡

1943年7月11日6点态势

1943年7月11日19点态势

SS 第 2 装甲军

1943 年 7 月 11 日第 48 装甲军地段（参见第十章）

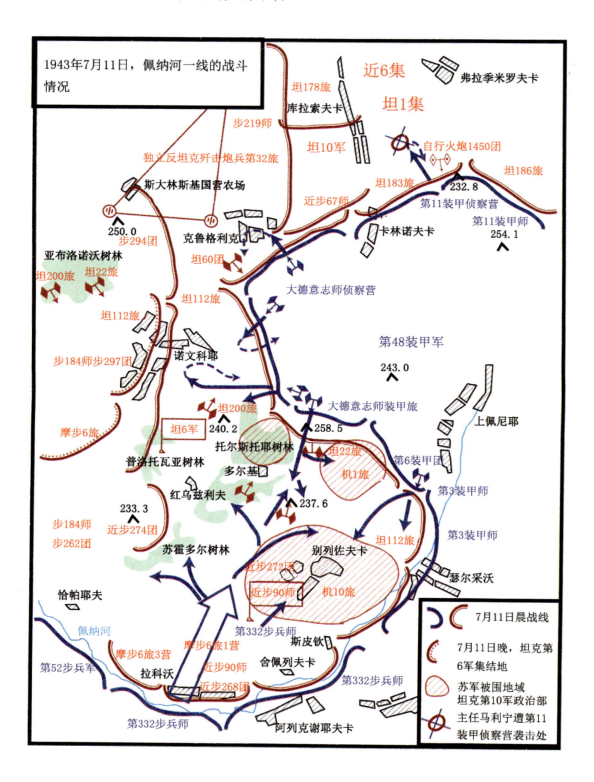

1943年7月11日，佩纳河一线的战斗情况

近6集
坦1集

弗拉季米罗夫卡

坦178旅
库拉索夫卡
步219师
独立反坦克歼击炮兵第32旅
斯大林斯基国营农场
坦10军
近步67师
坦183旅
自行火炮1450团
坦186旅
232.8
第11装甲侦察营
卡林诺夫卡
第11装甲师
254.1

250.0
步294团
克鲁格利克
坦60团
亚布洛诺沃树林
坦200旅 坦22旅
坦112旅
大德意志师侦察营

坦112旅
步184师步297团
诺文科耶
大德意志师装甲旅
第48装甲军
243.0
上佩尼耶
258.5
坦22旅
第6装甲团
机1旅
坦6军
240.2
托尔斯托耶树林
摩步6旅
普洛托瓦亚树林
多尔基
237.6
第3装甲师
坦112旅
第3装甲师
233.3
红乌兹利夫
近步274团
步184师
步262团
苏霍多尔树林
别列佐夫卡
机10旅
瑟尔采沃
恰帕耶夫
近步272团
近步90师
机10旅
佩纳河
第332步兵师
斯皮钦
摩步6旅3营
摩步6旅1营
舍佩列夫卡
第52步兵军
拉科沃
近步90师
近步268团
第332步兵师
第332步兵师
阿列克谢耶夫卡

7月11日晨战线
7月11日晚，坦克第6军集结地
苏军被围地域
坦克第10军政治部主任马利宁遭第11装甲侦察营袭击处

1943 年 7 月 12 日 SS 第 2 装甲军中央和北面战场态势图（参见第十一章）

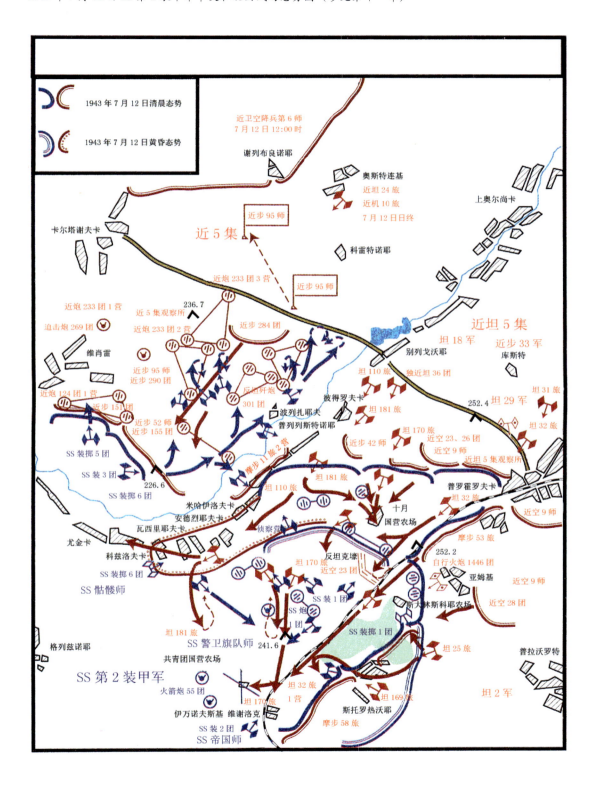

1943 年 7 月 12 日第 48 装甲军地段（参见第十一章）

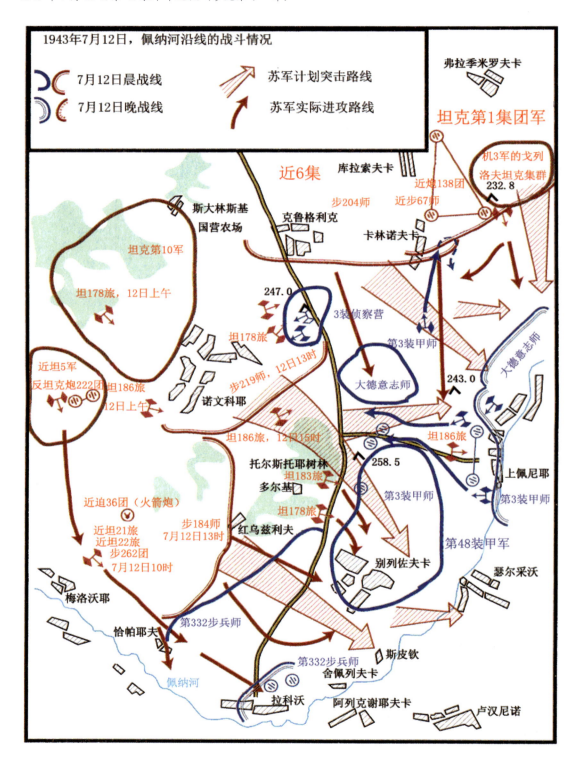

1943 年 7 月 13-14 日第 48 装甲军地段（参见第十一章）

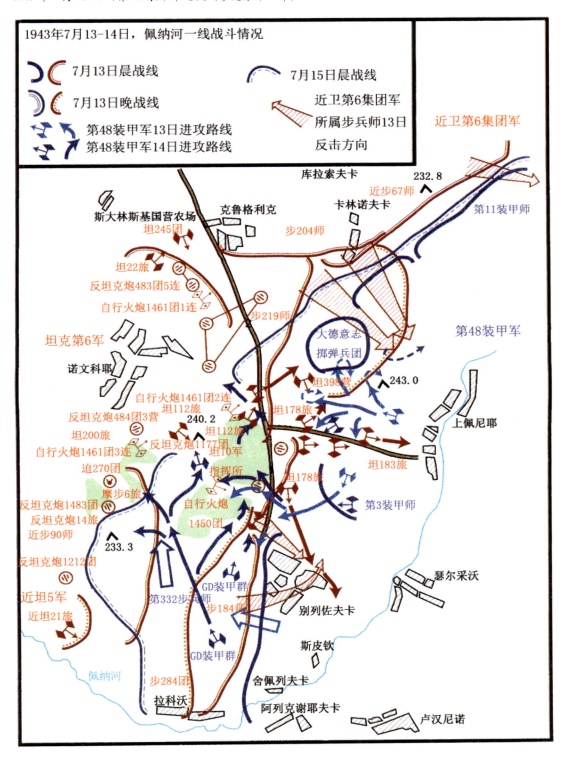

1943年7月13-14日，佩纳河一线战斗情况

7月13日晨战线

7月13日晚战线

第48装甲军13日进攻路线
第48装甲军14日进攻路线

7月15日晨战线

近卫第6集团军
所属步兵师13日
反击方向

近卫第6集团军

库拉索夫卡

232.8

近步67师

卡林诺夫卡

第11装甲师

克鲁格利克

步204师

斯大林斯基国营农场

坦245团

坦22旅

反坦克炮483团5连

自行火炮1461团1连

步219师

坦克第6军

诺文科耶

大德意志
掷弹兵团

坦398营

第48装甲军

243.0

上佩尼耶

自行火炮1461团2连

坦112旅

反坦克炮484团3营

240.2

坦112旅

坦200旅

反坦克炮1177团

坦178旅

坦10军

坦183旅

自行火炮1461团3连

指挥所

迫270团

坦178旅

摩步6旅

反坦克炮1483团

反坦克炮14旅

近步90师

自行火炮

1450团

第3装甲师

瑟尔采沃

233.3

反坦克炮1212团

近坦5军

近坦21旅

GD装甲群

第332步兵师

步184师

别列佐夫卡

斯皮钦

GD装甲群

佩纳河

步284团

舍佩列夫卡

阿列克谢耶夫卡

卢汉尼诺

拉科沃

1943 年 7 月 13-15 日肯普夫集群地段（参见第十一章）

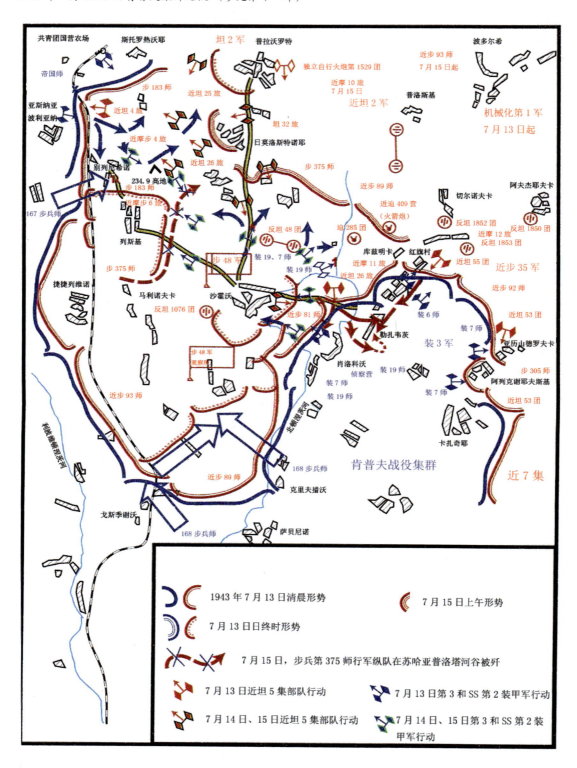